电脑应用即时查系列丛书

Windows XP实用技巧速查1000

九州星火传媒 陈 伟 编著

电子科技大学出版社

内容提要

本书是《电脑应用即时查》系列丛书之一，本书从实际操作出发，列出了使用 Windows XP 所要用到的各种操作技巧和疑难问题的分析处理案例等多达 1 000 个问题的答疑解惑。

本书可作为初、中级电脑用户的学习参考书，也是电脑爱好者的必备工具手册。

图书在版编目（C I P）数据

Windows XP 实用技巧速查 1000 / 陈伟编著.—成都：电子科技大学出版社，2007.4

ISBN 978-7-81114-429-1

I. W… Ⅱ.陈… Ⅲ.窗口软件，Windows XP一问答 Ⅳ.TP316.7-44

中国版本图书馆 CIP 数据核字（2007）第 032363 号

Windows XP 实用技巧速查 1000

九州星火传媒　陈　伟　编　著

出　　版：电子科技大学出版社（成都市一环路东一段 159 号电子信息产业大厦　邮编：610051）
责任编辑：张蓉莉
发　　行：新华书店经销
印　　刷：四川墨池印务有限公司
成品尺寸：144mm × 210mm　　印张 13　　字数 439 千字
版　　次：2007 年 4 月第一版
印　　次：2007 年 4 月第一次印刷
书　　号：ISBN 978-7-81114-429-1
定　　价：19.00 元

◆ 邮购本书请与本社发行部联系。电话：（028）83202323，83256027
◆ 本书如有缺页、破损、装订错误，请寄回印刷厂调换。
◆ 课件下载在我社主页 www.uestcp.com.cn“下载专区”
电子邮箱：uestcp@uestcp.com.cn

前 言

你在学电脑吧？是不是觉得电脑很神秘，有点无从下手？家里买了电脑，因为经常出问题，但自己不知道该怎么修理，常常求助于朋友，以至于饭局总是少不了，搞得很头疼？看着别人在网上玩游戏玩得很痛快，自己不知道咋玩，但又碍于面子不好请教？

电脑硬件日新月异，软件版本不断推陈出新，上网冲浪越来越流行，不可不会，工作、学习之中电脑使用得越来越频繁，怎么办？

不要着急，我们特意为你推出了《电脑应用即时查》系列工具读物，让你轻轻松松学会各种电脑操作，笑对电脑各种疑难杂症。

□ 丛书简介

《电脑应用即时查》系列丛书是电子科技大学出版社精心打造的一套电脑工具读物，丛书包括《电脑维护、故障急救速查 1000》、《Windows XP 实用技巧速查 1000》、《精选实用网址速查 2000》、《注册表修改设置速查 1000》、《Office2003 高效办公速查 1000》、《电脑组装与 BIOS 设置速查 1000》、《五笔字型常用汉字速查 6000》、《新手学上网速查 1000》、《新手学电脑速查 1000》和《DOS 与 Windows 命令速查 1000》。相信读者根据自己的需求，一定能从这套丛书中选择到适合自己的图书。

□ 丛书特色

1. 内容丰富全面

本套丛书从作者多年钻研电脑的经验出发，精心挑选了电脑硬件、操作系统、应用软件、上网浏览与应用、局域网、电脑打字、网址速查等方方面面的操作与应用，内容十分全面，是广大电脑用户不可多得的电脑工具宝典。

2. 语言简洁精炼

本书在解析众多案例的时候，没有长篇大论，力求以最少的文字将问题描述清楚，以最省篇幅的形式将解决方案呈现给读者，便于读者阅读掌握。

3. 步骤详尽清晰

虽然篇幅有限，案例众多，但本书全部采用“一步一步”的写作形式，使得读者操作起来非常方便、条理清晰明了，宛如电脑专家言传身教，使读者迅速提高自身的电脑操作技能，获得大量实际经验、技能和技巧。

4. 专业的创作团队

本书由专业的、电脑应用经验丰富的团队所创作，在为你提供实用、丰富的书中内容的同时，还能保证随时解答你学习电脑的过程中遇到的各种疑难问题。

□ 使用说明

阅读本书之前，请将 Windows 窗口更改为“Windows 传统风格”，方法为：

（1）打开“我的电脑”窗口，然后单击菜单命令“工具”/“文件夹选项”。

（2）在打开的“文件夹选项”窗口中选择“使用 Windows 传统风格的文件夹”。

（3）单击“确定”按钮，就使窗口变回到了 Windows 传统风格界面。

□ 读者对象

（1）初、中级电脑用户不可多得的学习参考书。

（2）电脑爱好者和家庭电脑用户随用随查的必备宝典。

（3）电脑培训班、大专院校师生的教学辅导用书。

□ 完善的售后服务

本书为广大读者提供技术支持网站 www.21pcedu.com（21 世纪电脑教育网），免费为读者提供在线答疑、软件下载、学习论坛、免费电子图书下载等服务，相信能对读者自学电脑提供更多便利和帮助。你也可直接写邮件到 jzxh@vip.163.com 与我们联系，道出你的困惑，我们将非常热情、认真地为你服务。

□ 致　谢

本书由前程文化总策划，北京九州星火传媒编著。在此向所有参与本书编创工作的人员表示由衷的感谢，更要感谢购买本书的读者，你的支持是我们最大的动力，我们将不断努力，为你奉献更多、更优秀的电脑图书！

九州星火传媒　陈伟

目 录

第 1 章 认识、启动和退出 Windows XP

第 2 章　Windows XP 使用技巧

第 3 章 Windows XP 的文件与磁盘管理

第 5 章 Windows XP 系统优化与提速

第 6 章　做一个网上冲浪高手

第 7 章 痛快享受 Windows XP 的娱乐生活

第 8 章　电子邮件收发技巧大曝光

第 9 章 Windows XP 的注册表应用

第 10 章 灵活掌握 Windows XP 系统工具软件

第 11 章 局域网应用与远程管理技巧

第 12 章 安装与卸载 Windows XP

第 13 章　打造 Windows 安全防线

第 14 章 Windows XP 常见故障排除

第 1 章

认识、启动和退出 Windows XP

Windows XP 实用技巧速查 1000——本章内容

1-1 认识 Windows XP

1. Windows XP 是什么

从技术上来讲，Windows XP 是 Windows 2000 的下一个版本，但用户同样可以从 Windows 98、Windows ME、Windows 2000 以及 Windows NT 4.0 多种系统升级到 Windows XP。Windows XP 基于 Windows 引擎，是对 Windows NT\2000 系统内核的更新。

2. XP 代表什么

XP 代表“eXPerience”，即体验之意。Microsoft 喜爱的说法是：Windows 的以前版本中捆绑的是应用软件，但 Windows XP 则蕴含了丰富的体验。也就是说，通过提供诸如数字照片、数码音乐、家庭网络以及 Internet 等众多功能，Windows XP 使我们切身体验到良好的用户到用户的数字化生活。

3. Windows XP 包括哪几种版本

Windows XP 包括如下 3 种版本：

（1）Home 家庭版，供家庭用户使用。

（2）Professional 专业版（供商业用户使用）。

（3）64 位版本，供更大规模的商业应用。

4. Windows XP SP2 有哪些新特性

Windows XP SP2 具有如下新特性：

（1）蓝牙技术支持。以前主要是第三方的软件或驱动来提供蓝牙技术的支持，现在微软已经直接支持蓝牙无线上网技术了。

（2）Windows Installer 3.0。Windows Installer 是微软提供的软件安装支持软件，并提供基于 Windows Installer 安装的软件的更新功能。增强的目录功能允许管理员更方便地掌握不同用户中软件产品的特性、组件和补丁程序以及安装环境的信息。新增加的 3 个功能可以允许用户在下载补丁之前查询该补丁是否必须下载。一般来说，微软主张自动更新系统中所有的软件，不但如此，他们认为用户只需要下载必须更新的补丁即可，这样补丁的大小会减小很多而且更加可靠。

（3）安全相关。用户必须拥有管理员权限，才能更改防火墙的规则。在进行新的网络应用程序的时候，用户将会被提示是否应用防火墙。

禁止 Alerter 和信使服务：在以前微软操作系统的版本中，信使服务是自动允许的，而 Alerter 服务是手工运行的。而在 WinXP Service Pack 2 中，这两个服务都定义成禁止，需要用户手工来运行。

封禁端口：封禁了 tcp 445 端口。如果你需要打开这个端口，可以在命令行下执行命令：

```
netsh firewall set portopening TCP 445 ENABLE
```

还有几个端口也被封禁，比如：UDP port 137、UDP port 138、TCP port 139。

启动安全检查：早期的 Windows 版本中，在网络堆栈运行和防火墙提供保护之间有段时间间隔，这就为恶意代码提供了绕过防火墙攻击系统的可能。这主要是因为防火墙尚未装载，无法应用过滤规则。

安全中心：Windows 自带了一个安全中心。提示你的电脑的安全情况，例如是否安装了杀毒软件、防火墙等，并且能够自动侦测所安装的软件。笔者亲自测试了 McAfee、Norton、Panda 这几款杀毒软件和防火墙，Windows Security Center 均能自动识别，并标明状态，提示用户是否需要更新。而且，它会出现在系统托盘中，时时刻刻提醒用户注意电脑的安全。

（4）IE 的插件管理器。IE 的插件管理器可以很详细地告诉用户插件使用了多少时间、被 IE 停止了多少次。对于用户来说，知道 IE 装载了什么插件将是一件非常有益的事情。

（5）命令行不支持 FTP and gopher 协议。用户不能够从命令行中允许 FTP、gopher 协议的应用程序，只有借助第三方软件实现。

（6）使用新的 WinHTTP。WinHTTP 即 Windows HTTP Services，它原来的名字为 WinINet。WinHTTP 负责提供高级服务支持和高端接口的 HTTP\1.1 Internet 协议接口。

5. 如何获得更多的用户视觉界面

Windows XP 支持视觉样式，它是一个基于 XML 的换肤技术，带给了使用者前所未有的视觉感受。Windows XP 自带的视觉样式支持多种色彩搭配方案，但在默认情况下只安装了一种视觉样式。如何获得更多的用户视觉界面呢？方法为：

使用 WindowBlinds XP 产品，它可以从 Stardock 的站点 www.Stardock.com 下载。这个软件可以让我们完全定制 Windows XP 的用户界面。

1-2 启动 Windows XP

1. 直接进入 Windows XP

有些用户采用的是 Windows 98\XP 共存，可是每次启动都会显示启动菜单，比较麻烦。如果要直接进入 Windows XP 系统，方法为：

（1）依次单击“控制面板”\“系统”\“属性”\“高级”，单击“启动和故障恢复”的“设置”按钮，进入设置窗口。

（2）在这里可以选择电脑启动时的默认操作系统、显示启动菜单的时间。当然，如果暂时不用或隐藏另一个操作系统，也可以通过取消“显示操作系统列表时间”前的小勾来关闭启动菜单。

2. 如何让 Windows XP 使用 Windows 2000 的登录画面

Windows XP 带了一个新的登录界面，使登录过程更加流畅，还可以显示用户的设置信息。但如果希望使用老的 Windows NT / 2000 登录界面，只有通过组合键才能访问。让 Windows XP 使用 Windows 2000 的登录画面，方法为：

（1）按住 Ctrl + Alt 组合键不放，按 Del 键两次，登录界面会返回到以前的登录窗口界面。

（2）按 Cancel 键可以返回到 XP 界面。

3. 如何去掉 Windows 开机标志

如果要去掉 Windows 的开机标志，方法为：

（1）在 Windows 资源管理器中单击“工具”菜单，选中“文件夹选项”。

（2）从“查看”标签里的“高级设置”列表框中勾选“显示所有文件”，然后单击“确定”按钮。

（3）打开系统盘，找到 msdos.sys 这个文件，取消它的“只读”属性，然后打开它，在“Option”段落下加上一行语句：LOGO=0。

这样，Windows 的开机图案就不会被加载运行，开机时间也可以缩短 3 秒钟。

4. 如何找回经典的登录窗口

Windows XP 默认的登录界面虽然漂亮，但当你想用一个列表中没有的用户登录时，会发现无从下手。如果处于经典的登录窗口下，则该问题就可以迎刃而解了。方法为：

（1）单击“开始”\“控制面板”，打开“控制面板”窗口。

（2）单击“用户账户”，选择“更改用户登录或注销的方式”选项，取消“使用欢迎屏幕”前面的打勾。

5. 如何解决忘记登录口令问题

如果忘记了自己设置的登录口令，该怎么办呢？方法为：

（1）事先准备好一张 Windows XP 系统启动盘。如果没有，则登录其他装有 Windows XP 的电脑，制作一张启动盘。

（2）在系统启动前插入启动盘，然后进入系统所在的路径\Windows\System32\Config\，然后使用 ren 命令将 SAM 文件改名，或用 Del 命令将 SAM 文件删除，重新启动即可。

（3）将 SAM 文件改名或删除后，试用 Administrator 登录，密码为空。

6. 如何实现 Windows XP 的自动登录

如果要实现 Windows XP 的自动登录，方法为：

（1）单击“开始”\“控制面板”，在打开的“控制面板”窗口中双击“用户账户”。

（2）在出现的对话框中的“挑选一项任务”列表框中单击“创建一个新账户”，然后为该账户输入一个名称，然后单击“下一步”。

（3）选择所需要的账户类型，然后单击“创建账户”按钮。

（4）最后单击“确定”按钮，结束操作。

提示!! 如果用户想临时以其他用户身份登录，只要在启动 Windows 的过程中按住 Shift 键，待出现登录对话框时输入用户名和密码即可。

7. 按 Esc 键取消输入密码直接进入系统

每次启动 Windows 时都要在登录窗口中输入密码，这样的操作比较麻烦，如果希望在登录窗口中不输入密码，可直接按 ESC 键进入系统，方法为：

（1）单击“开始”\“运行”，在打开的对话框中输入 Regedit 后按 Enter 键，运行注册表编辑器。

（2）找到如下注册表子项分支：

HKEY_LOCAL_MACHINE\Network\Logon

（3）将值项 MustBeValidated 的数据数值设为 0（默认值为 0）。

（4）重新启动电脑，改动生效。

8. 如何在开机时加上自己的音乐

如果想在开机时加上自己的音乐，方法为：

（1）单击“开始”\“控制面板”，在打开的“控制面板”窗口中双击“声音和音频设备”图标。

（2）在打开的“声音和音频设备 属性”对话框中单击“声音”选项卡，在“程序事件”列表框中选中“Windows 登录”，然后单击 “浏览”按钮打开“浏览”对话框，选取自己喜欢的音乐文件。

（3）最后单击“确定”按钮，结束操作。

9. 如何开机自动进入屏幕保护

如果希望 Windows XP 系统启动成功后就直接进入屏幕保护状态，以起到一定的安全保护作用，则方法为：

（1）在桌面空白处单击鼠标右键，在出现的菜单中选择“属性”。

（2）在打开的“显示 属性”对话框中单击“屏幕保护程序”选项卡，再单击“屏幕保护程序”下的下拉箭头，在出现的下拉列表中选择一种屏幕保护程序，然后选中“在恢复时使用密码保护”前的复选框来设置屏幕保护的密码。

（3）单击“开始”\“运行”，在出现的对话框中输入 regedit 后按 Enter 键，运行注册表编辑器，打开如下注册表子项分支：

HKEY_LOCAL_MACHINE\SOFTWARE\Microsoft\Windows\CurrentVersion\Run

（4）将值项“密码确认”的数值数据设置为你要启动的屏幕保护的路径。

（5）重新启动电脑，改动生效。

10. 如何修改登录背景色

如果希望修改登录时的背景颜色，方法为：

（1）单击“开始”\“运行”，在出现的对话框中输入 regedit 后按 Enter 键，运行注册表编辑器，打开如下注册表子项分支：

HKEY_USERS\.DEFAULT\Control Panel\Colors

（2）双击该子项分支下的 Background 值项，在出现的“编辑字符串”对话框的“数值数据”文本框中输入代表颜色的键值（比如黑色的 RGB 值为 000，白色的 RGB 值为 255、255、255，系统默认值是 58、110、165）。

（3）最后单击“确定”按钮，结束操作。

（4）重新启动电脑，即可生效。

11. 如何修改登录背景图案

如果希望修改登录时的背景图案，方法为：

（1）单击“开始”\“运行”，在出现的对话框中输入 regedit 后按 Enter 键，运行注册表编辑器，打开如下注册表子项分支：

HKEY_USERS\.DEFAULT\Control Panel\Desktop

（2）双击该子项分支下的 wallpaper 值项，在出现的编辑对话框中输入选择好的图片的路径，然后单击“确定”按钮。

（3）将值项 Tilewallpaper 的数值设为 1。重新启动电脑，改动即可生效。

12. 如何让欢迎窗口更清晰

如果希望使欢迎窗口更加清晰，方法为：

（1）单击“开始”\“运行”，在出现的对话框中输入 regedit 后按 Enter 键，运行注册表编辑器，打开如下注册表子项分支：

HKEY_USERS\.Default\Control Panel\Desktop

（2）将右窗格中的 FontSmoothing 和 FontSmoothingType 这两个值项的数值均修改为 2。重新启动电脑，改动即可生效。

13. 如何减少启动时加载项目

许多应用程序在安装时都会自作主张地添加至系统启动组，每次启动，系统都会自动运行，这不仅延长了启动时间，而且启动完成后系统资源已经被消耗掉。如果要减少启动时加载项目，其方法为：

（1）单击“开始”\“运行”，在打开的对话框中输入 msconfig 后按 Enter 键，启动“系统配置实用程序”。

（2）在出现的对话框的“启动”选项卡中列出了系统启动时加载的项目及来源，仔细查看是否需要它自动加载，否则清除项目前的复选框，加载的项目愈少，启动的速度自然愈快。

（3）单击“确定”按钮后，重新启动电脑，改动即可生效。

14. 如何加快启动和减少故障恢复时间

要加快启动和减少故障的恢复时间，方法为：

（1）用鼠标右键单击“我的电脑”，在出现的菜单中选择“属性”。

（2）在弹出的对话框中选择“高级”选项，然后单击“启动和故障恢复”

右侧的“设置”按钮。

（3）在打开的“启动和故障恢复”对话框中可以设置显示操作系统列表的时间。如果单击“编辑”按钮，在出现的对话框中手动编辑启动选项，将 timeout=30 行中的 timeout 的数值降低，比如 1 即可。

（4）连续单击“确定”按钮，确认改动有效，并关闭打开的对话框。

15. 如何让系统死锁时自动重启

如果希望系统死锁后就会自动重启，则方法为：

（1）单击“开始”\“运行”，在出现的对话框中输入 Regedit 后按 Enter 键，运行注册表编辑器，找到如下注册表子项分支：

HKEY_LOCAL_MACHINE\System\CurrentControlSet\Control\CrashControl

（2）将右窗格中的 DWROD 值项 AutoReboot（不存在，则新建立一个）的数值修改为 1。重新启动电脑，即可生效。

16. 如何设置电脑在“蓝屏”后自动启动电脑

如果希望系统出现蓝屏等严重的问题之后自动进入重启操作，方法为：

（1）单击“开始”\“运行”，在出现的对话框中输入 Regedit 后按 Enter 键，运行注册表编辑器，找到如下注册表子项分支：

HKEY_LOCAL_MACHINE\ CurrentControlSet\Control\CrashControl

（2）找到子项分支下的 AutoReboot 项名，将其数值改为 1。重新启动电脑，使改动生效。

17. 怎样设置自己的登录信息或警告信息

自己的电脑，当然要有自己个性的体现，可以创建在登录计算机时所显示的消息。方法为：

（1）单击“开始”\“运行”命令，在打开的对话框中输入 Regedit 后按 Enter 键，弹出注册表编辑器。

（2）找到如下子项分支：

HKEY_LOCAL_MACHINE\SOFTWARE\Microsoft\WindowsNT\CurrentVersion\Winlogon

（3）双击右窗口中的 LegalNoticeCaption 值项，打开“编辑字符串”对话框，在“数值数据”下的文本框中输入自己想要的信息标题，如“Hello，Boy!”。

（4）单击“确定”按钮，重新启动电脑后，登录时你会看到这样的信息“Hello，Boy!”。

如果要改变警告信息，则双击 LegalNoticeText 值项，在出现的“编辑字符串”窗口中输入想要显示的警告信息，然后单击“确定”按钮，关闭注册表编辑器，重新启动电脑即可。

18. 怎样修改欢迎屏幕上所显示的用户图片

如果计算机是某个工作组中的成员或者是一台独立的计算机，那么，可以使用其他图片来替换欢迎屏幕上所显示的图片。方法为：

（1）首先，在图片文件夹中为通过扫描或数字照相机方式获取的图片存储一份特写。相应图片将根据图片框的尺寸自动进行调整，因此，无需担心如何获取准确的图片尺寸。

（2）单击“开始”\“控制面板”，在打开的窗口中双击“用户账户”图标。

（3）在打开的窗口中单击“或挑一个用户做更改”下单击选择所要更改的用户账号，然后在出现的窗口中的“您想更改您的账户的什么”下单击“更改的图片”。

（4）在打开的窗口中的“为您的账户挑一个新的图像”下选中所要更换的图片，然后单击“更改图片”按钮。

（5）如需查找用户所希望的图片，单击“浏览图片”，选择所希望使用的图片并单击“打开”按钮。

现在，重新启动电脑，当打开欢迎屏幕时，就会看到一幅新的图片。

1-3　退出 Windows XP

1. 如何在关机对话框中显示“休眠”

Windows XP 的休眠是一种挂起到硬盘的功能，即使你完全切断电源，XP 在下次开机的时候，也能从硬盘里储存的数据读出上次开机的状态，迅速地恢复加快用户的开机时间。Windows XP 考虑到用户使用习惯和 Windows XP 与某些老电源的兼容性问题，在默认状态下将该功能设置为无效。如果想在电脑上激活休眠支持特性，方法为：

（1）首先以管理员的身份登录，然后单击“开始”\“控制面板”打开“控制面板”窗口。

（2）双击打开“电源选项”图标，在打开的“电源选项属性”对话框中单击“休眠”选项卡，然后选中“启用休眠”复选框。

（3）单击“确定”按钮，结束操作。

2. 如何加快关机的时间

在 Windows XP 中关机时，系统总会发送消息到运行程序与远程服务器，告诉它们系统要关闭，并等待至接到回应后系统才开始关机。要想加快关机速度，就可以设置自动结束任务的时间。方法为：

（1）单击“开始”\“控制面板”打开“控制面板”窗口，双击“管理工具”图标，打开“管理工具”窗口。

（2）双击“服务”图标，在打开的“服务”窗口的右侧的服务列表中找到名为“Remote Procedure Call（RPC）”的服务，然后用鼠标右键单击它，在弹出的下拉菜单中选择“属性”命令，打开“属性”窗口。

（3）在“恢复”选项卡下，单击“重新启动电脑选项”按钮，打开“重新启动电脑选项”窗口，然后就可以对关机等待时间进行修改了。

（4）单击“确定”按钮，结束操作。

3. 无法正常关机怎么办

关机前有一些常驻内存的程序并没有退出并与系统的关机进程冲突，此时如果用户直接选择关机的话，就容易造成 Windows XP 软关机的异常。遇到无法正常关机的情况，如果想正常退出，方法为：

（1）按 Ctrl+Alt+Del 组合键，在出现的“Windows 任务”对话框中单击“任务管理器”，打开“任务管理器”窗口。

（2）选择有关进程，然后单击“结束进程”按钮即可。

4. 如何强制关闭系统

Windows XP 在使用过程中有时会遇到这样的情况：一切程序均能正常运行，但无法注销、关机或重启系统，直接按机箱面板上的 Power 按钮也无济于事，只好切断电源关机或按“复位”按钮重启系统。如果遇到上述情况，可以试着强制关闭系统，方法为：

（1）按 Ctrl+Alt+Del 组合键，在出现的“Windows 任务”对话框中单击“任务管理器”，打开“任务管理器”窗口。

（2）在任务进程列表框中选中名为 svchost.exe 的任务进程，然后单击窗口右下角的“结束进程”即可。

提示!!

一般来说，列表中有多个名为 svchost.exe 的任务进程，应选择最下面的那个。

（3）在弹出的“任务管理器警告”对话框中单击“是”按钮，系统开始进行强制关机操作。

5. 自动关机问题

如果出现了不能自动关机的故障，解决方法为：

（1）单击“开始”\“控制面板”打开“控制面板”窗口，然后双击“电源选项”图标。

（2）在打开的“电源选项 属性”对话框中单击“休眠”选项卡，勾选“启用休眠”。

（3）单击“确定”按钮，结束操作。

6. 如何实现自动关机

Windows XP 的关机功能是由 Shutdown.exe 程序来控制的，它位于 Windows\System32 文件夹中。

要实现自动关机，方法为：

（1）假设希望电脑在 22:00 关机，则单击“开始”\“运行”，在出现的对话框中输入“at 22:00 Shutdown -s”后按 Enter 键。这样，到了 22 点电脑就会出现“系统关机”的对话框，默认有 30 秒钟的倒计时并提示用户保存工作。如果想以倒计时的方式关机，可以输入“Shutdown.exe -s -t 3600”，这表示 60 分钟后自动关机，“3600”代表 60 分钟。

（2）设置好自动关机后，如果想要取消，可以在运行中输入“shutdown -a”后按 Enter 键。如果输入“shutdown -i”，则可以打开设置自动关机对话框，对自动关机进行设置。

提示!!

Shutdown.exe 的参数，每个都具有特定的用途，执行每一个都会产生不同的效果，比如“-s”就表示关闭本地电脑，“-a”表示取消关机操作，下面列出了更多参数，读者可以在 Shutdown.exe 中按需选择使用：①-f：强行关闭应用程序。②-m\\电脑名：控制远程电脑。③-i：显示图形用户界面，但必须是 Shutdown 的第一个选项。④-l：注销当前用户。⑤-r：关机并重启。⑥-t 时间：设置关机倒计时。⑦-c “消息内容”：输入关机对话框中的消息内容（不能超 127 个字符）。

7. 如何让系统关机时自动备份文件

每次关机的时候，都需要保存一下各种文件，但是还有很多系统状态信息都会被遗漏，比如 IE 的收藏夹、Cookies、一些应用程序的数据等等。在 Windows XP 中，我们可以使用控制台来建立关机脚本，这些脚本在你发出关机指令后会在后台执行，自动备份这些重要信息。

要想让系统关机时自动备份文件，方法为：

（1）单击“开始”\“运行”，在出现的对话框中输入 mmc 后按 Enter 键，启动控制台。

（2）单击“控制台 1”窗口中的“文件”\“添加\删除管理单元”菜单命令，从弹出的对话框中单击左下角的“添加”按钮，然后从打开的“可用的独立控制单元”中选择“组策略”。

（3）单击“添加”按钮，然后先连续两次单击“关闭”按钮，再单击“确定”按钮退回到控制台界面。

（4）在控制台界面左侧“控制台根节点”下的“‘本地电脑’策略”中依次展开“Windows 设置”\“脚本（启动\关机）”，然后双击右侧窗口中的“关机”，打开“关机属性”对话框。

（5）单击“添加”按钮打开“添加脚本”对话框，可以自行为脚本命名，如 Backup.bat。

（6）设置完成后连续单击“确定”按钮，直到退回到控制台界面。

（7）单击“文件”\“保存”命令来保存控制台，以便以后进行调整。下次关机时，就可以发现关机提示窗口中除了“正在关机...”这样的信息外，还会显示“正在执行关机脚本”的提示，表明关机脚本正在执行。

（8）接下来为关机脚本文件添加内容。假如用户希望每次关机的时候收藏夹内容都被备份到移动硬盘上（假设该移动硬盘盘符为 F），那么可以在批处理文件中加入这样的命令：

XCopy "C:\Documents and Settings\Administrator\ Favorites" F:\Backuup\Favorite \E \Y

其中，参数 E 表示复制所有的子文件夹；由于关机脚本执行的时候不提供任何反馈信息，因此参数 Y 是必须的，否则发现同名文件后，XCopy 会提示是否覆盖，从而导致命令无法顺利执行。

提示!!

制作关机脚本时一定要保证其执行中不能出错、无需用户干预。只要其中有一条命令出错或者等待用户输入，下面的命令都将无法执行。

第2章

Windows XP 使用技巧

Windows XP 实用技巧速查 1000——本章内容

2-1 系统使用小窍门

1. 如何运行菜单中的“快捷方式”

Windows 系列操作系统有一个东西非常好用，这就是“运行”命令。在里面输入相应的命令就可以很快捷地打开特定的软件，如：输入 notepad.exe 就可以打开记事本。

这个功能在 Windows XP 里面得到了加强，输入下面的内容就可以很方便地打开特定的管理工具，如表 2-1 所示。

表 2-1 程序及其对应的命令

程　序	命　令
Computer management 电脑管理	compmgmt.msc
Device manager 设备管理器	devmgmt.msc
Disk management 磁盘管理	diskmgmt.msc
Disk defrag 磁盘碎片整理程序	dfrg.msc
Event viewer 事件查看器	eventvwr.msc
Shared folders 共享文件夹	fsmgmt.msc
Group policies 组策略	gpedit.msc
Local users and groups 本机用户和组	Lusrmgr.msc
Performance monitor 性能	perfmon.msc
Local security settings 本地安全设置	secpol.msc
Services 服务	services.msc
Resultant set of policies 策略的结果集	rsop.msc

2. 如何将所喜爱的程序放置在开始菜单顶部附近

如果你对某个程序非常喜爱且经常使用，则可以通过将其放置在列表顶部的方式提高它在开始菜单中的优先级。这种方式能够确保该程序保持在开始菜单中，且不受其他程序的干扰，即便其他程序具有更高的使用频率也是如此。

要将喜爱的程序放置在开始菜单顶部附近，方法为：

（1）在“开始”菜单上右击所喜爱的程序的链接。

（2）在出现的快捷菜单中选择“附到‘开始’菜单”上。

这样，该程序将被永久移动到列表顶部，仅仅位于浏览器与电子邮件程序下方。

3. 如何使用屏幕键盘

如果要调用屏幕键盘，则应单击“开始”\“运行”，并在出现的“运行”对话框内输入 osk 后按 Enter 键。于是，屏幕键盘就会在电脑屏幕上打开，并允许以下列三种模式进行数据输入：

（1）单击模式，用户可借助鼠标直接单击屏幕按键进行。

（2）封装模式，用户可通过按下某一热键或使用切换输入设备的方式键入高亮度字符。

（3）悬浮模式，用户只需将鼠标或游戏柄悬停在某一按键上方，即可实现相关字符的输入。

如果需要在桌面上创建与屏幕键盘相关的快捷方式，则方法为：

（1）右击桌面空白处，在弹出的菜单上单击“新建”\“快捷方式”。

（2）在出现的对话框内输入 osk 后按 Enter 键，然后单击“下一步”按钮。

（3）为新建快捷方式输入名称，单击“完成”按钮。

以后每当需要调用屏幕键盘时，直接单击桌面上的快捷方式即可。

4. 如何把网页和图片置于桌面

Windows XP 允许桌面图片随时变换，并且可以把自己喜欢的网页一直放在桌面上。这些都是用了 Windows XP 的桌面 web 功能。

要把网页和图片置于桌面，方法为：

（1）右击桌面空白处，在出现的菜单中选择“属性”选项。

（2）在出现的“显示 属性”对话框中单击“桌面”选项卡，然后单击“自定义桌面”按钮，在出现的“桌面项目”对话框中单击“web”选项卡，然后单击“新建”按钮。

（3）在出现的“新建桌面项目”对话框中，可以填入多幅图片的路径，这样，这些图片就会轮流出现在桌面。

（4）最后单击“确定”按钮，结束操作。

5. 如何实现鼠标自动选取默认按钮

在电脑操作中最烦的就是遇到系统的各种对话框，特别是在安装软件时，虽然可以一路单击“下一步”继续，但是还是得来回移动鼠标找到“确定”或者“下一步”等按钮，真是太费神了。Windows XP 有鼠标自动对准功能，在出现对话框时，它可以让鼠标指针自动移到对话框的默认按钮上，直接单击就可以了。方法为：

（1）将“控制面板”切换到经典视图，然后单击“开始”\“控制面板”，在打开的“控制面板”窗口中双击“鼠标”图标，打开“鼠标属性”对话框。

（2）在打开的对话框中单击“指针选项”选项卡，选中“自动将指针移到对话框中的默认按钮”选项，然后单击“确定”退出即可。

6. 怎样在 Windows XP 中装备 UPS

UPS 也称为“不间断电源”，它是连接在电脑和电源之间以保证电流不受干扰的设备。它使用电池保持电脑在断电之后仍能正常运行一段时间，通常在电压过高和电压太低时对电脑提供保护。

要安装和配置 UPS 设备，方法为：

（1）首先必须以管理员或 Administrators 组成员身份登录。

（2）单击“开始”\“控制面板”，打开“控制面板”窗口。

（3）双击“电源选项”图标，在出现的对话框中单击“UPS”选项卡，单击“选择”按钮，然后在“UPS 选择”对话框的“选择制造商”下单击电脑所连 UPS 的制造商；在“选择型号”下单击电脑所连 UPS 的型号；最后在“端口”下单击连接 UPS 的串行端口，然后单击“完成”即可。

7. 如何启动 Windows XP 下的任务计划

使用 Windows 的“任务计划”功能可以实现预定计划，方法为：

（1）单击“开始”\“控制面板”，打开“控制面板”窗口。

（2）双击“任务计划”图标，打开“任务计划”窗口，然后双击“添加任务计划”项，接着按照“任务计划向导”的提示，单击“下一步”按钮。

（3）“任务计划向导”会给出需要在 Windows XP 上面运行的程序选择界面，如果在里面没有想要的程序，就可以单击“浏览”按钮进行选择。这里选择 Flashget，然后单击“下一步”按钮。

（4）在“执行这个任务”的下面有 5 个选项，分别是“每天”、“每周”、“每月”、“一次性”、“电脑启动时”与“登录时”，可以根据自己的需要进行选择。在这里选择“每天”，然后单击“下一步”按钮。

（5）在出现的“请选择任务运行的起始时间和日期”对话框中，设置好“起始时间”和“起始日期”后，单击“下一步”按钮。

（6）接着，“任务计划向导”提示“请输入用户名及密码”。输入用户名及密码后，单击“下一步”按钮。

最后，在“任务计划”文件夹里面多了一个“flashget”的运行图标。到达计划的时间后就会启动 FlashGet 下载文件。

8. 如何随时启用屏保程序

看到“屏保”二字，大家肯定会很自然地想到电脑中的屏幕保护程序，它主要是通过采用不同方式轮流显示指定图片来达到屏幕保护的目的。但是只有当不操作电脑达到事先设置的时间后，系统才会启动屏幕保护程序。

如果想在任意指定的时间内启动屏幕保护程序，方法为：

（1）单击“开始”\“搜索”\“文件或文件夹”，在弹出的搜索对话框中单击“所有文件和文件夹”类型，并在对应文件名的文本框中输入“*.scr”字符，再在“搜索范围”下拉列表中，选择“本机磁盘（C:）”或电脑上存储系统文件的驱动器，最后单击“搜索”按钮。

（2）在找到的屏幕保护程序列表中选择需要的屏保程序，然后给这个屏保程序建立一个存放在桌面上的快捷方式，以后要启动屏保程序时，直接用鼠标双击桌面上的屏保快捷方式就可以了。

9. 如何查看上网时间

在 Windows XP 中，可以通过“事件查看器”来查看过去的上网时间，方法为：

（1）单击“开始”\“控制面板”\“管理工具”，打开“管理工具”窗口。

（2）双击“事件查看器”，在打开的“事件查看器”的左边窗口中右击“系统”，在出现的菜单中选择“属性”。

（3）在出现的“安全性属性”窗口中单击“筛选器”选项卡，然后在“事件来源”中选择 RemoteAccess。

（4）单击“确定”按钮回到“事件查看器”主窗口，在右边的窗口中就会显示出上网的开始时间和结束时间，相邻的两个时间中较早的就是上网的开始时间，较晚的则是下网的时间。

10. 如何重现下载对话框

如果取消了对话框上的“在打开这种类型的文件前始终询问”复选框，就会造成“另存为”对话框的消失。这种情况下，只要改变与当时下载文件类型的默认操作方式就可以恢复了。

下面以 EXE 文件为例介绍一下具体的方法：

（1）打开“我的电脑”窗口，然后依次单击“工具”\“文件夹选项”菜单命令，在打开的对话框中单击“文件类型”选项卡。

（2）在“已注册的文件类型”列表中找到 EXE 文件的项目，选中该项目，单击“高级”按钮。

（3）在打开的“编辑文件类型”对话框中选中“下载后确认打开”复选项，然后单击“确认”按钮退出。

此后，若再次下载 EXE 文件，浏览器就会重新显示“文件下载”提示对话框了。

11. 如何使资源管理器成为双击文件夹时的缺省操作

有些情况下，借助 Windows 资源管理器浏览文件夹要比直接打开每个文件夹并查看其中内容更为方便。

如果希望使用资源管理器来代替打开操作，方法为：

（1）单击“开始”\“我的电脑”，打开“我的电脑”窗口。

（2）单击菜单命令“工具”\“文件夹选项”，在打开的对话框中单击“文件类型”选项卡，然后在“已注册的文件类型”列表中选择“资料夹”，再单击“高级”按钮。

（3）在打开的“编辑文件类型”对话框中选择 Explorer。

（4）单击“确定”按钮之后，当在任意文件夹上进行双击时，将自动打开 Windows 资源管理器视图。

12. 如何为 Caps lock 增加响铃

在输入文字时经常会不小心按动 CapsLock 键，从而变为大写英文，如果我们给此键加个“响铃”就可以避免这样的错误。为 Caps Lock 键增加响铃的方法为：

（1）单击“开始”\“控制面板”，在打开的“控制面板”窗口中双击“辅助功能选项”图标。

（2）在打开的“辅助功能选项”对话框的“键盘”选项卡中，选择“使用切换键”复选项。

（3）单击“确定”按钮，结束操作。

13. 如何创建用以锁定电脑的桌面快捷方式

当偶尔离开电脑时，可以通过将其锁定的方式来保护工作内容。此时只有本人或这台电脑上管理组中的成员才能够对其进行解锁。可以用输入口令并单击“确定”的方式对电脑进行解锁。

可以在桌面上放置一个用来锁定电脑的快捷方式，方法为：

（1）右击桌面上的空白区域，在弹出的菜单中选择“新建”\“快捷方式”。

（2）在打开的“快捷方式”对话框中输入“%windir%\System32\rundll32.exe user32.dll,LockWorkStation”。

（3）单击“下一步”按钮，在出现的对话框的名称框中为该快捷方式输入一个名称，如“锁定电脑”，然后单击“完成”按钮。

14. 怎样调整屏幕的闪烁速度

如果你的电脑屏幕经常会闪动，就必须调整“显示器”的刷新速度。方法为：

（1）右击桌面空白处，从出现的菜单上选择“属性”。

（2）在出现的“显示 属性”对话框中，先单击“设置”选项卡，再单击“高级”按钮。

（3）在出现监视器属性对话框中单击“适配器”选项卡，然后单击“列出所有模式”按钮。

（4）在出现的“列出所有模式”对话框中选择合适的选项，再单击“确定”按钮。

> 提示!!
> 刷新速度越高，对眼睛造成的伤害程度就越低，所以尽量选用较高的刷新速度。

15. 如何让双键鼠标具有自动滚页功能

如果要让双键鼠标具有自动滚页功能，方法为：

（1）在控制面板中双击“鼠标”图标，在弹出的“鼠标 属性”对话框的“鼠标键”选项卡中选择“单击锁定”下的“启用单击锁定”复选项。

（2）单击“设置”按钮，在弹出的“单击锁定的设置”对话框中拖动滑动按钮到最左端，将鼠标设为最短。

（3）单击“确定”按钮保存设置，回到“鼠标 属性”对话框再次单击“确定”按钮关闭该对话框。

（4）打开一个网页，单击网页的卷轴，在离网页卷轴不远处上下移动鼠标，就可以让网页自动滚页了。再次单击网页的卷轴即可关闭此功能。

16. 如何快速关闭多个窗口

当通过“我的电脑”打开一个深层文件夹时，将依次打开很多窗口，逐一关闭非常麻烦。可以使用以下方法快速关闭打开的多个窗口：

（1）在关闭最下一层窗口时，按下 Shift 键，则所有的窗口将同时被关闭。

（2）若关闭中间某一层窗口，按下 Shift 键，则其上层窗口都会被关闭，而下层窗口将保持不变。

17. 固定屏幕刷新率有什么妙招

在 Windows XP 中玩游戏会出现屏幕刷新率过低的问题，虽然微软已经发布了针对此问题的补丁，但对于那些还没有安装补丁的读者来说，可以通过以下办法解决：

（1）单击“开始”\“运行”，在出现的对话框中输入“dxdiag”后按 Enter 键，此时会出现一个如图 2-1 所示的对话框。

图 2-1

（2）单击“是”按钮，启动“DirectX 诊断工具”。

（3）切换到“其他帮助”选项卡，单击“替代”按钮，在弹出的对话框中选择“替代值”，并在“替代值”文本框中输入想固定的屏幕刷新率（如 85Hz），然后单击“确定”按钮即可。

18. 如何让驱动程序签名不再烦人

在 Windows XP 中，通常我们在安装设备的驱动程序时，系统都会检查该驱动程序是否通过了微软的签名认证，如果没有通过，系统就会弹出一个警告对话框，问你是否继续安装驱动程序。事实上，很多驱动程序本身并没有问题，只是没有通过微软的认证而已，而且这个对话框会浪费我们很多时间。

要将这个警告框关闭，方法为：

（1）在桌面上右击“我的电脑”，在出现的菜单中选择“属性”，打开“系统 属性”对话框。

（2）切换到“硬件”选项卡，然后单击“驱动程序签名”按钮，在弹出的对话框中选择“忽略”项，即“安装软件，不要征求我的同意”。

提示!! 应确保“将这个操作作为系统默认值应用”选项前的复选框选中。

（3）单击“确定”按钮，结束操作。

以后再安装驱动程序时，就可以快速地完成了，系统将不再弹出烦人的警告对话框。

19. 如何实现启用\关闭窗口自动切换功能

在一般情况下，要在各个窗口之间切换，需要用鼠标单击要切换的窗口，但是如果启用自动切换功能以后，只需要把鼠标移动到要切换的窗口上，系统就会自动切换。方法为：

（1）单击“开始”\“运行”，在出现的对话框中输入“Regedit”后按 Enter 键，启动注册表编辑器。

（2）找到如下子项分支：

HKEY_CURRENT_USER\Control\Panel\Desktop

（3）右击右边窗口空白处，在出现的菜单中选择“新建”\“DWORD 值”，新建一个名为“新值#1”的值项。然后将该值项重命名为“UserPreferencesMask”，并且修改其数值为“b1320780”，这样就可以开启这项功能。如果要关闭的话，只需将“UserPreferencesMask”的值项修改为“b0320780”即可。

（4）关闭注册表编辑器，重新启动电脑，使修改生效。

20. 如何去除磁盘空间低的警告

警告“磁盘空间低”是 Windows XP 的一个特殊功能，如果你不希望启用该功能，则可以通过修改注册表来禁止它。方法为：

（1）单击“开始”\“运行”，在打开的对话框中输入“Regedit”后按 Enter 键，打开注册表编辑器。

（2）找到如下注册表子项分支：

HKEY_CURRENT_USER\Software\Microsoft\Windows\CurrentVersion\Policies\Explorer

（3）右击右边窗口空白处，在出现的菜单中选择“新建”\“DWOR 值”，就会在窗口中生成一个名为“新建#1”的值项。

（4）右击“新建#1”值项，在出现的菜单中选择“重命名”，然后输入“NoLowDiskSpaceChecks”。

（5）双击值项 NoLowDiskSpaceChecks，在弹出的“编辑 DWOR 值”对话框中，将数值数据修改为 1。

（6）关闭注册表编辑器，并重新启动电脑，以使修改生效。

这样，以后即使硬盘剩余空间更少，系统也再不会不停地弹出“磁盘空间低”的提示了。

> 提示!! 经过上述操作后，就需要自己经常检查硬盘剩余空间，并定期清理垃圾文件。

21. 如何在兼容模式下运行程序

有些程序在 Windows XP 下不能正常运行，但可以使其在兼容模式下运行，方法为：

（1）找到该程序的执行文件，右击该文件，在出现的菜单中选择“属性”。

（2）在出现的“属性”对话框中单击“兼容性”选项卡。

（3）在“兼容模式”下选择相应需要的运行环境即可。

（4）单击“确定”按钮，结束操作。

22. 如何为自己分配管理权限

安装在 Windows XP 操作系统中的许多程序，都要求用户具有一定的管理权限才能让用户使用程序，因此为了能够使用好程序，有时需要为自己临时分配一个访问程序的管理权限。要为自己分配管理权限，方法为：

（1）以普通用户身份登录到 Windows XP 系统中。

（2）用鼠标右键单击程序安装文件，同时按住键盘上的 Shift 键，从出现的菜单中单击“运行方式”。

（3）在弹出的窗口中输入具有相应管理权限的用户名和密码后，单击“确定”按钮，结束操作。

23. 如何启用电源保护功能

为了防止各种情况下的意外掉电，保证电脑正常工作，应该在电源管理中启用按下电源按钮时询问或直接休眠的功能。方法为：

（1）单击“开始”\“控制面板”，在出现的“控制面板”窗口中双击“电源选项”图标。

（2）在弹出的“电源选项”对话框中选择“高级”选项卡，在“按下电脑电源按钮时”项下选择“问我要做什么”；在“按下电脑休眠按钮时”项下选择“问我要做什么”。

（3）单击“确定”按钮，结束操作。

24. 如何对重要的信息进行加密

Windows XP 特意为普通用户提供了“文件和文件夹加密”功能，利用该功能我们可以对存储在电脑中的重要信息进行加密，从而使得其他用户在没有密码的情况下无法访问文件或者文件夹中的内容。

要对重要的信息进行加密，方法为：

（1）打开 Windows XP 的资源管理器，然后在资源管理器操作窗口中找到需要进行加密的文件或者文件夹。

（2）用鼠标右键单击选中的文件或文件夹，从弹出的快捷菜单中选择“属性”命令，打开“属性”对话框。

（3）单击对话框中“常规”选项卡中的“高级”按钮，在弹出的“高级属性”对话框中选中“压缩或加密属性”列表项中的“加密内容以便保护数据”项。

（4）连续两次单击“确定”按钮，结束操作。

25. 怎样快速查看驱动器组件信息

要查看驱动器的信息，方法为：

（1）右击“我的电脑”，在弹出的菜单中选择“管理”，出现“电脑管理”对话框。

（2）打开“可移动存储”下的“库”，用右键单击所要查询的驱动器，在弹出的菜单中选择“属性”，然后单击“设备信息”选项卡，就可以方便地看到驱动器的信息了。

26. 如何让时间显示更完整

默认情况下，任务栏最右侧的时钟区只显示时钟和分钟，而不显示日期和星期。

要显示完整的时间，方法为：

（1）右击任务栏的空白处，在弹出的菜单中取消“锁定任务栏”前的复选标识。

（2）用鼠标将任务栏往上拉到大约是原来的两倍大小，即可看到日期和星期按从上到下的顺序都显示出来了。

（3）采用同样的方法勾选“锁定任务栏”前的复选框。

> **提示!!** 用这种方法不但可以改变任务栏的大小，还可以改变其位置：只要解除任务栏的锁定，再用鼠标拉动其边框到相应的位置即可。

27. Windows XP 系统失去记忆功能

Windows XP 有时会失去记忆功能，例如以前每次用软件的“打开”菜单打开文件时，“打开”对话框中显示的都是上一次所进入的目录。可现在只要重新启动电脑后，“打开”对话框中显示的却是软件安装所在的目录。另外，在“开始”\“运行”对话框里输入过的命令也随着关机被清除了。

要想恢复系统的记忆功能，方法为：

（1）单击“开始”\“运行”，在出现的对话框中输入 Regedit 后按 Enter 键，打开注册表编辑器；

（2）找到如下注册表子项分支：

HKEY_LOCAL_MACHINE\Software\Microsoft\Windows\CurrentVersion\Policies\Explorer

（3）删除右边窗口中的 ClearRecentDocsOnExit 值项后，关闭注册表编辑器，重新启动电脑，记忆功能就恢复正常了。

28. 如何设定用户最大磁盘使用容量

Windows XP 具有磁盘配额功能，只要启用了磁盘配额，就可以在每一个硬盘分区中限制任意一个用户或者组的最大磁盘使用容量，任何时候的任何用户都不可能超出分配给他的配额。下面来看看究竟如何使用磁盘配额。

使用磁盘配额除了对操作系统的要求之外，必须具有管理员 Administrator 权限，而且所配置的分区必须用 NTFS 文件系统进行格式化。

要设置配额，方法为：

（1）打开“我的电脑”窗口，用鼠标右键单击要启用磁盘配额的磁盘分区，在出现的菜单中单击“属性”命令。

（2）在出现的“属性”对话框中单击“配额”选项卡，选中“启用配额管理”复选框，然后需要配置以下选项：

①拒绝将磁盘空间分配给超过配额限制的用户。超过其配额限制的用户将收到“磁盘空间不足”的提示，如果不先从该分区删除或移动一些现有文件，将无法再向其中写入其他数据。只有选择这个选项，才能起到磁盘容量限制的作用。

②制定磁盘空间限制。输入允许分区的新用户使用的磁盘空间容量。对于磁盘空间和警告等级，请从下拉列表中选择合适的单位（例如，KB、MB、GB 等）。

（3）完成以上配置后，在此页面上还有个选项叫配额项。打开后，会发现这里默认有管理员用户，而且限制为 0。

（4）此时可以单击选择“配额”\“新建配额项”命令，单击“高级”按钮。

（5）在出现的对话框中单击“立即查找”按钮，找到在本机上所有的用户和组。然后选择要限制磁盘配额的用户和组，单击“确定”按钮，这时出现了一个新的对话框，在这里可以再一次配置对这次选择的用户的磁盘配额限制，最后单击“确定”按钮。

（6）回到刚才的配额项列表处，这时列表中会增加一条记录，是刚刚配置的那一条，验证无误后关闭对话框。此时磁盘配额设置全部完成。可以重复以上操作，添加新的配额项。

提示!!

磁盘配额基于文件的所有权，而与用户的文件在分区中的文件夹位置无关。例如，如果一个用户创建一个 200KB 的文件，而另一个用户取得该文件的所有权，则第一个用户使用的磁盘空间减少 200KB，第二个用户使用的磁盘空间增加 200KB。

29. 如何改变命令提示符窗口特性

如果用户长期在命令提示符下工作，可以自行调节其外观以适应自己的使用习惯，例如对其窗口的标题、颜色等进行个性化设置。改变命令提示符窗口特性的方法为：

（1）改变标题，使用 CMD \k TITLE 新标题名。

（2）改变命令符，使用 CMD \K PROMPT [text]（text 为新的命令提示符）。

（3）改变前景色和背景色，使用 CMD \t:gf（g 指定背景色的十六进制数字，常用的颜色有以下值：0 黑色，1 蓝色，2 绿色，3 浅绿色，4 红色，5 紫色，6 黄色，7 白色，8 灰色，9 浅蓝，A 浅绿，B 浅蓝色，C 浅红色，D 浅紫色，E 浅黄色，F 亮白色）。

30. 怎样屏蔽系统中的热键

要禁止用户使用系统中的热键，方法为：

（1）单击“开始”\“运行”，输入 Regedit，打开注册表编辑器。

（2）找到如下子项分支：

HKEY_CURRENT_USER\Software\Microsoft\Windows\CurrentVersion\Policies\Explorer

在右边窗口空白处单击鼠标右键，在出现的菜单中选择“新建”\“DWORD 值”，这样就新建立了一个名为“新值 #2”的值项。然后将该新建立的值项更名为“NoWindows Keys”，并设置其数值为 1，这样就可以禁止用户利用系统热键来执行一些禁用的命令。如果要恢复使用系统中的热键，只要将该值项数值设置为 0 或是将此值项删除即可。

（3）关闭注册表编辑器，重新启动电脑，以使修改生效。

31. 如何在任务栏中显示“地址”、“链接”和“桌面”

如果在任务栏中显示“地址”、“链接”和“桌面”等工具，会给用户带来很多便利之处。

要在任务栏中显示这些工具，方法为：

（1）右击任务栏的空白处，在弹出的菜单中选择“工具栏”。

（2）分别选择子菜单中的“地址”、“链接”和“桌面”即可。

32. 怎样屏蔽恼人的 Windows XP“信使服务”

在 Windows XP 中，“信使服务”在服务列表中名称为“Messenger”，该服务用来传输客户端和服务器之间的 Net Send 和 Alerter（报警器）服务消息。此服务与 Windows Messenger 无关。默认情况下，“信使服务”是打开的，所以当你的电脑连接到 Internet 上时，一些网站（包括厂商网站）可以通过该服务发送一些信息，在目标用户的电脑上会弹出一个名为“信使服务”的对话框。这些不请自到的“信使”通常是一些广告等无用信息，在使用电脑时，突然出现的“信使服务”会干扰工作。可以使用下述方法关闭“信使服务”。

（1）单击“开始”\“控制面板”，在打开的“控制面板”窗口中双击“管理工具”图标，然后双击打开的“管理工具”窗口中的“服务”。

（2）在打开的“服务”窗口的“服务”列表中单击“Messenger”，然后单击菜单命令“操作”\“属性”。

（3）在打开的“Messenger 属性”对话框中单击“常规”选项卡，然后单击“停止”按钮，再将“启动类型”改为“手动”或“已禁用”。如果“Messenger”服务被停止，Alerter 消息就不会被传输。如果“Messenger”服务被禁用，任何直接依赖于它的服务都将无法启动。

（4）最后单击“确定”按钮，结束操作。

以后，恼人的“信使服务”就不会再来打扰了。

33. 如何详细查看 Windows XP 的系统信息

在 Windows XP 中，如果要查看详细的系统信息，如虚拟内存、补丁安装等信息，方法为：

单击“开始”\“运行”，在打开的对话框中输入 systeminfo 后按 Enter 键，即可查看到所需的信息。

34. 如何迅速返回系统桌面

在 Windows XP 操作系统下，无论同时打开了多少个窗口，均可通过单击任务栏上“快速启动”区域内的“显示桌面”按钮将处于打开状态的窗口全部最小化。而当不再需要使用系统桌面时，则可再次单击“显示桌面”按钮将所有窗口恢复至打开状态。

如果找不到“显示桌面”按钮，则右击任务栏空白处，在弹出的菜单上指向“工具栏”，然后将“快速启动”选项设定为选中状态。

35. 怎样将多个应用程序编组使用

当在 Windows XP 中同时打开多个程序时，既能够以层叠或平铺方式对它们进行编组排列，又可一次将它们最小化或关闭。

方法为：

（1）在按下“Ctrl”键的同时，单击任务栏上的有关程序项。

（2）当所选程序项被置为高亮度后，右击它们中的任何一个，下面这些编组选项便会出现在随之弹出的菜单上：层叠、横向平铺、纵向平铺、最小化程序组及关闭程序组。

36. 如何复制命令提示符窗口中的内容

要复制 Windows XP 的命令提示符窗口中的内容，方法为：

（1）如果复制全部内容，则直接单击鼠标右键，然后选中“全选”，将窗口中的所有内容都选中。如果只复制指定范围的内容，则可以首先单击鼠标右键，然后选其中的“标记”项。

（2）移动鼠标到待复制的命令字符处，拖动鼠标选择该字符串，这些字符串将立刻以反白形式出现在屏幕上。

（3）单击鼠标右键或按回车键，再移动到目标位置，右击并选择“粘贴”，这样一个命令字符串就自动拷贝到了指定的位置上。

37. 如何隐藏活动的程序图标

活动的程序图标会被自动隐藏起来，给任务栏的其他图标和按钮腾出空间，而且还可以设置哪些显示，哪些不显示。例如安装了一个防火墙软件，它的图标会一直在通知区域，当我们知道这一点后，就可以把它隐藏起来了。

隐藏活动的程序图标，方法为：

（1）右击任务栏空白处，在出现的菜单中选择“属性”。

（2）在弹出的对话框里的“通知区域”中选“自定义”，在弹出的“自定义通知”对话框中单击要隐藏的项目，然后单击该项目右边的下拉箭头，在出现的菜单中选择“隐藏”。

（3）单击“确定”按钮，结束操作。

38. 如何给 Windows XP 找回纯 DOS

有时用户不得不使用一些在纯 DOS 模式下工作的程序，但是在 Windows XP 中已经不能找到纯 DOS 了。

要在 Windows XP 中进入纯 DOS 模式，方法为：

（1）单击“开始”\“所有程序”\“附件”\“命令提示符”，打开命令提示符窗口。

（2）输入如下命令，即可运行相应的 DOS 程序：

start\separate ×××（×××为要运行的程序）

提示!!

参数 separate 的作用是在单独的内存空间启动 16 位程序，而用参数 shared 则是在共享的内存空间启动 16 位程序。当 DOS 程序运行后还可按 Alt+Enter 键在全屏幕与窗口之间进行切换。

39. 如何开启高对比度功能

高对比度（High Contrast）功能是专为那些视力受到损伤的用户而设计的。通过使用一种替代颜色组合方式来提高屏幕对比度，高对比度配色方案可以使屏幕变得更易于用户进行浏览。为确保易读性，某些配色方案还会对字体尺寸进行修改。

要开启高对比度功能，方法为：

（1）单击“开始”\“控制面板”，在打开的“控制面板”窗口中双击“辅助功能选项”图标。

（2）在打开的对话框的“显示”选项卡中的“高对比度”区域内，选中“使用高对比度”复选框。

（3）单击“设置”按钮可进入“高对比度设置”对话框，若选中“使用快捷键”复选框，那么，可以通过同时按下“Alt+左侧的 Shift+Print Screen”组合键的方式来开启或关闭高对比度功能。

40. 去除烦人的“新安装了程序”提示

Windows XP 中每次新安装完一款软件后，在“开始”菜单处就会显示“新安装了程序”提示对话框。

要去除该 Windows XP 新程序提示，方法为：

（1）右击“开始”按钮，在出现的菜单中选择“属性”。

（2）在弹出的对话框中单击“开始菜单”选项卡，然后单击“自定义”按钮。

（3）在出现的对话框中单击“高级”选项卡，然后将第二项“突出显示新安装的程序”前面的勾去掉即可。

（4）单击“确定”按钮，结束操作。

41. 如何让 Windows 2000 和 Windows XP 共享收藏夹

要让 Windows 2000 和 Windows XP 共享收藏夹，方法为：

（1）在 Windows 2000 下单击“开始”\“运行”，在弹出的对话框中键入 regedit 或 regedit32 后按 Enter 键，打开注册表编辑器。

（2）分别找到如下五个分支，然后找到这些分支下名为 Favorites 的值项，并将该值项的数据修改为想要作为两个系统共用收藏夹的位置：

HKEY_CURRENT_USER\Software\Microsoft\Windows\CurrentVersion\Explorer\Shell Folders

HKEY_USERS\S-1-5-21-1462975650-1469132646-311576647-1163\Software\Microsoft\Windows\Current Version\Explorer\Shell Folders

HKEY_USERS\S-1-5-21-1462975650-1469132646-311576647-1163\Software\Microsoft\Windows\Current Version\Explorer\Shell Folders

HKEY_CURRENT_USER\Software\Microsoft\Windows\Current Version\Explorer\User Shell Folders

HKEY_USERS\S-1-5-21-1462975650-1469132646-311576647-1163\Software\Microsoft\Windows\Current Version\Explorer\User Shell Folders

（3）在 Windows XP 下对注册表进行同样的修改即可。

42. 如何打开剪贴簿查看器

在 Windows XP 中，使用剪贴簿查看器能够显示粘贴到剪贴板上的信息。可以在本地剪贴簿中永久保存这些信息并与其他用户进行共享，当启动剪贴簿查看器时，本地剪贴簿将自动打开。

在 Windows XP 中，剪贴簿查看器并未在开始菜单上的附件文件夹中列出，因此，可能需要在桌面上为其创建一个快捷方式：

（1）右击桌面空白处，在出现的菜单中选择“新建”\“快捷方式”命令。

（2）在打开的“创建快捷方式”对话框的“请键入项目的位置”文本框中输入 C:WINDOWS\system32\clipbrd.exe。

（3）单击“下一步”按钮，在出现的对话框中为创建的快捷方式输入一个名称，最后单击“完成”按钮，结束操作。

43. 如何取消 Windows 默认的图片及传真查看器

在“我的电脑”和“资源管理器”看图时均以“Windows 图片及传真查看器”为默认值，如需取消此项默认值，方法为：

（1）单击“开始”\“运行”，在出现的对话框中输入 Regedit 后按 Enter 键，运行注册表编辑器。

（2）找到如下子项分支：

HKEY_LOCAL_MACHINE\SOFTWARE\Classes\CLSID\{e84fda7c-1d6a-45f6-

b725-cb260c236066}\shellex

然后删除右窗口中的 MayChangeDefaultMenu 值项。

（3）关闭注册表编辑器，重新启动电脑，使修改生效。

44. 如何禁止桌面清理向导

在默认的情况下，Windows XP 每隔 60 天就会自动运行一次桌面清理向导，该向导会将在最近 60 天内未曾使用的快捷方式图标移动到一个“未使用的桌面快捷方式”的文件夹中。如果以后要打开这些快捷方式无疑又要多花一些时间。

要禁止桌面清理向导，方法为：

（1）在桌面空白处单击鼠标右键，在弹出的快捷菜单中选择“属性”命令，在“显示属性”对话框中选择“桌面”选项卡。

（2）单击“自定义桌面”按钮，在“常规”选项卡项中将“每 60 天运行桌面清理向导”取消即可。

45. 如何启用鼠标的“单击锁定”功能

Windows XP 提供了一个“单击锁定”功能，使得我们能够选择文本或拖动文件，而不必持续按住鼠标。

要启用鼠标“单击锁定”功能，方法为：

（1）单击“开始”\“控制面板”，在打开的“控制面板”窗口中双击“鼠标”图标，打开“鼠标 属性”对话框。

（2）单击“鼠标键”选项卡，然后在“单击锁定”下选中“启用单击锁定”复选框。

（3）如要更改设置“单击锁定”时需按住鼠标按钮的时间，则单击“单击锁定”右侧的“设置”按钮，然后在出现的“单击锁定的设置”对话框中，拖动滑块以更改在单击被锁定之前需要按住鼠标按钮的时间长度。

（4）单击“确定”按钮，结束操作。

在选中“启用单击锁定”复选框后，只要按住鼠标左键持续片刻，就会锁定单击。锁定单击后，移动鼠标就像原先按住鼠标左键进行拖动一样。

46. 怎样使用地址栏访问程序和网页

可将地址栏添加至位于桌面底部的任务栏，这样只需通过在地址栏中输入文件名，就可以启动相关程序。

举例来说，如果想要启动计算器，则只需在地址栏内输入 calc，这样系统就允许在“开始”\“运行”对话框内输入的任何信息均同样适用于地址栏。

要在任务栏上显示地址栏，方法为：用鼠标右击任务栏空白处，在弹出的菜单中选择“工具栏”\“地址”，即可将这个工具放在任务栏。

使用地址栏，可以键入例如“D：\”来直接访问各个磁盘，要读软驱就键入“A:\”，要读光驱就直接键入“G:\”（如果光驱是 G）。此外，地址栏还可帮助迅速调用自己所指定的 Web 页面（如果接上了 Internet），要发邮件。在地址栏里键入“mail to + 信箱地址”就可以了。

在一般情况下，当想登录到某网站时，都必须先启动 Internet Explorer，其实，只要单击“开始”\“运行”或者使用 Windows 徽标键 + R，并在“打开”项上直接输入网址，系统就会连接到相应的网站。如果在系统中设置了自动拨号，它还会自动拨号，非常方便。

47. 如何让文字显示更清楚

Windows XP 能够支持性能卓越的 ClearType 技术，在各种尺寸下圆润地显示所有字体，从而确保整个系统更加易于阅读。

要启用 ClearType 功能，方法为：

（1）右击桌面空白处，在出现的菜单中选择“属性”命令，出现“显示属性”对话框。

（2）单击“外观”选项卡，然后单击“效果”按钮。

（3）在打开的“效果”对话框中单击“使用下列方式使屏幕字体的边缘平滑”复选框以便将其选中，并从下拉列表中选择“清晰”，如图 2-2 所示。

（4）单击“确定”按钮，结束操作。

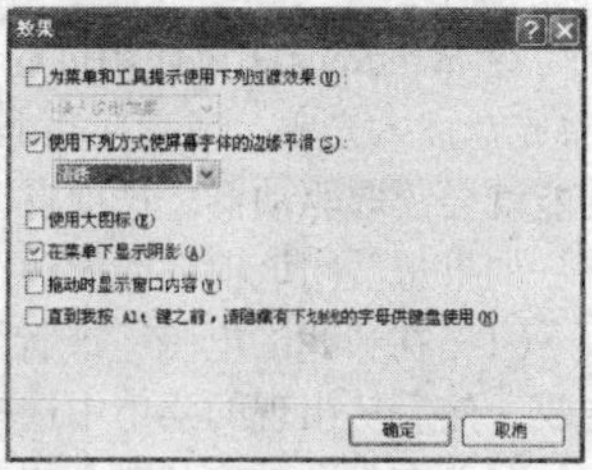

图 2-2

48. 如何隐藏电脑中的磁盘驱动器

方法为：

（1）单击“开始”\“运行”，在出现的对话框中输入 Regedit 后按 Enter 键，运行注册表编辑器。

（2）找到如下子项分支，然后创建一个 DWORD 值项 NoDrives，数值数据请使用十进制，可以进行如下设定：若隐藏 A 盘则设置为 1，若隐藏 B 盘则设置为 2，若隐藏 C 盘则设置为 3，如此类推，如全部隐藏则为 67108863：

HKEY_LOCAL_MACHINE\Software\Microsoft\Windows\CurrentVersion\Policies\ Explorer

（3）关闭注册表编辑器，重新启动电脑后，改动生效。

49. 如何关闭自动运行程序光盘的特性

要阻止 Windows XP 自动运行程序光盘，方法为：

（1）单击“开始”\“运行”，在出现的对话框中敲入 gpedit.msc 后按 Enter 键，打开“组策略”窗口。

（2）依次单击“计算机配置”\“管理模板”\“系统”，这时在右边窗口区域中可以看到一个“关闭自动播放”项，右击该项，在出现的菜单中选择“属性”。

（3）在打开的“关闭自动播放 属性”对话框中单击“已启用”并选取“CD-ROM 驱动器”。

（4）最后单击“确定”按钮，以关闭程序光盘自动运行特性。

提示!!

①选择“所有驱动器”，除了可关闭光盘的自动播放外，还可关闭其他移动存储设备（如 USB 可移动硬盘）的自动播放。②“关闭自动播放”设置只能使系统不再列出光盘和移动存储的目录，并不能够阻止自动播放音乐 CD 盘。要阻止音乐 CD 的自动播放，就只有更改光驱的属性了。

50. 如何关闭 CD 自动播放功能

在 Windows XP 使用过程中，在默认情况下，一旦将可移动磁盘接入电脑（将光盘插入光驱，或者接插上 U 盘、移动硬盘时），Windows XP 的自动播放功能就会读取驱动器。这项自动功能可能是不需要的。

如果想关闭该项功能的话，方法为（在此以关闭音乐 CD 为例）：

（1）在“我的电脑”或者“资源管理器”中右击需要关闭自动播放功能的光驱，然后从出现的菜单中选择“属性”命令。

（2）在打开的窗口中单击“自动播放”选项卡，在下拉菜单中选择“音乐 CD”，选定“选择一个操作来执行”前的单选框，然后选中“不执行操作”。

（3）最后单击“确定”按钮。

这样当音乐 CD 插入光驱时就不会自动播放了，用同样的方法可以修改光驱的其他属性，如 DVD 的自动播放等。

51. 如何使用 Windows XP 的网络自动诊断功能

Windows XP 系统提供了网络自动诊断功能，利用该功能可以及时发现网络故障，以便快速解决网络故障。方法为：

（1）单击“开始”\“所有程序”\“附件”\“系统工具”\“系统信息”。

（2）在出现的“系统信息”窗口中选择“工具”菜单下的“网络诊断”命

令，在随后出现的对话框中可以选择对应功能按钮，来进行多种诊断测试工作。

（3）只要单击 “扫描的系统”，就可以完成所有的网络诊断。扫描完后，它会给出制作得很漂亮的报告（比命令提示符可好多了，这个报告既给出了文字的结果，也给出了十分详细的数据，无论是一般用户，还是系统工程师都用得上它）。

52. 怎样实现开机后马上打开应用程序

如果你每天固定一开机就要运用某一应用程序，就可以将其设定在“启动”文件夹中，让电脑在开机时自动打开它。

（1）单击“开始”\“所有程序”，在要设置的程序上单击鼠标右键，在出现的菜单中选择“复制”命令。

（2）在“开始”\“所有程序”\“启动”上单击鼠标右键，再选择“打开”命令。在弹出的窗口内再单击鼠标右键，选择“粘贴”命令。

（3）移动鼠标到“开始”\“所有程序”\“启动”上，即可从子菜单中看到新加入的程序。重新启动一下电脑，进入系统后，就能看到设定后的结果了。

53. “运行”对话框有哪些妙用

在“开始”菜单中的“运行”选项中输入“.”，单击“确定”按钮，会打开 C:\Documents and Settings\用户名文件夹。

在“运行”选项中输入“.. ”，然后单击“确定”按钮，电脑就会打开 Windows XP 所在的盘符下的 Documents and Settings 文件夹，比如 C:\Documents and Settings。

如果输入“... ”，然后单击“确定”按钮，就会打开“我的电脑”选项。

输入“\”将会打开硬盘 C:\根目录窗口。

2-2　中英文输入

1. 如何修改文本服务和输入语言

Windows XP 具备先进的文本服务功能。如需在 Windows XP 中对文本服务进行设置，方法为：

（1）双击“控制面板”窗口中的“区域和语言”图标，再双击打开的对话框中的“语言”选项卡。

（2）单击“详细资料”按钮，在“已安装的服务”项目列表内单击“添加”按钮，并选取所需要添加的输入语言及与之相关的输入法。

（3）在“默认输入语言”区域内，选择在启动电脑时希望使用的语言种类。

（4）单击下方的“语言栏”按钮，然后指定首选设置方案，例如在桌面上显示语言栏，然后单击“确定”按钮。

2. 如何显示输入法提示图标

如果没有在任务栏上发现输入法提示图标，要显示它，方法为：

（1）双击“控制面板”窗口中的“区域和语言”图标，再双击打开的对话框中的“语言”选项卡。

（2）单击“详细资料”按钮，在出现的“文字服务和输入语言”对话框中单击下方的“语言栏”按钮，在打开的“语言栏设置”对话框中选中“在桌面上显示语言栏”，然后单击“确定”按钮。

这时输入法提示栏就出现在任务栏中了。

3. 如何从词中取字

有时会出现一个汉字用五笔输不出来的情况，这时可以借助于词语输入，然后再把不用的字删除掉。不过，这样比较麻烦。万能五笔允许让词语的最后一个字直接上屏，如我们要输入舞字，那只要输入“khrl”，并在汉字候选框出现“跳舞”时按→键，就可以选取最后一个汉字“舞”字到屏幕上。

4. 如何使英文编码直接上屏

在智能 ABC 输入法中，可以通过按“V+ 英文字符串”的方法来直接输入英文字符。不过，在万能五笔中也支持编码直接上屏幕，如我们输入一个“汉”字，只要按下～ 键，则对应的“ic”就会直接显示在屏幕中。

5. 设置光标跟随状态

方法为：

（1）右击任务栏中的输入法提示图标，在弹出菜单中选择“设置”。

（2）在弹出的“文字服务和输入语言”对话框中选中想改变的输入法，如智能 ABC 输入法，再单击右侧的“属性”按钮，然后在弹出的对话框中选中“风格”下的“光标跟随”，最后单击“确定”按钮，关闭打开的对话框即可。

6. 你知道哪些输入法热键

在中文 Windows 中可以非常方便地选择相应的输入法，不过如果能够使用中文输入法中的热键，有时候往往会起到事半功倍的效果。

下面列出一些常见的输入法热键：

中/英输入法切换：左或右 Ctrl+空格键

全角/半角切换：左或右 Shift+空格键

中英文符号切换：左或右 Ctrl+句号

从最下面开始循环选择输入法：左或右 Ctrl+左 Shift

从最上面开始循环选择输入法：左或右 Ctrl+右 Shift

提示!!

在一般情况下不要安装太多的输入法，而把最常用的两种输入法放在最前面和最后面，使用时只要按 Ctrl+左 Shift 键或 Ctrl+右 Shift 键，不使用时按 Ctrl+空格键即可，这就非常方便。

7. 如何增加 GBK 汉字输入功能

用户在使用万能五笔输入汉字时发现有些 GBK 汉字无法输入。不过，完全可以把这些字加入其词库中使其具有该 GBK 汉字的输入能力。如，我们要输入一个朱镕基总理的“镕”字，那只要使用支持 GBK 汉字输入的输入法（如 Windows 中自带的全拼输入法）输入后，选中该字，再单击万能五笔的“词”按钮则会弹出“造词”对话框。

在“造词”对话框中输入其编码 qpwk，然后单击“OK”钮。

以后在使用万能五笔时只要输入 qpwk 即可输入“镕”字了。

其余的 GBK 汉字也可以通过类似的方法输入。

8. 如何输入繁体中文

在 Windows XP 中可以用仓颉拼音输入法（CINTSETP）直接输入繁体中文。

安装仓颉拼音输入法的方法为：

打开 Windows XP 安装目录的 windows\system32\IME\Cintlgnt 文件夹，然后双击 CINTSETP.EXE 可执行文件进行安装。

安装后会在 Windows 中新增一个“中文（台湾）”的仓颉输入法，利用它可以在简体中文 Windows XP 上输入繁体汉字，给需要的用户提供了很大的方便。

9. 如何提高全拼输入法的汉字检索速度

中国的汉字同音字比较多，使用拼音输入法输入时检索自己所需要的汉字就显得比麻烦了，也会影响速度。其实可以采取一定的设置，便可大大提高全拼输入法的检索速度。方法为：

（1）切换到全拼输入法状态，然后用鼠标右击全拼输入状态条左侧区域，在弹出的菜单中选“属性”。

（2）在出现的“输入法设置”对话框中选择“检索字符集”下的“GB2312”。

（3）单击“确定”按钮，结束操作。

10. 如何快速输入汉字偏旁

切换到全拼输入法，然后直接输入 pianpang（“偏旁”的拼音），而后一些汉字的偏旁就出现了，如果你发现你需要的偏旁不在其中，就可以按“+”或“-”号键前后翻页即可，非常方便。

11. 如何重复输入最近上屏的字词

要重复输入最近上屏的字词吗？只要按下 Ctrl+ →组合键即可。如要输入“高兴高兴”，只要输入一个“高兴”，再按下 Ctrl+ →组合键即可。

12. 删除多余的输入法

在安装 Windows XP 时，如果选择的是“典型安装”，那么系统默认的就有英语、全拼、微软拼音、郑码及智能 ABC 五种键盘语言，再加上另外安装输入法后，发现在进入字处理软件后切换输入法时比较麻烦。这时候就可以删除平时不常使用的输入法，方法为：

（1）右击任务栏中的输入法提示图标，在弹出菜单中选择“设置”。

（2）在弹出的“文字服务和输入语言”对话框中单击“已安装的服务”列表中的不需要的输入法，再按下“删除”按钮即可把不需要的输入法删除掉。

（3）最后单击“确定”按钮，结束操作。

13. 如何为输入法设置特定热键

要为输入法设置特定热键，方法为：

（1）右击任务栏中的输入法提示图标，在弹出菜单中选择“设置”。

（2）在弹出的“文字服务和输入语言”对话框中单击“键设置”按钮，然后在出现的对话框中的“输入法语言设置”列表框中选择想要切换的输入法语言。

（3）单击“更改按键顺序”按钮，在出现的对话框中选中 Ctrl、Alt 或 Shift 键，再选择其他的“基本键”即可。例如把全拼输入法热键设置为 Alt+1，五笔输入法热键设置为 Alt+5，这样便于记忆，使用起来非常方便。

（4）单击“确定”按钮，关闭打开的对话框。

14. 在 Windows 中输入汉语拼音和国际音标

如果要输入国际音标，大家可以安装一个 Kingsoft PhoneticPlain 的 TrueType 字库。只要单击“开始→程序→附件→系统工具→字符映射表”，打开“字符映射表”程序，并从字体下拉框中选择 Kingsoft Phonetic Plain 字体，其中的字符就会显示，选中自己需要的音标符号，再单击“复制”钮将它复制到 Windows 剪贴板中。再到应用程序中按下 Ctrl+V 键粘贴即可。同时，在此字库中也有所有的汉语拼音字符可供选择，这对于从事汉语拼音教学的用户来说就更好了。

15. 如何放置输入法的位置

由于输入法的权限较高，因此，它总是在所有的窗口之上，有时候我们在输入汉字时，会出现输入法窗口遮住提示栏的情况，这时候只要用鼠标拖动输入法到屏幕任意一个地方再松开鼠标即可。

16. 如何反查汉字的五笔码

在用五笔字型输入时，有些字往往不易把它的笔划分开，最后只好用拼音输入。其实可以通过反查汉字的五笔码的方法来解决这个问题。

以反查汉字“韶”的五笔码为例，方法为：

（1）切换到拼音输入状态，然后右击“全拼输入”状态提示条。

（2）在弹出菜单中选“设置”，在“键盘属性”对话框中选中“全拼输入法”。

（3）单击“属性”，在弹出的“输入法设置”对话框中选“五笔型”，然后单击“确定”按钮关闭打开的对话框。

（4）在全拼输入方式下键入拼音 shao 后，找到“韶”字后单击它，编码框中就会出现绿色的“ujv”（完整的编码应该为“ujvk”，用“ujv”也可以输入，这样就省去了更多的记忆），这就是“韶”字的五笔编码，根据拆字规则记住它，以后就能用五笔型码输入该字了。

提示!! 要实现其余的输入法编码的反查也可依照此法进行。

2-3　Windows XP 操作快捷键

1. 快捷键有什么用

在 Window XP 中可以利用快捷键代替鼠标。

利用键盘快捷键可以打开、关闭和导航"开始"菜单、桌面、菜单、对话框以及网页。

而且，键盘还可以让用户更简单地与电脑交互。

以下举例说明组合快捷键的使用方法：

例如，Ctrl+A 为全选命令，使用时按住 Ctrl 键不放的同时按 A 键即可。

2. 你知道哪些功能快捷键

以下列举一些常用的功能快捷键：

F1：帮助。 F2：重新命名所选项目。

F3：搜索文件或文件夹。

F4：显示"我的电脑"和"Windows 资源管理器"中的"地址"栏列表。

F5：刷新当前窗口。 F6：在窗口或桌面上循环切换屏幕元素。

F10：激活当前程序中的菜单条。

DELETE：删除。

BackSpace：在"我的电脑"或"Windows 资源管理器"中查看上一层文件夹。

Esc：取消当前任务。

Print Screen：将当前屏幕以图像方式拷贝到剪贴板。

3. 你知道哪些 Ctrl 组合快捷键

以下列举一些常用的 Ctrl 组合快捷键：

Ctrl+A：选中全部内容。 Ctrl+C：复制。

Ctrl+X：剪切。 Ctrl+V：粘贴。

Ctrl+Z：撤销。 Ctrl+N：新建一个新的文件。

Ctrl+O：打开"打开文件"对话框。 Ctrl+P：打开"打印"对话框。

Ctrl+S：保存当前操作的文件。

Ctrl+Insert 或 Ctrl +C：复制被选择的项目到剪贴板。

Ctrl+向右键：将插入点移动到下一个单词的起始处。

Ctrl+向左键：将插入点移动到前一个单词的起始处。

Ctrl+向下键：将插入点移动到下一段落的起始处。

Ctrl+向上键：将插入点移动到前一段落的起始处。

Ctrl+F4：在允许同时打开多个文档的程序中关闭当前文档。

Ctrl+F6：切换到当前应用程序中的下一个文本（加 Shift 可以跳到前一个窗口）。

Ctrl+Esc：显示“开始”菜单，相当于 Windows 键。

Ctrl+Alt+Delete：在 Win9x 中打开关闭程序对话框。

拖动某一项时按住 Ctrl 复制所选项。

4. 你知道哪些 Alt 组合快捷键

以下列举一些常用的 Alt 组合快捷键：

Alt+Enter：查看所选项目的属性。

Alt+F4：关闭当前项目或者退出当前程序。

Alt+空格键：为当前窗口打开快捷菜单。

Alt+Tab：在打开的项目之间切换。

Alt+Esc：以项目打开的顺序循环切换。

Alt+菜单名中带下划线的字母：显示相应的菜单。

Alt+Back Space 或 Ctrl+Z：撤消上一步的操作

Alt+Shift+Back Space：重做上一步被撤消的操作

Alt +Print Screen：将当前活动程序窗口以图像方式拷贝到剪贴板

提示：Print Screen 将当前屏幕以图像方式拷贝到剪贴板。

5. 你知道哪些 Shift 组合快捷键

以下列举一些常用的 Shift 组合快捷键：

Shift+F10：显示所选项的快捷菜单。

Shift+Delete：永久删除所选项，而不将它放到“回收站”中。

Ctrl+Shift+任何箭头键：突出显示一块文本。

Shift+任何箭头键：在窗口或桌面上选择多项，或者选中文档中的文本。

拖动某一项时按 Ctrl+Shift：创建所选项目的快捷键。

将光盘插入 CD-ROM 驱动器时按 Shift 键阻止光盘自动播放。

6. 你知道哪些 Windows 组合快捷键

Windows 键即键盘上 Ctrl 键和 Alt 键之间有 Windows 徽标的键，一般左右各有一个，但某些老式键盘上可能没有 Windows 键，也就无法使用该组合快捷键了。

以下列举一些常用的 Windows 组合快捷键：

Windows：相当于 Ctrl+Esc，打开开始菜单。

Windows+Tab：在任务栏上的按钮间循环。

Windows+M：最小化或恢复 windows 窗口。

提示!! 要撤消最小化所有窗口，则使用 Shift+ Windows+ M。

Windows+E：打开“资源管理器”。

Windows+F：打开“搜索”对话框。

Windows+Ctrl+F：打开“搜索电脑”对话框。

Windows+F1：打开“帮助和支持中心”。

Windows+R：打开“运行”对话框。

Windows+Break：打开“系统属性”窗口。

Windows+L：锁定电脑。

Windows+U：打开“辅助工具管理器”。

7. 你知道哪些资源管理器中的快捷键

以下列举一些常用的资源管理器中的快捷键：

如果当前选择展开了，要折叠：使用 Num Lock+负号(－)，或者选择父文件夹左箭头折叠所选的文件夹。

如果当前选择折叠了，要展开：使用 Num Lock+* ，或者选择第一个子文件夹右箭头展开当前选择下的所有文件夹。

Num Lock+加号(+) ：展开所选的文件夹。

F6：在左右窗格间切换。

按住 Shift 键再单击“关闭按钮”：关闭所选文件夹及其所有父文件夹（仅适用于“我的电脑”）。

Alt+左箭头：向后移动到上一个视图。

Alt+右箭头：向前移动到上一个视图。

Back Space：查看上一级文件夹。

按住 Ctrl 键并拖动文件：复制文件。

Ctrl+Shift 并拖动文件：创建快捷方式。

8. 你知道哪些命令提示符窗口中的快捷键

在命令窗下有许多好用的快捷键，可以大大加快输入和调试速度，而且一些功能还以图形方式呈现。

以下列举一些常用的命令提示符窗口中的快捷键：

Esc：清除当前命令行。

F7：显示命令历史记录，以图形列表窗的形式给出所有曾经输入的命令，并可用上下箭头键选择再次执行该命令。

F8：搜索命令的历史记录，循环显示所有曾经输入的命令，直到按下回车键为止。

F9：按编号选择命令，以图形对话框方式要求你输入命令所对应的编号(从 0 开始)，并将该命令显示在屏幕上。

Ctrl+H：删除光标左边的一个字符。

Ctrl+C 或 Ctrl+Break，强行中止命令执行。

Ctrl+M：表示回车确认键。

Alt+F7：清除所有曾经输入的命令历史记录。

Alt +Print Screen：截取屏幕上当前命令窗里的内容。

9. 你知道哪些使用对话框中的快捷键

以下列举一些常用的对话框中的快捷键：

取消当前任务：Esc。

如果当前控件是个按钮，要单击该按钮或者如果当前控件是个复选框，要选择或清除该复选框或者如果当前控件是个选项按钮，要单击该选项空格键。

单击相应的命令：Alt+带下划线的字母。

单击所选按钮：Enter。

在选项上向后移动：Shift+ Tab。

在选项卡上向后移动：Ctrl+ Shift+ Tab。

在选项上向前移动：Tab。

在选项卡上向前移动：Ctrl+ Tab。

在“另存为”或“打开”对话框中打开“保存到”或“查阅”：F4。

刷新“另存为”或“打开” 对话框：F5。

10. 你知道哪些 Word 中的快捷键

以下列举一些常用的 Word 中的快捷键：

打印预览：Ctrl+Alt+I。

创建不间断空格：Ctrl+Shift+Spacebar。

创建不间断连字符：Ctrl+连字符。

使字符变为粗体：Ctrl+B。

使字符变为斜体：Ctrl+I。

为字符添加下划线：Ctrl+U。

缩小字号：Ctrl+Shift+<。

增大字号：Ctrl+Shift+>。

删除段落格式：Ctrl+Q。

删除字符格式：Ctrl+Spacebar。

复制所选文本或对象：Ctrl+C。

剪切所选文本或对象：Ctrl+X。
粘贴文本或对象：Ctrl+V。
撤消上一操作：Ctrl+Z。
重复上一操作：Ctrl+Y。

11. 你知道哪些 IE 中的快捷键

IE 是 Internet Explorer 的缩写。以下列举一些常用的 IE 中的快捷键：
Alt+向右箭头：显示前一页（前进键）。
Alt+向左箭头：显示后一页（后退键）。
Ctrl+Tab：在页面上的各框架中切换（加 Shift 反向）。
F5：刷新网页。
Ctrl+F5：强行刷新。

12. 你知道哪些辅助选项快捷键

以下列举一些常用的辅助选项快捷键：
切换筛选键开关：右 Shift 八秒。
切换高对比度开关：左 Alt+左 Shift+Print Screen。
切换鼠标键开关：左 Alt+左 Shift+Num Lock。
切换粘滞键开关：Shift 键五次。
切换切换键开关：Num Lock 五秒。

第3章

Windows XP 的文件与磁盘管理

Windows XP 实用技巧速查 1000——→本章内容

3-1 文件属性及其操作

1. 将文件设为只读

将文件的属性更改为只读后，可以防止意外的修改，在存储时拒绝以原文件名存储文件，从而保证了文件不被修改。

（1）在桌面上右击“我的电脑”图标，从弹出的右键菜单中选择“资源管理器”，打开“资源管理器”窗口。

（2）在资源管理器的文件夹窗口中选择要更改属性的文件所在的文件夹，然后在右侧的文件显示窗口中选择文件或文件夹。

（3）单击“文件”\“属性”命令，打开“属性”对话框。在“属性”栏中勾选中“只读”复选框。

（4）最后单击“应用”按钮，或单击“确定”按钮。这时会弹出“确认属性更改”对话框，选择“仅将更改应用于所选文件”单选框，只将选定的文件设置为“只读”属性，若选择“将更改应用于所选文件、子文件夹中的文件”单选框，所选定的文件及子文件夹中的文件都将被设置为“只读”属性。

（5）最后单击“确定”按钮。

这样，选中的文件和文件夹中的文件的属性就修改为“只读”属性了。

2. 如何隐藏所有文件的扩展名

要隐藏所有文件的扩展名，方法为：

（1）在“资源管理器”中单击菜单栏上的“工具”下级的“文件夹选项”。

（2）选择“隐藏已知文件类型的扩展名”将所有文件的扩展名隐藏起来。

（3）单击“确定”按钮，结束操作。

3. 如何隐藏文件

将文件或文件夹设置为“隐藏”属性时，在系统没有开启显示隐藏文件的情况下，在资源管理器窗口中是不能看见隐藏文件的。利用这一功能，可以将重要的文件进行隐藏，以防别人偷看。

（1）执行“开始”\“所有程序”\“附件”\“资源管理器”命令，打开“资源管理器”窗口。在“资源管理器”窗口找到要设置为“隐藏”属性的文件，并选中它。

（2）执行“文件”\“属性”命令，打开“属性”对话框。在“属性”栏中选中“隐藏”复选框。

（3）最后单击“应用”和“确定”按钮。这样，文件就被设置为“隐藏”属性了，文件图标将淡色显示。如果系统没有开启显示隐藏文件的功能，按 F5 键刷新，被设置为隐藏属性的文件就会被隐藏而不显示了。

4. 如何选择用于打开某类型的文件的程序

如果 Windows 不能识别某文件类型，则“未知应用程序”将出现在“常规”选项卡上的“打开方式”旁边。若要选择用于打开该类型的文件的程序，方法为：

（1）在“常规”选项卡上，单击“更改”，弹出“Windows”对话框，在“你希望做什么”下单击下列选项之一，选择要用于打开该类型的文件的程序：

①单击“使用 Web 服务寻找适当的程序”，然后单击“确定”。Web 浏览器便启动，可以在 Internet 上搜索所需的程序。

②单击“从列表中选择程序”，然后单击“确定”，弹出“打开方式”对话框，使用下列方法之一来选择要用于打开该类型的文件的程序：

a. 在“程序列表”中，单击所需的程序。

b. 单击“浏览”，查找并单击要使用的程序，然后单击“确定”。

c. 单击“在 Web 上寻找适当的程序”以便在 Internet 上浏览所需的程序。

（2）单击选中“始终使用选择的程序打开这种文件”复选框（如果它尚未被选中）。

（3）单击“确定”按钮，关闭打开的对话框。

5. 如何隐藏部分文件的扩展名

要隐藏部分文件的扩展名，方法为：

（1）单击“开始”\“运行”，键入“Regedit”后按 Enter 键，打开注册表编辑器。

（2）展开 HKEY_CLASSES_ROOT 分支，找到要隐藏的文件扩展名并将其展开。

（3）在右侧窗口中新建字符串类型的值项 NeverShowExt。

（4）退出注册表编辑器重新启动计算机后，该类型文件的扩展名将会自动隐藏起来。

6. 如何更改程序文件日期

要修改×××.exe（任意 exe 文件）的日期，按以下方法进行操作：

（1）在 MS-DOS 方式下键入 copy ×××.exe+,,（提示：加号后紧跟 2 个

逗号）;

（2）系统询问时键入“Y”，即将文件日期更改为当前日期。

7. 如何方便地查看文件和文件夹概况

在 Windows XP 文件夹中查看文件时，Windows XP 为排列和标识这些文件提供了几种新的方式，方法为：

（1）打开文件夹后，单击“查看”菜单中的任何一种查看选项。

（2）此时便可以采用你认为方便的方式查看文件和文件夹概况，而每个文件夹中的排列选项因打开的文件类型而异：

①按组排列：使用“按组排列”选项，可以按文件的任何细节信息（如名称、大小、类型或修改日期）对文件分组。例如，如果按文件类型分组，则图像文件显示为一组，Microsoft Word 文件显示为另一组，而 Excel 文件也显示为一组。“按组排列”有“缩略图”、“平铺”、“图标”和“详细资料”几种视图可用。若要按组显示文件，请在“查看”菜单上，指向“排列图标”，然后单击“按组排列”。

②缩略图：“缩略图”视图在文件夹图标上显示文件夹包含的图像，使得可以快速了解文件夹的内容。例如，如果将图片存储在几个不同的文件夹中，通过“缩略图”视图，一眼就可以看出哪个文件夹中包含你需要的图片。默认情况下，Windows 在一个文件夹背景中最多可显示四个图像。在“缩略图”视图中你还可以选择一个图片来标识一个文件夹。此时，完整的文件夹名称将显示在缩略图下方。

③平铺：“平铺”视图将你的文件和文件夹显示为图标。这种图标比以“图标”视图显示的图标要大，所选定类型的信息显示在文件或文件夹名称的下方。例如，如果按类型对文件进行排序，“Microsoft Word 文档”将显示在 Microsoft Word 文档文件名称的下方。

④幻灯片：“幻灯片”视图用在图片文件夹中。图片显示为单排的缩略图像，这时可以使用左右箭头按钮在图片中滚动。如果单击一个图片，它将显示为一个较大的图像，位于其他图片之上。若要编辑、打印或将该图像保存到另一个文件夹中，双击该图片即可。

⑤图标：“图标”视图可将文件或文件夹显示为图标。文件名称显示在图标的下方，但不显示排序信息。在此视图中，可以按组显示文件和文件夹。

⑥列表：“列表”视图将一个文件夹的内容显示为文件或文件夹名称的列表，这些名称前面显示一个小图标。如果文件夹中包含许多文件，且希望通过浏览列表找到一个文件名，则该视图很有用。在此视图中，可以将文件或文件夹排序，但不能按组显示文件。

⑦详细资料：在“详细资料”视图中，Windows 列出了打开的文件夹的内容，并提供了文件的详细信息，包括名称、类型、大小和修改日期。在“详细资料”视图中，可以将文件分组。如要选择需要显示的详细资料，可单击“查看”菜单中的“详细信息”。

8. 如何为无关联文件类型创建文件关联

有时可能需要为尚未与计算机中的程序建立关联的文件类型创建文件关联，进行此操作通常有两个原因：

（1）有的程序（例如数据库）所生成的文件报告的扩展名在 Windows XP 中未注册。

（2）收到电子邮件附件，而所用的计算机中未安装创建该附件的程序，但可以使用其他已安装的程序阅读这些文件。

如果要为无关联文件类型创建文件关联，方法为：

（1）右击要更改其扩展名的文件，然后单击“打开”，或者双击该文件。

（2）Windows XP 将显示一个对话框，指出没有与此文件关联的程序。该对话框提供两种用于创建关联的选项：

①使用 Web 服务寻找适当的程序。

②从列表中选择程序（除非需要找到并下载能够打开此文件类型的软件，否则最好从列表中选择程序）。

（3）Windows 显示的对话框中列出了计算机中已安装的程序。如果未列出此文件类型要使用的程序，则单击“浏览”以找到合适的软件，选中“始终使用选择的程序打开这种文件”复选框。

9. 如何快速打开非关联文件

在 Windows XP 中，一种类型的文件仍然是只和一个程序建立关联。如果要用其他非关联的程序打开另一种类型的文件，传统的操作是按住 Shift 键，用右键单击文件，然后单击“打开方式...”命令，最后在“打开方式”对话框中选择打开这个文件的程序，这样的操作是很麻烦的。可用以下的方法快速地打开非关联文件：

如果需要用来打开这类文件的非关联程序已经在桌面上建立了快捷方式，只需要将文件拖到应用程序的桌面快捷图标上，就可以用这个程序打开文件了。例如，要用 MS Word 打开某个 TXT 文件，将这个 TXT 文件拖到桌面上的 Word 图标上即可。还可以在桌面上建立一个打印机的快捷图标，需要打印某个文件时，直接将文件拖到打印机图标上就可以完成打印操作。

10. 如何更改用于打开某类型的文件的程序

如果 Windows 能够识别某文件类型，则该文件类型以及用于打开该文件的程序分别出现在“常规”选项卡上的“文件类型”和“打开方式”旁边。若要更改用于打开该类型的文件的程序，方法为：

（1）右击文件，在出现的对话框中的“常规”选项卡中单击“更改”按钮，弹出“打开方式”对话框，然后使用下列方法之一来选择要用于打开该类型的文件的程序：

①在程序列表中，单击所需的程序。

②单击“浏览”，查找并单击要使用的程序，然后单击“确定”。

③单击“在 Web 上寻找适当的程序”，以便在 Internet 上浏览所需的程序。

（2）单击选中“始终使用选择的程序打开这种文件”复选框（如果它尚未被选中）。

（3）单击“确定”按钮，结束操作。

3-2 文件操作

1. 电脑中有哪些文件类型

在电脑中一般包括下面几种类型的文件：

（1）程序文件：程序文件就是编程人员编制出的可执行文件。在 DOS 环境下，程序文件的扩展名为.EXE 或是.COM 的文件。

（2）支持文件：支持文件是程序文件所需的辅助性文件，但用户不能执行或启动这些文件。通常，普通的支持文件具有.OVL、.SYS 和.DLL 等文件扩展名。

（3）文本文件：文本文件是由一些文字处理软件生成的文件，其内部包含的是可阅读的文本，例如，以.DOC 和.TXT 等为扩展名的文件。

（4）图像文件：图像文件由图像处理程序生成的，其内部包含可视的信息或图片信息。例如以.BMP、.GIF、.TIFF 等为扩展名的文件。

（5）多媒体文件：多媒体文件中包含数字形式的声频和视频信息，例如，以.MID、.GIF 和.mpeg 等为扩展名的文件。

（6）字体文件：在 Windows XP 中，字体文件存储在 Fonts 文件夹中。打开 Windows XP 的 Fonts 文件夹，在文件夹窗口中就会看到字体文件。

2. 如何打开最近使用过的文档

要打开最近使用过的文档，方法为：

（1）单击“开始”，指向“我最近的文档”。

（2）单击要打开的项目即可。

3. 如何显示“我最近的文档”文件夹

要在“开始”菜单中显示“我最近的文档”文件夹，请执行以下步骤：

（1）右击“开始”，然后单击“属性”；或者，如果“开始”菜单已经显示，则右键单击“开始”菜单的空白区域，然后单击“属性”。

（2）单击“自定义”按钮，在出现的对话框中单击“高级”选项卡，然后在“最近的文档”中单击以选中“列出我最近打开的文档”复选框。

（3）单击“确定”按钮，关闭打开的对话框。

这样，下一次单击“开始”时，“我最近的文档”命令就会显示在“开始”菜单中。

4. 如何在记事本中自动记录文件的打开时间

在记事本中，我们可以记录每次打开某个文本文件的时间，方法为：

（1）在该文件的第一行输入“.LOG”。LOG 必须大写。

（2）按键盘上的 Enter 键换行开始输入正文。这样在每次打开该文件之后，关闭时会自动在文件后面添加上当前时间。

5. 如何清除“我最近的文档”文件夹的内容

要清除“我最近的文档”列表的内容，方法为：

（1）右击“开始”，然后单击“属性”。

（2）单击“自定义”按钮，在打开的对话框中单击“高级”选项卡，然后在“最近的文档”下单击“清除列表”。

（3）单击“确定”按钮，结束操作。

提示!! 此操作并不会从硬盘中删除这些文档，仅是删除链接。

6. 如何批量重命名

在 Windows XP 的资源管理器中，我们可以选中多个要归类的一系列文件同时重命名，Windows XP 会自动为文件名加上序列。

批量重命名的方法为：

（1）选定一系列文件，然后右击选中的文件，从出现的菜单中选择“重命名”。

（2）输入文件的新名字“×××”，则 Windows XP 会自动为系列文件命名为“×××(1)”、“×××(2)”……依次类推。

（3）也可以指定系列的起始号码，可以在新名称后的括号中键入起始号码，则系列中的文件将以所键入的号码开始按顺序进行编号，例如输入“PIC（100）”，那么其他文件将被命名为“PIC（101）”、“PIC（102）”……依次类推。

7. 怎样为共享文件与文件夹设定权限

在 Windows XP 中，可以针对特定用户或用户组来为共享文件与文件夹设定权限。为实现这一目的，必须首先对缺省的简单文件共享方式加以修改。方法为：

（1）打开“我的电脑”窗口。

（2）单击菜单命令“工具”\“文件夹选项”，在打开的对话框中单击“查看”选项卡，将“高级设置”列表中的“使用简单文件共享（推荐）”前面的复选标识取消，这样修改后用户就可以对文件夹属性进行修改了。

（3）如需管理文件夹权限，请在 Windows 资源管理器中浏览至相应文件夹，单击鼠标右键并从随后弹出的快捷菜单中选择“属性”。单击“安全”选项卡，为特定用户分配所需权限，如完全控制、更改、读取或写入。

提示!!

只能在使用 NTFS 方式格式化的驱动器上设定文件及文件夹权限，并且，必须是文件和文件夹的所有者，或者已被其所有者授予相应权限。

8. 如何显示共享设置标签

Windows 2000 操作系统中用户在设置文件夹的共享属性时操作非常简便，只需用鼠标右击该文件夹并选择属性，就可以看到共享设置标签。而在 Windows XP 系统设置文件夹共享时则比较复杂，用户无法通过上述操作看到共享设置标签。

要显示共享设置标签，方法为：

（1）在“我的电脑”窗口单击中菜单命令“工具”\“文件夹选项”，打开“文件夹选项”对话框。

（2）单击“查看”选项卡，在“高级设置”列表框中滚动至最底部，取消“使用简单文件共享”项前面的复选框。

（3）单击“确定”按钮，结束操作。

9. 如何搜索文件或文件夹

要搜索文件或文件夹，方法为：

（1）单击“开始”，然后单击“搜索”，单击“所有文件和文件夹”。

（2）键入文件或文件夹的部分或完整名称，或者键入文件中的一个词或短语，然后在“在这里寻找”框中单击要搜索的驱动器、文件夹或网络位置，选择以下选项之一：

①单击“什么时候修改的”，查找在特定日期或特定日期范围内创建或修改的文件。

②单击“大小是”，查找指定大小的文件。

③单击“更多高级选项”，指定其他搜索条件。

（3）最后单击“搜索”按钮即可。

10. 如何快速搜索文件

如果想频繁地在硬盘中搜索相同类型的文件或某一目录，不需重复搜索操作，不管你使用什么搜索标准，只需保存并重用搜索即可。

方法为：

（1）在键入搜索条件后，执行“立即搜索”。

（2）右击“搜索结果”面板（或选择“文件”菜单），选择“保存搜索”。

（3）在弹出的“保存搜索”对话框中键入文件名和保存位置，此次搜索的标准就将以文件形式保存。

（4）以后每次想要运行同样的搜索，只需在资源管理器中找到该文件，然后双击，已保存的搜索标准会很方便地导入到“搜索结果”对话框的合适区域中，无需重复输入搜索标准即可进行搜索。

11. 如何搜索隐藏文件

为了安全起见，在默认情况下，Windows XP 是不会搜索隐藏文件和文件夹的，即使设置了“显示所有文件和文件夹”也不行，但是可以通过下面的方法达到目的。

（1）右击“开始”按钮，在出现的菜单中选择“搜索”项，打开“搜索结果”对话框。

（2）在左边的“搜索助理”栏中单击“更多高级选项”，勾选“搜索隐藏的文件和文件夹”，如果还需要其他的选项，如“区分大小写”，也可以一并选中。

（3）输入要查找的内容后，单击“搜索”按钮，就可以在右边的窗口中显示要搜索的内容所在的隐藏的文件和文件夹了。

12. 如何将音频文件复制到音频 CD

要将音频文件复制到音频 CD，方法为：

（1）在“Windows 资源管理器”中选择要复制到音频 CD 的文件，然后单击“复制到音频 CD Web 视图任务”。

（2）在 Windows Media Player 窗口中，验证要复制的文件位于播放列表中且已被选中，然后单击“复制音乐”。

> 提示!! 可将.wma、.mp3 和.wav 文件类型复制到音频 CD。

13. 如何更改音频 CD 的复制选项

要更改音频 CD 的复制选项，方法为：

启动 Windows Media Player，在“工具”菜单上单击“选项”，然后在“复制音乐”选项卡上，可修改以下选项：

（1）复制：将音乐复制到此位置。

（2）更改：使用此设置来设置要将音乐文件复制到其中的文件夹。

（3）高级：使用此设置来配置音频文件的名称。

（4）文件格式：使用此设置选择要将文件复制成的格式。默认格式是 Windows Media Audio（WMA），或者可使用已安装的其他文件格式。

（5）保护内容：使用此设置要从 CD 复制的曲目指定使用数字授权。通过对文件进行授权，可通过防止在其他计算机上播放文件来保护作者的版权。

（6）以此质量复制音乐：使用此设置来设置对音乐进行编码的比特率。可按照 48～192 Kb/s 的比特率对.wma 文件进行编码。

14. 如何快速复制文件

要想通过键盘操作来实现快速复制文件和文件夹的目的，方法为：

用鼠标选定源文件或文件夹，然后按住 Ctrl 键，接着按住鼠标左键不放并拖动源文件或文件夹到目标文件夹，就可以把源文件或文件夹复制到目标文件夹。

15. 如何在隐藏的垃圾箱中删除文件

Windows XP 垃圾箱的默认位置是在桌面的右下角，在底部系统托盘的上面，如果用户打开多个窗口，则会挡住垃圾箱，使用户无法拖曳文件及文件夹至垃圾箱。

为此，微软公司专门做了非常人性化的设计，当用户拖动一批文件并移至桌面右下角时，用户可以拖动鼠标并将所有文件移至桌面最下方任务条的空白区域，并在那里停留几秒钟，届时所有打开的窗口将会自动最小化，从而允许用户将文件拖至垃圾箱。

另外，无论打开的多个窗口是否最大化，用户执行上述操作均可以实现让所有窗口最小化的效果。

16. 如何用彩色显示压缩的文件

要用彩色显示压缩的文件，方法为：

（1）打开“控制面板”窗口，然后双击“文件夹选项”。

（2）单击“查看”选项卡，在“高级设置”列表框中单击选中“用彩色显示加密或压缩的 NTFS 文件”复选框。

（3）单击“确定”按钮，结束操作。

17. 如何备份文件和文件夹

要备份文件和文件夹，方法为：

（1）执行“开始”\“所有程序”\“附件”\“系统工具”\“备份”，打开备份或还原向导。

（2）单击“下一步”按钮，在该对话框中选择“备份文件和设置”单选项，单击“下一步”按钮，在打开的对话框中选择你要备份的内容类型，这里选择的是“我的文档和设置”，然后单击“下一步”按钮，继续备份或还原向导。

（3）在打开的对话框中单击“浏览”按钮，选择保存备份文件的位置，并可在“键入这个备份的名称”输入框为备份文件命名。设置后，单击“下一步”按钮，继续备份或还原向导。

（4）在打开的对话框中单击“完成”按钮，开始备份。

（5）在备份进度窗口可以看到备份的进展情况。备份完成后备份进度窗口的“取消”按钮变为了“关闭”和“报告”按钮。单击“报告”按钮可打开一份有关这次备份的详细报告的记事本文件，单击“关闭”按钮，关闭备份进度窗口。

> **提示!!** 必须在计算机上具有管理员或备份操作员的权限才能备份文件和文件夹。另外，备份操作员和系统管理员可以备份和还原加密的文件和文件夹，而无需对这些文件或文件夹进行解密。

如果既要备份系统设置又要备份数据文件，则你应该备份计算机上的所有数据以及系统状态数据，这些数据包括注册表、COM+ 类注册数据库、Windows 文件保护下的文件和启动文件。

18. 如何还原文件和文件夹

要还原文件和文件夹，方法为：

（1）执行“开始”\“所有程序”\“附件”\“系统工具”\“备份”，打开备份或还原向导。

（2）单击“下一步”按钮，在打开的对话框中选择“还原文件和设置”单选项。

（3）单击“下一步”按钮，在打开的对话框中选择所要还原的项目，然后单击“下一步”按钮。

（4）在打开的对话框中单击“完成”开始还原，这时会出现还原进度窗口，在这里可以看到还原的进度状况。

①单击“取消”可以取消正在进行的还原操作，还原完成后还原进度窗口的“取消”按钮转换为“关闭”和“报告”按钮。

②单击“报告”按钮可打开一份有关这次还原的详细报告的记事本文件。

③单击“关闭”按钮，关闭还原进度窗口。

19. 如何创建公文包

要在 Windows XP 中创建一个“公文包”，方法为：

（1）打开“我的电脑”窗口，单击要在其中创建新“公文包”的驱动器或文件夹。

（2）单击菜单命令“文件”\“新建”\“公文包”，就会在所选择的驱动器或文件夹下创建一个公文包。

提示!!

如果要在桌面上创建新的“公文包”，则右击桌面空白处，在出现的菜单中选择“新建”，然后单击“公文包”即可。

20. 如何使用“公文包”同步连接笔记本电脑上的文件

要使用“公文包”同步连接笔记本电脑上的文件，方法为：

（1）在电脑处于连接状态时，从主电脑上复制所需文件至笔记本电脑上的“公文包”中。

（2）在笔记本电脑上处理文件，处理完文件后，连接两台电脑（如果它们已经断开），打开笔记本电脑上的“公文包”，然后完成以下步骤之一：

①要更新所有文件，在“公文包”菜单上单击“全部更新”。

②只更新部分文件，选择要更新的文件，然后在“公文包”菜单上单击“更新所选内容”。

21. 如何使用"公文包"同步存储可移动磁盘上的文件

若使用可移动存储器，如 USB 移动硬盘来存储文件，要使它经常更新，方法为：

（1）将可移动磁盘插入主电脑的磁盘驱动器中。

（2）打开"公文包"，然后将电脑硬盘上相应的文件复制到公文包中。

（3）将"公文包"拖动到可移动磁盘，此时"公文包"中的文件被复制到磁盘。

（4）从主电脑取出磁盘，并将其插入其他电脑的磁盘驱动器中，然后从该磁盘打开"公文包"，并处理其中的文件。当准备同步文件时，从其他电脑上取出磁盘，重新将它插入到主电脑上的磁盘驱动器，然后执行以下步骤之一：

①要更新所有文件，在"公文包"菜单上，单击"全部更新"。

②只更新部分文件，选择要更新的文件，然后在"公文包"菜单上单击"更新所选内容"。

22. 如何轻松设置文件夹共享

要在 Windows XP 中设置共享文件夹，方法为：

（1）在"资源管理器"中单击菜单栏中的"工具"里的"文件夹选项"。

（2）在弹出的"文件夹选项"对话框中切换到"查看"选项卡，然后取消"高级设置"中的"使用简单文件共享（推荐）"复选框。

（3）右击任意一个文件夹或磁盘分区，在弹出的菜单中选择"共享和安全"，就可以轻松设置该共享文件夹的名称和允许的最大用户访问数量。当然还可以进一步设置"权限"和"缓存"，只需单击相应的按钮即可完成。

23. 如何从计算机文件夹发布图片

要从计算机上的"图片收藏"或另一个文件夹发布图片，方法为：

（1）在"Windows 资源管理器"中单击"图片缩略图"，或单击包含要发布的图片的文件夹。

（2）在"文件和文件夹任务"下单击"将这个文件发布到 Web"或"将这个文件夹发布到 Web"。如果选择了多个文件，则单击"将选择的项目发布到 Web"。

（3）当"Web 发布向导"打开后，单击"下一步"按钮，接下来根据提示进行操作既可。

24. 如何擦除 CD-RW 光盘上的文件

要从可重写 CD 光盘上擦除文件，方法为：

（1）双击桌面上的“我的电脑”图标，在打开的“我的电脑”窗口中，右击“ CD 记录驱动器”，然后单击“打开”。

（2）Windows 会显示一个临时存储区域，文件在复制到 CD 之前将保存在这里。位于临时存储区域的文件或文件夹均列在“准备写入到 CD 上的文件”框中。

（3）在“CD 写入任务”窗格中，单击“删除此 CD-RW”，出现“欢迎使用 CD 写入向导”对话框。单击“下一步”按钮，将出现“正在擦除 CD”对话框，而且进度栏将显示擦除过程的进度。

（4）完成之后，在通知区域中将收到一条消息，这时就可以使用 CD-RW 光盘了。

提示!! 并不是所有 CD 都是可擦除的。例如，如果使用的 CD 是不可擦除的，那么此功能就不可用。

25. 如何从扫描仪或数码相机发布图片

扫描仪或数码相机直接在 Web 上发布图片，方法为:

（1）单击“开始”，然后单击“图片收藏”。

（2）在出现的窗口的左侧区域中，单击“从相机或扫描仪获得图片”。

（3）在“欢迎使用扫描仪和照相机向导”页上，单击“下一步”按钮。

（4）按照向导中的步骤操作，直到进入“选择图片名和目标”页，此时输入图片名并设置所需的首选项。

（5）在“其他选项”页上，单击“将这些图片发布到 Web 站点”。

（6）单击“下一步”按钮，前进到“更改文件选择”页，然后单击要发布的文件。

（7）单击“下一步”按钮，前进到“要在哪儿公布这些文件”页，然后选择首选的 Internet 服务提供商。

提示!! 根据用户的选择，一个向导将指导其完成 Passport 账户创建过程，或者使用现有的 Passport 账户。有了 Passport 账户后，就可以创建唯一的用户名和密码，可以在许多 Web 站点上使用它，无需重复输入相同的信息。

（8）传输过程完成后，将会看到“正在完成扫描仪和照相机向导”页。从中上载图片的位置以链接的形式显示在窗口的底部。在单击“完成”前可能需要记下该位置。

提示!! 向导将图片上载到的位置的链接放在“网上邻居”中。

26. 如何使用文件夹视图将文件分组

要使用文件夹视图将文件分组，方法为：

（1）双击希望配置其文件夹视图的文件夹，例如，我的文档、我的音乐或图片收藏。

（2）单击“查看”\“排列图标”菜单命令，然后单击希望使用的命令，例如：按类型。

（3）单击“查看”\“排列图标”菜单命令，然后单击“按组排列”。文件夹中的文件将按照第二步中选定的视图分组。

例如：

①按名称排列图标，文件将按字母顺序分组。每组的标题分别包含该组中文件名称的第一个字母。

②按大小排列图标，则大小基本相同的文件将显示为一组。每组的标题中都包含该组中文件的大致大小，例如：Tiny（较小）、Small（小）、Medium（中）。

③按类型排列图标，文件将按类型分组。在每组的上方显示描述该组文件的类型的标题。

④按音乐家排列图标，音乐文件将以具体的音乐家为标题来分组。没有音乐创作者的文件将归在未指定标题之下。

⑤按唱集标题排列图标，音乐文件将按每个文件所在的唱集的标题来分组。没有唱集标题的文件将归在未指定标题之下。

⑥按年排列图标，音乐文件将按年分组。没有年份信息的文件将归在未指定标题之下。

⑦按曲目编号排列图标，音乐文件将按各自的曲目编号排列。没有曲日编号的文件将归在未指定标题之下。

⑧按持续时间排列图标，媒体文件将按播放时间长度分组。没有播放时长的文件将归在未指定标题之下。

⑨按修改时间排列图标，图片文件将按最后一次修改的时间分组。每组的标题说明最后一次修改的大致时间，例如：今天、“上个月”或“两个月以前”。

⑩按相片拍照日期排列图标，图片文件将按日期分组。没有日期的图片文件将归在未指定标题之下。

⑪按尺寸排列图标，图片文件将按照分辨率分组。每组的标题说明该组中图片的分辨率，例如：320×240、600×800或800×600。

27. 如何将文件夹设为专用文件夹

在默认情况下，Windows XP 中所有的文件夹都是开放的，即该机上的全部用户都可使用它们，这无疑使某些用户的重要个人资料面临着严重的威胁。为此，Windows XP 新增了一项叫做“文件夹专用”的功能，它是指在 NTFS 文件系统中，某个文件夹被用户设置成“专用文件夹”后，该文件夹就只能由该用户使用，而其他用户在登录 Windows XP 后是无法使用的，这就为保护个人重要资料提供了方便。

要将文件夹设为专用文件夹，方法为：

（1）将要设置的文件夹移动到“X:\Documents and Settings\用户名\”文件夹中（X 是指 Windows XP 安装文件所在分区）。

（2）右击该文件夹，在出现的菜单中选择“属性”选项。

（3）在打开的属性对话框的“共享”选项卡中选中“将这个文件夹设为个人的，这样只有我才能访问”复选框。

这样，当其他用户登录 Windows XP 后想进入这个文件夹时将遭到“拒绝访问”的警告提示。

28. 如何实现一次选取多个文件

要一次选取多个文件，方法为：

（1）打开文件夹，移动鼠标到要选取的文件的第一个文件上单击，然后按住键盘上的 Shift 键不放，再移动鼠标到要选取的文件的最后一个文件上单击，所选取区域内的文件均会呈现反白，这样就完成了多个连续文件的选取。

> **提示!!** 如果所选取的文件并不相连，在选取第一个文件后，按住键盘上的 Ctrl 键不放，再依次利用鼠标单击其他要选取的文件，使其均呈现反白的样子，这样就可以选取多个文件。

如果需要选取全部文件，可以直接按键盘上的 Ctrl+A 组合键，同样可以达到选取多个文件的目的。

（2）接下来就可以对选取好的文件做操作了。按 Ctrl+C 组合键可以复制文件，按 Ctrl+V 组合键可以粘贴文件，这个快捷方式也是非常方便的操作方式。

29. 文件拖曳技巧有哪些

在“资源管理器”中，文件在同一个盘符下拖曳（例如在 C：盘中或在 D：盘中）和在不同的盘符下拖曳，结果是不一样的。

在不同的盘符下拖曳，系统的预设置是将一个文件从甲处往乙处复制。在相同的盘符下，预设置是将文件从甲处往乙处搬移。若想改变这个预设置，不论盘符是否相同，可以在拖曳的过程中，辅以功能键得出相同的结果。

（1）拖曳+Shift 组合键：将文件从甲处往乙处搬移；

（2）拖曳+Ctrl 组合键：将文件从甲处往乙处复制；

（3）拖曳过程中，若改变主意不想再执行搬移和复制，一样按着鼠标左键不放，放开 Shift 键和 Ctrl 键，再按下 Esc 键，即可取消。

30. 如何按下功能键快速修改文件名

移动鼠标到要修改的文件和文件夹上，然后单击它将其选中，再按下键盘上的 F2 键，被选取的文件和文件夹就会呈现可输入状态，这时重新输入名称，再按 Enter 键即可

31. 如何更改“我的文档”的默认目录

要将“我的文档”的默认目录更改为其他的文件夹，方法为：

（1）右击桌面上的“我的文档”图标，单击出现的菜单中的“属性”命令，打开“我的文档 属性”对话框。

（2）在“我的文档 属性”对话框中的“目标文件夹位置”方框里出现的是目前的默认值。

（3）单击“移动”按钮，在出现的“选择一个目标”对话框里找出已经存在的、要设定成默认值的文件夹，例如 E:\Documnets。

（4）单击“确定”按钮，关闭对话框。

回到桌面后，打开“我的文档”，你会看到预设的目标文件已经改成了“Documents”了。

32. 如何利用“收藏夹”管理文件

将一些常用的文件夹或是文件放在“收藏夹”中，这样无论是“资源管理器”还是 Internet Explorer 浏览器，只要有“收藏夹”，都可以很快地切换或打开。

方法为：

（1）选择要放入收藏夹中的文件或是文件夹，在这里选择“I:\前程文化\1000 例\注册表修改设置速查 1000”下的文件夹“正文”，单击“资源管理器”的菜单命令“收藏”\“添加到收藏夹”。

（2）在出现的“添加到收藏夹”对话框中，单击“创建到”列表下的收藏夹，例如 link，然后单击“确定”按钮。

（3）回到“资源管理器”窗口后，单击菜单的“收藏”命令，从下拉菜单的 link 中就可以看到加入进来的文件夹“正文”了，单击该文件夹就可以将立即打开“I:\前程文化\1000 例\注册表修改设置速查 1000”下的文件夹“正文”。

33. 如何查看加密文件

在 Windows XP 中可以对文件进行加密，如要查看文件是否经过加密，可单击鼠标右键某个文件，并在随后弹出的快捷菜单上选择“属性”命令，接着，在“常规”选项卡上单击“高级”按钮；查看完毕后，还需一次接一次地单击“取消”按钮，这种操作步骤相当繁琐！

好在这里还有一种相对简便的方法。那就是在 Windows 资源管理器中使用“详细信息”列表查看哪些文件加了密，方法为：

（1）打开某一包含有加密文件的文件夹。

（2）单击工具栏中的“查看”按钮，选择“详细资料”，在文件窗口中的“名称”条上单击鼠标右键，选择“属性”。

（3）于是，加密文件便会在“属性”列中以字母 E 被标记出来。

此外，还可设定另一种选项，从而使加密文件以区别于其他文件名的颜色显示出来。

在“工具”菜单上，选择“文件夹选项”，并在随后弹出对话框内的“查看”选项卡上选中“以彩色显示加密或压缩的 NTFS 文件”复选框。

34. 按“指定文件夹”启动资源管理器

使用 Windows 的“资源管理器”可以很方便地管理文件和文件夹。可是在默认情况下，每次定位于“资源管理器”时总是打开系统预设的文件夹，能不能自己指定一个文件夹呢？当然可以。方法为：

（1）首先在“开始”\“所有程序”\“附件”中找到“Windows 资源管理器”，在其上单击鼠标右键，选择右键菜单中的“属性”命令。

（2）在“快捷方式”选项卡中，目标文本框内容是“%SystemRoot%\ explorer.exe”，只要略做一下修改，就可满足要求了。假如经常打开的是 D 盘中的 user 文件夹，将目标文本框内容修改为“%SystemRoot%\explorer.exe /e，d:\user”，在“exe”与“/e”之间一定要加上一个空格。

（3）现在再打开“Windows 资源管理器”，就直接进入了 user 文件夹了。

对于这个问题，还有另外一种解决方法：还是以启动“user”文件夹为例，首先在桌面上为文件夹“user”建立快捷启动方式，单击右键，在弹出菜单中选择“资源管理器”命令，打开“资源管理器”后就直接进入了“user”文件夹了。

35. 如何压缩文件及文件夹

你的可用磁盘空间是否行将耗尽？是否还需要额外存储空间安装新程序？不

必担心，Windows XP 会帮助你脱离窘境。Windows XP 配备了 zip 压缩工具，可借助该工具对存储于本地硬盘的文件及文件夹进行压缩处理。

如需对某一文件或文件夹执行压缩操作，方法为：

（1）单击鼠标右键选中需要压缩的文件或文件夹。

（2）在随后弹出的快捷菜单上指向“发送到”，单击“压缩 zipped 文件夹”。

上述操作将生成一个以压缩工具图标呈现并与源文件名称相同的文件夹。此外，还可选择从一开始便生成一个压缩文件夹，方法为：

（1）在桌面空白区域单击鼠标右键鼠标。

（2）在随后弹出的快捷菜单上指向“新建”，单击“压缩 zipped 文件夹”。

这样一来，便可打开新建压缩文件夹，并利用鼠标将需要压缩的文件拖放到该文件夹内。

36. 如何将文件夹放到任务条托盘上

对于某个使用频率很高文件夹，除了使用快捷键打开之外，也可以将该文件夹放到托盘（任务条）上，这样使用起来也很方便。

要将某个文件夹放到托盘上以及打开操作，方法为：

（1）在托盘中没有图标的地方用鼠标右键单击，在出现的菜单中单击“工具栏”\“新建工具栏”。

（2）在出现的“新建工具栏”对话框中选择要放在任务栏上的文件夹，然后单击“确定”按钮。

这时候，托盘上就会出现这个文件夹的名字。以后每当要打开它的时候，单击该文件夹在托盘上的名字后的箭头，就可以打开这个文件夹。

37. 如何取消放在任务条托盘上的文件夹

如果想把原来放在托盘上的文件夹取消，方法为：将鼠标光标移动到文件夹在托盘上的名字上面，单击鼠标右键，从出现的菜单中单击“工具栏”调出次一级菜单，这里面就列出了要取消的文件夹的名字，并且名字的前面有“√”符号，用鼠标单击该项，托盘上的文件夹名字立即就会消失。

3-3　回收站操作秘诀

1. 如何隐藏回收站

把文件移进回收站后，如果不想被他人还原，这时最简单的办法就是使回收站“失踪”。方法为：

（1）单击“开始”\“运行”，在打开的对话框中输入 Regedit 后按 Enter 键，运行注册表编辑器。

（2）找到如下子项分支：

HKEY_LOCAL_MACHINE\SOFTWARE\Microsoft\Windows\CurrentVersion\Explorer\Deskto\pNameSpace\{645FF040-5081-101B-9F08-00AA002F954E}

（3）右击子项{645FF040-5081-101B-9F08-00AA002F954E}，然后在出现的菜单中选择“导出”，在打开的“导出注册表文件”对话框中选择要保存的文件夹位置，并输入名称后单击“保存”按钮，将子项{645FF040-5081-101B-9F08-00AA002F954E}中的数据备份下来。

（4）然后删除子项{645FF040-5081-101B-9F08-00AA002F954E}。

这样，回收站就从桌面上消失了。

2. 如何恢复被隐藏的回收站

如果要恢复被隐藏起来的回收站，方法为：

（1）单击“开始”\“运行”，在打开的对话框中输入 Regedit 后按 Enter 键，运行注册表编辑器。

（2）单击菜单命令“文件”\“导向入”，在打开的“导入注册表文件”对话框选择注册表备份文件，然后单击“打开”按钮，将注册表恢复到隐藏前的状态。

3. 如何直接快速将文件\文件夹删除而不放入回收站

可以直接将文件\文件夹删除而不放入回收站，方法为：

（1）单击要删除的文件\文件夹，在按住 Shift 键的同时按键盘上的 Delete 键。

（2）在出现的“确认文件删除”或“确认文件夹删除”对话框中单击“确认”按钮。

这样就直接把文件\文件夹删除了，而不是移入回收站。

4. 如何快速清空回收站

如果回收站里文件太多或者是在不同的地方，此时用“清空回收站”的命令就很慢。要快速清空回收站，方法为：选取全部文件，然后按键盘上的 Delete 键，这样速度就会快很多。

5. 如何改变回收站的容量

回收站的最大容量为磁盘空间乘以滑杆显示的百分数，要改变回收站的容量，方法为：

（1）使用鼠标右键单击回收站图标，然后在出现的对话框中单击“属性”。

（2）在打开的“回收站 属性”对话框的“全局”选项卡中拖动滑杆增减磁盘空间的百分比，即可改变回收站的容量。

（3）如果要对不同的磁盘进行不同的配置，单击“各驱动器的配置相互独立”，然后单击需要更改设置的磁盘选项卡进行配置。

如果要对所有的磁盘使用相同的容量设置，则单击“所有驱动器均使用同一设置”。

（4）最后单击“确定”按钮，结束操作。

6. 如何才能不显示删除确认对话框

删除选定的文件时，通常会出现一个“确认文件删除”对话框，用户单击“确定”按钮后，系统才将文件删除，并放入“回收站”中。

如果要让系统不显示确认删除对话框，就直接把文件放到回收站中，以提高工作效率，方法为：

（1）使用鼠标右键单击“回收站”图标，然后在弹出菜单中单击“属性”。

（2）在出现的对话框中清除“显示删除确认对话框”复选框中的标记，然后单击“确定”关闭对话框。

提示!! 如果已经复选“不将文件移动到回收站”，则此项设置无效。

7. 怎样恢复删除的内容

如果删除的内容还在回收站里面，就可以将其恢复到删除之前位置中。恢复方法为：

（1）双击“回收站”图标，在打开的窗口中选择要恢复的文件、文件夹和快捷方式等项。

提示!! 如果要选择多个恢复项，可在按下 Ctrl 键的同时单击每个要恢复的文件\文件夹，将其选中。

（2）单击菜单命令“文件”\“还原”，即可恢复选中的项。

8. 如何清空回收站

利用“回收站”删除文件仅仅是将文件放入“回收站”，并没有腾出磁盘空间。只有在清空了“回收站”后，才真正腾出了磁盘空间。

要清空“回收站”，方法为：

（1）用鼠标右击“回收站”图标，在弹出菜单中选择“清空回收站”。

（2）在出现的“确认删除”对话框中选择“是”按钮，即可清空回收站。

9. 删除回收站中的部分内容

要清除“回收站”中的某些项，方法为：在打开的“回收站”窗口中选择要清除的项，然后单击菜单命令“文件”\“删除”。

10. 快速删除“回收站”中的大多数文件

要删除“回收站”中的大多数文件，快捷的方法为：

（1）选定不删除的文件，然后单击菜单命令“编辑”\“反向选择”命令，则系统就选定了要删除的文件。

（2）单击菜单命令“文件”\“删除(D)”即可。

> **提示!!** 清空“回收站”或在“回收站”中删除指定项后，被删除的内容将无法恢复。

11. 如何快速找到要恢复的文件

时间一长，删除的文件多了，就不知道该恢复哪一个文件了。其实，一般情况下，我们都要先恢复最近删除的文件，这时候只要打开“回收站”窗口，并右击鼠标，选择“排列图标”\“按删除日期”命令，回收站就会按照删除的日期先后将删除文件一一排列，这时候就可以快速地根据删除的日期找到要恢复的文件了。

3-4 文件的其他管理技巧

1. 如何关闭 Windows 的文件保护

要关闭 Windows 的文件保护，方法为：

（1）单击“开始”\“运行”，在打开的对话框中输入 Regedit 后按 Enter 键，打开注册表编辑器；

（2）找到如下子项分支：

HKEY_LOCAL_MACHINE\SOFTWARE\Microsoft\WindowsNT\Current Version\Winlogon

（3）双击右窗口中的值项 SFCDisable，将其数值更改为 0xFFFFFF9D，然后单击“确定”按钮。

提示!!

这样修改之后可以直接删除 Windows 的关键文件。默认状态下系统禁止用户删除系统和程序文件，通过修改注册表可以彻底解除这个限制。

2. 如何移动分页文件

要移动分页文件，方法为：

（1）以管理员身份登录到 Windows XP，然后打开“控制面板”窗口。

（2）在“控制面板”窗口中双击“系统”图标。

（3）在出现的对话框的“高级”选项卡的“性能”下，单击“设置”。

（4）在出现的“性能选项”对话框中单击“高级”选项卡，然后单击“虚拟内存”下的“更改”按钮。

（5）在出现的“虚拟内存”对话框的“驱动器 [卷标]”列表中，单击安装 Windows 的驱动器之外的另一驱动器（Windows 一般安装在驱动器 C 上）。在“所有驱动器页面文件大小的总数”下，注意查看显示在推荐旁边的值。

（6）单击“自定义大小”，然后在“初始大小 （MB）”框中键入推荐的值；在“最大大小 （MB）”框中键入允许分页使用的最大空间，然后单击“设置”按钮。

（7）在“驱动器 [卷标]”列表中，单击安装 Windows 的驱动器（一般为驱动器 C），然后执行下列步骤之一：

①如果不想让分页文件位于此驱动器上，请单击“无页面文件”，然后单击“设置”。将出现类似于下面的一条消息：

If the pagefile on volume C:has an initial size of less than 126 megabytes, then the system may not be able to create a debugging information file if a STOP error occurs.

Continue anyway?

单击“是”。

②如果希望在此驱动器上让分页文件使用最小值，请单击“自定义大小”，然后在“初始大小 (MB)”框中键入一个值，该值等于或大于计算机中的内存量，在“最大大小 (MB)”框中键入此同一值，然后单击“设置”。

（8）将出现以下消息：

The changes you have made require you to restart your computer before they can take effect.

（9）连续单击“确定”按钮，关闭打开的对话框，当提示“是否重启计算机”时单击“是”按钮。

3. 如何优化页面文件

要优化页面文件，方法为：

（1）右击“我的电脑”图标，在出现的菜单中选择“属性”，然后在打开的“系统 属性”对话框中单击“高级”选项卡。

（2）在“性能”框右侧单击“设置”按钮，在出现的“性能选项”对话框中单击“高级”选项卡，然后在“虚拟内存”选项中单击“更改”，选择“自定义大小”，更改页面文件大小，将初始大小与最大值改为一致。

（3）完成后，单击“设置”按钮即可。

（4）连续单击“确定”按钮，关闭打开的对话框，当提示“是否重启计算机”时单击“是”按钮。

4. 资源管理器“变脸”

如果你对 Windows XP 的文件管理新窗口不满意，可以很方便地让它变回到 Windows 传统风格，方法为：

（1）打开“我的电脑”窗口，然后单击菜单命令“工具”\“文件夹选项”。

（2）在打开的“文件夹选项”窗口中选择“使用 Windows 传统风格的文件夹”。

（3）单击“确定”按钮，就可以使窗口变回到过去熟悉的文件夹窗口。

5. 如何预览多媒体文件

要预览多媒体文件，方法为：

（1）单击“开始”\“运行”，在打开的对话框中输入 regsvr32 shimgvw.dll 后按 Enter 键，启用图像预览功能。

（2）再次单击“开始”\“运行”，在打开的对话框中输入 regsvr32 shmedia.dll 后按 Enter 键，启用影像预览。

（3）进行上述操作过程中，会弹出窗口提示“……中的……成功”，此时单击“确定”按钮即可。

6. 如何禁止媒体文件预览

要禁止多媒体文件预览，方法为：

（1）单击“开始”\“运行”，在打开的对话框中输入 regsvr32 \u shmedia.dll 后按 Enter 键。

（2）如果出现“shmedia.dll 中的 DllUnregisterServer 成功”的对话框提示，就说明成功禁止预览功能。

7. 如何自定义文件夹缩略图的图片

要自定义文件夹缩略图的图片，方法为：

（1）选择文件夹，在右键菜单中单击“属性”选项，就可弹出文件夹“属性”设置窗口。

提示!! 以缩略图方式显示的文件夹，除图像文件夹以外的图标中并没有缩略图，即使是图像文件夹也只能由文件夹中最后修改的四个图片缩略图来表示。但如果使用自定义文件夹的“文件夹图片”功能，就可以自定义任何文件夹图标所显示的图片。

（2）在已经打开的文件夹“属性”设置窗口中，单击“选择图片”按钮，然后在选择图像文件的对话框中选择一个合适的图像文件，可以在当前的文件夹中选择，也可以从其他任意文件夹中选择。如果想恢复系统原来的默认图标，只要在文件夹“属性”设置窗口中单击“还原默认图标”按钮。

（3）单击“应用”或“确定”即可。

8. 如何创建磁盘清理配置文件

Windows 提供了磁盘清理工具帮助我们清理磁盘上没有用的文件。磁盘清理工具通常用依次单击“开始”菜单的“程序”、“附件”、“管理工具”打开，但是，我们还可以用它的命令行版本，创建和使用磁盘清理配置文件。方法为：

（1）单击“开始”\“运行”，在打开的对话框中输入 CMD 后按 Enter 键，进入命令行窗口。

（2）执行如下 DOS 命令创建磁盘清理配置文件，其中 n 是 1～65535 之间的任意数值，可以根据不同的磁盘和清理目的创建多个配置文件：

cleanmgr \Sageset:n

（3）随后出现“磁盘清理设置”对话框，要求选择当前配置文件要清理的项目。此对话框提供的选项要比用普通方式运行的磁盘清理工具多，例如它包含了清除调试转储文件、安装日志文件、用于内容索引程序的分类文件、旧的 Chkdsk 文件、WebClient\Publisher 临时文件等选项。不过，如果创建的清理配置文件不是用于安装 Windows XP 的磁盘，部分选项会不可用。

（4）选中要用当前配置文件清理的项目，单击“确定”按钮保存配置文件。

提示!! 如果要执行该配置文件定义的清理操作，运行 cleanmgr \Sagerun:n 即可，其中 n 是配置文件编号。

3-5 磁盘管理技巧

1. 如何减少磁盘空间的浪费

要减少磁盘空间的浪费，可尝试如下方法：

（1）在 Windows XP 操作系统运行过程中，常常会产生后缀名诸如 tmp、bak、log、old、txt 等的文件，这些文件其实都是可以进行安全删除的，甚至包括 Windows 目录下面的 bmp 文件，如果你不喜欢 Windows XP 中自带的那些墙纸的话，完全可以删除掉这些文件。

（2）在 Windows XP 操作系统 Windows\temp 目录下面的文件，也建议你删除掉，那些都是在安装应用软件的过程中遗留下的多余文件。

（3）在硬盘中的小文件，请尽可能地把它们集中起来，然后用 WinZip 这样的压缩软件合并成一个大文件，从而达到减少磁盘空间浪费的目的。

2. 如何进行磁盘扫描

在 Windows XP 之中没有为我们提供磁盘扫描的功能，这给我们对磁盘整理带来了一些不便。不过，我们还是可以把它找出来。

在“我的电脑”窗口中右击想进行扫描检测的分区，打开其属性对话框，然后切换到“工具”标签，在“查错”区域单击“开始检查”按钮，在随后打开的对话框中选中“自动修复文件系统错误”、“扫描并试图恢复坏扇区”两个选项，然后单击“开始”按钮，就可以启动“磁盘扫描”程序进行扫描了。

3. 如何指定驱动器号

要指定驱动器号，方法为：

（1）首先以 Administrator 或 Administrators 组成员的身份登录。

（2）在打开的“控制面板”窗口中双击“管理工具”图标。

（3）在打开的“管理工具”窗口中双击“计算机管理”，然后在出现的“计算机管理”窗口的左边区域单击“存储”下的“磁盘管理”。

（4）使用鼠标右键单击要为其指定驱动器号的驱动器、分区、逻辑驱动器或卷，在出现的菜单中单击“更改驱动器名和路径”。

（5）在打开的对话框中单击“更改”按钮，然后单击“指派以下驱动器号”（如果尚未选择），或者接受默认的驱动器号或单击要使用的驱动器号。

（6）单击“确定”按钮，结束操作。

4. 如何删除驱动器号

要删除驱动器、分区或卷上的现有驱动器号，方法为：

（1）以 Administrator 或 Administrators 组成员的身份登录。

（2）打开“控制面板”窗口，双击“管理工具”，在出现的窗口中双击“计算机管理”，然后在出现的“计算机管理”窗口的左边窗格中单击“磁盘管理”。

（3）右键单击要为其指定驱动器号的驱动器、分区、逻辑驱动器或卷，然后单击“更改驱动器名和路径”。

（4）在出现的对话框中单击“删除”按钮。

（5）当系统提示“确认驱动器号的更改”时，单击“是”即删除了指定的驱动器、分区或卷的驱动器号。

5. 双系统中如何整理磁盘分区

如果同时安装了 Windows 98 和 Windows XP，建议最好是在 Windows 98 系统下对其所在分区进行整理，在 Windows XP 下对其所在分区进行整理。因为每个系统的碎片整理程序都是根据这个系统的实际需要量身定做的。

如果在 Windows 98 下对 Windows XP 的系统分区进行了整理，可能会造成 Windows XP 的相关文件混乱或被破坏，导致 Windows XP 系统不正常。所以还是最好不要跨系统进行碎片整理。

6. NTFS 压缩具有哪些功能和限制

NTFS 压缩在使用 NTFS 文件系统的卷上可用，但 NTFS 压缩有以下功能和限制：

（1）可以使用 NTFS 压缩来压缩个别文件和文件夹，也可以压缩完整的 NTFS 卷。

（2）可以压缩文件夹而不压缩其内容。

（3）可以使用 NTFS 压缩文件而不用把它们解压缩，因为它们的解压缩和再压缩无须用户干预。

（4）可以使用不同的颜色来显示 NTFS 压缩文件和文件夹的名称以便于识别。

（5）在使用 NTFS 压缩文件时你可能会注意到性能有所下降。在打开压缩文件时，Windows 自动为你解压缩它；在关闭该文件时，Windows 重新压缩它。此过程可能会降低计算机的性能。

（6）NTFS 压缩文件和文件夹仅在存储在 NTFS 卷上时才保持压缩状态。

（7）不能对 NTFS 压缩文件进行加密。

7. 如何优化 NTFS 文件系统

NTFS 的好处是显而易见，但也有不足之处，取消更新最后一次磁盘访问，这样对于容量大的分区会减慢速度。优化 NTFS 文件系统的方法为：

（1）单击“开始”\“运行”，在打开的对话框中输入 Regedit 后按 Enter 键，弹出注册表编辑器。

（2）找到如下子项分支：

HKEY_LOCAL_MACHINE\SYSTEM\CurrentControlSet\Control\Filesystem

新建一个 DWORD 类型的值项，并修改其数值为 1。

（3）关闭注册表编辑器，重新启动电脑，使改动生效。

8. 如何快速查看驱动器组件信息

要想快速查看驱动器组件信息，方法为：

（1）单击“开始”，然后右击“我的电脑”，在弹出的菜单中选择“管理”。

（2）在打开的“计算机管理”窗口中依次单击“可移动存储”\“库”项，然后在右边窗口中右击所要查询的驱动器，在弹出的菜单中选择“属性”，然后单击“设备信息”，就可以方便地看到驱动器的信息了。

9. 如何格式化系统导致无法使用的 U 盘

如果你的 U 盘因为格式化系统导致无法使用，则可尝试用下述方法来解决：

（1）依次打开“控制面板”\“管理工具”\“计算机管理”，在其中的“磁盘管理”项目中找到“可移动存储设备”。

（2）单击鼠标右键，选择“删除磁盘分区”。

（3）新建一个逻辑磁盘并格式化，即可解决 U 盘的问题。

10. 移动硬盘使用过程中应该注意哪些问题

正确使用移动硬盘，可以延长其寿命，所以应尽量注意如下问题：

（1）移动硬盘的连线：移动硬盘的 USB 连接线既是数据传输线，又是硬盘工作供电线，连线过长就会导致电阻增大和数据干扰，使移动硬盘不能正常工作，所以要提示：USB 连接线越短越好，除了原来配置的连接线外，不宜连接延长线；与电脑连接应选择机箱背后的 USB 接口（直接固定在主板上的接口），而不宜使用机箱前面的接口（它们是由主板经过一段引线连接到前面板上的）。

（2）移动硬盘的外接电源：移动硬盘工作时硬盘和数据接口的供电是由计算机的 USB 接口提供的。但在使用 10GB 以上的移动硬盘时，单纯依赖 USB 线对硬盘供电可能会因电力不足而导致工作不正常，这时候就要使用外接辅助电源（直流稳压电源）。

（3）移动硬盘虽然采用 USB 接口，可以支持热插拔，但要注意在使用过程中（Windows Me\2000\XP 系统）必须确保关闭了 USB 接口才能拔下 USB 连线（鼠标单击日期旁边的 USB 接口标志，关闭接口），否则处于高速运转的硬盘突然断电可能会导致硬盘损坏。

11. 使用 NTFS 的文件系统格式安装 Windows XP

NTFS 的文件系统相较于 FAT32 多了文件保密，压缩，使用权限及磁盘配额的管理功能。因此在文件安全及保密性来说较 FAT32 高。且以 NTFS 文件系统下安装的操作系统会将不常用的文件压缩起来，所以跟 FAT32 比起来又节省了相当的空间，因此若是用以 FAT32 文件系统下安装的操作系统（如 Windows98）就可能无法正确的读取 NTFS 中的文件。另外在扇区中愈安装愈多资料的情况下，NTFS 在运行的效能上较 FAT32 文件系统好上许多。因此建议用户使用 NTFS 文件系统来安装你的 Windows XP 系统。在安装 Windows XP 使用光盘启动时，在进行 Format 时选择 NTFS 的文件系统即可。

12. 把 IDE 设备设置为 DMA 传输模式

由于某些原因，Windows XP 有时会在 IDE 通道上使用 PIO 并行输入/输出传输模式，而不是 DMA 模式。如果遇到这种情况，用户可以手动把 IDE 通道改为 DMA 模式，这样可以减少该设备占用的 CPU 周期。方法如下：

（1）右键单击“我的电脑”，选择“属性”；

（2）选择“硬件”选项卡，单击“设备管理器”，打开设备管理器；

（3）单击展开“IDE ATA\ATAPI 控制器”分支，双击“Primary IDE Channel”，单击“高级”设置；

（4）检查“传输模式”下拉菜单，把它们全部设为 DMA If Available（允许情况下使用 DMA）；

（5）单击“确定”；

（6）再用同样的方式修改每一个 IDE 控制器。

13. 删除网页缓存内容加快磁盘运行速度

方法为：

（1）进入“控制面板”，双击“Internet 选项”进入到“Internet 属性”；

（2）在“常规”中的“Internet 临时文件”下面单击“删除文件”，并将“删除所有脱机内容”打勾；

（3）单击“确定”。

另外在“常规”中还有一个“历史纪录”（History）也顺便进行删除整理

操作。删除一些 Temp 暂存盘：例如“C:\ Windows\TEMP”（假设 Windows XP 系统安装在 C 盘上。），“C:\Documentsand Settings\（使用者名称）\LocalSettings\Temp”和一些软件专属的 Temp（大部分应该都可以在软件本身中设定）也一起删除。

14. 清除还原点，释放硬盘空间

Windows XP 设置了创建“还原点”的功能，存储包含系统设置信息的简单文件，以防系统崩溃时，设置丢失。然而，在一定的情况下，Windows 会创建多个不必要的还原点，有时会占用数 G 的硬盘空间。如果删除除最近还原点之外的其他文件，则可释放硬盘空间。清楚还原点，释放硬盘空间，解决方法为：

（1）依次单击“开始”\“程序”\“附件”\“系统工具”\“磁盘清理”。

（2）在弹出的选单中选中要清理的硬盘，然后选择“清理”。

（3）单击“确定”按钮即可。

15. 解除限制可保留的频宽设定

企业版本的 Windows XP Professional 新增了 QoSRRP（Quality of Service Resource Reservation Protocol 的缩写，意为服务质量资源预留协议）。一般来说，试图通过可用带宽访问信息的时候，应用程序要么通过 QoS 应用程序接口，要么通过另一个称为 TCI 的应用程序接口。在网络通讯上，为了商业方面的安全性保留了一定的频宽给管理者，这对于 QoS 应用程序来说无疑是件好事，但是一般使用者不需要此功能，无形中就有部分（默认为 20%）带宽白白浪费了，因此建议用户提供取消此功能。解除限制可保留的频宽设定，方法为：

提示!! Windows XP HomeEdition 的使用者不必更改这些设置。

（1）选择“开始”菜单中的“注销”，从而进到登录的主画面。

（2）在登录的主画面中按下 Ctrl+Alt+Del 两次出现了登录窗口，在使用者名称中输入 Administrator（注：要区分大小），密码栏中填入自设密码（若没有设定密码者“空白”即可）。

（3）单击“确定”按钮进入 Windows。

（4）选择“开始”菜单中的“运行”，输入 gpedit.msc 进入到“组策略”窗口。

（5）在左边窗口中依次选取“计算机配置”\“管理模板”\“网络”→“QoS 数据包调度程序”，在右边的窗口中双击“限制可保留的带宽”，选择“已启用”并将“带宽限制（%）”设为 0。

（6）单击“确定”按钮，重新启动电脑即可。

第 4 章

随心所欲定制 Windows XP

Windows XP 实用技巧速查 1000——→**本章内容**

4-1 让 Windows 更漂亮

1. 如何进行“屏幕保护程序”设置

要设置屏幕保护程序，方法为：

（1）右击桌面空白，从弹出菜单中选择“属性”。

（2）在打开的对话框中单击“屏幕保护程序”选项卡，单击“屏幕保护程序”列表框下的下拉箭头，从打开的列表中选择自己喜欢的屏幕保护。

提示!! 屏幕保护程序其实是一类电脑程序，它和我们运行的电脑程序没有太大的不同，其主要作用就是保护电脑屏幕。

（3）在“屏幕保护程序”里面可以选择进入屏保的时间，还可以对屏保进行简单的设置。此外在下面还可以对电源进行设置，主要是针对休眠功能进行设置。这样在不使用电脑的时候会保护显示器和硬盘，延长它们的寿命。

（4）设置完毕，单击“应用”按钮，结束操作。

2. 如何制作个性化屏幕保护

如果想利用 Windows XP 制作个性化屏幕保护，方法为：

（1）可以从数码相机或扫描仪上传图片，或者从 Internet 上下载自己喜欢的图片。把想作为屏幕保护的图片保存在同一个文件夹中，例如将它们存放在“我的文档”中的“图片收藏夹”文件夹中。

（2）右击桌面空白，从弹出菜单中选择“属性”，打开“显示 属性”对话框。

（3）单击“屏幕保护程序”选项卡，在“屏幕保护程序”下拉框中选择“图片收藏幻灯片”。然后单击“设置”按钮，进入“图片收藏屏幕保护程序选项”对话框。

（4）单击“浏览”按钮，找到“我的文档”中的“图片收藏夹”文件夹，然后单击“确定”按钮。

（5）接下来在“图片收藏屏幕保护程序选项”对话框中设置显示效果。

①拖动“更换图片的频率”下的滑块，以设置屏幕上转换图片的快慢，可选择的时间范围在 6～180 秒之间。

②拖动“图片的尺寸”下的滑块，可以设置图片占用屏幕空间的百分比，最小为 25%，最大为全屏。

③选中“拉伸尺寸小的图片”复选框，则可以使得较小的图片占用更多的屏幕空间，但有时会出现图片失真现象。

④选中“显示文件名”复选框，在图片的左上角同时标明文件的路径和名称。

⑤选中“图片间使用过渡效果”复选框，则在更换图片时使用动画效果或稍有停顿。

⑥选中“允许使用键盘滚动图片”复选框，则屏幕保护处于启动状态时，可以使用方向键“←”、“→”或“↓”来快速查看图片，而不撤消屏幕保护状态。

（6）设置完毕，单击“确定”按钮，退出设置窗口。

现在就可以单击“预览”按钮查看一下效果。

3. 如何隐藏桌面上的图标

换上的墙纸可能是幅名画、风景或是心爱的图片，这样一来桌面上的图标、快捷方式可能就显得有些碍眼，我们可以把它们隐藏起来。方法为：

（1）右击桌面空白，从弹出菜单中选择“排列图标”\“显示桌面图标”。

（2）这时“显示桌面图标”前面的“√”消失，现在桌面上的小图标都被隐藏起来了，漂亮的画面不再被分割。

提示!! 要将桌面上的图标和快捷方式还原回桌面上，只要重新选中“显示桌面图标”项即可。

4. 如何去掉快捷方式图标上的箭头

在桌面上建立常用软件或文件的快捷方式图标，可以方便使用，但快捷方式图标上的箭头就不那么美观了，可以想办法去掉它。方法为：

（1）单击“开始”\“运行”，在打开的对话框中输入 regedit 后按 Enter 键，弹出注册表编辑器。

（2）进入如下子项分支：

HKEY_CLASSES_ROOT\lnkfile

然后将右窗口中的 IsShortcut 值项删除即可。

（3）关闭注册表编辑器，重新启动电脑后生效。

5. 如何提高终端服务的视频分辨率

通过使用“远程桌面连接”客户端连接到基于 Windows XP 的电脑时，可以指定客户端以高于 256 色运行。而在指定颜色分辨率设置之前，必须先设置“远程桌面连接”。

要提高终端服务的视频分辨率，方法为：

（1）右击“我的电脑”，在出现的菜单中单击“属性”，然后在打开的对话框中单击“远程”选项卡。

（2）选中“允许用户远程连接到此电脑”复选框，然后单击“确定”按钮。

（3）接下来在另一台电脑上，单击“开始”\“所有程序”\“附件”\“通讯”\“远程桌面连接”，启动“远程桌面连接”向导。

（4）在“计算机”框中输入要连接的电脑的名称。

（5）单击“选项”按钮以展开“连接”对话框，如图 4-1 所示。在“显示”选项卡上选择一个非 256 色的颜色分辨率。

（6）单击“连接”按钮，开始会话。

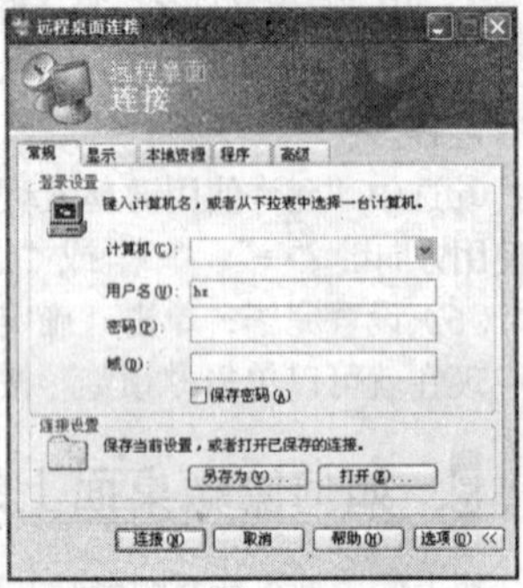

图 4-1

6. 如何进行“外观”设置

“外观”是 Windows XP 操作系统自带的设置，我们可以对窗口和按钮进行调整，而且还可以选择一种配色，其中有橄榄绿、默认（蓝）和银色这三种，并且可以根据实际的分辨率改变字体的大小。要设置外观，方法为：

（1）右击桌面空白，从弹出菜单中选择“属性”。

（2）单击“外观”选项卡，进行设置。

（3）设置完毕，单击“应用”按钮，结束操作。

7. 如何调整桌面图标纵向间隔

系统可根据所设定的屏幕解析度，自动确定桌面上一个纵列所能容纳的图标数量。举例来说，如果将屏幕解析度设定为 800×600 像素，那么，桌面上每列便可容纳 7 个图标。

如果希望在不改变屏幕解析度的前提下使桌面上的每一列能够容纳更多图标，则可以通过如下方法对图标间隔加以调整：

（1）右击桌面空白，从弹出菜单中选择“属性”。

（2）在“显示 属性”对话框中单击“外观”选项卡，然后单击“高级”按钮。

（3）在“高级外观”对话框的“项目”框内，单击“图标间隔（垂直）”，减少图标间隔尺寸，并单击“确定”按钮，返回到“显示 属性”对话框中。接着，单击“应用”按钮，即可在屏幕上看到修改效果。

（4）如果对修改后的效果感到满意，则单击“确定”按钮。

将纵向间隔尺寸从 43 像素减少为 39 像素，即可使桌面上每一列所能容纳的图标从 7 个增加到 8 个。

8. 如何更改显示器的分辨率和色彩的位数

要更改显示器的分辨率和色彩的位数，方法为：

（1）右击桌面空白，从弹出菜单中选择“属性”。

（2）单击“设置”选项卡，在“设置”这个选项里面可以调整显示器的分辨率和色彩的位数。

> **提示!!** 我们通常所看到的分辨率都以乘法形式表现的，例如 1 024 × 768，其中“1 024”表示屏幕上水平方向显示的点数，“768”表示垂直方向的点数。显而易见，所谓分辨率就是指画面的解析度，由多少像素构成，数值越大，图像也就越清晰。分辨率不仅和显示尺寸有关，还要受显像管点距、视频带宽等因素的影响。一般情况下 15 英寸的显示器设置的分辨率为 800 × 600，而 17 英寸显示器设置的分辨率为 1 024 × 768，可以根据自己显示器的实际情况来进行调试。

（3）单击“应用”按钮，结束操作。

9. 如何任意定制按钮颜色

尽管 Windows XP 本身带有多种窗口显示方案，但用户想定义某一个部位的颜色，比如把按钮的颜色由黑色改为蓝色或红色，这时就需要修改注册表了，方法为：

（1）单击“开始”\“运行”命令，在打开的对话框中输入 regedit 后按 Enter 键，弹出注册表编辑器。

（2）找到如下子项分支：

HKEY_CURRENT_USER\Control Panel\Colors

双击右窗口中的 Bottontext 值项，在打开的对话框中将其数值更改为想要颜色的值，比如红色（255 0 0）。

（3）关闭注册表编辑器，重新启动电脑后，就可以看到按钮上的文字颜色将变成红色。

此外，还可以修改按钮的宽度和高度及背景等参数。

10. 如何选择一个不同的桌面主题

要选择一个不同的桌面主题，方法为：

（1）打开“控制面板”窗口，双击“显示”图标。

（2）在“主题”选项卡的“主题列表”中选择一个新的主题，主题的预览图即显示在示例框中。

（3）选择自己想要的主题，然后单击“应用”按钮，结束操作。

11. 如何删除桌面主题

要删除桌面主题，方法为：

（1）在打开的“控制面板”窗口中双击“显示”图标。

（2）在打开的对话框的“主题”选项卡的主题列表中，单击想要删除的主题，主题的预览图即显示在示例框中。

（3）单击“删除”按钮，然后单击“应用”按钮，结束操作。

12. 如何设置以幻灯片方式浏览图片

我们在浏览图片的时候都需要逐个打开，这样比较麻烦或者单调。可以使用 Windows XP 系统的“幻灯片查看”功能自动播放图片，方法为：

（1）当需要浏览图片的时候，打开图片所在的文件夹。

（2）打开该文件夹后，单击左边的功能列表栏中的“作为幻灯片查看”选项，此时文件夹中的图片将以全屏的形式依次播放，如果图片不能占满全屏，剩余的部分自动以黑色填充。

（3）浏览完毕后，可以按下键盘左上角的“Esc”键退出幻灯片浏览。

提示!! 在使用幻灯片浏览图片时，在其右上角有一个工具栏，上面有一些按钮，单击它们分别起到播放、暂停、移动前一张、后一张以及停止幻灯片播放的作用，可以使用这些工具按钮控制幻灯片的播放。如果没有看到这个工具栏，只要在屏幕上移动一下鼠标，工具栏就会出现。

13. 如何将 Windows XP 的开始菜单改为传统的开始菜单

Windows XP 的开始菜单和传统的开始菜单有所不同，但有的用户可能还是比较习惯使用传统的开始菜单。

要将 Windows XP 的开始菜单改为传统的开始菜单，方法为：

（1）打开“控制面板”窗口，双击“任务栏和[开始]菜单”图标。

（2）在打开的对话框中单击“[开始]菜单”选项卡，然后选中“经典[开始]菜单”项前的复选框。

（3）单击“确定”按钮，结束操作。

14. 如何将 Windows XP 的主题改为传统的 Windows 风格

要将 Windows XP 的主题改为传统的 Windows 风格，方法为：

（1）右击桌面空白，从弹出菜单中选择“属性”，打开“显示 属性”对话框。

（2）单击“主题”下的下拉列表框，选择“Windows 经典”。

（3）单击“确定”按钮，结束操作。

15. 怎样在桌面上放置多幅图片

可以让桌面图片随时变，可以把喜欢的网页一直放在桌面上。这些都是用了 Windows XP 的桌面 Web 功能。

要在桌面上放置多幅图片，方法为：

（1）右击桌面空白，从弹出菜单中选择“属性”。

（2）在打开的对话框中单击“桌面”选项卡，然后单击“自定义桌面”按钮，在出现的“桌面项目”对话框中选择“Web”选项卡。

（3）单击“新建”按钮，在出现的“新建桌面项目”对话框中可以填入多幅图片的路径，这些图片都会出现在桌面，可以随便选择一幅作为桌面图片。

提示!! 在“新建桌面项目”对话框中填入多个网页的地址后，这样这些网页就会出现在桌面，可以随时调来浏览。

16. 利用“自定义文件夹”让文件夹更加美观

利用“自定义文件夹”可以让你的文件夹更加美观。方法为：

（1）右击某一文件夹，并在随后弹出的快捷菜单中选择“属性”。

（2）单击“自定义”选项卡并单击“选择图片”按钮。

（3）在你的电脑上任意选择一张图片，依次单击“打开”和“确定”按钮。

这样，你的文件夹将拥有一种全新外观。将其拷贝至采用缩略图浏览方式的另一文件夹中，就既可使用图片来提醒自己文件夹中所保存的内容，也可仅仅使其变得更加活泼。

4-2　让 Windows 使用起来更方便

1. 如何以字母顺序排列菜单中的程序

如果要将“开始”菜单中的程序和图标以字母顺序进行排序，方法为：

单击“开始”\“所有程序”，右击任意一个文件夹或图标，在出现的菜单中单击“按名称排列”，“开始”菜单中的所有程序和图标就会重新组织，呈现出一个新面孔。

2. 如何让图标回到桌面

初次装上 Windows XP 之后，桌面上只有“回收站”图标，“我的电脑”等图标均没有。

要让图标回到桌面，方法为：

（1）右击桌面空白，从弹出菜单中选择“属性”，打开“显示属性”对话框。

（2）单击“桌面”选项卡，然后单击“自定义桌面”按钮，打开“桌面项目”对话框。

（3）选中“我的电脑”、“我的文档”等项目前的复选框，然后单击“确定”按钮，结束操作。

3. 怎样为“新建”菜单大瘦身

系统右键菜单中的“新建”命令，会随着系统中不同类型软件的安装而持续地加入新的建立文件类型命令，使得右键菜单日益增长，且项目繁杂，影响菜单的弹出速度，所以定期对“新建”菜单瘦身是很有必要的。方法为：

（1）单击“开始”\“运行”，在出现的对话框中输入 regedit 后按 Enter 键，弹出注册表编辑器。

（2）单击选取 HKEY_LOCAL_MACHINE 分支，然后单击菜单命令“编辑”\“查找”，在打开的对话框的“查找目标”中输入 ShellNew。

（3）选择“查看”内类为“项”，并选中“全字匹配”复选框，然后单击“查找下一个”按钮，开始进行查找。

当系统查到一个名为 ShellNew 的子项时，会停止查找，并高亮显示该项，若该查到的 ShellNew 子项中的值项未被赋值，则可以不用管它。如果值项中有数据，则这个数据值即为“新建”菜单命令中的新建文件类型，就可以根据自己的需要来确定是否要保留该项。如果不需要则删掉。

（4）接下来按 F3 键进一步在注册表中查找，直到搜索完毕。

用这样的方式可以清除“新建”菜单命令中不必要的文件类型命令。

4. 怎样将最常用的程序在“开始”菜单排序

如果能将经常用到的程序将其放到“开始”菜单列表顶部，那使用起来就方便得多。怎么做?

方法为：

单击“开始”\“所有程序”，右击常用到的那个程序，在出现的菜单中选择“附到开始菜单”。这样所喜爱的程序将被移动到“开始”菜单列表顶部。

5. 如何自定义隐藏不活动的图标

在使用一段时间后，Windows XP 会自动检测并隐藏不活动的图标，可以通过下面的方法来禁止它：

（1）使用鼠标右击任务栏的空白处，在弹出的菜单中选择“属性”命令。

（2）在“任务栏”选项卡中将“隐藏不活动的图标”取消即可。如果不想完全禁止这项功能，可以单击“自定义”按钮，自行设置有关项目的隐藏和显示。

（3）单击“确定”按钮，结束操作。

6. 如何快速发邮件

要想快速发送邮件，方法为：

（1）右击“开始”按钮，在出现的菜单中选择“打开”。

（2）在打开的窗口中用鼠标右击空白处，从出现的菜单中选择“新建”\“快捷方式”。

（3）在出现的“创建快捷方式”向导的“请输入项目的位置”框中输入“mail to:”，然后单击“下一步”按钮。

（4）在出现的对话框的“输入该快捷方式的名称”框中输入名称。

（5）单击“完成”按钮，结束操作。

> **提示!!** 如果你经常给某个朋友发电子邮件的话，可以专门为这个朋友创建一个快捷方式，方法和上面所述方法差不多。例如，你朋友的电子邮件地址是 huangzhong@126.com，那么只要在“请输入项目的位置”框中输入“mailto: huangzhong@126.com”即可。

7. 如何在任务栏上显示常用文件夹和程序的快捷方式

要把经常用的文件夹和程序拖到任务栏上创建一个快捷方式，方法为：

（1）可以在任意盘上新建一个文件夹，并为其命名，例如将其命名为“任务栏文件夹”，将常用的文件夹和常用程序快捷方式都放到这个文件夹中。

（2）在任务栏上单击鼠标右键，在出现的菜单中依次选择“工具栏”\“新建工具栏”\“系统任务栏”。

（3）单击“确定”按钮，结束操作。

> **提示!!** 在默认情况下，将显示新建工具栏的图标、文字和标题。但可以只让它显示图标，方法为：在任务栏上右击鼠标，从弹出的菜单中去掉“显示标题”、“显示文字”两项前面的勾选状态。

8. 如何快速浏览脱机网页

需要脱机浏览某个已经打开过的网页，传统的方式是按照在线打开顺序，一个链接一个链接地找到并打开这个网页。比较快的方式是将这个网页添加到收藏夹，以后便可在脱机方式下从收藏夹中浏览这个网页。

其实，为该网页建立一个快捷方式是最快的方法，方法为：在浏览器的地址栏中，已打开网页的网址前面都有一个小图标，用鼠标按住这个小图标，把它拖到桌面上，下次就可以在桌面快速脱机浏览这个网页了。

9. 如何关闭"手写识别"与"语音识别"

关闭"手写识别"与"语音识别"的方法为：

（1）在"控制面板"窗口中双击"区域和语言选项"图标。

（2）在出现的对话框中单击"语言"选项卡，然后单击"详细信息"按钮。

（3）在弹出的"文字服务和输入语言"对话框中单击"高级服务"选项卡，然后选中"兼容配置"下的"将高级文字服务支持应用于所有程序"。

（4）单击"确定"按钮，关闭所有打开的对话框。

10. 如何自动校正时间

要精确对时钟进行自动校正，方法为：

（1）直接用鼠标双击系统任务栏托盘区中的系统时钟图标。

（2）在出现"日期和时间 属性"对话框中单击"Internet 时间"选项卡，然后选中"自动与 Internet 时间服务器同步"。

（3）单击"服务器"右侧的下拉箭头，在出现的下拉菜单中选择一台标准的时间服务器。

（4）单击"确定"按钮，系统自动连接到因特网上，并自动比较电脑内的系统时钟与指定服务器的时钟，要是发现不准确的话就可以自动调整了。

提示!! 要想调整精确，必须确保自己的系统没有安装防火墙。

11. 如何让密码不过期

Windows XP 在密码过期前 14 天就会提醒你更换密码，非常麻烦。如果要取消提醒，方法为：

（1）单击"开始"\"运行"，在打开的对话框中输入 lusrmgr.msc 后按 Enter 键。

（2）在弹出的"Local Users and Groups"对话框中，选择"用户"文件

夹，然后在右边窗口中找到你所使用的用户名，例如：Angel，双击后，会弹出“Angel 属性”对话框，只需选中“密码永不过期”复选框。

（3）单击“确定”按钮，结束操作。

12. 如何关闭报告错误

程序因错误或兼容性不好被强行关闭后会弹出报告错误的对话框，如果要禁止弹出该类对话框，即关闭报告错误，方法为：

（1）单击“开始”\“运行”，在打开的对话框中输入 msconfig 后按 Enter 键。

（2）在出现的对话框中单击“服务”选项卡，然后单击去掉“Error Reporting Service”单选框前的选中标识。

（3）单击“确定”按钮，结束操作。

13. 如何将桌面图标变成工具栏

Windows XP 中的部分桌面图标，可以改为“工具栏”显示其下的子目录，让你更方便的选取。此功能适用于“我的电脑”、“我的文档”、“网络邻居”（如果已连上局域网）及自己建立的文件夹快捷方式图标等。

（1）单击桌面上的图标，例如“我的文档”，按住鼠标左键不放，然后将图标往桌面的上方边缘拖曳，拖到边界后放开鼠标左键，此时桌面上方立即出现“我的文档”的工具栏，并显示其中所有的子目录。只要单击该目录就可以打开它。

若要调整工具栏的大小，单击工具栏的下方边界，当鼠标变成“↕”时，按着左键拖曳即可。

（2）若要关闭工具栏，则右击工具栏的任一空白处，在出现的菜单中选择“关闭工具栏”命令。

（3）接着出现“确认关闭工具栏”的询问框，单击“确定”按钮即可。

> **提示!!** 如果工具栏上同时显示数个“工具栏”，例如“地址栏”、“链接栏”等，则在关闭时只能一次关闭一个。

14. 如何快速打开“控制面板”

要设置快速打开“控制面板”，方法为：

（1）右击任务栏最左边的“开始”按钮，在出现的菜单中单击“属性”，选择“自定义（开始菜单）”。

（2）在出现的对话框中单击“高级”选项卡，然后选中“开始菜单项目”列表框中的“控制面板”下的“显示为菜单”。

（3）单击“确定”按钮，结束操作。

15. 如何添加项目到鼠标右键“发送到”菜单中

可以向发送到菜单中添加新的快捷方式，例如一个指向常用文件夹的快捷方式。方法为：

（1）打开“我的电脑”，双击安装 Windows 安装目录所在盘符，通常情况下为 C:。

（2）在打开的窗口中双击 Document and Settings 文件夹，之后选定并双击对应于特定用户的文件夹。

（3）双击“SendTo”文件夹，在打开的窗口中单击“文件”\“新建”\“快捷方式”菜单命令。

提示!!

缺省情况下发送到文件夹处于隐藏状态。如需显示该文件夹，依次单击“工具”\“文件夹选项”菜单项，之后，单击“隐藏文件和文件夹”中的“显示所有文件和文件夹”选项。

（4）在打开的“创建快捷方式”向导框中依照屏幕提示，创建一个快捷方式。

现在，当右击一个文件并选择“发送到”命令时，指向刚才所选定项目的快捷方式将成为菜单中的一个选项。通过这种方式，可以为本地或网络应用程序、文件、文件夹、电脑及 Internet 地址创建快捷方式。

16. 如何删除 Windows 强加的附件

要删除一些 Windows 强加的且对你而言没有用的附件，方法为：

（1）双击 Windows XP 安装所在目录下的\WINDOWS\inf 文件夹下的 sysoc.inf 文件，打开该文件。

（2）单击“编辑”\“替换”菜单命令，在出现的“查找”框中输入“,hide”（一个英文逗号紧跟 hide），将“替换为”框设为空，然后单击“全部替换”按钮，这样就把所有的“,hide”都去掉了。

（3）保存修改后的文件，退出。

（4）在“控制面板”窗口中双击“添加\删除程序”图标，在“添加\删除 Windows 组件”中多出了好几个选项。现在就可以删除一些没有用的附件了。

17. 如何临时为自己分配管理权限

许多程序在安装过程中都要求安装者具备管理权限，如果已经以普通用户身份登录，则可以临时为自己分配管理权限，方法为：

（1）在右击程序安装文件的同时，按住“Shift”键不放。

（2）在出现的菜单中单击“运行方式”，然后输入具有相应管理权限的用户名和密码。

提示!! 这种方式对于“开始”菜单上的应用程序同样适用。

18. 如何在“控制面板”中启用“远程协助”

要在“控制面板”中启用“远程协助”，方法为：

（1）打开“控制面板”窗口，然后双击“系统”，在出现的“系统属性”对话框中单击“远程”选项卡。

（2）选中“允许从这台电脑发送远程协助邀请”复选框，然后单击“高级”来设置一段时间，从而允许远程协助者在这段时间内访问你的电脑。

（3）如果想让连接到这台电脑的其他用户远程控制你的电脑，则单击“允许此电脑被远程控制”复选框。

（4）单击“确定”按钮，结束操作。

19. 如何保存搜索结果

Windows XP 的搜索助手，功能十分强大。但搜索仍然是一个很浪费时间的过程，特别当自己对所使用的电脑里面存放的资料不了解的时候搜索就更浪费时间了。如果把搜索结果保存起来，就会方便很多。

保存搜索结果的方法为：

（1）输入搜索条件，然后单击“立即搜索”按钮。

（2）右击“搜索结果”面板（或选择“文件”菜单），然后选择“保存搜索”。

（3）在弹出的对话框中输入文件名和保存位置。

就这样，以后每次想要运行同样的搜索，只需在“资源管理器”中找到该文件，然后双击它，已保存的搜索标准会很方便地导入到“搜索结果”对话框的合适区域中，无需重复输入搜索标准即可进行搜索。

20. 如何禁止分组相似任务栏

分组相似任务栏功能可以在打开过多任务窗口的时候自动分组相似任务栏按钮，分组后由同一程序打开的多个窗口将会折叠成一个按钮，鼠标左键单击此按钮会显示出所有的窗口，鼠标右键单击该按钮则可以一次性关闭这些窗口。但是这项功能会给在多个任务窗口中进行的切换带来麻烦。

要禁止分组相似任务栏，方法为：

（1）使用鼠标右击任务栏的空白处，在弹出的菜单中选择“属性”命令。

（2）在“任务栏”选项卡中取消“分组相似任务栏按钮”，然后单击“确定”按钮，结束操作。

21. 怎样将文件加密\解密选项添加至快捷菜单

Windows XP 所配备的加密文件系统（EFS）可帮助针对存储在 NTFS 磁盘卷上的文件和文件夹执行加密操作。如果已将这个文件加密\解密选项添加至快捷菜单，那么，当用户用鼠标右键单击某一存储于 NTFS 磁盘卷上的文件或文件夹时，Encrypt（加密）或 Decrypt（解密）选项便会出现在随后弹出的快捷菜单上。

提示!! Windows XP Home Edition（家用版）并未提供 EFS 特性。

要将 EFS 选项添加至快捷菜单，方法为：

（1）单击“开始”\“运行”，在对话框内，输入 regedit 后按回车键。

（2）找到如下子项：

HKEY_LOCAL_MACHINE\SOFTWARE\Microsoft\Windows\CurrentVersion\Explorer\Advanced

（3）单击“编辑”\“新建”\“DWORD 值”。

（4）输入 EncryptionContextMenu 后按 Enter 键，双击新建的值项，将其数值设置为 1。

（5）关闭注册表编辑器，重新启动电脑后，使修改生效。

22. 如何让任务栏提示区内显示音量控制图标

借助任务栏上的快捷方式图标可方便对音频设备播放时的音量大小加以调节。只要将音量控制图标置于任务栏内，便无需在每次执行音量调节操作时调用“控制面板”上的 Sounds and Audio Devices（声音与音频设备）程序。

要将音量控制图标添加至任务栏，方法为：

（1）单击“开始”\“控制面板”，打开“控制面板”窗口。

（2）双击“声音和音频设备”图标，在打开的“声音和音频设备属性”对话框中单击“音量”选项卡，然后选中“将音量控制图标放入任务栏”复选框。

（3）单击“确定”按钮，结束操作。

这样，每当需要进行音量调节时，便可在任务栏上单击音量控制图标，并使用鼠标拖动音量调节滑块。

23. 如何提高任务栏自动隐藏速度

当选择了任务栏自动隐藏的功能，发现它自动隐藏的动作很慢。要想让它快一点，方法为：

（1）右击桌面空白处，在出现的菜单中选择“属性”命令。

（2）在“显示属性”对话框中单击“外观”选项卡，然后单击“效果”按钮。

（3）在“效果”对话框取消“拖动时显示窗口内容”项，然后单击“确定”按钮，关闭打开的对话框。

经过上述操作后，会发现任务栏自动隐藏的速度提高了许多。

4-3　让 Windows 运行得更顺利

1. 如何优化字体安装

有些字体本身很大，特别是中文字体，一般在 10MB 左右，一旦安装了过多的字体，就会使得系统盘臃肿不堪。

如果需要安装各种不同的字体，可以在安装时进行优化。方法为：

（1）在一个空白的驱动器上建立一个目录，如：在 F：盘下建立一个目录 MyFonts，然后把需要安装的全部字体放到这个目录下。

（2）单击“开始”\“运行”，在打开的对话框中输入 fonts 后按 Enter 键，打开字体所在的目录。

（3）在打开的字体窗口单击菜单命令“文件”\“安装新字体”，在出现的对话框里面找到 F:\ MyFonts 这个目录，然后取消“将字体复制到 Fonts 文件夹”项，最后选中要安装的字体，单击“确定”按钮即可。

2. 如何将文件拖进隐藏起来的回收站

Windows XP 回收站的默认位置是在桌面的右下角，在底部系统托盘的上面。如果用户打开了多个窗口，则会挡住回收站，而无法拖曳文件及文件夹至回收站。

如果想向隐藏起来的回收站删除文件，方法为：

（1）当拖动一批文件并移至桌面右下角时，可以拖动鼠标并将所有文件移至桌面最下方任务条的空白区域，并在那里停留几秒钟，这时所有打开的窗口将会自动最小化。

（2）窗口都最小化后，就可以将文件拖进回收站。

3. 如何关闭自动更新

要关闭 Windows XP 的“自动更新”功能，方法为：

（1）右击“我的电脑”，在出现的菜单中单击“属性”，打开“系统属性”对话框。

（2）单击“自动更新”选项卡，选择“关闭自动更新”项。

（3）单击“确定”按钮，结束操作。

4. 如何调用系统的声音方案

与以往的 Windows 操作系统相比，Windows XP 提供了更加优秀的声音方案，但系统默认却没有调用该方案，不过我们可以自己来激活该方案。

要激活系统的声音方案，方法为：

（1）在打开的“控制面板”窗口中双击“声音和音频设备”。

（2）在打开的“声音和音频设备 属性”对话框的“声音”选项卡中的“声音方案”的下拉列表中选择“Windows 默认”，此时系统会提示用户是否保存以前的声音方案设置，单击“否”按钮即可。

（3）单击“确定”按钮，结束操作。

5. 如何启用远程桌面登录

要通过远程桌面自动登录到运行此版本 Windows XP 的电脑，方法为：

（1）以系统管理员身份登录，然后单击“开始”\“运行”，在出现的对话框中输入 MMC 后按 Enter 键。

（2）在打开的“控制台 1”窗口中单击菜单命令“文件”\“添加\删除管理单元”。

（3）在打开的“添加\删除管理单元”对话框的“独立”选项卡中单击“添加”按钮。

（4）在出现的“添加独立管理单元”对话框中选择“组策略”，然后单击“添加”，在出现的“欢迎使用组策略向导”对话框中单击“完成”按钮。

（5）连续单击“关闭”按钮，然后单击“确定”按钮，返回到“控制台 1”窗口中。

（6）依次展开“控制台根节点”下面的“‘本地电脑’策略” \“电脑配置”\“管理模板”\“Windows 组件”\“终端服务”\“加密与安全性”，然后双击右窗口中的“连接时总是提示客户端提供密码”。

（7）在出现的“连接时总是提示客户端提供密码 属性”对话框中单击选中“已禁用框”项，然后单击“确定”按钮即可。

6. 如何禁止用户打开任务管理器

要禁止用户打开任务管理器，方法为：

（1）使用管理员账号登录系统，然后单击“开始”\“运行”，在出现的对话框中输入 gpedit.msc 后按 Enter 键，打开“组策略”编辑器窗口。

（2）依次展开“用户设置”\“管理模板”\“系统”\“Ctrl+Alt+Del 选项”，然后右击右窗口中的“删除任务管理器”项。

（3）从出现的菜单中选择“属性”，然后在打开的“删除任务管理器 属性”对话框中单击选定“已启用”项。

（4）单击“确定”按钮，结束操作。

7. 如何处理操作系统安全日志装满时的情况

要处理操作系统安全日志装满时的情况，方法为：

（1）在打开的“控制面板”窗口中双击“管理工具”图标，然后在打开的窗口中双击“事件查看器”，打开事件查看器。

（2）在出现的控制台中右击“安全日志”，然后在出现的菜单中单击“属性”，在打开的对话框中进行设置。

（3）设置完毕，单击“确定”按钮，结束操作。

8. 如何自定义 CPU 的占用时间

Windows XP 为每一个正在运行的程序和进程定义了优先级，优先级决定了一个程序相对于其他程序而言的占用 CPU 时间的比值。Windows XP 允许定义的优先级包括：低，低于标准，标准，高于标准，高，实时。

我们可以用任务管理器改变任意进程和程序的优先级。例如可以让 3D 射击游戏占用较多的 CPU 资源，使游戏运行得更流畅。

要自定义 CPU 的占用时间，方法为：

（1）按 Ctrl+Alt+Delete 组合键，在打开的窗口中单击选择“任务管理器”按钮，打开“Windows 任务管理器”窗口。

（2）单击“进程”选项卡，右击目标程序或进程，从出现的菜单中选择“设置优先级”，然后在“设置优先级”子菜单中选择适当的优先级。

（3）设置完毕，单击“Windows 任务管理器”窗口右上角的“关闭”按钮 ☒，结束操作。

提示!!

新的优先级只在程序或进程运行期间有效。如果结束程序再打开它，Windows XP 会重新为它设置默认的优先级。

9. 如何取消压缩功能

Windows XP 自带了压缩功能，虽然比较方便，但功能比较单一。事实上，我们会用一些比较专业的压缩软件来压缩，如 WinZip，因此 Windows XP 自带的压缩功能对我们来说就没有什么用。

要取消 Windows XP 的压缩功能，方法为：单击“开始”\“运行”，在出现的“运行”对话框中输入 regsvr32\u zipfldr.dll 后按 Enter 键即可。

第5章

Windows XP 系统优化与提速

Windows XP 实用技巧速查 1000——→本章内容

1. 如何通过优化驱动程序加快运行速度
2. 如何改变 Windows 启动程序及常驻程序
3. 如何设定固定 IP 地址
4. 如何缩短关机时“处理程序”等待时间
5. 如何修改磁盘缓存加速 Windows XP

……

1. 如何通过优化驱动程序加快运行速度

如果主板是 Intel 8XX 芯片组，一定要安装 Intel Application Accelerator，安装以后系统优化很明显，这个程序可以到 Intel 官方网站下载。

如果是非 Intel 芯片组的主板，安装相应的补丁程序是必不可少的，如 VIA 的 4in1 程序等。

尽量使用通过了 WHL 认证的驱动程序。这种驱动程序通过了微软硬件实验室的认证，在稳定性\兼容性上有很大的优势。

2. 如何改变 Windows 启动程序及常驻程序

要改变 Windows 启动程序及常驻程序，方法为：

（1）单击“开始”\“运行”，在打开的对话框中输入 msconfig 后按 Enter 键，打开“系统配置实用程序”窗口。

（2）在“启动”选项卡中单击取消不必要的程序所在项，完成后单击“应用”按钮，重新启动电脑即可。

3. 如何设定固定 IP 地址

Windows XP 虽然进到桌面的速度相当的快，但是运行动作却是一步步来的，必须要等一段时间才能运行程序。如果机器装有网卡，Windows XP 会在进入到桌面后自动搜寻 IP 地址，所以如果没有设定一个固定的 IP 地址，它便会浪费许多的时间来搜寻 IP 地址。

要设定固定的 IP 地址，方法为：

（1）右击“网上邻居”，从出现的菜单中选择“属性”，弹出“网络连接”窗口。

（2）右击局域网连接，从出现的菜单中选择“属性”，打开局域网连接属性，在“常规”选项卡中双击“Internet 协议（TCP\IP）”。

（3）在打开的“Internet 协议（TCP\IP） 属性”对话框中单击“使用下面的 IP 地址”，然后在“IP 地址”中输入：192.168.0.1，“子网掩码”中输入：255.255.255.0。

4. 如何缩短关机时“处理程序”等待时间

Windows XP 的开机速度的确比以前版本的操作系统快了很多，但关机速度却慢了不少。要缩短关机时“处理程序”等待的时间，方法为：

（1）单击“开始”\“运行”，在打开的对话框中输入 Regedit 后按 Enter

键，打开注册表编辑器。

（2）找到如下注册表子项分支：

HKEY_CURRENT_USER\ControlPanel\Desktop

（3）右击右边窗口中的 WaitToKillAppTimeout 值项，在出现的菜单中选择“修改”，然后将其数值资料改为 1 000（默认值为：20 000），即关闭“处理程序”时等待 1 秒。

（4）关闭注册表编辑器，重新启动电脑，使修改生效。

5. 如何修改磁盘缓存加速 Windows XP

磁盘缓存对 Windows XP 运行起着至关重要的作用，但是默认的 I\O 页面文件比较保守。所以，对于不同的内存，采用不同的磁盘缓存是比较好的做法。方法为：

（1）单击“开始”\“运行”，在打开的对话框中输入 Regedit 后按 Enter 键，打开注册表编辑器。

（2）找到如下注册表子项分支：

HKEY_LOCAL_MACHINE\SYSTEM\CurrentControlSet\Control\Session Manager\ Memory Management

（3）在右窗口中建一个名为 IoPageLockLimit 的 DWORD 值项。

（4）根据自己所使用的电脑的内存大小，修改其十六进制值。对于 64MB 内存，则修改为 1000；对于 128MB 内存，修改为 4000；对于 256MB 内存，修改为 10000；对于 512MB 或更大的内存，修改为 40000。

这个优化只对 server 用户才有实在意义——它能够提升系统进行大容量文件传输时的性能。实际上只有当内存大于 256MB 的时候，该操作才显得有意义。

（5）关闭注册表编辑器，重新启动电脑，以使修改生效。

6. 如何禁止在引导期间进行硬盘碎片整理

在缺省状态下，Windows XP 在每次引导期间，会自动进行硬盘碎片整理的操作，这将延长引导时间。要禁止这项操作，方法为：

（1）单击“开始”\“运行”，在打开的对话框中输入 Regedit 后按 Enter 键，打开注册表编辑器。

（2）找到如下注册表子项分支：

HKEY_LOCAL_MACHINE\SOFTWARE\Microsoft\Dfrg\BootOptimizeFunction

在右窗口中找到值项 Enable，然后双击它，在出现的菜单中修改其数据为 N，对应于“禁止碎片整理操作”。

（3）关闭注册表编辑器，重新启动电脑，以使修改生效。

7. 如何加快菜单显示速度

要加快菜单显示速度，方法为：

（1）单击“开始”\“运行”，在打开的对话框中输入 Regedit 后按 Enter 键，打开注册表编辑器。

（2）找到如下注册表子项分支：

HKEY_CURRENT_USER\ControlPanel\Desktop

（3）在右边的窗口中右击值项 MenuShowDelay，从出现的菜单中选择“修改”，将其数值修改为 100 或更小（默认值为：400），建议不要使用 0，因为如此一来只要鼠标一不小心触碰到所有程序，整条菜单就会跑出来。

（4）关闭注册表编辑器，重新启动电脑，以使修改生效。

8. 如何改变窗口弹出的速度

我们可以通过一些简单的修改，以改善 Windows 窗口的弹出效果。方法为：

（1）单击“开始”\“运行”，在打开的对话框中输入 Regedit 后按 Enter 键，打开注册表编辑器。

（2）找到如下注册表子项分支：

HKEY_CURRENT_USER\Control Panel\Desktop\WindowMetrics

在右边的窗口中找到 MinAniMate 值项，将其数值修改为 0，以禁止动画显示。

（3）关闭注册表编辑器，重新启动电脑，以使修改生效。

9. 如何关闭 Windows XP 的文件保护功能

要关闭 Windows XP 的文件保护功能，方法为：

（1）单击“开始”\“运行”，在打开的对话框中输入 Regedit 后按 Enter 键，打开注册表编辑器。

（2）找到如下注册表子项分支：

HKEY_LOCAL_MACHINE\SOFTWARE\Microsoft\WindowsNT\CurrentVersion\Winlogon

将右窗口中的键值项 SFCDisable 的数据修改为 FFFFFF9D，以删除 Windows 的关键文件。

（3）关闭注册表编辑器，重新启动电脑，以使修改生效。

10. 如何把 IDE 设备设置为 DMA 传输模式

由于某些原因，Windows XP 有时会在 IDE 通道上使用 PIO 并行输入输出传输模式，而不是 DMA 模式。用户可以手动把 IDE 通道改为 DMA 模式，这样可以减少该设备占用的 CPU 周期。方法为：

（1）打开“控制面板”窗口，双击“系统”图标，出现“系统属性”对话框。

（2）单击选中“硬件”选项卡，然后单击“设备管理器”列表框中的“设备管理器”按钮，出现“设备管理器”窗口。单击展开“IDE ATA\ATAPI 控制器”。

（3）双击“主要 IDE 通道”，出现“主要 IDE 通道 属性”对话框。单击“高级设置”选项卡，检查“传送模式”下拉菜单，把它们全部设为“DMA（若可用）”，然后单击“确定”按钮。

采用同样的方法，修改每一个 IDE 控制器即可。

11. 如何便捷地使用硬盘碎片整理

电脑使用一段时间后硬盘会产生大量文件碎片，用户需要定期调用磁盘碎片整理程序进行清理。为此，这里将提供一个可以让你更加便捷地调用整理硬盘碎片程序的方法。

（1）使用“记事本”编辑一个名为 context_defrag.inf 的文件，并在该文件中输入下列内容：

```
version
signature="$CHICAGO$"
DefaultInstall
AddReg=AddMe
AddMe
HKCR, "Drive\Shell\Defrag\command",,, "DEFRAG.EXE %1"
```

（2）编辑并保存完毕后，右击该文件，在出现的菜单中选择“安装”命令，安装后即在 Windows XP 右键菜单中多了一个“Defrag”命令。以后用户需要整理硬盘时，打开“我的电脑”窗口，用鼠标右击需要进行整理的硬盘盘符，从弹出的文本菜单中选择 Defrag，这时系统就会自动整理驱动器中的碎片了。

12. 如何解除限制可保留的频宽设定提高宽带速度

专业版的 Windows XP 默认保留了 20%的带宽，其实这对于个人用户来说是没有什么作用的。尤其让它闲着还不如充分地利用起来。要解除限制可保留的频宽设定提高宽带速度，方法为：

（1）单击“开始”\“运行”，在打开的对话框中输入 gpedit.msc 后按 Enter 键，打开组策略编辑器。

（2）依次展开左侧窗口中的“电脑配置”\“管理模板”\“网络”\“QoS 数据包调度程序”，然后单击选择右侧窗口中的“限制可保留带宽”项。

（3）右击该项，在出现的菜单中选择“属性”命令，打开“限制可保留带宽属性”对话框。

（4）选择“已禁用”即可（或者选择“已启用，然后在带宽限制中输入：0”）。这样就释放了保留的带宽，对于上网的朋友是非常有用的。

13. 如何禁止虚拟内存执行

在默认情况下，Windows XP 会把内存中的片断写入硬盘，我们可以阻止它这样做，让数据保留在内存中，从而提升系统性能。方法为：

（1）单击“开始”\“运行”，在打开的对话框中输入 Regedit 后按 Enter 键，打开注册表编辑器。

（2）找到如下注册表子项分支：

HKEY_LOCAL_MACHINE\SYSTEM\CurrentControlSet\Control\Session Manager\Memory Management

将右窗口中的值项 DisablePagingExecutive 的数据修改为 1。

（3）关闭注册表编辑器，重新启动电脑后，使修改生效。

14. 如何禁用“错误汇报”功能

要禁用“错误汇报”功能，方法为：

（1）右击“我的电脑”，在出现的菜单中选择“属性”，打开“系统属性”对话框。

（2）单击选择“高级”选项卡，然后单击“错误报告”按钮，选中“禁用错误报告”选项，并取消“但在发生严重错误时通知”选项，最后单击“确定”按钮，这样以后系统错误报告就不会再出来烦人了。

重新启动系统后，电脑在启动过程中将不会装载错误报告服务。

15. 如何关闭多余的系统服务提升运行速度

Windows XP 默认在后台运行了很多不同的服务，像打印机服务、系统自动更新服务等等，这些服务中有相当一部分对于个人用户来说不但没有作用，而且安全方面也存在很大的隐患，所以适当地禁用一些系统服务不仅可以加快系统的运行速度而且还能起到安全的作用，是非常有必要的。方法为：

（1）首先要使用管理员用户登录 Windows XP，因为只有管理员才可以有权利更改服务。

（2）单击“开始”\“控制面板”\“性能和维护”\“管理工具”\“服务”，打开“服务”设置窗口，在窗口右侧显示的就是 Windows XP 系统中所有的服务项，每个服务都标记了名称、描述、状态、启动类型和登录性质。下面介绍几个比较常用的服务功能：

Clipbook Server（文件夹服务器）：这个服务允许网络上的其他用户看到你的文件夹。在这里强烈建议你把它改为手动启动，然后再使用其他程序在你的网络上发布信息。

Messenger（消息）：在网络上发送和接收信息。如果你关闭了 Alerter，你可以安全地把它改为手动启动。

Printer Spooler（打印后台处理程序）：如果你没有配置打印机，建议改为手动启动或干脆关闭它。

Error Reporting Service（错误报告）：服务和应用程序在非标准环境下运行时提供错误报告。建议改为手动启动。

Fast User Switching Compatibility（快速用户切换兼容性）：建议改为手动启动。

Automatic Updates（自动更新）：这个功能前面已经讲过了，在这里可以改为手动启动。

Net Logon（网络注册）：处理像注册信息那样的网络安全功能。你可以把它设为手动启动。

Network DDE 和 Network DDE DSDM（动态数据交换）：除非你准备在网上共享你的 Office，否则你应该把它改为手动启动。注：这和在通常的商务设定中使用 Office 不同（如果你需要 DDE，你就会知道）。

NT LM Security Support（NT LM 安全支持提供商）：在网络应用中提供安全保护。建议你把它改为手动启动。

Remote Desktop Help Session Manager（远程桌面帮助会话管理器）：建议改为手动启动。

Remote Registry（远程注册表）：使远程用户能修改此电脑上的注册表设置。建议改为手动启动。

Task Scheduler（任务调度程序）：使用户能在此电脑上配置和制定自动任务的日程，计划每星期的碎片整理等。建议改为手动启动。

Uninterruptible Power Supply（不间断电源）：它管理你的 UPS。如果你没有 UPS，把它改为手动启动或干脆关闭它。

Windows Image Acquisition （WIA）：为扫描仪和照相机提供图像捕获。如果你没有这些设备，建议改为手动启动或干脆关闭它。

（3）右击需要禁止的服务，在出现的菜单中选择“属性”命令，打开服务设置窗口，其中“启动类型”中提供了三种启动方式，即自动、手动和已禁用，三种启动方式所产生的效果是不一样的。

①自动：如果某个服务被设置为自动，那么它就会随着启动 Windows XP 一起运行，这就势必延长启动所需要的时间，但是有些服务是必须设置为自动的，因为这些服务是与系统有紧密关联的，如果设置为别的启动方式的话，系

统就会出现问题，所以最好不要动它们。

②手动：如果某个服务被设置为手动，那么该服务不会启动，只有在需要它的时候才会启动它。这样就可以节省不少的系统资源。

③已禁用：如果一个服务被设置为已禁用，那就表示这个服务将不再启动了，哪怕是在需要它的时候，它也不会启动，如果认为某个服务真的没有用了，可以选择它。

16. 如何提升系统缓存

要提升系统缓存，方法为：

（1）单击“开始”\“运行”，在打开的对话框中输入 Regedit 后按 Enter 键，打开注册表编辑器。

（2）找到如下注册表子项分支：

HKEY_LOCAL_MACHINE\SYSTEM\CurrentControlSet\Control\SessionManager

（3）把右边窗口中的 LargeSystemCache 值项的数值更改为 1。

（4）关闭注册表编辑器，重新启动电脑，以使修改生效。

17. 如何使用系统优化工具——MsConfig

大多数用户都应该熟识 MsConfig 了，这是一个系统内置的 Windows 设置工具，使用方法如下：

（1）单击“开始”\“运行”，在打开的对话框中输入 msconfig 后按 Enter 键，出现“系统配置实用程序”窗口。

（2）单击“启动”选项卡。该选项卡中显示了 Windows 启动时运行的所有程序，这些程序对 Windows 来说是生死攸关的，所以用户可以放心地把不要的去掉。把部分勾勾去掉之后，Windows 启动会快些，同时空闲的系统资源也会多出一些。

（3）设置完毕，先单击“应用”按钮，然后单击“确定”按钮关闭打开的窗口。

18. 如何加快网上邻居共享的速度

在 Windows XP 中访问“网上邻居”是相当恼人的，系统会首先搜索自己的共享目录和可作为“网络共享”的打印机以及计划任务中和网络相关的计划任务，然后才显示网上邻居，这样的速度比 Windows 98 中慢很多。其实该功能并没有用，可以将其删除，以加快访问速度。方法为：

（1）单击“开始”\“运行”，在打开的对话框中输入 Regedit 后按 Enter

键，打开注册表编辑器。

（2）找到如下注册表子项分支：

HKEY_LOCAL_MACHINE\sofeware\Microsoft\Windows\CurrentVersion\Explore\ RemoteComputer\NameSpace

删除其下的项{2227A280-3AEA-1069-A2DE08002B30309D}（打印机）和项{D6277990-4C6A-11CF8D87- 00AA0060F5BF}（计划任务）

（3）关闭注册表编辑器，重新启动电脑，再次访问网上邻居，会发现快了很多。

19. 如何及时清理日志文件

WindowsXP 的日志文件比较容易被用户忽视。其实当我们每次开关机、运行程序、系统报错时，这些信息都会被记录下来，保存在日志文件中。但日志文件会随着时间的增长越来越大，从而影响了系统启动速度。用户可以自己指定日志文件的大小及处理方式，方法为：

（1）单击“开始”\“控制面板”，在打开的“控制面板”窗口中双击“管理工具”图标，在出现的窗口中双击“事件查看器”。

（2）在出现的“事件查看器”窗口的右侧窗口中可看到应用程序日志、安全日志和系统日志。在任意一种日志上面右击并选择“属性”，就可以在出现的对话框中为日志文件设定最大值，还可以选择当日志满了以后的处理方式——一般来说让它自动覆盖一段时间以前的旧日志，这样日志文件就不会超出指定大小。

20. 如何设置页面虚拟内存

Windows XP 运用的虚拟缓存技术可以将磁盘作为虚拟内存来使用，但同时会占用大量的硬盘空间，这对于拥有小硬盘和将系统区分得很小的用户来说是很痛苦的。

要设置合适的虚拟内存，方法为：

（1）右击“我的电脑”，从出现的菜单中选择“属性”，出现“系统属性”对话框。

（2）单击“高级”选项卡，然后单击“性能”下的“设置”按钮，出现“性能选项”对话框。

（3）切换到“高级”选项卡，单击“虚拟内存”下的“更改”按钮，在出现的“自定义大小”对话框中修改页面虚拟内存大小，最好不小于 256MB，不大于 382MB。而且最大值和最小值最好一样。

（4）修改好以后先单击右边的“设置”按钮，然后单击“确定”按钮，结束操作。

21. 如何设置 IRQ 中断优先权

这是一项非常有效的优化。电脑的每一个主要部件都设了个 IRQ 中断号。这里就是要通过修改每个 IRQ 请求的优先次序达到优化目的。这里主要的优化对象是系统 CMOS 实时钟，它通过主板来提升性能。首先，要确定想要哪个组件获得更高的性能，然后找到这个硬件正在使用的 IRQ 中断号。方法为：

（1）打开“控制面板”窗口，双击“系统”图标，出现“系统属性”对话框。

（2）单击选中“硬件”选项卡，然后单击“设备管理器”列表框中的“设备管理器”按钮，出现“设备管理器”窗口。

（3）用鼠标右击待查询 IRQ 号的组件，在出现的菜单中选择“属性”，然后在出现的对话框中单击“资源”选项卡。在这里可以看到设备正在使用的 IRQ 中断号（如果没有 IRQ 中断号，选择另一个设备），把中断号记下来。

（4）单击“开始”\“运行”，在打开的对话框中输入 Regedit 后按 Enter 键，打开注册表编辑器。然后找到如下注册表子项分支：

HKEY_LOCAL_MACHINE\System\CurrentControlSet\Control\PriorityControl

在这里新建一个名为 IRQ#Priority（其中“#”是具体的 IRQ 中断号）的 DWORD 双字节值项，并设置其数据为 1。譬如说，系统 CMOS 实时钟的 IRQ 中断号是 8，要建立的值项名就是 IRQ8Priority。

（5）重新启动电脑之后，就会发现刚优化过的组件性能有所提高。

22. 如何修改预读设置加快启动速度

Windows XP 虽然好使，但是觉得启动时间有点长？我们可以修改预读设置，缩短启动的时间。方法为：

（1）单击“开始”\“运行”，在打开的对话框中输入 Regedit 后按 Enter 键，打开注册表编辑器。

（2）找到如下注册表子项分支：

HKEY_LOCAL_MACHINE\SYSTEM\CurrentControlSet\Control\SessionManager\Memory Management\PrefetchParameters

将右窗口中的 EnablePrefetcher 值项的数值修改为 1，然后重新启动电脑，感觉快了许多吧？

提示!!

> 可以设置数值 0，1，2，3。0-Disable，1-预读应用程序，2-启动预读，3-前两者皆预读。

23. 如何加快自动刷新率

要加快 Windows 的自动刷新率，方法为：

（1）单击“开始”\“运行”，在打开的对话框中输入 Regedit 后按 Enter 键，打开注册表编辑器。

（2）找到如下注册表子项分支：

HKEY_LOCAL_MACHINE\System\CurrentControlSet\Control\Update

（3）将右窗口中的 Dword Update Mode 值项的数值数据更改为 0。

（4）关闭注册表编辑器，重新启动电脑，以使修改生效。

24. 如何利用 CPU 的 L2 Cache 加快整体效能

方法为：

（1）单击“开始”\“运行”，在打开的对话框中输入 Regedit 后按 Enter 键，打开注册表编辑器。

（2）找到如下注册表子项分支：

HKEY_LOCAL_MACHINE\SYSTEM\CurrentControlSet\Control\SessionManager

（3）将右边窗口中的 SecondLevelDataCache 值项的数值数据更改为与 CPU L2 Cache 相同的十进制数值。

举例说明：例如通过表 5-1 查到的 CPU 的 2 级缓存是 256KB，那么就修改 Dword 值 SecondLevelDataCache 为十进制的 256 即可。

表 5-1　Cache 大小

	型　号	2 级缓存大小
AMD 系列	Duron	64KB
	K6-3 Thunderbird AthlonXP	256KB
	K6-2 Athlon	512KB
Intel 系列	CeleronA Celeron2	128KB
	P2 Mobile P3E（EB） P4 Willamette	256KB
	P2 P3（katmai） P4（Northwood）	512KB

（4）关闭注册表编辑器，重新启动电脑，以使修改生效。

25. 如何缩短不正常关机后重启时检查系统的时间

在不正常关机后重新启动 Windows XP 时，会出现 CHDSK 来检查系统，但等待响应时间预设为 10 秒，我们可以更改可设定等待响应的时间，方法为：

（1）单击“开始”\“运行”，在打开的对话框中输入 Regedit 后按 Enter 键，打开注册表编辑器。

（2）找到如下注册表子项分支：

HKEY_LOCAL_MACHINE\SYSTEM\CurrentControlSet\Control\Session Manager

（3）如果要缩短等待时间为 3 秒，则更改 AutoChkTimeOut 值项的数值为 3，以此类推。

（4）关闭注册表编辑器，重新启动电脑，以使修改生效。

26. 如何在关机时清空页面文件

要在关机时清空页面文件，方法为：

（1）打开“控制面板”窗口，双击“管理工具”图标，出现“管理工具”窗口。

（2）双击“本地安全策略”，在打开的“本地安全设置”对话框中展开左边的“本地策略”\“安全选项”，然后双击右边窗口中的“关机：清理虚拟内存页面文件”项，在出现的对话框中选择“已启用”项，最后单击“确定”按钮即可。

27. 如何调整 Zip 驱动器设置提高数据传输速度

如果 USB Zip 驱动器在从运行 Windows XP 的电脑复制文件时出现工作速度缓慢的情况，则应采取一定措施，以期提高数据传输速度，方法为：

（1）打开“我的电脑”窗口，用鼠标右击 Zip 驱动器图标，在出现的菜单上选择“属性”命令。

（2）在出现的“属性”对话框内，单击选取“硬件”选项卡，然后单击“属性”按钮，接着在出现的对话框中选取“策略”选项卡。

（3）单击“为提高性能而优化”选项，然后单击“确定”以完成设置。

28. 如何转移临时文件来提升系统性能

IE 的临时文件会影响系统的性能，这是因为临时文件小、多、乱，会产生好多的碎片，如果让它和系统文件放在一起会影响到系统的性能。遇到这样的问题，解决方法为：

（1）打开 IE 浏览器，单击菜单命令“工具”\“Internet 选项”，出现“Internet 选项”对话框。

（2）单击“常规”选项卡中的“Internet 临时文件夹”下的“设置”按钮，在打开对话框中单击“移动文件夹”，把 Internet 临时文件夹移到别的盘区，不要让它和系统文件处在同一盘区内。

（3）最后单击“确定”按钮，结束操作。

29. 删除无用的 DLL 文件

在 Windows 的 System、System32 以及其他应用程序的目录下存有大量的 DLL 和其他公用文件，这些文件可能被系统或应用程序共享。但是，由于经常安装和卸载软件，就会在这些目录下留下大量的垃圾共享文件。它们不但占用了硬盘空间，而且系统还会继续共享它们，导致消耗系统内存和减慢系统的运行速度。对于这些文件，我们首先在硬盘中将其删除掉，然后用下面的方法在注册表中彻底清除。例如我们可以将共享的 C:\WINXP\system32\ mp3play.dll 文件删除并在注册表中删除其注册信息。

方法为：

（1）重新启动计算机或注销当前用户，再次进入 Windows XP，修改即生效。

HKEY_LOCAL_MACHINE\Software\Microsoft\Windows\CurrentVersion\SharedDLLs

（2）根据表 5-2 编辑相应项值（如果不存在，则新建）。

表 5-2　项值及项值数据设置

项值（数据类型）	项值数据
C:\WINXP\system32\mp3play.dll（DWORD 值 ）	1（被共享的数量）

30. 如何修改应用程序出错时试图等待响应的时间

此技巧可以修改一个应用程序出错时试图等待响应的时间，值为毫秒，缺省值为 5000ms（即 5s），可以减少为 3000ms，以加快系统的响应能力。

具体操作步骤如下：

（1）运行注册表编辑器，打开如下注册表子项分支（如果不存在，则新建）：

HKEY_CURRENT_USER\ControlPanel\Desktop

（2）根据表 5-3 编辑相应项值（如果不存在，则新建）。

表 5-3　项值及项值数据设置

项值（数据类型）	项值数据
HungAppTimeout（字符串值）	bb8（定制响应的时间（毫秒））

31. 如何关闭“Internet 时间同步”功能

如果启用了同步，电脑时钟每周就会和 Internet 时间服务器进行一次同步，这样将会影响系统性能。建议关闭该功能。

方法为：

（1）单击“开始”\“控制面板”，在打开的“控制面板”窗口中双击“日期和时间”图标。

（2）单击“日期和时间 属性”对话框中的“Internet 时间”选项卡，取消“自动与 Internet 时间服务器同步”复选框，然后单击“确定”按钮完成设置。

第 6 章

做一个网上冲浪高手

6-1 网络入门

1. 什么是 Internet

Internet（因特网）是指全球范围内的电脑系统联网。它是世界上最大的电脑网络，是一个将全球成千上万的电脑网络连接起来而形成的全球性电脑网络系统。它使得各网络之间可以交换信息或共享资源。

Internet 拥有不计其数的网络资源，目前世界上已有 150 多个国家和地区联网，连接的计算机有数千万台。在我国已有中国科技网（CSTNET）、中国公用电脑互联网（CHINANET）、中国教育和科研电脑互联网（CERNET）等与因特网相连，还有许多诸如金融、海关、外贸、旅游、气象、交通和科技等专用网络，这些网络为社会提供了各种信息服务。

2. Internet 提供了哪些服务

Internet 提供了哪些服务类型呢？

它提供的服务包括人们最熟悉的 WWW 服务，电子邮件（E-mail），文件传输（FTP），远程登录（Telnet），新闻论坛（Usenet），新闻组（News Group），电子布告栏（BBS），Gopher 搜索，文件搜寻（Archie）等等，全球用户可以通过 Internet 提供的这些服务，获取 Internet 上提供的信息和功能。

3. 什么是电子邮件服务

电子邮件（E-mail）服务是 Internet 所有信息服务中用户最多和接触面最广泛的一类服务。电子邮件不仅可以到达那些直接与 Internet 连接的用户以及通过电话拨号可以进入 Internet 结点的用户，还可以用来同一些商业网（如 CompuServe，America Online）以及世界范围的其他电脑网络（如 BITNET）上的用户通信联系。电子邮件的收发过程和普通信件的工作原理是非常相似的。

电子邮件和普通信件的不同在于它传送的不是具体的实物而是电子信号，因此它不仅可以传送文字、图形，甚至连动画或程序都可以寄送。电子邮件当然也可以传送订单或书信。由于不需要印刷费及邮费，所以大大节省了成本。通过电子邮件，如同杂志般贴有许多照片，厚厚的样本都可以简单地传送出去。同时，你在世界上只要可以上网的地方，都可以收到别人寄给你的邮件，而不像平常的邮件，必须回到收信的地址才能拿到信件。Internet 为用户提供完善的电子邮件传递与管理服务。电子邮件（E-mail）系统的使用非常方便。

4. 什么是远程登陆服务 TELNET

远程登录是指允许一个地点的用户与另一个地点的电脑上运行的应用程序进行交互对话。

远程登录使用支持 Telnet 协议的 Telnet 软件。Telnet 协议是 TCP\IP 通信协议中的终端机协议。它有什么作用呢？

假设 A、B 两地相距很远，地点 A 的人想使用位于地点 B 的巨型机的资源，他应该怎么办呢？

乘坐交通工具从地点 A 转移到地点 B，然后利用位于地点 B 的终端来调用巨型机资源？这种方法既费钱又费时，不可取。

那把 B 地点的终端搬回 A 地点，不就好了？但是 A、B 两地相距太远了，即使可以把终端搬回去，线也无法连接了，这种方法也是不可行的。

但是有了 Internet 的远程登录服务，位于 A 地的用户就可以通过 Internet 很方便的使用 B 地巨型机的资源了。

Telnet 使你能够从与 Internet 连接的一台主机进入 Internet 上的任何电脑系统，只要你是该系统的注册用户。它的基本工作过程是这样的。

5. 什么是 FTP 服务

FTP 是文件传输的最主要工具。它可以传输任何格式的数据。用 FTP 可以访问 Internet 的各种 FTP 服务器。访问 FTP 服务器有两种方式：一种访问是注册用户登录到服务器系统，另一种访问是用“隐名”（anonymous）进入服务器，我们来看一下 FTP 的工作过程。

Internet 网上有许多公用的免费软件，允许用户无偿转让、复制、使用和修改。这些公用的免费软件种类繁多，从多媒体文件到普通的文本文件，从大型的 Internet 软件包到小型的应用软件和游戏软件，应有尽有。充分利用这些软件资源，能大大节省我们的软件编制时间，提高效率。用户要获取 Internet 上的免费软件，可以利用文件传输服务（FTP）这个工具。FTP 是一种实时的联机服务功能，它支持将一台电脑上的文件传到另一台电脑上。工作时用户必须先登录到 FTP 服务器上。使用 FTP 几乎可以传送任何类型的文件，如文本文件、二进制可单击菜单命令文件、图形文件、图像文件、声音文件、数据压缩文件等。

由于现在越来越多的政府机构、公司、大学、科研机构将大量的信息以公开的文件形式存放在 Internet 中，因此，使用 FTP 几乎可以获取任何领域的信息。

6. 什么是高级浏览 WWW

WWW（World Wide Web），是一张附着在 Internet 上的覆盖全球的信息

“蜘蛛网”，它镶嵌着无数以超文本形式存在的信息，其中有璀璨的明珠，当然也有腐臭的垃圾。有人称它为全球网，有人称它为万维网，或者就简称为 Web（全国科学技术名词审定委员会建议，WWW 的中译名为“万维网”）。WWW 是当前 Internet 上最受欢迎、最为流行、最新的信息检索服务系统。它把 Internet 上现有资源统统连接起来，使用户能在 Internet 上使用已经建立了 WWW 服务器的所有站点提供的超文本媒体资源文档。这是因为，WWW 能把各种类型的信息（静止图像、文本声音和音像）天衣无缝的集成起来。WWW 不仅提供了图形界面的快速信息查找，还可以通过同样的图形界面（GUI）与 Internet 的其他服务器对接。

WWW 并不是实际存在于世界的哪一个地方，事实上，WWW 的使用者每天都赋予它新的含义。

7. 什么是 Gopher

它是菜单式的信息查询系统，提供面向文本的信息查询服务。有的 Gopher 也具有图形接口，在屏幕上显示图标与图像。Gopher 服务器对用户提供树形结构的菜单索引，引导用户查询信息，使用非常方便。

由于 WWW 提供了完全相同的功能且更为完善，界面更为友好，因此，Gopher 服务将逐渐淡出网络服务领域。

8. 什么是广域信息服务器 WAIS

WAIS（Wide Area Information System）用于查找建立有索引的资料（文件）。它从用户指明的 WAIS 服务器中，根据给出的特定单词或词组找出同它们相匹配的文件或文件集合。

由于 WWW 已集成了这些功能，现在的 WAIS 信息系统已逐渐作为一种历史保存在 Internet 网上。

9. 什么是网络文件搜索系统 Archie

在 Internet 中寻找文件常常犹如"大海捞针"。Archie 能够帮助你从 Internet 分布在世界各地电脑上浩如烟海的文件中找到所需文件，或者至少对你提供这种文件的信息。

你要作的只是选择一个 Archie 服务器，并告诉它你想找的文件在文件名中包含什么关键词汇。Archie 的输出是存放结果文件的服务器地址、文件目录以及文件名及其属性。然后,你从中可以进一步选出满足需求的文件。

这是一个非常有用的网络功能，但由于在 Internet 发展过程中信息量巨大，而没有更多的人员投入 Archie 信息服务器的建立，因此基于 WWW 的搜索引擎已逐步取代了它的功能，随着 Internet 网信息技术的日渐完善，Archie 的地位将被逐渐削弱。

10. WWW 的工作原理是什么

WWW（万维网）是 World Wide Web 的简称。Internet 上提供的网络信息浏览服务是通过支持 WWW 网页技术的网络浏览器实现的，Internet 用户使用网络浏览器能够轻松地访问浏览 WWW 上的信息。它使用超文本链接技术，将 Internet 中的资源互相联系起来。通过链接可以浏览 WWW 网页、FTP 服务器的文件目录、Gopher 服务器的菜单和 WAIS 的数据库等。正是 WWW 的出现，推动了互联网的迅猛发展。它将 Internet 的优点发挥得淋漓尽致。万维网有如此强大的功能，那 WWW 是如何运作的呢?

WWW 中的信息资源主要由一篇篇的 Web 文档，或称 Web 页为基本元素构成。这些 Web 页采用超级文本（Hyper Text）的格式，即可以含有指向其他 Web 页或其本身内部特定位置的超级链接，或简称链接。可以将链接理解为指向其他 Web 页的“指针”。链接使得 Web 页交织为网状。这样，如果 Internet 上的 Web 页和链接非常多的话，就构成了一个巨大的信息网。

当用户从 WWW 服务器取到一个文件后，用户需要在自己的屏幕上将它正确无误地显示出来。由于将文件放入 WWW 服务器的人并不知道将来阅读这个文件的人到底会使用哪一种类型的电脑或终端，要保证每个人在屏幕上都能读到正确显示的文件，必须以某种各类型的电脑或终端都能“看懂”的方式来描述文件，于是就产生了 HTML ——超文本语言。

HTML（Hype Text Markup Language）的正式名称是超文本标记语言。HTML 对 Web 页的内容、格式及 Web 页中的超级链接进行描述，而 Web 浏览器的作用就在于读取 Web 网点上的 HTML 文档，再根据此类文档中的描述组织并显示相应的 Web 页面。

HTML 文档本身是文本格式的，用任何一种文本编辑器都可以对它进行编辑。HTML 语言有一套相当复杂的语法，专门提供给专业人员用来创建 Web 文档，一般用户并不需要掌握它。在 UNIX 系统中，HTML 文档的后缀为“.html”，而在 DOS\WINDOWS 系统中则为“.htm”。

11. IP 地址与域名的关系

Internet 的地址是用数字来表示的，称为 IP 地址。连到 Internet 上的每台电脑都有一个唯一的 IP 地址。IP 地址含 4 个字节，32 个二进制位。在书写时，通常每个字节用十进制表示，而每个字节之间用小黑点“.”来分开。例如：

IP 地址可以是 128.5.1.0 或 35.1.7.48。IP 地址共分为 5 类：A 类，B 类，C 类，D 类和 E 类。大量使用的仅为 A，B，C 这 3 类。A 类地址中第一个字节表示网络地址，而后 3 个字节表示网络内电脑的地址；B 类地址中的前两位地址表示网络地址，后 2 位表示网络内电脑的地址；C 类地址中的前三位地址表示网络地址，后 1 位表示网络内电脑的地址；A 类地址用于非常巨大的电脑网络，B 类地址次之，C 类地址则用于小网络。现在已经在考虑新的 IP 协议，包括新的编址方法（如 IPV6 协议）。

INTERNET 上的每台电脑都必须具有唯一的名字才能区分开来，因此，INTERNET 上的电脑名通常由许多域构成，域间也用小黑点“.”分隔。例如：vacuumweb.cc.eu.ede 可能表示美国电子大学电脑中心的一台名叫 vacuumweb 的电脑，而中国清华大学电子工程系可能也有名叫 vacuumweb 的电脑，但它的全字则为 vacuumweb.ee.tsinghua.edu.cn。这种名字也称为域名（domain name）。域名中的最后一个域有约定，可以区分组织或机构的性质。

现在存在于互联网中的域名包括如下类型：

（1）.com　商业公司
（2）.org　组织协会
（3）.net　网络服务
（4）.edu　教育机构
（5）.gov　政府部门
（6）.mil　军事领域
（7）.cn　中国
（8）.au　澳大利亚
（9）.jp　日本
（10）.arts　艺术机构
（11）.firm　商业机构
（12）.info　提供信息的机构
（13）.nom　个人或个体
（14）.rec　消遣机构
（15）.store　商业销售机构
（16）.web　与国际互联网有关的机构

通常我们又有国内域名和国际域名的说法，其区别在于域名后面是否有“.cn”。

随着互联网向全世界的发展，除了 edu、gov、mil 一般只在美国专用外，另外三大类 com、org、net 则成为全世界通用，因此这三大类域名通常称为国际域名。由于国际域名资源有限，各个国家、地区在域名最后加上了国家标识段，由此形成了各个国家、地区自己的国内域名，如：

（1）.com.cn　中国的工商业
（2）.gov.cn　中国政府部门
（3）.org.cn　中国的组织
（4）.net.cn　中国的网络

域名仅是为了帮助人们便于记住和输入网址使用的，在 IP 分组中使用的还是 IP 地址。在 Internet 中的许多称为域名服务器（DNS，dimain name server）的系统可以帮助用户自动地从域名来找到其相应地址。当某个本地域名服务器找不到相应地址时还会与其他的域名服务器联系来进行查找，而这个操作对用户是透明的。

12. 如何注册申请域名

申请域名之前，需先选择好要注册的域名，然后再向 Internet 网络信息中心 NIC 登记注册。

如果要登记注册（Registration）域名，也可与 Internet 服务提供商联系，CHINANET 的用户可以直接到当地电信局填报希望登记注册的域名。然后由 Internet 服务提供商设定所需的 DNS 服务器功能。DNS 服务器提供了 DNS 地址和 IP 地址之间的翻译和转换。主 DNS 服务器和辅 DNS 服务器各需一个 IP 地址。

作为个人用户，通过个人电脑与 Internet 连接，只登记一个用户名即可。域名由当地 Internet 服务机构提供，将该服务机构的域名作为自己的 Internet 地址的一部分即可。例如，在东方网景登记入网手续的用户，自行设定一个用户名为 jzxh，而东方网景的域名为 public1.east.net.cn，则该用户的 Internet 地址即为 jzxh@public1.east.net.cn。这通常是用户的电子信箱的地址。

对于拥有个人主页的用户就不同了，现在提供免费主页空间的网站有很多，但是这种个人主页的地址都是很长的，通常要有三四级目录，很难让浏览者一下子记住用户的个人主页。这时用户可以为自己的个人主页注册一个又好记又简洁的免费域名。下面是一些提供免费域名的网站：

申请主页	免费域名
http:\\my.126.net	http:\\yourname.126.com
http:\\www.2000c.net	http:\\yourname.2000c.net
http:\\www.nethome.com.cn	http:\\yourname.nethome.com.cn
http:\\www.soim.net	http:\\yourname.soim.net
http:\\free.website.com.hk	http:\\yourname.website.com.hk
http:\\www.yeah.net	http:\\yourname.yeah.net

其中，在免费域名中，用户以自己的用户名代替上表中的 yourname。

13. 什么是宽带上网

所谓宽带，是指骨干网传输速率在 2.5G 以上，接入网传输速率能够达到 1M 的网络。宽带网分为骨干网、城域网和社区网三层。目前，社区宽带网有 ADSL 和 IP 以太网等接入方式。

14. 什么是 ADSL 方式上网

ADSL 是非对称数字用户环路的英文缩写。它是通过普通电话线传输各种高速多媒体业务的宽带技术。上网速度快是 ADSL 的最大特点，一些只有在高速率下才能实现的网络应用，对 ADSL 来说显得绰绰有余。比如一个

4MB 的 MP3 文件一般只需要一分多种的时间就可以下载完毕，而过去则要花一个多小时。

采用 ADSL 上网可方便快捷地实现网上高速冲浪、VOD 视频点播、远程教育、远程医疗、电视会议、电子商务等业务。

ADSL 上网分为虚拟拨号和专线接入两种方式。前者使用上与拨号上网没有什么区别，后者则只要开机即可接入因特网。

采用 ADSL 上网对软件和硬件的要求均不高。

15. 什么是 ISDN 方式上网

ISDN 是 Integrated Service Digital Network（综合数字网络）的缩写，俗称“一线通”。通过提供端到端的数字连接，来实现语音、数据、传真、可视图文、电子信箱、可视电话、会议电视、语音信箱等多种业务的一个网络。

16. 如何选购调制解调器

选购 Modem 时，首先要根据自己的需求确定是购买外置的还是内置的。为此我们有必要了解一下 Modem 的分类和技术特点，耐心地看完之后你对自己该买个什么样的 Modem 就会有很大的帮助。我们这里主要介绍外置式和内置式的 Modem：

（1）外置式：外置式就是放在电脑主机外面的设备，它的背面有与电脑、电话线等连接的插座，通过 RS-232 串口线与电脑的串行口连接，这种 MODEM 的优势在于安装方便，前面板上有各种功能指示灯，工作状态一目了然，而且由于在主机外面，所以抗干扰能力较强。缺点是需要占用一个串口，而且价格相对较贵。

（2）内置式：内置式 Modem 就是一块和声卡、显卡一样安装于电脑主板扩展槽上的板卡，同时它也将占用一定的 CPU 资源，加上没有了外壳及外接电源，使得这种 Modem 的售价大大低于外置 Modem，但是其安装起来需要打开机箱，比较麻烦，需要占用主板上一个扩展槽（早期 Modem 是 ISA 接口的，现在几乎所有的 Modem 都是 PCI 接口的了），而且容易受到其他设备的干扰而降低连接质量。

17. 什么是无线上网

所谓无线上网分两种，一种是通过手机开通数据功能，用电脑通过手机来达到无线上网，速度只有 33K 左右，只能算是对付应急。

另一种无线上网方式即无线网络设备，它是以传统局域网为基础，以 AP

和无线网卡来构建的无线上网方式。

18. 什么是无线 AP

AP 其实是一个简称，基本有以下 3 种类型：1.无线接入点；2.无线网桥；3.无线路由器。其中 1 相当于一个无线的 HUB，或说是无线接收器。2 的功能要稍强些，除了有 1 的功能外，它还可以无线桥接，无线中继。而 3 就相当于是 1 和一个路由器的一体化产品。

19. 无线网络的标准是什么

现在 95%以上的用户和公共场所布设的都是 802.11b 的设备，就目前来说，802.11b 是无线网络的主流，它的标准通信速率是 11Mb\s，最大距离室外 300 米，室内约 50 米。当然你可能听说过 802.11a 和 802.11g，802.11a 所面临的窘境是，它的速率最大可以达到 54Mb\s，但由于工作在 5.4GHz 频段，所以它的传输距离和抗干扰性是它难以普及的最大原因。而 802.11g 和 802.11b 一样都是工作在 2.4GHz 频段，所以 g 的 AP 可以向下兼容 b 的无线网卡，当它和 g 的无线网卡一起工作时,速度便可以达到 54Mb\s，所以 g 将是 802.11b 用户过渡的一个未来选择。

20. 选择哪种无线上网设备好

如果仅是想通过无线来上宽带或组建一个无线局域网，那么一个无线接入点和一张无线网卡就可以解决问题了。

如果你有两台以上的电脑，并且想打开任何一台机就可以无线上网，那么首先要看你的 ADSL Modem 是否有路由功能，或 ISP 提供的宽带是否有路由功能。如果有，就启动 Modem 的路由功能，让它自动拨号，那么你的任何一台电脑通过无线接入点式 AP 就可直接上网。如果你的 Modem 的路由功能无法启用或没有，或你的宽带只提供一个 IP 地址，在这种情况下你就要买一个无线路由器了，或者是一个无线接入点加一个路由器，在这种组合下，路由可以通过 Modem 自动拔号，任一台机电脑开机即可上网。

21. 无线局域网的工作模式有哪几种

无线局域网的工作模式一般分为两种，Infrastructure 和 Ad-hoc。Infrastructure 是指通过 AP 互连的工作模式，也就是可以把 AP 看做是传统局域网中的 Hub（集线器）。Ad-hoc 是一种比较特殊的工作模式，它通过把一组需要互相通讯的无线网卡的 ESSID 设为同值来组网，这样就可以不必使用 AP，构成一种特殊的无线网络应用模式。几台电脑装上无线网卡，即可达到相互连接，资源共享的目的。

22. AP 实际可同时支持多少工作站

理论上是可以支持到一个 CLASS C，但为了让工作站本身有足够的频宽可利用，一般建议一台 AP 约支持 20～30 台工作站为最佳状态。

23. 什么是漫游（Roaming）功能

如同手机可漫游在不同的基站之间一样，WLAN 工作站亦可漫游在不同的 AP 之间，只要 AP 群的 ESSID 定义一样，则可漫游于无线电波所能涵盖的区域。

24. 天线上网时所使用的导线长度是否影响传输品质

天线所使用的导线的长度、材质、阻抗匹配都会对信号造成影响，而最明显的就是增益衰减。通常以 20 英尺长度而言，就会让信号衰减约 1.2dBi，而平均每衰减 8dBi 就会让原传输距离约缩减一半。

25. 常见的无线网络协议有哪些

最常见的有 IEEE 802.11，IEEE 802.11a、IEEE 802.11b、IEEE 802.11g。

其中：

IEEE 802.11 是 IEEE（电气和电子工程师协会）最初制定的一个无线局域网标准。

IEEE 802.11b 又被称为 Wi-Fi，使用开放的 2.4GHz 直接序列扩频，最大数据传输速率为 11Mb\s，也可根据信号强弱把传输率调整为 5.5Mb\s、2 Mb\s 和 1 Mb\s 带宽。中国电信现在推广的设备全是 802.11b 的，所以 802.11b 是最经济的选择。

802.11a 不兼容 802.11b， 在 5GHz 的频率会导致使用距离比 802.11b 还要短，而且价格比 802.11b 要贵。

802.11g 是值得购买的产品，同品牌之间的 802.11g 设备没有任何问题，品牌不同时会发生兼容性问题。

26. 什么是 Wi-Fi 认证

通过了 Wi-Fi 认证，你可以与任何地方的其他 Wi-Fi 认证产品建立连接，包括家中、公司、以及诸如机场休息室和咖啡馆之类的公共无线热点。Wi-Fi 认证由 Wi-Fi 联盟管理，该联盟是一个非盈利性国际协会，专门负责对无线局域网产品的互操作性进行验证。目前，Wi-Fi 联盟在全球共有 202 家成员公司，自 2000 年 3 月开始提供认证以来，已有 604 种产品获得了 Wi-Fi 认证。

无线设备之间能不能互相连接，最重要的就是看是不是使用的同一种网络协议。

27. 什么是蓝牙技术

蓝牙是一种缆线取代技术，该设计作为可移植性产品的标准功能，他强调低成本，小尺寸（单一芯片），低耗电。这些功能集合起来提供实时的传输，如声音， 通常也被应用在 PDA 或移动电话的无线网络技术上。有两个版本，一种是室内直线距离 10 米，另一种是 100 米。最大传输量均为 721kb\s 非对称型，57.6kb\s 回传，频宽同时可以被最多 7 个装置分享。

28. 什么是 IE 浏览器

IE 浏览器是 Internet Explorer 的缩写，它是 Microsoft 公司开发的一种网页浏览工具。它的图标如图 6-1 所示：

图 6-1

29. 如何启动 IE 浏览器

要启动 IE 浏览器，可采用下列几种不同的方法：

（1）单击任务栏中的 IE 图标。

（2）双击桌面上的 IE 图标。

（3）单击“开始”\“所有程序”\“Interact Explorer”。

启动 IE 后，系统打开 IE 窗口，显示 IE 的默认主页。

30. 如何浏览页面

要浏览网页，方法如下:

（1）用光标操作窗口组件以控制显示内容，如操作滚动条滚动显示网页内容；

（2）移动光标在网页上寻找链接点，当光标变成“小手”时单跳转显示链接的网页；

（3）用光标单击地址栏并在其中输入网址然后按回车键，浏览器将按地址访问新网页。

31. 如何快速返回浏览过的页面

要快速返回浏览过的网页，方法为：在工具栏上按“后退”按钮或“前进”按钮，控制显示曾经访问过的上一网页或下一网页。

32. 如何返回起始网页

要返回起始网页，方法为：单击“主页”按钮，返回显示 IE 的默认网页。

33. 如何刷新某个网页

要刷新某个网页，方法为：单击“刷新”按钮，重读数据更新网页即可。

34. 如何停止当前网页数据的传输

在某个网页数据的传输过程中，如果要中止该传输，方法为：按“停止”按钮，就可终止当前网页的数据传输。

35. 如何将某个网页\站添加到收藏夹

要将某个网页/站添加到收藏夹，以方便今后查看的话，方法为：

（1）在要收藏的网页/站中，单击浏览器菜单命令“收藏”\“添加到收藏夹”，在出现的“添加到收藏夹”对话框中，名称栏会显示预设的网页名称，也可以自行取名。

（2）然后单击“确定”按钮，把网站加入收藏夹。

以后只要在收藏夹菜单中选择网页名称，IE 就会与该名称所对应的网站连接。

36. 如何离线浏览网页

如果找到了很多漂亮的网址，希望能够进行离线浏览这些网页的话，就可以使用 IE 为你提供的离线浏览功能。方法为：

（1）在要收藏的网页\站中，单击浏览器菜单命令“收藏”\“添加到收藏夹”，在出现的“添加到收藏夹”对话框中，单击选中“允许脱机使用”选项。

（2）单击“自定义”按钮，启动“脱机收藏夹向导”，然后单击“下一步”按钮，此时系统会提示“如果要收藏夹的该页包含其他链接，是否要使链接的网页也可以脱机使用？”，选择“是”；再指定下载与该页链接的网页层数，然后单击“下一步”按钮继续。

（3）在询问如何同步该页时，选择“创建新的计划”，然后单击“下一步”按钮继续。

（4）接下来设置好同步的时间，单击“下一步”按钮后，系统提示“是否有密码”，依照个人喜好自由选择，在这里选择“否”，然后单击“完成”按钮。

（5）单击“确定”按钮，系统开始同步要脱机浏览的网页。所需时间长短根据所要脱机浏览的网页所包含的网页数和所使用的网络状况所决定。

（6）同步完成后，从“文件”菜单下单击“脱机工作”，就可以脱机浏览了。

37. 如何保存网页中的动画

要保存网页中的动画，方法为：

（1）用鼠标右键单击网页中的图像或动画，在弹出菜单中单击“图片另存为”。

（2）在出现的“保存文件”对话框中选择准备保存的文件夹，由于动画的格式为 gif，所以在保存类中选择为“GIF（*.gif）”，在“文件名”框中输入动画图片名称。

（3）单击“保存”按钮，结束操作。

38. 如何保存网页中的图片

要保存网页中的图片，方法为：

（1）用鼠标右键单击目标项目的链接，在弹出菜单中单击“目标另存为”。

（2）在保存文件对话框中选择准备保存网页的文件夹，在“文件名”框中输入图片名称。

（3）单击“保存”按钮，结束操作。

39. 如何打印网页

要打印网页，方法为：

（1）单击网页中的“文件”\“打印”菜单命令。

（2）此时打开了“打印”对话框，在“选择打印机”列表中选择电脑所安装了的打印机，在这里选择“hp LaserJet 1000”。

（3）单击“打印”按钮，就可以开始打印网页中的内容了。

40. 如何复制网页上的文字

要复制网页中的某部分文字，方法为：

（1）将光标移动到要复制的内容的开头文字之前，然后按住鼠标左键不放，拖动鼠标，一直到要复制的内容的末尾处，此时要复制的内容呈选中状态。

（2）松开鼠标左键后，按住键盘上的 Ctrl+C 组合键，将选中的文字复制下来。

（3）接下来启动文字编辑程序，比如记事本或 Word 等，然后按住键盘上的 Ctrl+V 组合键，将选中的文字复制到文字编辑程序中。

（4）单击“文件”\“保存”菜单命令，将复制下来的文字保存下来。

41. 如何使用多个浏览器窗口浏览

有时为了浏览的方便，可能需要同时打开多个浏览器窗口，这时可以采用以下几种方法：

（1）打开另外一个 IE 窗口，在新窗口中输入新的地址，打开新的窗口。

（2）单击“文件”\“新建”\“窗口”菜单命令。

（3）用快捷键 Ctrl + N 新建一个窗口。

42. 如何改变网页字体的大小

要改变网页字体的大小，方法为：

单击“查看”\“文字大小”菜单命令，在出现的子菜单中选择自己所喜欢的文字大小即可。

43. 如何设置历史记录保存天数以及删除历史记录

要设置历史记录保存天数以及删除历史记录，方法为：

（1）单击“工具”\“Internet 选项”菜单命令。

（2）在打开的对话框中单击“常规”选项卡，在“历史记录”下的“网页保存在历史记录中的天数”框中可设置历史记录保存的天数；单击“清除历史记录”按钮，可删除整个历史记录。

44. 如何进行安全性设置

要进行 IE 的安全性设置，方法为：

（1）单击“工具”\“Internet 选项”菜单命令。

（2）在打开的对话框中单击“安全”选项卡，然后进行相应的设置即可。

（3）设置完毕，单击“确定”按钮。

45. 如何调整IE临时文件的大小

在使用 IE 上网浏览时，系统会自动将网页中的内容在硬盘上保存一个副本，此后用户再次浏览相同网站时，系统就会自动将事先保存的副本与Internet 上的网页进行对照，若内容没有发生变化就直接打开保存在硬盘上的副本，从而加快了浏览速度。由此可见，IE 在硬盘上保存的副本对加快系统浏览速度有着非常重要的影响，但由于系统对这些保存在硬盘上的副本文件的数量及其保存时间都有一定的限制，超过这个范围之后系统就会自动将最早的临时文件删除，以便腾出位置保存新的临时文件，这就会导致系统不能支持稍长时间之前浏览过的网站，从而影响了用户的浏览效果。因此只要我们的硬盘不是太小，就应该扩大这些用于保存副本文件（系统称之为 IE 临时文件）的大小，以便能够保存更多的副本文件。

方法为：

（1）单击菜单命令“工具”菜单的“Internet 选项”命令，打开“Internet 选项”对话框并选择“常规”选项卡。

（2）单击“Internet 临时文件”中的“设置”按钮，打开临时文件设置对话框。

（3）适当拖动“使用的磁盘空间”列表框中的滑块，扩大保存临时文件的磁盘空间（具体大小可根据用户的实际情况加以调整，一般不应少于200MB）。

（3）单击“确定”按钮，关闭所有对话框。

这样就达到了调整 IE 临时文件保存时间及大小的目的，此后系统就能在硬盘上保存更多的副本文件，浏览网页的速度也会随之加快。

46. 将“主页”设为空白页

每当我们打开 IE 的时候，浏览器会直接登录所设定的“主页”地址，如果我们并不想登录该站点，这无疑浪费了上网时间。解决办法是将“主页”设为空白页。

方法为：

（1）单击菜单命令“工具”菜单的“Internet 选项”命令，打开“Internet 选项”对话框并选择“常规”选项卡。

（2）单击“主页” 栏中的“使用空白页”按钮即可。

（3）单击“确定”按钮，关闭所有对话框。

47. 善用“停止”与“刷新”功能

在网络冲浪过程中，我们常常遇到内容过长、页面停止响应的情况（你可以看见系统托盘中显示 Modem 状态的灯不亮了），这时只需点按工具栏上停止按钮，然后再点按刷新按钮，就可以重新读取页面内容。

6-2 IE 浏览器高级技巧

1. 如何快速启动 IE

这是一个快速启动 IE 的捷径。单击菜单命令“开始”\“运行”，在打开的对话框中输入一个 Web 地址，如 http：\\www.sina. com.cn，IE 将自动开始运行并连接该地址。

2. 如何获取 Web 页面最近一次更新的时间

是否希望在特定 Web 页面最近一次接受更新时获得告知？如果正在使用 Microsoft Internet Explorer，便可轻易确定所选页面最近一次接受更新的时间。

方法为：

（1）打开所需要检查的 Web 页面，然后在 IE 地址栏内输入：javascript:alert (document.lastModified)，按 Enter 键。

提示！ alert 后的括号应该在拼音状态下输入。

（2）这时，系统会激活一个消息框，为显示页面最近一次接受更新的确切日期和时间。单击“确定”按钮，即可关闭该对话框。

3. 如何让 Windows XP 自动联网

方法为：

（1）打开 IE 浏览器，然后单击“工具”\“Internet 选项”菜单命令，在打开的“Internet 选项”对话框中单击“连接”选项卡。

（2）选中“不论网络连接是否存在都进行拨号”，然后把 IE 图标拉到“开始”菜单的“启动”中，每次开机完成后，电脑就已经上线了。

4. 如何让 IE 打开时的窗口最大化

方法为：

（1）运行注册表编辑器 Regedit.exe，打开如下注册表子项分支：

HKEY_CURRENT_USER\Software\Microsoft\Internet Explorer\Main

将该项右边窗口中的值项 Window_Placement 删除。

（2）打开如下注册表子项分支：

HKEY_CURRENT_USER\Software\Microsoft\InternetExplorer\Desktop\Old WorkAreas

将该项右边窗口中的值项 OldWorkAreaRects 删除。

5. 如何快速输入网址

当你在 IE 地址栏中输入地址的时候，你的做法是输入完整的地址，如 http：\\www.netbig.com，其实，IE 可以简化你的输入，只需要输入域名，如本例的 netbig，然后按组合键“Ctrl+Enter”，“www”和“.com”将由 IE 来为你自动补全。遗憾的是，如果该网站以下的目录或者是类似于“.com.cn”之类的二级域名就无法自动补齐了。如果输入的时候没有按组合键“Ctrl+Enter”，而是直接按下了“Enter”键，IE 将为你自动单击菜单命令搜索关键字任务。

6. 如何快速收藏网址

收藏夹也许对系统稳定无关轻重，但如果能利用好它，可以使冲浪更加安全和惬意。

快速收藏网址，方法为：

方法 1：按键盘上的 Ctrl+D 组合键，可将当前网页地址添加到收藏夹。

方法 2：使用拖曳的方法。就是把 IE 窗口标题栏前面的“e”字图标直接拖曳到常用工具栏的“收藏”按钮上（此时鼠标下方有一小箭头），松开鼠标，就将网址添加到了收藏夹。

方法 3：要把某个网站地址放到收藏夹的某个分类的文件夹内，可以先单击“收藏”按钮打开收藏夹窗口，然后把标题栏的“e”字图标直接拖曳到收藏夹里的分类文件夹上即可。

7. 如何更改 IE 缓冲路径

方法为：

（1）运行注册表编辑器 Regedit.exe，打开如下注册表子项分支（如果不存在，则新建）：

HKEY_USERS\.DEFAULT\Software\Microsoft\Windows\CurrentVersion\Explorer\User Shell Folders

（2）将该项下的值项 Cache 的值项数据修改为想要的文件夹，比如 K：\IE Cche（该文件夹必须是存在的）即可。

（3）重新启动电脑或注销当前用户，再次进入 Windows XP，修改即生效。

8. 如何一招清除 IE 浏览器“自动完成”下拉框

IE 浏览器在使用一段时间以后，网站“搜索”处就会留下你曾经输入的文字，等下次再用就会出现下拉框，里面就是一些以前曾经搜索过的词。

要一招清除 IE 浏览器“自动完成”.下拉框，有以下两种方法：

方法 1：右键单击 IE 浏览器，依次选择“属性”、“内容”、“自动完成”，清除“自动完成”。但这样却将所有“自动完成”的表单都给清除了，使用起来也很不方便。

方法 2：单击“搜索”空白栏，把鼠标移到搜索过的词上，当显示蓝色时按 Delete 键，就可以清除你不想留下的搜索词。此方法适合清除网站的所有“表单”。

9. 如何为 IE 浏览器工具栏配上背景

在默认的情况下，IE 浏览器的工具栏是没有背景图像的，通过修改注册表可为 IE 浏览器的工具栏配上背景图，使之更美观。

方法为：

（1）注册表编辑器，找到如下子项分支：

HKEY_CURRENT_USER\Software\Microsoft\Internet Explorer\Toolbar

（2）在右窗口中新建字符串值“Back Bitmap”，并设定其值项数据为所要的背景图片（BMP 格式）的路径。

（3）重新启动 IE 浏览器，使修改生效。

10. 如何修改添加 IE 工具栏按钮

要添加 IE 浏览器工具栏按钮，可以使用系统附带的“组策略”功能来添加程序按钮到 IE 工具栏上，方法为：

（1）单击“开始”\“运行”，在出现的对话框中输入 gpedit.msc 后按 Enter 键，打开“组策略”窗口。

（2）在左窗口中展开“用户配置”\“Windows 设置”\“Internet Explorer 维护”\“浏览器用户界面”，然后在右窗口中双击“浏览器工具栏按钮”，并在弹出的窗口中单击“添加”按钮进入添加IE工具栏按钮窗口。

（3）在窗口的“工具栏标题”处输入按钮要在 IE 工具栏上显示的文字，在“工具栏操作”处输入程序完整的路径，在“工具栏颜色图标”和“工具栏灰度图标”处分别输入按钮在 IE 工具栏上显示的灰度图标和颜色图标文件的完整路径，最后把“默认情况下，该按钮应显示在工具栏上”复选框选上即可。

（4）重新启动IE浏览器后，按钮就会出现在IE工具栏上。

11. 如何防止 IE 浏览器主页被篡改

要防止IE浏览器主页被篡改，方法为：

（1）首先找到桌面或快速启动栏中相应浏览器的快捷方式图标，然后右击该图标，在弹出菜单选择“属性”。

（2）接着在弹出的界面中切换到“快捷方式”选项卡，可以看到“目标”一栏显示了浏览器所在的详细路径，只要在该路径以后加入一个空格，再填上以前的默认主页地址。

（3）单击“确定”按钮即可。

12. 如何加速自动完成

当你在地址栏输入几个字符的时候，你会发现一个可能匹配的网址列表出现了。要进入要求的地址，你可以使用键盘上下键来选中下拉菜单中的地址，然后按回车键快速访问。

如果自动完成列表包含上百个匹配的地址，在长长的下拉列表中找寻自己想要的地址是一件很头疼的事儿。

这里教你如何调节 IE 中保存地址条数的方法：依次单击菜单命令菜单“工具”\“Internet 选项”\“常规”选项卡，调整“网页保存在历史记录中的天数”不要超过一个月或者更少些，那就更好了。如果担心重要的地址遗失，那就在遇到重要的地址时将它及时加入收藏夹。

13. 如何让多系统共享 Cookies

要让多系统共享Cookies，方法为：

（1）在 Windows XP 中以常用的用户名登录，然后单击“开始”\“运行”，在出现的对话框中输入Regedit后按Enter键，打开“注册表编辑器”。

（2）找到如下子项分支：

HKEY_CURRENT_USER\Software\Microsoft\Windows\CurrentVersion\Explorer\User Shell Folders

将右窗口中的值项 Cookies 的数值更改为 C:WINDOWSCookies。

14. 如何破解 IE 浏览器的分级审查口令

在 IE 浏览器的 Internet 选项“内容”\“分级审查”\“启用”\“常规”\“创建密码”来设置分级审查口令。设置了分级审查口令后，再更改分级审查中的设置，必须提供密码后才能进行下一步的操作，此时弹出警告对话框。在通常情况下，如果所设的分级审查口令被遗忘，就无法进行更改，尽管重装 IE 浏览器也无济于事。求助于注册表可以破解 IE 浏览器的分级审查口令。方法为：

（1）运行注册表编辑器 Regedit.exe，打开如下注册表子项分支（如果不存在，则新建）：

HKEY_LOCAL_MACHINE\Software\Microsoft\Windows\CurrentVersion\policies\Ratings

（2）删除该项下的二进制值 Key。Ratings 主键下的二进制值 Key 保存了分级审查口令，其值项数据是经过加密处理的，删除该二进制值，IE 浏览器会认为并没有设置分级审查口令。

15. 如何让多系统共享 Temporary Internet Files 文件夹

要共享 Temporary Internet Files 文件夹，方法为：

（1）在 Windows XP 中以常用的用户名登录，然后单击“开始”\“运行”，在出现的对话框中输入 Regedit 后按 Enter 键，打开“注册表编辑器”。

（2）找到如下子项分支：

HKEY_CURRENT_USER\Software\Microsoft\Windows\CurrentVersion\Explorer\User Shell Folders

将右窗口中的值项 Temporary 的数值数据改为 C:\WINDOWS\Temporary Internet Files。

16. 如何限制 IE 浏览器的功能

在注册表中进行一定的设置，就可以屏蔽 IE 浏览器的一些菜单及 IE 的某些功能，如禁止下载、禁止查源文件、在 IE 浏览器中新开窗口等。方法为：

（1）运行注册表编辑器 Regedit.exe，打开如下注册表子项分支（如果不存在，则新建）：

HKEY_CURRENT_USER\Software\Policies\Microsoft\InternetExplorer\Restrictions

（2）在 Restrictions 子键下新建下列 DWORD 值并且将它们的值项数据

都设为 1：

NoBrowserClose：禁止 IE 浏览器工具菜单中的关闭，同时影响资源管理器的关闭。

NoFavorites：屏蔽 IE 浏览器的收藏菜单

NoFileNew：禁止 IE 浏览器中的“文件”\“新建”\“窗口”功能，即禁止在 IE 打中开新窗口。

NoFileOpen：禁止 IE 浏览器中文件菜单\打开功能

NoSelectDownloadDir：禁用 IE 浏览器右键快捷菜单中的“目标另存为”功能，即禁止下载文件。

NoBrowserSaveAs：屏蔽 IE 浏览器中的“文件”菜单下的“另存为”项目。

NoViewSource：禁止使用 IE 浏览器中的“查看”菜单下的“源文件”项目。

17. 如何让多系统共享历史文件夹

要共享历史文件夹，方法为：

（1）在 Windows XP 中以常用的用户名登录，单击“开始”\“运行”，在出现的对话框中输入 Regedit 后按 Enter 键，打开”注册表编辑器”。

（2）找到如下子项分支：

HKEY_CURRENT_USER\Software\Microsoft\Windows\CurrentVersion\Explorer\User Shell Folders

将右窗口中的值项 History 的数值数据改为 C:\WINDOWS\History。

18. 如何让多系统共享临时文件夹

要共享临时文件夹，方法为：

（1）在 Windows XP 中以常用的用户名登录。

（2）在 IE 中单击“工具”\“Internet 选项”，在打开的对话框中单击“常规”选项卡，然后单击“Internet 临时文件”中的“设置”按钮。

（3）在“设置”窗口中单击“移动文件夹”，然后在弹出的“浏览文件夹”中指向“C：\WINDOWS\TEMP”。

（4）单击“确定”按钮，结束操作。

19. 如何用 IE 浏览器收藏夹下载 Web 站点

为了节省网费，可以对 Web 站点做脱机浏览。只要使用收藏夹将该站点的全部内容下载到本地硬盘然后再进行脱机浏览即可。方法为：

（1）打开要下载的 Web 站点页面，然后单击“收藏”\“添加到收藏夹”。

（2）在弹出的“添加收藏夹”窗口中，选中“允许脱机使用”复选框。

（3）单击“自定义”按钮，把“下载与该页链接的 1 层网页”改为适当的层数，如 4 层。然后单击“下一步”按钮，直至完成。

以后，IE 浏览器会自动将 Web 站点的内容下载到硬盘上。以后上网浏览该站点时，在 IE 浏览器中单击“工具”\“同步”菜单命令，使 Web 站点的内容和硬盘的内容保持一致即可。

20. 如何屏蔽 IE 浏览器的右键快捷菜单

这项设置可以使鼠标右键在 IE 浏览器中失效。方法为：

（1）打开注册表编辑器，找到如下子项分支：

HKEY_CURRENT_USER\Software\Policies\Microsoft\InternetExplorer\Restrictions

（2）在该项下新建 DWORD 值 NoBrowserContextMenu，并设定其值项数据为 1。

（3）关闭 IE 浏览器，然后再重新打开，即可生效。

21. 如何更改 IE 收藏夹的路径

一般来说，IE 收藏夹默认的路径是 C:\Windows\Favorites。大家在重装系统时都要事先备份，方法是把这个文件夹拷贝出来，重装系统后再覆盖回去就可以，但是有的用户在重装系统时常常忘记备份。

如果把收藏夹的路径设到别的盘，如 K:\Favorites，就不用担心重装系统时而忘了备份。要更改收藏夹的路径，方法为：

（1）把 IE 收藏夹 C:\Windows\Favorites 复制到 K:\Favorites，然后单击“开始”\“运行”，在打开的对话框中输入 Regedit 后按 Enter 键，打开”注册表编辑器”。

（2）找到如下子项分支：

HKEY_USERS\.DEFAULT\Software\Microsoft\Windows\CurrentVersion\Explorer\User Shell Folders

（3）双击右窗口中的字符串 Favorites，将其路径改为 K:\Favorites。

（4）单击“确定”按钮后退出注册表编辑器，结束操作。

22. 如何扩展自动完成功能

如果你浏览先前浏览过的网站，可以如上文所述的那样仅仅需要在地址栏输入一个不完整的 URL，剩下的由浏览器来自动补全，然而，浏览器仅仅搜索默认设置的.com，.org，.edu 和.net 域名，我们可以修改注册表让浏览器也自动搜索.gov 和域名。方法为：

（1）单击“开始”\“运行”，在打开的对话框中输入 Regedit 后按 Enter

键，打开注册表编辑器。

（2）找到如下注册表子项分支：

HKEY_LOCAL_MACHINE\SOFTWARE\Microsoft\InternetExplorer\Main\UrlTemplate

（3）右击右窗口中空白处，在出现的菜单中选择“新建”\“字串值”，然后输入数字 5。双击字串值“5”，在出现的界面的文本框中输入“www.%s.gov”，然后单击“确定”按钮。

提示!! 以上修改，可能因操作系统和版本的不同而有微小差异。

23. 如何清除 IE 浏览器“自动保存”的密码

要清除 IE 浏览器“自动保存”的密码，方法为：

（1）打开 IE 浏览器窗口，单击“内容”选项卡，然后单击“个人信息”栏中的“自动完成”按钮，出现“自动完成设置”对话框。

（2）在“自动完成功能用于”选项下，取消“表单”和“表单上的用户名和密码”项，使 IE 以后不记住用户名和密码；再从“清除自动完成历史记录”选项下分别单击“清除表单”按钮和“清除密码”按钮，清除以前曾输入过的表单和密码。

（3）单击“确定”按钮，关闭自动完成设置对话框，然后单击“确定”按钮，关闭“Internet 选项”对话框。

24. 如何禁止更改 IE 的代理服务器设置

要禁止更改 IE 的代理服务器设置，方法为：

（1）单击“开始”\“运行”，在打开的对话框中输入 gpedit.msc 后按 Enter 键，打开“组策略”窗口。

（2）依次展开“用户配置”\“管理模板”\“Windows 组件”\“Internet explorer”，然后启用右侧窗口中的“禁用更改代理服务器设置”策略即可。

25. 如何设定 IE 浏览器的运行环境

通过 Internet 选项可以设定 IE 浏览器的运行环境，诸如主页、安全级别、是否允许下载文件、建立连接等都是在这里设置，可以算得上是 IE 浏览器的控制面板。在这里可以通过注册表使用 Internet 选项来设定 IE 浏览器的运行环境。

方法为：

（1）运行注册表编辑器 Regedit.exe，打开如下注册表子项分支（如果不存在，则新建）：

HKEY_CURRENT_USER\Software\Policies\Microsoft\InternetExplorer\Restrictions

（2）在该主键下新建一 DWORD 值 NoBrowserOptions，并设定其值项数据为 1。

经过这样修改后，再单击 IE 浏览器的工具菜单中的 Internet 选项就会弹出“由于电脑受到限制，本次操作被取消。请与你的系统管理员联系。”警告框。但还可在控制面板中运行 Internet 选项，还需要在注册表中进行以下修改。

（3）再定位到如下子项分支：

HKEY_CURRENT_USER\Software\Policies\Microsoft\InternetExplorer\Control Panel

在 Control Panel 项下新建下列 DWORD 值，并将其数值全部设为 1：

GeneralTab：屏蔽 Internet 选项中的常规选项卡。

SecurityTab：屏蔽 Internet 选项中的安全选项卡。

ContentTab：屏蔽 Internet 选项中的内容选项卡。

ConnectionsTab：屏蔽 Internet 选项中的连接选项卡。

ProgramsTab：屏蔽 Internet 选项中的程序选项卡。

AdvancedTab：屏蔽 Internet 选项中的高级选项卡。

PrivacyTab：屏蔽 Internet 选项中的隐私选项卡。

经过这样修改后再访问 Internet 选项就会弹出“系统管理员在某个限制设置中已禁用访问该功能。”的警告框，彻底地禁用了 Internet 选项。

26. IE 为什么总是打开旧页面

如果 IE 总是打开旧页面，可能是因为你的电脑在处于脱机浏览状态。如果不是在处于脱机浏览状态时就出现这种情况，可采取如下措施：

（1）打开 IE 浏览器，然后单击“工具”\“Internet 选项”菜单命令，在打开的“Internet 选项”对话框中单击“常规”选项卡。

（2）单击“设置”按钮，在“检查所存网页的较新版本”下选中“检查”即可。

（3）单击“确定”按钮，关闭打开的对话框。

27. 如何屏蔽 IE 浏览器的地址栏

除了禁止从地址栏访问驱动器外，还能在注册表中设置屏蔽地址栏，使地址栏不出现在 IE 浏览器中。方法为：

（1）运行注册表编辑器 Regedit.exe，打开如下注册表子项分支（如果不存在，则新建）：

HKEY_LOCAL_MACHINE\SOFTWARE\Classes\CLSID\{01E04581-4EEE-

11d0-BFE9-00AA005B4383}\InProcServer32

（2）修改该项的默认值为 rem %SystemRoot%\System32\browseui.dll。

（3）关闭 IE 浏览器并重新打开即生效，注意此项修改对资源管理器同样有效。

28. 如何给 IE 添加编辑器

在 IE 的工具栏有一个编辑按钮，单击它就可以用你选中的编辑器来编辑当前的网页。但有的编辑器在安装之后，并不自动把他自己添加到这个按钮的下拉选项中，例如 Dreamweaver 8.0。

要给 IE 添加编辑器，方法为：

（1）单击“开始”\“运行”，在打开的对话框中输入 Regedit 后按 Enter 键，打开注册表编辑器。

（2）找到如下两个子项分支：

HKEY_LOCAL_MACHINE\Software\CLASSES\.htm\OpenWithList
HKEY_CLASSES_ROOT\.htm\OpenWithList

在他们下面的目录里显示的就是现在编辑按钮中有的编辑器。

（3）仿照别的编辑器的目录结构，新建一系列目录：Dreamweaver\shell\edit\Command，然后在 command 目录下，把默认项的数值更改为将要使用的编辑器的路径。

（4）最后退出注册表编辑器，结束操作。

29. 如何禁止更改 IE 的连接设置

方法为：

（1）运行注册表编辑器 Regedit.exe，打开如下注册表子项分支（如果不存在，则新建）：

HKEY_CURRENT_USER\Software\Policies\Microsoft\InternetExplorer\Control Panel

（2）在该项右边窗口中新建一个 DWORD 值项 Connection Settings，并设置其数据为 1。

30. 如何改变“超级链接”处单击前后的颜色

方法为：

（1）运行注册表编辑器 Regedit.exe，打开如下注册表子项分支（如果不存在，则新建）：

HKEY_CURRENT_USER\Software\Microsoft\Internet Explorer\Settings

（2）在该项右边的窗口中，值项 Anchor Color 对应的是“超级链接”处单击前的颜色，值项 Anchor Color Visited 对应的是“超级链接”处单击后的颜色。

31. 如何合理使用 Java 脚本

在聊天室里应用 Java 脚本可以为聊天室增添许多色彩，不过许多人却用它在聊天室里踢人。

要防止被“踢”，方法为：

（1）打开 IE 浏览器，然后单击“工具”\“Internet 选项”菜单命令，在打开的“Internet 选项”对话框中单击“安全”选项卡。

（2）在“请为不同的区域的 Web 内容指定安全内容”下单击选中“Internet”，然后单击“自定义级别”，打开“安全设置”对话框。

（3）找到“脚本”，将下面的“Java 小程序脚本”和“活动脚本”两项全都设成“提示”或干脆就设成“禁用”。

（4）单击“确定”按钮，结束操作。

32. 如何拒绝广告窗口

方法为：

（1）打开 IE 浏览器，然后单击“工具”\“Internet 选项”菜单命令，在打开的“Internet 选项”对话框中单击“安全”选项卡。

（2）在“请为不同区域的 Web 内容指定安全设置”方块中选择“Internet”图标，然后单击“自定义级别”按钮。

（3）在“设置”方块中找到“脚本”项，将“java 小程序脚本”和“活动脚本”设置为“禁用”。

（4）单击“确定”按钮即可。

33. 如何保存网页时获取完整的信息

在保存网页时，要获取完整的网页信息，方法为：打开 IE 浏览器，然后单击中选择“文件”\“另存为 Web 页”菜单命令，就可以保存当前页面为 HTML 文件，包括所有的图表和其他框架的源码。

支持文件保存在与保存的 HTML 页同名的文件夹中。可以自由地移动获得的网页，只要将支持文件夹和它一起移动；也可以重命名网页，只要使 HTML 文件与它的支持文件夹保持同名。

34. 如何让 IE 使用多线程，加快网页下载速度

现在很流行 Netants、FlashGet 等多线程下载工具，其实 IE 也可以使用多线程下载网页，只不过要修改注册表来激活该项功能。如果设置适当的话，可以加快网页的下载速度。方法为：

（1）运行注册表编辑器 Regedit.exe，打开如下注册表子项分支（如果不存在，则新建）：

HKEY_CURRENT_USER\Software\Microsoft\Windows\CurrentVersion\Internet Settings

（2）在右窗口中新建 DWORD 值项 MaxConnectionsPerServer。该 DWORD 值的值项数据决定最大同步下载的连线数目，一般 5~8 个连线数目比较好。

35. 如何修改 IE 浏览器标题

IE 浏览器的默认标题是“网页标题+Microsoft Internet Explorer”，网页标题由网页设计者拟定，这里可以通过修改注册表定制 IE 浏览器标题的后面部份。方法为：

（1）运行注册表编辑器 Regedit.exe，打开如下注册表子项分支（如果不存在，则新建）：

HKEY_CURRENT_USER\Software\Microsoft\Internet Explorer\Main

（2）在右窗口中找到字符串值 Window Title（如无此值项，则新建字符串值“Window Title”），设定其值项数据为所要的 IE 浏览器标题。

（3）然后重新启动 IE 浏览器，即可看到标题被更改。

36. 如何在注册表中修改 IE 浏览器的主页

虽然能在 Internet 选项中可以设置 IE 浏览器的主页，但是如果 IE 浏览器被注册表设置禁止更改主页，就不能设置主页了。在这种情况下，修改注册表同样可以更改 IE 浏览器的主页。方法为：

（1）运行注册表编辑器 Regedit.exe，打开如下注册表子项分支（如果不存在，则新建）：

HKEY_CURRENT_USER\Software\Microsoft\Internet Explorer\Main

（2）在该项下找到字符串值 Start Page，将其值项数据修改为想要的主页。例如，要将主页设为 263 的主页，则值项数据为“http：\\www.263.com”。

37. 如何指定 IE 浏览器的默认搜索引擎

现在的搜索引擎给上网带来了极大的方便，所以一个好的搜索引擎是上网

的重要工具之一，有时候系统默认的搜索引擎并不一定好用，这里可以通过修改注册表来指定 IE 浏览器的搜索引擎。方法为：

（1）运行注册表编辑器 Regedit.exe，打开如下注册表子项分支（如果不存在，则新建）：

HKEY_LOCAL_MACHINE\Software\Microsoft\Internet Explorer\Search

（2）将该项下的字符串值 CustomizeSearch 与 0CustomizeSearch 都修改为需要的搜索引擎。

38. 如何加快网页的浏览速度

网络上的网页会包含声音，图片和动画，甚至还有视频信息，这些信息的容量很大，如果想要加快网页的下载速度，要知道声音、图片以及视频信息是使网页下载显得“慢”的关键，可以将这些内容屏蔽掉，而在需要的时候显示它，这样就可以大大的加快网页的浏览速度。

在 IE 中依次单击菜单命令菜单“工具”\“Internet 选项”\“高级选项卡”\“多媒体”，去掉不需要的多媒体对象，如动画、声音、视频等，最后单击“确定”按钮。

39. 如何禁止从 IE 浏览器的地址栏访问驱动器

在 IE 浏览器的地址栏中输入驱动器的盘符也能访问驱动器，这就是 IE 的一个漏洞，从安全方面考虑必须禁止这个后门。方法为：

（1）运行注册表编辑器 Regedit.exe，打开如下注册表子项分支（如果不存在，则新建）：

HKEY_CURRENT_USER\Software\Microsoft\Windows\CurrentVersion\Policies\Explorer

（2）在该项下新建一个 DWORD 值 NoRun，将其值项数据修改为 1。NoRun 值项数据的存在既能防止用户使用运行菜单，也能禁止从地址栏访问驱动器，在资源管理器中也有同样的效果。在注册表做些修改后，再输入驱动器的盘符到地址栏中后按回车键，会弹出“不允许访问资源 C：”的警告框。

40. 如何清除 IE 浏览器中多余的右键快捷菜单

在安装东方网神这类的软件后，IE 浏览器的右键快捷菜单会多出一些东西来，如“用东方网神下载全部”、“用东方网神搜索”等。删除的方法为：

（1）运行注册表编辑器 Regedit.exe，打开如下注册表子项分支（如果不存在，则新建）：

HKEY_CURRENT_USER\Software\Microsoft\Internet Explorer\MenuExt

（2）将该项下想要删除的子项删除即可。

41. 如何清理 IE 网址列表

方法为：

（1）运行注册表编辑器 Regedit.exe，打开如下注册表子项分支（如果不存在，则新建）：

HKEY_CURRENT_USER\Software\Microsoft\InternetExplorer\TypedURLs

（2）在该项右边的窗口中，删除想要删除的网址即可。

42. 如何禁止使用代理服务器

要禁止在电脑上使用代理服务器，方法为：

（1）运行注册表编辑器 Regedit.exe，打开如下注册表子项分支（如果不存在，则新建）：

HKEY_CURRENT_USER\Software\Microsoft\Windows\CurrentVersion\Internet Settings

（2）在该项右边的窗口中，新建二进制值项 ProxyEnable，并设置其值项数据为 0。

43. 如何养成输入关键词的习惯

当准备访问一个网页时，不必输入它的全部地址，只需输入关键词就行了。例如我们要到 http：\\www.yahoo.com，这时只需在输入栏中输入 yahoo，然后在按住 Ctrl 键的同时按回车键，浏览器会自动在 yahoo 前面添上 http：\\www，在后面添加.com。

44. 如何启动系统的分级审查功能

要利用 IE 设置分级审查功能过滤掉一部分不健康的东西，方法为：

（1）打开 IE 浏览器，然后单击“工具”\“Internet 选项”菜单命令，在打开的“Internet 选项”对话框中单击“内容”选项卡，然后单击“分级审查”框中的“启动”按钮，打开“内容审查程序”对话框。

（2）单击“常规”选项卡，然后单击“创建密码”按钮，打开“创建监督人密码”对话框，输入密码。再对未分级站点的处理方式、监护人的特权等选项进行适当的设置。

（3）单击“内容审查程序”对话框的“级别”选项卡，分别对暴力、性、裸体、语言等项目设置适当的分级审查级别。

（4）再对其他项目进行适当的设置。

（5）单击“确定”按钮，完成对 IE 的分级审查的设置，从而可以过滤掉相当一部分不健康的东西。

45. 如何设置电脑上的准确时钟

自动校时是 Windows XP 为用户提供的一个很实用的功能，可以利用该功能将电脑的时钟变得非常准确。一旦发现电脑上的时间不正确的话，运行自动校时功能，Windows XP 系统就能自动连接到因特网上，并选择一台标准时间服务器进行自动调整。要完成这项工作，方法为：

（1）双击任务栏上最右边的“时间”图标，打开“日期和时间 属性”对话框。

（2）单击“Internet 时间”选项卡，然后选择希望使用的时间服务器，并确保选中“自动与 Internet 时间服务器同步”复选框。

（3）单击“确定”按钮。

在尝试同步的时钟前，请确保已经设置了正确的日期，如果日期设置错误的话，Internet 时间服务器将无法更新时间。如果使用个人或网络防火墙的话，可能需要调整相关设置来排除时间同步过程中所遇到的障碍。

46. 如何禁止 IE 浏览器自动安装组件

用 IE 浏览器浏览网页时，有时会自动弹出一个窗口提示你当前页面存在问题，需要安装组件才能访问。这是 IE 根据访问页面时自动检测到该网页的特殊功能要求，而提出的下载支持该功能的组件的询问。如果同意，IE 就会进行下载。

由于不知道这种下载的组件是否安全，所以对于初级电脑用户不容易进行判断时，最好是禁止 IE 的这一功能，不自动下载安装组件。方法为：

（1）单击“开始”\“运行”，在打开的对话框中输入 Regedit 后按 Enter 键，打开注册表编辑器。

（2）找到如下注册表子项分支：

HKEY_LOCAL_MACHINE\SOFTWARE\Policies\Microsoft

在左窗口中新建一个名为 Internet Explorer 的子项，在该新接着在该子项下新建一个名为 InfoDelivery 的子项，然后在此新建子项中新建一个名为 Restrictions 的子项，并在其中新建一个名为 NoJITSetup 的 DWORD 值项，设置其数据值为 1。

（3）关闭注册表编辑器，重新启动电脑，使得修改设置生效。

47. 如何禁止 IE 定期更新

将电脑与 Internet 相互连接后，Windows XP 经常会在任务栏上弹出一个提示升级系统文件的消息，其实这是 IE 浏览器的定期更新检查在作怪，大约每 30 天左右，Windows XP 系统附带的 IE6.0 就会定期检查是否有新的升级软件，如果有，便会弹出提示对话框。要禁止 IE6.0 的定期更新检查，方法为：

（1）单击“开始”\“运行”，在打开的对话框中输入 gpedit.msc 后按 Enter 键，打开“组策略”设置窗口。

（2）在窗口左边的目录中依次展开“电脑配置”\“管理模板”\“Windows 组件”\“Internet Explorer”。

（3）在右边的窗口中找到“禁用定期检查 Internet Explorer 软件更新”选项，然后双击该选项，在出现的窗口中选择“已启动”，然后单击“确定”按钮即可。

48. 如何快速将当前打开页设置为主页

将当前打开页设置为主页，方法为：

（1）打开网页后，将 IE 地址栏里的“e”网页图标直接拖到工具栏上的“主页”按钮图标上。

（2）在弹出对话框询问是否要将该页设置为主页时，单击“确认”按钮即可。

49. 如何在 IE 中设置广告黑名单

当打开一个网站就会发现也弹出另一个广告页面，页面开多了，电脑运行速度就会大大地变慢。在 IE 6.0 中，可以采用禁用黑名单的功能，来禁止弹出广告页面的出现。方法为：

（1）打开 IE 浏览器，然后单击“工具”\“Internet 选项”菜单命令，在打开的“Internet 选项”对话框中单击“安全”选项卡。

（2）在“安全设置”中选择“受限制的站点”，然后单击“站点”按钮，在弹出的窗口中输入禁止弹出广告页面的地址，再单击“添加”按钮，然后单击“确定”按钮。

这样，讨厌的弹出广告页面就会不再露面了。

50. 如何用浏览器快速查看文件

如果在一个文件夹中有很多网页，要一个一个浏览的话，假设用鼠标双击第 1 个文件，在打开浏览器窗口后，再切换回资源管理器，双击第 2 个文件，又打开一个新的浏览器窗口，然后是第 3 个，第 4 个……这样反反复复打开关闭窗口，不但操作麻烦、速度慢，而且当打开的窗口过多时，会耗尽系统资源，容易导致死机。下面给出一个解决方法：

（1）在 Windows 桌面上打开资源管理器，在管理器中找到自己要查看的文件夹，使待查看的文件在文件列表中显示出来。

（2）双击第 1 个文件，打开一个缺省的浏览器窗口。适当调节浏览器窗口的大小和位置，使它不至于挡住资源管理器中的文件列表。然后用鼠标把第 2 个文件从文件列表中直接拖放到浏览器窗口，当松开鼠标按键时，被拖拽的文件就会立刻在浏览器窗口显示出来。

就这样，一次拖放即显示一个文件，真可谓多快好省。

51. 如何快速浏览脱机网页

需要脱机浏览某个已经打开过的网页，比较快的方式是将这个网页添加到收藏夹，以后在脱机方式下从收藏夹中浏览这个网页。其实，为这个网页建立一个快捷方式是最快的方法。方法为：

打开 IE 浏览器，转到要脱机浏览的网页面。在 IE 浏览器的地址栏中，已打开网页的网址前面都有一个小图标，用鼠标按住这个小图标，把它拖到桌面上，下次就可以在桌面快速脱机浏览这个网页了。

52. 如何打印收藏夹

如果想打印收藏夹的网站列表和它们的 URL，方法为：

（1）可以打开 IE，在“文件”菜单中选择“导入和导出”，接着按照向导将收藏夹导出为 bookmark.html 文件。

（2）使用 IE 将该文件打开，单击菜单中的“文件”\“打印”，在弹出的打印窗口中选择“打印链接列表”。

53. IE 右下角地球图标的妙用

经常使用 IE 的朋友都知道，在 IE 窗口的右下角状态栏中有一个小小的地球图标，在它的右边还有个“Internet”字样显示。该地球图标是很有用的，比如由于网吧管理软件的限制而导致无法直接下载文件，会提示“当前安全设置不允许下载该文件”。利用 IE 右下角的地球图标就可以突破这种限制，自由下载软件。

方法为：

（1）双击该地球图标，调出“Internet 安全性属性”对话框。

（2）选中“Internet”类别，然后单击“自定义级别”按钮，在弹出“安全设置”窗口中找到“文件下载”和“字体下载”项，把它们的状态由“禁用”改为“启用”，这样就突破了网吧中禁止下载文件的限制。

54. 如何个性化 IE 标题栏

IE 默认的标题栏会显示 Microsoft Internet Explorer，如果想把它换成其他文字，方法为：

打开“注册表编辑器”，然后找到如下子项分支：

HKEY_CURRENT_USER\Software\Microsoft\InternetExplorer\Main

在右侧窗口中双击一个名为 Window Title 的字符串值（如没有，可创建一个），在“编辑字符串”中输入你喜欢的句子，然后单击“确定”按钮即可。

这样，个性化的标题栏就打造好了。重启 IE 后，就能看到变化了。

55. 如何更换字体的颜色

当你打印某些网页时发现一些链接式文字不清楚，将它们改为另外一种颜色，问题就得到解决了。方法为：

（1）单击菜单命令“工具”\“Internet 选项”。

（2）在打开的对话框中单击“常规”选项卡下的“颜色”按钮，选择适合你打印机的颜色，然后单击“确定”按钮。

56. 如何让 IE 动起来

想让你的 IE 浏览器动起来吗？下面就是方法：

（1）打开“注册表编辑器”，找到如下子项分支：

HKEY_CURRENT_USER\ControlPanel\desktop\WindowMetrics

（2）在右边的窗口中新建两个字符串值项，分别是 Minanimat 与 Maxanimat，最后分别双击它们并赋值为 0 和 1。

完成后，赶紧欣赏一下动感 IE 。

6-3　互联网搜索与下载技巧

1. 什么是搜索引擎

搜索引擎（search engines）指自动从英特网搜集信息，经过一定整理以后，提供给用户进行查询的系统。

2. 为什么要使用搜索引擎

因为网上的信息浩瀚万千，而且毫无秩序，所有的信息像汪洋上的一个个小岛，网页链接是这些小岛之间纵横交错的桥梁，而搜索引擎，则为你绘制一幅一目了然的信息地图，供你随时查阅。

3. 搜索引擎分为哪几类

搜索引擎按其工作方式主要可分为三种，分别是全文搜索引擎（Full Text Search Engine）、目录索引类搜索引擎（Search Index\Directory）和元搜索引擎（Meta Search Engine）。

4. 什么是全文搜索引擎

全文搜索引擎是名副其实的搜索引擎，国外具代表性的有 Google、Fast\AllTheWeb、AltaVista、Inktomi、Teoma、WiseNut 等，国内著名的有百度（Baidu）。它们都是通过从互联网上提取的各个网站的信息（以网页文字为主）而建立的数据库中，检索与用户查询条件匹配的相关记录，然后按一定的排列顺序将结果返回给用户，因此他们是真正的搜索引擎。

5. 什么是目录索引

目录索引虽然有搜索功能，但在严格意义上算不上是真正的搜索引擎，仅仅是按目录分类的网站链接列表而已。用户完全可以不用进行关键词（Keywords）查询，仅靠分类目录也可找到需要的信息。目录索引中最具代表性的莫过于大名鼎鼎的 Yahoo 雅虎。其他著名的还有 Open Directory Project（DMOZ）、LookSmart、About 等。国内的搜狐、新浪、网易搜索也都属于这一类。

6. 什么是元搜索引擎

元搜索引擎（META Search Engine）在接受用户查询请求时，同时在其他多个引擎上进行搜索，并将结果返回给用户。著名的元搜索引擎有 InfoSpace、Dogpile、Vivisimo 等（元搜索引擎列表），中文元搜索引擎中具代表性的有搜星搜索引擎。在搜索结果排列方面，有的直接按来源引擎排列搜索结果，如 Dogpile；有的则按自定的规则将结果重新排列组合，如 Vivisimo。

7. 常用的搜索引擎有哪些

现在网上有很多种搜索引擎，它们的功能各有千秋。

比较常用的搜索引擎有 Google（http:\\www.google.com\）、Yahoo（http:\\www.yahoo.com\）、百度（http:\\www.baidu.com.cn）、搜狐（http:\\www.sohu.com）、搜狗（http:\\www.sogou.com）、爱问（http:\\www. iasksousuo.com）等。

8. 百度搜索技巧——邮编搜索使用技巧

2006 年 03 月 2 日，百度联手国家邮政局名址信息中心推出邮编搜索（http:\\youbian.baidu.com），可搜索全国 354 个城市的 37823 个邮政编码。通过该项服务，用户不仅可查询具体邮政编码的归属地，还可通过搜索具体地名甚至街道查询该地段的邮政编码。

使用如“北京　建国门”这样的关键字组合可以搜索出在北京建国门地区所使用的邮政编码。

搜索“南京路”，可以找到全国所有南京路所使用的邮政编码信息。

查询“100005”，可以找到所有使用此邮政编码的地区。

9. 为什么在百度邮编搜索中找不到想要的信息

目前，百度邮编搜索的数据来源于国家邮政局名址信息中心，只有在国家邮政局名址信息中心所记录的邮政编码信息，你才能搜索到。

10. 百度搜索技巧——选择适当的查询词

搜索技巧，最基本同时也是最有效的，就是选择合适的查询词。选择查询词是一种经验积累，在一定程度上也有章可循。

11. 百度搜索技巧——表述准确

百度会严格按照你提交的查询词去搜索，因此，查询词表述准确是获得良好搜索结果的必要前提。

一类常见的表述不准确情况是，脑袋里想着一回事，搜索框里输入的是另一回事。例如，要查找 2005 年国内十大新闻，查询词可以是“2005 年国内十大新闻”；但如果把查询词换成“2005 年国内十大事件”，搜索结果就没有能满足需求的了。

另一类典型的表述不准确，是查询词中包含错别字。例如，要查找林心如的写真图片，用“林心如写真”，当然是没什么问题；但如果写错了字，变成“林心茹写真”，搜索结果质量就差得远了。

不过好在，百度对于用户常见的错别字输入，有纠错提示。你若输入“林心茹写真”，在搜索结果上方，会提示“你要找的是不是: 林心如写真”。

12. 百度搜索技巧——查询词的主题关联与简练

目前的搜索引擎并不能很好的处理自然语言。因此，在提交搜索请求时，你最好把自己的想法，提炼成简单的，而且与希望找到的信息内容主题关联的查询词。

还是用实际例子说明。某三年级小学生，想查一些关于时间的名人名言，他的查询词是“小学三年级关于时间的名人名言”。

这个查询词很完整的体现了搜索者的搜索意图，但效果并不好。

绝大多数名人名言，并不规定是针对几年级的，因此，“小学三年级”事实上和主题无关，会使得搜索引擎丢掉大量不含“小学三年级”，但非常有价值的信息；“关于”也是一个与名人名言本身没有关系的词，多一个这样的词，又会减少很多有价值信息；“时间的名人名言”，其中的“的”也不是一个必要的词，会对搜索结果产生干扰；“名人名言”，名言通常就是名人留下来的，在名言前加上名人，是一种不必要的重复。

因此，最好的查询词，应该是“时间名言”。

13. 百度搜索技巧——根据网页特征选择查询词

很多类型的网页都有某种相似的特征。例如，小说网页，通常都有一个目录页，小说名称一般出现在网页标题中，而页面上通常有“目录”两个字，点击页面上的链接，就进入具体的章节页，章节页的标题是小说章节名称；软件下载页，通常软件名称在网页标题中，网页正文有下载链接，并且会出现“下载”这个词。等等。

经常的搜索，并且总结各类网页的特征现象，并应用在查询词的选择中，就会使得搜索变得准确而高效。

例如，找明星的个人资料页。一般来说，明星资料页的标题，通常是明星的名字，而在页面上，会有“姓名”、“身高”等词语出现。比如找林青霞的个人资料，就可以用“林青霞 姓名 身高”来查询。而由于明星的名字一般在网页标题中出现，因此，更精确的查询方式，可以是“姓名 身高 intitle:林青霞”。Intitle，表示后接的词限制在网页标题范围内。

这类主题词加上特征词的查询构造方法，适用于搜索具有某种共性的网页。前提是，你必须了解这种共性（或者通过试验性搜索预先发现共性）。

14. 百度搜索技巧——找软件下载

日常工作和娱乐需要用到大量的软件，很多软件属于共享或者自由性质，可以在网上免费下载到。

（1）直接找下载页面。这是最直接的方式。软件名称，加上“下载”这个特征词，通常可以很快找到下载点。例：flashget 下载。

（2）在著名的软件下载站找软件。由于网站质量参差不齐，下载速度也快慢不一。如果我们积累了一些好用的下载站（如天空网，华军网，电脑之家等），就可以用 site 语法把搜索范围局限在这些网站内，以提高搜索效率。例：网际快车 site:skycn.com。

提示!!　一旦搜索范围局限在专业下载站中，“下载”这个特征词就不必在查询词中出现了。

15. 百度搜索技巧——找问题解决办法

我们在工作和生活中，会遇到各种各样的疑难问题，比如电脑中毒了，被开水烫伤了等等。很多问题其实都可以在网上找到解决办法。因为某类问题发生的几率是稳定的，而网络用户有好几千万，于是几千万人中遇到同样问题的人就会很多，其中一部分人会把问题贴在网络上求助，而另一部分人，可能就会把问题解决办法发布在网络上。有了搜索引擎，我们就可以把这些信息找出来。

找这类信息，核心问题是如何构建查询关键词。一个基本原则是，在构建关键词时，我们尽量不要用自然语言（所谓自然语言，就是我们平时说话的语言和口气），而要从自然语言中提炼关键词。这个提炼过程并不容易，但是我们可以用一种将心比心的方式思考：如果我知道问题的解决办法，我会怎样对此做出回答。也就是说，猜测信息的表达方式，然后根据这种表达方式，取其中的特征关键词，从而达到搜索日的。

例如，我们上网时经常会遇到陷阱，浏览器默认主页被修改并锁定。这样一个问题的解决办法，我们应该怎样搜索呢？首先要确定的是，不要用自然语言。比如，有的人可能会这样搜索“我的浏览器主页被修改了，谁能帮帮我呀”。这是典型的自然语言，但网上和这样的话完全匹配的网页，几乎就是不存在的。因此这样的搜索常常得不到想要的结果。我们来看这个问题中的核心词汇。对象：浏览器（或者 IE）的主页。事件：被修改（锁定）。“浏览器”、“主页”和“被修改”，在这类信息中出现的概率会最大，IE 可能会出现，至于锁定，用词比较专业化，不见得能出现。于是关键词中，至少应该出现“浏览器”、“主页”和“被修改”，这是问题现象描述。

16. 百度搜索技巧——找产品使用教程

我们装了一个新软件，或者家里买了新的产品（如数码相机），往往会需要一个细致的教程。类似的教程在书店里常可以买到，但在网上一样也可以搜索到。教程的搜索，有两个要点，第一个要点是，这个教程是针对什么产品做的。这点比较好确定。比如说，如果想找 Office 2003 的教程，这第一个要点就是“Office 2003”了。第二个要点是，这类教程，通常会有一些什么样的特征关键词。也就是说，如果某个网页是某类产品的教程，这个页面上，会有一些什么样的词汇，来表明这个网页是个教程。

对这些特征关键词的把握是搜索老手和新手的差别所在。其实只要平时做个有心人，对类似问题多总结，多记忆，搜索技能就会慢慢熟练。对教程类网页而言，常出现的特征关键词有：教程、指南、使用指南、使用手册、从入门到精通等等，而在 URL 链接中，通常会有汉语拼音的“jiqiao”来标注这个页面是技巧帮助性页面。通过一次搜索就达到目的通常会有些困难，但多次试验，总会构建出一个非常好的搜索关键词。

17. 百度搜索技巧——找英汉互译

尽管手头有英文词典，但翻词典一是麻烦和速度慢，二是可能对某些词汇的解释不够详尽，中译英就更如此了。多数词典只能对单个汉字词语做出对应的英文解释，但该解释在上下文中也许并不贴切。搜索引擎找英汉互译的一个长处就在于，可以比较上下文，使翻译更加精确。

（1）找简单的英汉互译。百度本身提供了英汉互译功能。对找到释义的汉字词语或者英文单词词组，在结果页的搜索框上面会出现一个“词典”的链接，点击链接，就可以得到相应的解释。

（2）找生僻词语的互译。很多情况下，无论是在线下的词典，还是用百度的线上词典，都无法找到词义解释，此时就需要利用网页搜索了。在某些情况下，网页作者会对某些生僻的词语加注一个英文或者中文释义。但提取这个生僻翻译的难度在于，没有表明释义存在的特征性关键词，因为作者在注释的时候，是不会有诸如“英文翻译”这样的提示语的。

18. 百度搜索技巧——找专业报告

很多情况下，我们需要有权威性的，信息量大的专业报告或者论文。比如，我们需要了解中国互联网状况，就需要找一个全面的评估报告，而不是某某记者的一篇文章；我们需要对某个学术问题进行深入研究，就需要找这方面的专业论文。找这类资源，除了构建合适的关键词之外，我们还需要了解一点，那就是：重要文档在互联网上存在的方式，往往不是网页格式，而是 Office 文档或者 PDF 文档。Office 文档我们都熟悉，PDF 文档也许有的人并不清楚。PDF 文档是 Adobe 公司开发的一种图文混排电子文档格式，能在不同平台上浏览，是电子出版的标准格式之一。多数上市公司的年报，就是用 PDF

做的。很多公司的产品手册，也以 PDF 格式放在网上。

百度以“filetype:”这个语法来对搜索对象做限制，冒号后是文档格式，如 PDF、DOC、XLS 等。

例：霍金 黑洞 filetype:pdf

19. 百度搜索技巧——找论文

（1）找论文网站。网上有很多收集论文的网站。先通过搜索引擎找到这些网站，然后再在这些网站上查找自己需要的资料，这是一种方案。找这类网站，简单的用“论文”做关键词进行搜索即可。

（2）直接找特定论文。除了找论文网站，我们也可以直接搜索某个专题的论文。看过论文的都知道，一般的论文，都有一定的格式，除了标题、正文、附录，还需要有论文关键词，论文摘要等。其中，“关键词”和“摘要”是论文的特征词汇。而论文主题，通常会出现在网页标题中。

例：关键词 摘要 intitle:物流

20. 百度搜索技巧——找范文

写应用文的时候，找几篇范文对照着写，可以提高效率。

（1）找市场调查报告范文。市场调查报告的网页，有几个特点。第一是网页标题中通常会有“xxxx 调查报告”的字样；第二是在正文中，通常会有几个特征词，如“市场”、“需求”、“消费”等。于是，利用 intitle 语法，就可以快速找到类似范文。

例：市场 消费 需求 intitle:调查报告

（2）找申请书范文。申请书有多种多样，常见的例如入党申请书。申请书有一定的格式，因此只要找到相应的特征词，问题也就迎刃而解。例如入党申请书的最明显的特征词就是“我志愿加入中国共产党”。

例：我志愿加入中国共产党 入党申请书

（3）找工作总结范文。还是那个关键问题，工作总结会有什么样的特征词？将心比心的设想一下，就会发现，工作总结，总会写的像八股文一样，“一、二、三”，“第一，第二，第三”，“首先，其次，最后”。而且工作总结的标题中，通常会出现“工作总结”四个字，于是，问题就很好解决了：

例：第一 第二 第三 intitle:工作总结

21. 百度搜索技巧——找谜底

（1）猜谜语。有时候，我们会遇上各种高难度的谜语，但有了搜索引擎，只要这种谜语的传播范围略广些，我们通常都可以在网上找到答案。搜索时候，我们只需把谜面和“谜底”作为关键词搜索就可以了。

例：眼皮上落着一只苍蝇 谜底

（2）解难题。除了标准谜语，我们还会遇到一些类似福尔摩斯探案之类的智力题。比方说，有这么个推理题：“一个人在朋友家吃饭，问朋友这餐吃的是什么肉？朋友说是企鹅肉，他就号啕大哭自杀了。”为什么呢？搜一下。这个题目中的特征词串是“企鹅肉”和“自杀”，再加上问题答案的特征词“答案”，就可以快速找到结果了！再比如，微软招聘，曾有一个著名的题目：下水道的盖子为什么是圆的，也可以用搜索引擎找其他人五花八门的解答。

例：下水道 盖子 圆的 回答

22. 百度搜索技巧——找医疗健康信息

互联网上有大量的健康和疾病治疗方面的资料信息，他就像一个超级大夫，才高八斗，学富五车，关键是要看我们怎么去向“他”咨询。

（1）根据已知疾病查找治疗方式。这类资料通常有这样的特点，在标题中会注明疾病的名称，同时会有诸如“预防”、“治疗”、“消除”等特征性关键词。于是，用疾病名称和特征性关键词，就可以搜到相关的医疗信息。

例：消除青春痘

例：预防口腔溃疡

（2）找专业疾病网站。对于某些大型的综合类疾病，如心脏病、癌症、艾滋病等，我们也可以先用搜索引擎查找这类疾病的权威专业网站，然后到这些专业网站上求医问药，获取有关知识。找这类网站很简单，就是用疾病名称作关键词搜索。搜索引擎通常会把比较权威、质量比较高的网站列在前面。

例：艾滋病

（3）根据症状找疾病隐患。我们经常还会有这样的需求，已知身体不舒服的症状，希望知道可能的疾病隐患是什么。这也可以通过搜索引擎解决问题。一般的疾病介绍资料，通常会有疾病名称、疾病症状、治疗方法等部分。我们描述的症状，如果和某个网页中的疾病症状刚好符合，搜到这样的网页，疾病名称也就知道了。做这类搜索的关键是，如何把症状现象用常用的表达方式提炼出来。

例：经常打嗝

例：头皮屑特别多

23. 百度搜索技巧——找人

想找几十年失去联系的小学同学吗？想知道十多年没联系的初恋情人的最

新情况吗？试试搜索引擎，也许能给你带来惊喜。

在互联网上找人，首先想到的一点就是搜他\她的名字。而一个人可能有多个名字。正式名、曾用名、小名、网名、英文名、绰号等。如果我们要找的人并不著名，找人可能是个艰巨的工程，因此所有这些可能的名字，都需要一一试验。

但中国人有十多亿，随便找个名字，都能找出 N 个重名者。因此，在名字之外，我们还需要添加更多的限制条件。什么限制条件呢？和这个人密切相关的经历。比如，籍贯、生日、曾就读的学校、曾呆过的班级、曾有过的作品、曾工作过的单位、曾经的婚姻伴侣，等等。

用名字 + 相关经历做组合查询，可以最大限度的从互联网信息中抠出所要找的人的点滴资料。当然，如果单搜人名的结果数不多，也可以不加限制，逐一浏览搜索结果。

24. 百度搜索技巧——找明星资料

大部分年轻人都有偶像。搜罗这些偶像的点点滴滴资料，是对偶像崇拜的一种方式。如何查找偶像各方面的资料呢？

（1）搜明星官方网站、Fansite 或者其他网站娱乐频道的明星专题。很多大牌明星都有自己的官方网站，用以发布自己的最新消息，以及与崇拜者做线上交流，这样的网站叫 Official Site（官方网站）。还有一些崇拜者，收集的偶像资料比较丰富，就自己做了一个网站以示崇拜，这样的网站叫做 Fans Site。而大型的门户网站，通常为明星建有专门的娱乐频道。这些网站或者频道，通常信息比较丰富。直接找到这类网站，资料收集也就轻松很多了。找这类网站很简单，就是在搜索引擎中输入明星的名字，排在前列的网站，通常都具有比较丰富的内容。

例：章子怡

（2）找明星图片。明星图片除了在官方网站、Fansite、明星频道中出现，还会在其他的图片网站栏目中出现。用明星的名字，加上“图片”、“写真”、“相册”、“图集”等图片特征关键词，进行搜索。

例：章子怡 写真

（3）找明星档案。想了解明星的生日、三围、主要成就？除了到官方网站和门户网站的明星频道上找，也可以通过网页搜索直接获取。这些档案页面，通常有一些特定的词汇，如“身高”、“籍贯”、“档案”等；而明星的名字，则通常出现在网页标题中。用明星名字加上这些特征词，就可以快速找到明星档案。

例：章子怡 身高

例：档案 intitle:林青霞

25. 百度搜索技巧——找产品信息

对于高价值的产品，我们在购买之前通常会做一个细致的研究，通过对比，择优而购。研究过程中，会需要很多资料，如产品规格，市场行情，别人对产品的评价等等。如何通过搜索引擎获取这些资料呢？

（1）到制造商的官方网站上找第一手产品资料。对于高价值的产品，制造商通常会有详细而且权威的规格说明书。很多公司不但提供网页介绍，还把规格书做成 PDF 文件供人下载。利用前面小节谈到的企业网站查找办法找到目标网站，然后利用 site 语法，直接在该网站范围内查找需要的产品资料。

例：mp3 播放器 site:Samsung.com.cn

（2）找产品某个特性的详细信息。有时候，我们可能非常关注特定产品的某个特性。举例说，我们想了解一下著名耳机拜亚动力 DT231 的音质。就直接可以用产品型号“DT231”和“音质”这个特征词搜索媒体或者其他用户对这个产品的这个特性的评价。

例：DT231 音质

和上面的两种需求刚好颠倒过来,有时候我们先有了特定的需求，然后想找一些能满足自己需求的产品进行对比研究。这样的搜索经常会发生。

（3）找一篇综述文章。第一种方式，是希望借助于业内的行家评论，即所谓的综述性评论文章。我们经常可以在媒体上看到诸如“暑期购电脑指南”、“DVD 机选购全攻略”等文章。如果我们对某类希望购买的产品一无所知，最好先找一些这方面的综合性评论做参考。这类综合评述文章通常有个特点，就是标题常常出现诸如“选购指南”、“综合评测”、“从入门到精通”等特征性词汇，当然，这些特征性词汇需要我们平时生活和学习中多做积累。我们用产品名称加上这类特征词汇做查询词，就可以轻松搜到类似文章。

例：MP3 播放器 选购指南

（4）利用需求直接搜索。如果对产品比较熟悉，也可以利用产品名称和提炼的需求，组成查询词进行搜索。比方说，我需要找一台用钻石珑显像管的 19 英寸显示器（特性是 19 英寸和钻石珑显像管）。于是就可以这样搜索：

例：19 英寸显示器 钻石珑显像管

上述搜索的关键，在于如何把自己的需求用简练的语言描述出来。

26. 百度搜索技巧——找网上购物信息

（1）直接找商品信息。网络商城的页面都具有一定特点，除了商品名称会被列举出来，页面上通常会有一些肯定会出现的特征词，如“价格”、“购物车”等。于是，用商品名称，加上这些特征词，我们就能迅速的找到相关的网页了。

例：保罗西蒙 cd 购物车

例：金庸全集 购物车

（2）找购物网站。除了直接搜商品信息，我们也可以先找一些著名的购物网站，然后在站内进行搜索。找这类购物网站比较简单，就是用类似“购物”这样的查询词进行搜索。

例：购物

27. 百度搜索技巧——找客户

销售人员如何在网上找客户？

（1）找某个行业的客户。首先要确认的是，你的客户有什么共同点。例如，你卖的是一种专门用于笔记本电脑上的零件，这时候要找的就是笔记本电脑制造商；如果你卖的是一种专门针对服装厂的 MRP 软件，那么你要找的就是有一定规模的服装厂。销售还有一个特点是有地域限制。因此关键词中，还需要加入地区限制。

例：苏州工业园区 笔记本电脑制造

（2）找最新投资的客户。刚刚准备投资或者奠基或者投产的客户，是销售新客户开发的重点。越早把握这类信息，在激烈的市场竞争中就越占一分先机。对于某个工业园区的新投资厂商，除了从政府部门中获取资料，也可以从网上进行搜索。大型的新投资或者新开工通常会有当地报道，这类网页一般有固定的格式，会有一些特征关键词，如“开工”、“动工”、“奠基”、“剪彩”、“投产”等。用工业园区的名称，加上产品行业名称，再加上这类新投资的的特征词，组成关键词进行搜索，往往可以获得很好的效果。

例：苏州工业园区 笔记本电脑 投资 动工

（3）找目标客户群体的关键职位变迁。对销售而言，潜在目标客户群的某些关键职位如果发生变迁，则通常是业务切入的好时机。关键职位，通常是和销售直接打交道的采购、采购经理、物料经理等。如何查找这类变迁信息呢？在人力资源网上通常会有体现。人力资源网上的企业招聘信息，通常首先会介绍一下自己是做什么的，然后是招聘需求。于是用行业名称，加上招聘信息的特征词，再把搜索范围局限在当地的人力资源网站上，就可以随时关注最新动态。

例：笔记本电脑 招聘 采购 site:siphrd.com

28. 百度搜索技巧——找企业或者机构的官方网站

很多时候，我们需要到企业或者机构的官方网站上查找资料。如果不知道网站地址的话，首先就需要通过搜索引擎获得企业或者机构的网站域名。

通过企业或者机构的中文名称查找网站，这是最直接的方式。我们可以直接利用企业在网络用户中最为广泛称呼的名称作为关键词进行搜索。什么是“最为广泛称呼的名称”呢？举个例子，新浪可能有很多称呼，例如“新浪”、“新浪网”、“sina”、“新浪公司”、“北京新浪互联信息服务有限公司”等等。哪个是网络用户最常用的呢？毫无疑问就是“新浪”。于是，我们在查询新浪的域名时，就最好使用“新浪”作为关键词。

例：海尔

例：上海市政府

例：大众汽车

29. 如何使用百度 MP3 搜索歌曲

百度 MP3 搜索引擎功能在搜索 MP3 方面具有较大优势。使用该功能搜索出来的歌曲页面有多项提示，读者可以按照这些信息选择是否下载或试听等等。

以搜索刘德华的歌曲为例：

（1）在 Internet 地址栏输入 mp3.baidu.com 后，按 Enter 键打开百度 MP3 搜索引擎。

（2）输入歌手“刘德华”后，单击选中输入框下的“mp3”项，按 Enter 键或单击“百度搜索”按钮，很快就可以出现相关的页面了。在该页面中，除了罗列出该歌手的歌曲名称之外，还显示了这些歌曲的音乐格式和链接速度等。

30. Google 搜索技巧——如何把搜索引擎当作计算器

如果有人告诉你可以把搜索引擎当作计算器，请你不要惊讶，这是千真万确的事。近日，Google 就向用户们提供了这样的功能：在其搜索服务中增加了一个算术计算器。用户直接在搜索框中键入算术表达式（例如“9×6－3”）即可获得答案。如果安装有 Google 的工具栏软件则更加可以直接在浏览器相应位置键入，省去了访问 Google 主页的时间。此外，该计算器不仅能完成简单的加减乘除运算，还可处理常规换算问题以及物理常数问题，可惜目前这几个功能只支持数字的英文输入，还无法识别中文。有了这个计算功能，上网后无需到处找计算器了。

31. Google 搜索技巧——如何选择服务器

Google 在互联网上有许多镜像站点，用于搜索的服务器也有数千台，但你是否知道，它们对各种语种更新的速度是各自不同的，而且各服务器的更新时间也是不一样的，其采用的更新方式经常是梯度式进行，即先更新某些服务器，后来全面更新。在使用中发现，Google 对中文语种最快更新的服务器是以下这个网址：http:\\www3.google.com。当使用 http:\\www.google.com 没有找到任何结果时改用 http:\\www3.google.com 进行搜索则常常有意想不到的效果，这种情况在搜索一些如时事新闻一类更新频繁的内容时效果更加明显。所以建议各位尽快更新书签中 Google 主页的网址。

32. Google 搜索技巧——如何查找缩略词的全称

无论在互联网上还是电脑术语中都存在着许多五花八门、千奇百怪的缩略词，当遇到这些陌生的缩略词时，你是否感到莫名其妙、不知所云。为了了解它的本义，只好不断翻阅各种专业字典或请教别人，其实，利用 Google 查找缩略词的全称或原义简直就是易如反掌，手到擒来，具体做法是：输入“缩略词 英文缩写”（例如“VIP 英文缩写”）即可。同时，只要稍做变通，用这个方法来搜索一些流行语也很方便：例如搜索“什么是 MM”，其固定格式是以“什么是 XX”等形式进行输入，多数都能找到。

33. Google 搜索技巧——如何搜索特定文件

Google 中支持特定文件搜索（“filetype:”就是它的搜索语法），这是一个非常强大而实用的功能却没有得到广大网友的重视。有了它的帮忙，网友不仅能搜索一般的文字页面，还能对某些二进制文档进行检索，“下载狂”从此可以很轻易找到所需的文件，“懒虫”们也可以“借花敬佛”，乐得自在：例如某个朋友过生日，想送上一则有趣的动画以表心意，但苦于自己不会做 Flash 或者懒得亲自动手，则可利用 Google 搜索一下，输入“birthday filetype:SWF”或“loveyou filetype:SWF”，就能找到许多精美的 Flash，从中挑选一下寄过去就是了，省时省力，何乐而不为?

34. Google 搜索技巧——如何使用新闻组搜索和目录检索

新闻组搜索和目录检索是 Google 的两个重要功能，只是国内朋友由于使用习惯上的缘故，对它们知之甚少或者一无所知。长期以来，“泡”论坛和“灌水”是不少网友每天必做的“功课”，但却不知道新闻组的信息量要比任何一个 BBS 都要大得多，其每天更新的信息更是 BBS 所难以望其项背的。当你在常规网页中不能找到答案，则建议单击搜索页面上的“网上论坛”标签试试。另一方面，如果想寻找某些专题网站，则可以访问 Google 的分类目录

“http:\\directory.Google.com\”（中文目录是 http:\\directory.Google.com\Top\World\Chinese_Simplified\）进行浏览，而且其目录是由全世界各地的义务编辑人员来审核挑选的网页，并依照网页的性质及内容来分门别类。因此，在某一目录门类中进行搜索往往要比同类搜索引擎有更高的命中率和工作效率。

35. Google 搜索技巧——怎样了解别人对你的博客的评价

想知道全世界博客对你的博客文章的观点和看法吗？通过 Google Blogsearch 可以很方便地实现这个有用的功能。

举个例子来讲，假设一个名为“蓝色海洋”博客的域名是 www.bluesky.info，那么在 Google Blogger 追踪其他人对我的反馈评论就可以使用下面的命令来实现：link: www.bluesky.info，返回的搜索结果可以按照时间或者相关度进行排序，时效性非常强，你可以追踪到一个小时前别人对你文章的评论。最关键的是，搜索结果可以使用 RSS 输出订阅，因此只需要在 RSS 阅读器中订阅这个 RSS 地址，就可以实时追踪到全世界博客对于你文章的引用评论。

36. 如何快速进行搜索

搜索引擎的诞生大大方便了广大用户在网络中的查找所需信息的速度，因而深受广大用户的欢迎。不过我们平常在使用搜索引擎时往往都是先登录到某个搜索引擎网站，然后输入关键字进行检索的，得出结果之后再链接到相应网页中，若结果不对，还需重新进行搜索，操作非常繁琐！别着急，IE 已经考虑了这一问题，它专门内置了一个搜索引擎帮助用户查找所需信息，我们只需单击菜单命令如下步骤即可快速得到所需信息。

方法为：

（1）启动 IE 并连接到 Internet 上（若不连接到 Internet 上则 IE 的在线搜索功能将无法使用）。

（2）单击快捷工具栏上的“搜索”按钮，在 IE 窗口左边打开一个专门的“搜索”窗口。

（3）在“请为你的搜索选择一个类别”列表框中选择是直接在 Internet 上进行查找，还是从以前曾经查找过的内容中进行查找，广大用户若没有特殊需要仍应选择“查找网页”选项。

（4）在“包含下列内容”列表框中输入需要查找的内容，比如“图片”，然后单击“搜索”按钮。

这样 IE 就会自动连接其默认的搜索引擎，并查找用户所需的关键字，最后再将找到的结果在“搜索”窗口中显示出来。

我们只需单击有关链接即可迅速打开相应网点进行查看，使用非常方便。

此外，使用 IE 自带的搜索引擎进行搜索还有一个优点，那就是当搜索结果显示出来之后，只要用户不手工将搜索窗口关闭，系统的搜索结果就会始终显示在“搜索”窗口中，这样我们就可以在右边窗口中浏览不同网页的内容而不影响搜索结果，从而避免了因来回检索而带来的不便。

37. 如何通过 PDA 及智能手机进行百度搜索

无论你是在使用 palm、wince 还是 smartphone 智能手机或者任意一款支持上网浏览 WWW 网页的手机，你都可以通过访问 http:\\pda.baidu.com，享用百度强大的搜索功能 。

http:\\pda.baidu.com 是百度专门为 PDA 用户及可以浏览 WWW 网页的手机用户提供的一个定制界面，它专门针对 PDA 和智能手机的屏幕大小进行设计，界面简洁，浏览方便，支持多种手机操作系统及格式转换，让你轻松体验百度强大的无线搜索功能。

38. 什么是基于目录的搜索引擎

（1）目录的数据库是依靠专职编辑或志愿人员建立起来的，这些编辑人员在访问了某个 Web 站点后撰写一段对该站点的描述，并根据站点的内容和性质将其归为一个预先分好的类别，把站点的 URL 和描述放在这个类别中，当用户查询某个关键词时，搜索软件只在这些描述中进行搜索。很多目录也接受用户提交的网站和描述，当目录的编辑人员认可该网站及描述后，就会将之添加到合适的类别中。

（2）目录的用户界面基本上都是分级结构，首页提供了最基本的几个大类的入口，用户可以一级一级地向下访问，直至找到自己感兴趣的类别。另外，用户也可以利用目录提供的搜索功能直接查找一个关键词，不过，由于目录只在保存的对站点的描述中进行搜索，因此站点本身的动态变化不会反映到搜索结果中来，这也是目录与基于 Robot 的搜索引擎之间的一大区别。

（3）商业性质的目录一般都是依靠一群专职编辑来建立和维护的，最出名的商业目录 Yahoo！雇用了大约一两百名编辑，他们维护的目录一共收集了上百万个站点。不少学术或研究性质的目录是依靠志愿者来建立和维护的，这些志愿者可能是普通的 Internet 用户，也可能是一群大学生，还有可能是专家学者，1998 年才成立的 Open Directory 采取了开放管理模式，所有 Internet 用户都可以申请成为它的志愿编辑，目前 Open Directory 的编辑人员已超过了 14000 人。

（4）由于目录是依靠人工来评价一个网站的内容，因此用户从目录搜索得到的结果往往比从基于 Robot 的搜索引擎得到的结果更具参考价值，Yahoo！

能取得成功，与此有着莫大的关系。事实上，现在很多搜索站点都同时提供有目录和基于 Robot 的搜索服务，以便尽可能地为用户提供全面的查询结果。

39. 如何建立个人搜索引擎

要建立个人搜索引擎，方法为：

（1）申请：连接到网络特区 http:\\netzone.swatou.com\personal，单击“申请站点引擎”这时出现一个申请表，按要求填写即可。申请成功后,回到主页，再用刚才申请的用户名登录,登录成功后，进入个人设置页面，在下面列出了你的 HTML 代码，复制下来，加入到你的页面中即可使用搜索引擎了。不过要注意，你的这个搜索引擎还不能用，因为还没有建立数据库。

（2）建立数据库。大家知道搜索引擎网站都有一个页面数据库，有的是人工建立的，如 Yahoo，而有的是靠机器人自动寻找页面并加入的，如 AltaVista，而我们申请的这个搜索引擎就是靠人工建立的，你要一页页加入你的页面信息。人工建立好像是有点麻烦，如果我拥有 100 多页，不是要累死了。要注意的是，填写关键字很重要，你要按照页面内容来填写。在你填写页面关键字时，通常的方法是填入页面出现频率高的词语。请注意，加入页面不能离线进行，否则会产生禁止访问提示。

（3）修改及删除页面 。单击“网页列表”，你可以查看所有加入的页面并能方便删除任何一个页面，十分方便。

完成以上三步，你就真正拥有了自己的搜索引擎，好好设计一番，说不定可以和 Yahoo 媲美呢。

40. 如何搜索歌曲

要搜索歌曲，有以下几种方法：

（1）利用搜索引擎的 mp3 搜索

以百度 mp3 搜索为例。小时候看过一部动画片《蓝精灵》，想重温她的歌声。直接在搜索框内输入“蓝精灵”，单击百度搜索，找到相关结果 71 篇。好了，慢慢下吧。如果你不记得歌名，也不要紧：知道歌手，可以直接输入其名字，或者单击“歌手列表”，一步步回忆；知道歌词，把歌词输入，单击“歌词搜索”，马上得到其详细信息。其他的搜索引擎用法类似。

推荐：百度 mp3 搜索： http:\\mp3.baidu.com\

一搜音乐搜索：http:\\music.yisou.com\

中搜 mp3 搜索：http:\\mp3.zhongsou.com\

sogua 娱乐搜索：http:\\www.sogua.com\search\

（2）用 p2p 软件

p2p 技术的发展，为人们在搜索引擎之外提供了又一条捷径。大家彼此把自己的东西贡献出来，既奉献又索取，利人利己。多么伟大的共享精神！想想成千上万人的合作，力量有多大，肯定有你要的。

强烈推荐 Kugoo，用法很简单。直接把歌名或歌手输入搜索框，单击 search 即可。到目前为止，它还从来没让我失望过。另外有一策略，“按用户的账号查找”。找到一首喜欢的歌后，再进一步，把拥有这歌的账号作为搜索词，输入到“按用户的账号查找”后的搜索框，search.理由很简单，一个人往往收藏相近的歌曲——同一个歌手的，同一类性质的。

Kugoo 下载地址：http:\\www.kugoo.com\

Poco 下载地址：http:\\www.pocosite.com\company\download.php

（3）FTP 搜索

FTP 有大量的文件，有时候让你“柳暗花明又一村”。

推荐：北大天网 http:\\bingle.pku.edu.cn\

星空搜索 http:\\sheenk.com\ftpsearch\search.html

41. 如何推广你的网站

如果一个网站没有推广的话，等于是白做的，即使做的再漂亮，能被别人看到的也不多，所以网站做好后要做推广是必不可少的步骤。

一般来说，登录阿里巴巴、百度、Google、Yahoo 等网站效果比较好，而且费用也不会太高。不过，还应该安排一个专门人员来收集和发布相关的信息，而且经常登录论坛与同行交流，有些时候机会往往就是从这里而来的。

42. 为什么要下载文件

互联网将世界上每一台能上网的电脑都连接到了一起，它最强大的作用就是资源共享，而实现资源共享的必要步骤就包含文件上传和文件下载。文件上传就是将文件上传到某一特定的服务器上，而其他用户就可以从这台服务器上下载你上传的文件到自己的电脑上，从而可以利用你所提供的资源。

43. 有哪些下载网上资源的方法

网上下载最方便的方法就是利用 ftp 软件来下载。ftp 软件可以使你方便地在你的电脑和你所选择的服务器之间上传或者下载任意文件资源，很多 ftp 软件还提供断点续传等丰富的功能以方便你的使用。当然，你也可以直接利用 IE 浏览器来下载文件，即在文件的超链接上点鼠标右键选择“目标另存为”即可。

44. 如何改变默认的下载路径

下载文件时，选择右键菜单中的“目标另存为”命令，打开的默认保存路径是“我的文档”，可以用以下的方法改变下载文件的默认保存路径为你自己的文件夹，通过修改注册表的方法实现：

（1）单击“开始”\“运行”，在出现的对话框中输入 Regedit 后按 Enter 键，运行注册表编辑器。

（2）找到如下子项分支：

HKEY_CURRENT_USER\Software\Microsoft\Internet Explorer

双击右窗口中的名为 DownLoad Directory 的字符串值，在打开的对话框中将其数值数据更改为自己需要设置的默认路径，如“K:\download”。

（3）关闭注册表编辑器，重新启动电脑，使得修改设置生效。

此后再使用 IE 直接下载文件时，系统就会将文件直接保存到“K:\download”目录中了。

45. 如何使 IE 使用多线程下载网页

方法为：

（1）单击“开始”\“运行”，在出现的在对话框中输入 Regedit 后按 Enter 键，运行注册表编辑器。

（2）找到如下子项分支：

HKEY_CURRENT_USER\Software\Microsoft\Windows\CurrentVersion\Internet Settings

在右窗口中新建 DWROD 值项 MaxConnectionsPerServer，此项的作用是决定最大同步下载的连线数目，一般 5～8 个连线数目比较好。

（3）关闭注册表编辑器，重启电脑，使得修改设置生效。

46. 在公用电脑上如何禁止 IE 下载文件

在有些公用电脑上需要禁止下载文件功能，虽然某些管理软件可以做到这一点，但安装调试这类软件实在是太麻烦了。简单的方法为：

（1）单击“开始”\“运行”，在打开的对话框中输入 Regedit 后按 Enter 键，打开注册表编辑器。

（2）找到如下注册表子项分支：

HKEY_CURRENT_USER\Software\Microsoft\Windows\CurrentVersion\Internet Settings\ Zones\3

（3）双击右边窗口中的 DWORD 值项 1803，将其数值修改为 3 即可。

（4）关闭注册表编辑器，重新启动电脑，使得修改设置生效。

如果要取消限制的话，只需要还原 DWORD 值为 0 即可。

47. 如何设置 FlashGet

如果你是用 Modem 上网的话，你必须设置“拨号网络”。选择“工具”菜单下的“选项”，在弹出的“选项”对话框中，单击“拨号网络”选项卡，单击列表框下的“连接”下拉框，从中选择拨号连接，然后在下面输入用户名和口令，最后选中“完成后挂断”，单击“确定”按钮结束。

如果你需要通过代理服务器上网的话，那你必须先设置代理服务器。一般在下载时我们要设置两种下载方式，一种是“HTTP”，另一种是“FTP”。设置的方法为：

（1）打开 FlashGet 后，单击“工具”菜单下的“选项”，在弹出的“选项”对话框中单击“代理服务器”选项卡，单击列表框下的“添加”按钮，这时会弹出一个“代理服务器设置”的对话框。

（2）在“类型”一栏中选择“HTTP”选项，然后在分别在“名称”、“服务器”和“端口”栏中填入相应的内容，其中的“名称”只是一个标识，名称可以自已起，“服务器”栏填写的是代理服务器的地址，“端口”栏填写的是 HTTP 服务的端口号。如果你的代理服务器登录时需要验证，那么你可以选中对话框右边的“验证”选项，然后在其下面的“用户名”与“口令”栏内填入相应内容。设置完毕后，单击“确定”按钮。用同样的方法再添加一个 FTP 代理，不同的是“类型”一栏选择“FTP ”，服务器地址与端口号也相应的 FTP 设置。

（3）添加完代理服务器后，我们在“选项”对话框中的列表框中设置缺省的 Http 与 Ftp 的代理服务器，方法是先根据列表框右边“名称”一栏找到我们建立的 Http 代理服务器的名称，在其所在行的“Http 缺省”一栏中的小方格打上对勾（单击小方格即可），同样的方法在 Ftp 代理服务器名称所在的“Ftp 缺省”一栏中小方格打上对勾。最后单击对话框下方的“确定”按钮。这样我们就把默认的代理服务器设置好了。

48. FlashGet 提供了哪些下载方式

FlashGet 提供了多种下载方式：

（1）监视浏览器的单击。FlashGet 可以监视浏览器中的单击，当你单击一个链接时，它会判断此链接是否满足下载要求，如果满足则自动弹出下载任务对话框。

（2）扩展 IE 的弹出式菜单。FlashGet 在 IE 的右键菜单中加入了“Download All By FlashGet”和“Download using FlashGet”两个选项，你可以

在某一链接上点右键然后选择“Download using FlashGet”来下载软件。

（3）监视剪贴板。FlashGet 会自动监视剪贴板的变化，它会判断剪贴板的内容是否满足下载要求，如果满足则自动弹出下载任务对话框。

（4）拖放。FlashGet 启动后桌面上出现一个小托盘，你只要将浏览器中的链接拖到小托盘上，它也会自动弹出下载任务对话框。

（5）直接输入 URL。在 FlashGet 中单击“任务”菜单下的“新建下载任务”，会弹出下载任务对话框，我们在“URL”文本框中填入下载文件的地址，单击“确定”按钮即可。这是最原始的一种方法。

49. 如何减少 FlashGet 对硬盘损伤

在用 FlashGet 等工具下载文件的时候，有时会发现硬盘会咯吱咯吱响个不停。这是怎么回事呢？原来 FlashGet 对磁盘写入是有规律的，默认情况下每收到 20KB 的数据就对硬盘进行一次写操作，但宽带的下载速度平均为 50kb/s，那么硬盘在每一秒当中就要写 2～3 次，网速越快的话，对硬盘的寿命影响越大。如何解决呢？方法为：

启动 FlashGet，单击菜单命令“工具”\“选项”，在打开的对话框中单击“常规”选项卡，然后选中“把数据写入到磁盘每当接收到”选项。后面的数值默认是 20，这时候可以根据自己宽带的实际情况来进行修改，一般设置为 100KB 就可以了。设置完之后，再次启动 FlashGet，发现再下载东西的时候就安静了许多，当然对硬盘的损伤也有所减少。

50. 如何使用 FlashGet 查看未下载完的文件信息

在下载任务开始下载时，“任务列表”中每个正在下载的任务文件名后面都有许多下载信息，包括下载文件大小、完成数、下载速度等信息。

在这个“任务列表”的下面有两个列表，在这两个列表可以更直观的查看下载信息。选中一个正在下载的任务，在“任务列表”下面的左栏中单击“图表\日志”项，在右框中就可以用图表的形式显示下载进度，当开始下载后，你可以看到有一个或多个小红点在一格一格的移动，这就说明下载已经开始，移动的速度与下载速度有关。“图表\日志”项下面会有名为“Jet *”（*为数字序号）的子项，子项的数目与下载进程数目（也就是把文件分成几部分下载的数目）一样，选中每个子项可以在右栏中查看对应进程的网络连接。

51. 如何使用 FlashGet 中途更换下载服务器

要在电影下载中断后继续接着上次的下载，方法为：

（1）找到另外一个可以下载同样电影的服务器，复制好它的 URL 地址。

（2）在 FlashGet 中打开那个不能下载的任务，将新的 URL 地址复制到下载网址中，文件名和保存位置维持原来的不要变。这样即可从上次下载的地方开始了。

52. 如何使用 FlashGet 查看已下载完的文件信息

对于已下载完的文件，可以选中一个已下载完的任务，在“任务列表”中选中它，“任务列表”下面的左栏中选中“详细信息”，右栏就可以在显示文件下载的一些统计信息。

53. 如何使用 FlashGet 实现异地断点下载

不少朋友都有闪存盘，我们可用它将家里没有下载完的文件带到其他地方的电脑上继续下载。方法为：

（1）单击菜单栏上的“文件”\“另存数据库为”，在弹出的对话框中将当前的数据库保存到优盘中，同时将未下载完的文件也复制到闪存盘中。

（2）在别的电脑上运行 FlashGet，单击“文件”\“打开旧数据库”，导入数据库文件。在任务列表窗口对要进行下载的文件单击鼠标右键，选择“属性”，在弹出窗口查看“另存到”所指向的路径，将相应的文件转移到该路径即可顺利下载。

54. 如何使用 FlashGet 实现批量下载动画片

要批量下载动画片，方法为：

（1）在 FlashGet 中单击菜单命令“任务”\“添加成批任务”，出现“添加成批任务”的窗口。

（2）在 URL 地址栏输入这些动画片的通配下载地址，通配符必须加上括号。

（3）选择通配符的始末值。选择“1～38”，通配符长度选择“2”，这时就可以在信息窗口看到批量任务下载地址了。

（4）单击“确定”按钮，在出现的“添加新任务”的窗口中再次单击“确认”按钮，完成操作。

55. 如何让 FlashGet 定时自动下载软件

要让“网际快车”定时自动下载软件，方法为：

（1）添加下载目标。先拨号上网，将你要下载的所有软件添加到网际快车的列表里，然后停止下载并断开链接。

（2）设置下载规则。单击网际快车里的“工具”选中“选项”或在其工具栏上直接单击选项图标，打开“选项”对话框，在“常规”标签里清除“程序开始运行时即开始下载”。

（3）更改“计划”标签。单击网际快车里的“工具”选项中“选项”或在其工具栏上直接单击选项图标，打开“选项”对话框，单击“计划”标签，更改开始和停止下载文件的时间：将开始下载的时间设为你定时开机的推后 5 至 10 分钟（如你定时开机的时间为 3 点则应将它设为 3 点 5 或 10 分），以便能有足够的时间让你的“猫”接上网络，然后清除“停止下载文件于”的复选项。

（4）设置下载完后即关机。单击网际快车里的“工具”，选中“完成后关机”或在其工具栏上直接单击该图标即可。

56. 如何使用 FlashGet 批量下载文件

方法为：

（1）有时可能需要从网上下载成批的文件，而且这些文件的文件名都是按序号排列的，譬如：File01、file02…file21，那么利用 FlashGet 提供的批量下载的功能最合适。从 FlashGet“任务”菜单中打开“添加成批任务”，弹出“添加成批任务”对话框。

（2）在对话框的“URL”文字框中填写下载的地址，注意文件名填写方式。如你要下载的文件是 http:\\www.amazesoft.com\处的 index01.htm～index21. htm，共 21 个文件，那么“URL”处应这样填写：http:\\www.amazesoft. com\ index（*）.htm，在对话框下方选择从 1～21，通配符长度为 2，最后单击“确定”即可。FlashGet 还支持文件名后以字母为序列的成批文件下载，但要注意大小写。

57. 如何使用 FlashGet 批量修改文件名

在使用 FlashGet 下载了一本书的各个章节，结果下载下来的文件名很乱，如果要批量更改下载下来的章节名，方法为：

一般的文件都有相应的注释，只要将注释作为文件名即可进行区分了。下载完成后，在 FlashGet 中找到列表中相应的文件，然后右击该文件，在出现的菜单中选择“重命名”\“注释作为文件名”即可。

如果没有注释的话，那只好一个一个更改了。

58. 如何使用 FlashGet 检测并修复受损的 ZIP 文件

在 FlashGet 中可以利用右键菜单的功能修复损坏的 Zip 文件，不过它只对于用 FlashGet 下载的文件有效。其实电脑里其他不能解压的 Zip 文件也可以利用它的这个功能来检测并修复，方法为：

（1）启动 FlashGet，单击“文件”\“添加文件”菜单命令，在弹出的“添加以前下载的文件”窗口中导入损坏的 Zip 文件到“已下载”文件夹中，然后单击“确定”按钮退出。

（2）单击“已下载”文件夹图标，这时我们可以在 FlashGet 右边看到刚才导入的受损文件。右键单击它，在弹出菜单里选择“修复损坏的 Zip 文件”，FlashGet 就会检查这个 Zip 文件的 CRC 校验并标出损坏区域，提示需要重新下载的大小获得确认后只下载损坏区域即可。

（3）如果有许多受损文件，则可以用 FlashGet 的“成批添加文件”命令。按照 FlashGet 的提示，再用搜索引擎等获取受损文件（注意版本一致）的下载地址并导入 FlashGet，可以尝试让 FlashGet 下载损坏区域即可修复文件了。这对于大文件特别适用，可以不用全部重新下载。

提示!! Zip 文件损坏只限于 CRC 校验出错。

6-4　网络聊天秘笈

1. 有哪些网络聊天方式

网络聊天是互联网提供的一种交流方式。

我们可以通过从 IE 浏览器中进入某些网站的在线聊天室来聊天，也可以用特定的软件来和亲朋好友聊天。这些软件有 MSN Messager、QQ、网易泡泡等。

2. 如何下载并安装腾讯 QQ 聊天软件

可以直接到腾讯公司的网址 www.qq.com，单击“下载频道”链接，然后在出现的页面中的“大类”下拉菜单中单击“QQ 特区”，在“子类”下拉菜单中单击“QQ 官方下载”，然后单击“搜索”按钮，在打开的页面中单击相应的链接，就可以进行下载。

下载下来的文件还得安装后才能使用。双击 QQ 安装程序，然后按照提示，一步步进行安装即可。

提示!! 在安装过程中，可以一直按“下一步”按钮，采用默认的设置进行安装。

安装完毕，就可以在“开始”\“程序”中选择运行 QQ，开始 QQ 聊天。

3. 如何通过查找添加网友

进入 QQ 以后，就可以单击 QQ 界面下方的“查找”按钮来进行查找，查找的方法有具体的和模糊的两种查找。如果你知道对方的昵称（网名）的话，就可以通过模糊的方式来查找，当然搜索的结果会有很多；若你清楚对方的 QQ 号码，就可以直接用 QQ 号码来进行精确的查找，然后添加对方为好友。当然，如果对方设置了身份验证的话，你可能需要提供一定的身份信息。

当网友已经被你成功添加后，你们就可以用 QQ 来聊天了。

4. 如何使用 QQ 共享文件

通过 QQ，可以共享一部分文件，然后别人可以在共享区域下载文件。方法为：

（1）启动 QQ，单击 QQ 控制面板左下角的“菜单”按钮，在出现的菜单中单击“工具”\“共享文件”。

（2）在弹出的“共享文件”对话框的“我的共享”选项卡上，单击“新建共享”图标。

（3）在弹出的“新建共享”对话框的“常规”选项卡上，在“路径”中输入或单击“设置路径”，在出现的“浏览文件夹”对话框中选择被共享的文件所在的文件夹，在“共享名”中给该文件夹起一个名字，“描述”中输入对该文件夹的简要说明。选择“设置密码”复选框，可以设置访问该共享文件夹的密码。也可以在“身份限制”或“禁止访问”选项卡上设置访问该共享文件夹的用户身份或添加访问该共享文件夹的成员。

（4）以上设置完成后，单击“确定”关闭“新建共享”对话框。在“我的共享”选项卡上，单击“参数设置”图标，然后在弹出的“参数设置”对话框中设置同时连接的最大连接数以限制他人下载你的文件时所占用的带宽。

5. 如何通过 QQ 好友下载文件

如果你的好友有你所需要的文件，向他索取下载的权限，经他同意后，你就可以直接在他那里下载了。方法为：

（1）右击好友图标，在出现的菜单上选择“浏览共享文件”，弹出“共享文件”对话框。

（2）在“浏览共享”选项卡上，打开好友的共享文件夹，找到需要下载的文件，然后单击“下载”图标。

（3）在弹出的对话框上选择保存的位置，然后单击“确定”后，就开始下载文件。切换到“文件传输”选项卡上，可以查看该文件下载的速度、完成情况，如果下载意外中断或你的好友下线了，那么在他再次上线后，单击“继续”图标，可以续传没下载完的文件。在“文件传输”选项卡上，还可以查看有哪些人正在下载你的文件。

6. 如何浏览自己的 QQ 相册

若你自己要查看相册，登录 QQ 相册后，单击导航条上“我的相册”，进入相应的相册就可以浏览。

7. 如何让自己的 QQ 拥有与众不同的下划线呢称

呢称中一般只可以使用字符，如何在呢称的第一个字符下面加一条下划线，让呢称与众不同？方法为：

（1）单击 QQ 控制面板左下角的“菜单”按钮，在出现的菜单中单机“设置”\“个人设置”。

（2）在“个人设置——个人资料”对话框的“用户呢称”文本框中的呢称前加一个“&”字符，然后单击“确定”按钮，再关闭打开的对话框即可。

8. 如何隐藏 QQ

即使把 QQ 面板拖到屏幕边界处隐藏 QQ 面板，系统托盘中还会出现 QQ 图标。要把系统托盘中的图标也隐藏起来，方法为：

（1）单击 QQ 控制面板左下角的“菜单”按钮，在出现的菜单中单击“设置”\“系统设置”，出现“系统设置——基本设置”对话框。

（2）取消“窗口设置”列表框下的“在任务栏显示图标”选项，这样 QQ 图标就隐藏了。

以后可以通过 QQ 默认的的 Ctrl+Alt+Z 组合键来调出 QQ 面板、消息窗口或系统消息。

9. 如何将隐藏起来的 QQ 显示出来

QQ 被隐藏起来后，如果觉得使用不太方便，可以将其恢复显示在任务栏上。方法为：

（1）右击任务栏空白处，从出现的菜单中选择“属性”，弹出“任务栏和开始菜单属性”对话框。

（2）选中“隐藏不活动的图标”，单击“自定义”按钮，弹出“自定义通知”对话框。

（3）找到 QQ，在行为下选“总是显示”，然后单击“确定”按钮，结束操作。

10. 怎样关注 QQ 好友

忙的时候，好友什么时候上线下线我们都没注意到，真是有点遗憾。有时不想和某人说话，他又偏偏和你说话。可以通过好友个人设定解决上述问题。方法为：

（1）右击 QQ 列表中的好友头像，在出现的菜单中选择“查看好友资料”，出现“查看资料”对话框。

（2）在“好友设置”列表框下，选“如果好友上线，则自动切换到隐身状态”，可以让某好友不知自已上线了；选“如果好友上线，则自动弹出提出提示”，在好友上线时可得到提示；选“如果好友下线，则自动弹出提出提示”，在好友下线时也可得到提示；选“如果好友上线，则自动弹出提出 问候”，在问候语栏中，填入问候语，好友上线时就会自动问候：)。如果不想见某人就选“不接收该好友发过来的任何消息”，它发来的消息我们就看不到了。

还可以为好友自定义声音，声音有两种，一种是好友上线的的提示音，一种是好友消息的提示音，在声音框下可以选择。

11. 什么是 QQ 秀

QQ 秀是一个 QQ 虚拟形象设计系统，你可以选择 QQ 秀商城的虚拟服饰、场景和人物形象来装扮你在 QQ、QQ 聊天室、腾讯社区、QQ 交友等服务中显示的虚拟形象。参与 QQ 秀，在互联网虚拟世界中将同样可以体验到现实生活的自由和乐趣。

12. QQ 秀商城提供了哪些装扮工具

我们可以在 QQ 秀商城中挑选不同的工具来装扮这个全身虚拟形象，甚至可以彻底把这个基本的默认 QQ 秀形象换掉，脱胎换骨，塑造一个全新的 QQ 秀形象。那么， QQ 秀提供了哪些装扮工具呢？

（1）化妆：在这里可以随意更换脸部。如果想和 QQ 头像保持一致，也可以选择与 QQ 头像一一对应的脸形，这里脸形、发型、发色、眼睛眉毛、口鼻都是设定好了的，一次穿上就行了。如果不喜欢在 QQ 上扮演一个人，那可以在异形天地里挑选一个和 QQ 头像对应的动物，这里一共有 32 种动物的 QQ 秀形象。如果觉得脸太单调了，还提供了带表情的脸。

（2）服饰：在这里可以更换上衣、裤子、裙子和帽子，还有各式各样的套装和造型。如果喜欢动物，在套装里也可以买到各式各样的动物套装。

（3）首饰：在这里可以挑选的是众多的小饰品，这里提供给的是头饰品、项饰品和礼品以及包袋和眼镜。可以用这些来装扮自己的 QQ 秀形象，也可以精心挑选来送给朋友。

（4）场景：在这里可以为全身虚拟形象增添各种各样的背景、前景，还有动态的效果。而且还专门准备了能够将形象嵌进去的相框效果。另外，还可以在这个栏目下挑选宠物。

（5）推荐：这里是精选出来的工具。包括：特别推荐的推荐商品；最新上架是最新到货的商品；热销商品则是昨日最畅销的形象；主题专卖是根据某一主题而设计的主题服装，包括球衣、情侣装等等；Q-Gen 则是根据 Q-Gen 商品精心挑选出来的精致商品，让你在虚拟世界也可以过把“Q-Gen”瘾；免费形体里则提供了大批免费的化妆整形形象，你可以不花一分钱就买到它们；特卖场则是我们全场打折的地方，所有打折商品都可以在里面找到；品牌专区是世界知名服装品牌的 QQ 秀版本。

13. 如何让 QQ 形象和 QQ 头像保持连贯性

如果很喜欢自己的 QQ 头像，但现在横空冒出个全身形象（也就是 QQ 秀），这个形象与我的 QQ 头像简直是一点关联都没有，该怎么办呢？

（1）如果选择了动物头像，可以到潮流服饰下的动物套装去找一个和头像对应的动物套装，不过这样人类穿的衣服，你可就不能拥有啦，所谓有得必有失嘛。

（2）如果选择的是人物头像，可以在推荐商品里的 QQ 脸形来选择一个跟 QQ 头像对应的脸形，那样就可以让 QQ 秀形象和 QQ 头像保持高度一致了。但是，QQ 秀工具是不支持对 QQ 脸形里的头发、眼眉和口鼻进行更改的，也没办法帮他戴上眼镜。

14. 如何试穿 QQ 秀商品

当浏览时发现感兴趣的商品时，可以单击商品列表区的商品图片旁边的“试穿”按钮，将其穿着在自己的虚拟全身形象上（试穿），再次单击商品图片，该商品即会被换下（此时系统会自动为你添补默认的形象）。

提示!!

在进行本操作前必须处于已登录状态，同时被试穿的商品必须与你的性别相符，否则系统会提示不能试穿的信息。

试穿是完全免费的，试穿中的商品只是临时穿到 QQ 秀形象上，一旦离开 QQ 秀商城，这些形象会自动消失。

15. 如何建立 QQ 临时群

两个人聊天不热闹，过去几个网友要想在一起聊很麻烦，大家要到同一个聊天室里去。现在使用 QQ 的群可以轻松实现，固定群只有会员才能建立，非会员只可以建立临时群，退出 QQ 时临时群就不存在了。

临时群可接 8 个好友，基本够用。创建临时群的方法为：

（1）让电脑与 Internet 连接起来。

（2）在 QQ 面板中单击“QQ 群”，右击空白处，在出现的菜单中选“创建一个群”。

（3）在打开的“腾讯群空间-首页”页面中的“填写基本资料”中，“群空间名称”是必须填写的，其他项选填。

（4）填写完毕，单击“下一步”按钮，在出现的页面中为你的群组设定成员，在右侧选择你的好友。

（5）单击“下一步”按钮，在出现的页面中填写个人基本资料登记。

（6）填写完毕，单击“下一步”按钮。创建成功后，自动跳转到刚才所申请的群所在的网页面。

（7）在 QQ 控制面板中双击刚才在“我的群”中建立的群，就可以像在聊天室一样和大家聊天了。

16. 怎样用好 QQ 留言回复

当我们没空聊天时，可以设定离开状态，并可留言，好友发来消息时会用留言自动回复。方法为：

（1）单击系统托盘中的 QQ 图标，在出现的菜单中选择“离开”下的“自定义”，弹出“系统设置-状态转化和回复”对话框。

（2）选中“允许自动转换状态”和“有鼠标键盘动作时，自动取消该状态”；设定动做时间不要太长也不要太短，和屏保很类似；在“留言设置”下单击“增加”按钮，输入留言后，再单击“确定”按钮，结束操作。

17. 如何设置 QQ 提醒功能

QQ 的提醒功能十分不错，值得利用。方法为：

（1）单击 QQ 控制面板左小角的“菜单”按钮，在弹出菜单中单击“工具”\“网络备忘录”，弹出“历史备忘录”对话框。

（2）单击“新建”按钮，弹出“提醒条件设定”对话框，选中“自动提醒”复选框。然后在下面设定提醒的时间和内容。

（3）设置完毕，单击“确定”按钮返回到“历史备忘录”对话框，然后单击“关闭”按钮，关闭该对话框。

18. 巧输具有迷惑性的 QQ 混合密码

要输入具有迷惑性的混合密码，方法为：

（1）打开记事本输入要作为密码的字符，建议你能将中文和数字以及英文字母混合输入，这样就安全了。比如可以输入“QQ 密码不正确!”。

（2）用鼠标右击屏幕右下角的 QQ 图标，在弹出菜单中选择“设置”\“个人设置”，弹出“个人设置—个人资料”对话框。

（3）单击其中的“安全设置”下的“密码安全”，然后单击“修改密码”按钮，打开“修改密码”网页。

（4）首先输入旧口令，然后在“新密码”和“重复新密码”栏中把记事本里的作为密码的中文粘贴进去，并把验证图片中的字符填写进“验证字符”框中。

（5）单击“修改”，当出现“你的密码已经修改成功”提示信息后，大功告成!

现在谁也不知道你的 QQ 密码是多少了，即使盗得了密码，还会以为真的是“QQ 密码不正确!”。

19. 如何唤醒游戏中的 QQ 好友

有时候我们接连几次发消息给 QQ 上在线的好友，结果对方一点反应也没有，那么很可能他是在挂着 QQ 玩游戏了。如何把他从游戏中唤出来呢?

方法为：只要“邀请对方语音视频聊天”，或者“发送文件给对方”，这时对方的 QQ 窗口会自动跳出来，对方想不看见也难。

20. 如何突破网吧限制删除 QQ 记录

绝大多数网吧为了防止个人对电脑设置的任意修改，都将“运行”、“查找”、“资源管理器”、“我的电脑”等隐藏起来，这就使我们无法找到以自己的 QQ 号命名的文件夹并将其从网吧的硬盘上删除掉。不过不要紧，还有办法。

（1）右击在线好友的头像，选择“传送文件”。

（2）在出现的“打开”对话框中，就可以通过浏览硬盘，找到 QQ 的安装目录，一般都在 C:\ProgramFiles\Tencent 文件夹下。然后将该文件夹下以自己号码命名的文件夹删除即可。

21. 如何让隐身的好友现身

方法为："邀请对方语音视频聊天"或者"发送文件给好友"，如果对方确实在线的话，他接受那么当然就知道了；如果他选择"拒绝"，你同样知道对方在线，因为你的窗口会有提示。最绝的是，即使对方既不接受也不拒绝，仅仅是把弹出的窗口关闭，你的窗口同样会有对方拒绝的提示。最无奈的情况是，对方要想继续隐身，只有把那个窗口最小化，但这会严重浪费系统资源，万般无奈之下，对方最后仍然会现形。

22. 如何申请 QQ 密码保护

为什么要申请密码保护呢？申请密码保护有这样的好处，当 QQ 密码被忘记或被"黑客"盗去等，我们就可以借助"密码保护"找回 QQ 密码。

（1）首先登录网址 http:\\service.qq.com。

（2）单击网页中左边区域中的"QQ 密码保护服务"按钮，打开"QQ 密码保护服务"页面。

（3）单击"申请保护"按钮，在出现的"申请密码保护"页面中依次填写"QQ 号码"、"QQ 密码"和"验证码"后，单击"下一步"按钮。

（4）在接下来出现的面中填写有效证件资料、密码提示及自己能安全使用的电子邮件账号。

（5）填写完毕，单击"下一步"按钮，就会打开一个网页，提示 QQ 密码保护服务已经申请成功。

提示!! 一定要牢记上面输入的资料，以后系统将根据该资料为你提供"修改资料"、"取回密码"等服务，同时你的注册资料也将发送到你的安全 E-mail 中，但该邮件仅提供部分提示信息以帮助你记忆，注意查收邮件。

23. 如何使对方的 QQ 黑名单失效

当别人将我们加入到 QQ"黑名单"后，我们就无法再和对方说话了。怎么办？下面给你支一招。

如果当初他向你发送过加入请求，则只要在消息中找到他向你发送请求的那条命令，单击"通过验证"按钮，就可以再次把你加回到他（她）的 QQ 好友名单中，这样即便他在好友名单中删除你，或者再把你加入到"黑名单"中，没有关系，我们都可以通过这个方法重新回到他的好友名单中。

不过，这样做毕竟不大好，人家不想和你聊就不聊呗。

如何摆脱这种“死缠烂打”呢？

（1）在在线状态下右击他的头像，在弹出菜单中选择“查看好友资料”。

（2）在弹出的“查看资料”窗口中单击“备注\设置”标签，打开“备注\设置”标签选项卡，然后选中“不接收该好友发来的任何消息”。

（3）单击“修改”按钮，在弹出的对话框中单击“确定”按钮。

（4）单击“关闭”按钮后，就再也收不到他发来的任何消息了。

24. 虚拟摄像头引起的问题

如果你装了有种可以虚拟摄像头的软件，但每次邀请好友视频聊天或是好友邀请与你视频聊天时，对方看到的都是虚拟摄像头的内容，而真正的摄像头却无用武之地，重新启动 QQ 也不行，如果不想卸载虚拟摄像头的话，可以使用 QQ 的视频向导来重新设置，方法为：

（1）将摄像头插入 USB 插槽中，然后启动 QQ。

（2）单击 QQ 控制板中的“菜单”按钮，单击“工具”\“语音视频调节”，打开“视频调节向导”对话框。

（3）单击“下一步”按钮，在出现的对话框的“预览”下单击选中“对方看到的图像”，然后在“请选择你的视频设备”下拉列表中选择自己所用的摄像头。

（4）单击“完成”按钮，完成设置。

25. 启动时怎样禁止自动调用 MSN

为了推广微软公司的即时聊天程序 Windows Messenger，Windows XP 操作系统的默认设置是在系统启动时便调用该程序。如果并不习惯使用该程序，可以禁止启动时自动调用 MSN。

方法为：

（1）单击“开始”\“运行”，在打开的对话框中输入 Regedit 后按 Enter 键，打开注册表编辑器。

（2）删除如下注册表子项分支下的 MSMSGS 子项：

HKEY_CURRENT_USER\Software\Microsoft\Windows\CurrentVersion\Run

（3）关闭注册表编辑器，重新启动电脑，使得修改设置生效。

26. 怎样让 MSN 不随 Outlook Express 一起启动

在 Windows XP 中，由于 MSN Messanger（以下简称 MSN）和系统的紧密集成，导致打开 Outlook 时，MSN 会随之一起启动。

对于不经常使用 MSN 的用户，要使 MSN 不随 OE 自动启动，方法为：

（1）单击“开始”\“运行”，在打开的对话框中输入 Regedit 后按 Enter 键，打开注册表编辑器。

（2）找到如下注册表子项分支：

HKEY_CLASSES_ROOT\CLSID\{FB7199AB-79BF-11d2-8D94-0000F875C541}\Local Server32

然后删除右窗口中的 Default 值项即可。

（3）关闭注册表编辑器，重新启动电脑，使修改设置生效。

27. 如何将文件上载到 MSN 社区

当下一次需要将某些文件在办公室与寓所间来回传送时，可以使用这里所介绍的小窍门，凭借.NET Passport 在 MSN 上保存文件。

（1）打开“我的电脑”窗口，选择希望访问的文件，然后在左侧窗口中选择“文件和文件夹任务”（如果在左侧窗口没有看到“文件和文件夹任务”，而显示的是文件夹，则单击工具栏上的“文件夹”按钮），然后单击“将这个文件发布到 Web”。

（2）在 Web 发布向导中，当询问希望将这些文件发布到何处时，选择“MSN 社区”并单击“下一步”按钮。

（3）接下来会要求创建一个新社区以共享文件，可以选择使用的个人私有社区或建立一个公共社区。选择所希望的方式并单击“下一步”按钮。

（4）回答剩下的问题，此后，文件将被上载到 MSN 中。

在完成页面上，系统提供访问相关社区所需的 URL。可以从世界上的各个角落访问这一 URL，进而使用所发布的文档。

28. 怎样使用 MSN 进行语音对话

MSN Messenger 不仅是一个即时消息发送接收工具，而且还可以进行语音通话。下面就来介绍一下如何实现语音对话。当然，如果想进行语音对话，要求对话双方必须都安装了全双工声卡、头戴式耳机（扬声器或话筒也可），如果有摄像头的话还可以进行视频对话呢。

（1）打开 MSN 主界面窗口，用鼠标右键单击联系人名称，在打开的快捷菜单中，选择“发送及时消息”命令。

（2）此时会打开即时通讯窗口，单击“开始交谈”按钮，等待对方回应后，这时在即时消息发送窗口中会多出一个扬声器和话筒的调节滑块，同时在主窗口的“工具”栏也有一个“音频调节向导”功能，可以帮助你进行语音和电话对话的功能设置。

> 提示!! 如果你的电脑上和对方的电脑已经设置了麦克风、声卡，那么就可以通过网络进行“交谈”了。如果没有设置，系统会自动打开一个向导对话框，提示你设置声卡和麦克风。

29. 如何使用 MSN 表情符号

网上聊天离不开表情符号。我们会注意到，输入一个“:)”符号后，MSN 窗口会出现一个笑脸图标，或者突然之间收到了一束小玫瑰花，那么该如何打开图示符号功能呢?

在主界面上单击菜单命令“工具”\“选项”命令，打开选项对话框，切换到“个人信息”选项卡，如果打算在 MSN 上使用图示功能，需要选中“在即时消息中显示图形（图释）”选项，这样再次返回聊天信息窗口时，输入图释的代表符号，就可以看到一张张笑脸和花束了。

30. MSN 中如何进行文字换行

在 MSN Messenger 消息框输入文字后需要换行，如果是按 Enter 键，那尚未输入完的消息便发送给对方了。正确方法为：按 Shift+Enter 组合键或 Ctrl+Enter 组合键就可以换行了。

31. 如何使用 MSN 来发送即时消息

方法为：在你的联系人名单中，双击某个联机联系人的名字，在“对话”窗口底部的小框中键入你的消息，然后单击“发送”按钮。

在“对话”窗口底部，你可以看到其他人正在键入。当没有人输入消息时，你可以看到收到最后一条消息的日期和时间。每则即时消息的长度最多可达 400 个字符。

32. 如何使用 MSN 保存对话

方法为：

（1）在主窗口中的“工具”菜单上或“对话”窗口中，单击“选项”，然后选择“消息”选项卡。

（2）在“消息记录”下，选中“自动保留对话的历史记录”复选框，单击“确定”后，就可将你的消息保存在默认的文件夹位置。或者单击“更改”，然后选择要保存消息的位置。

33. 如何更改和共享 MSN 背景

方法为：

在“对话”窗口中的“工具”菜单上，单击“创建背景”。可选用一幅你自己的图片来创建背景。单击“浏览”按钮，在电脑中选择一幅图片，然后单击 “打开”按钮。从列表中选择一幅图片，然后单击“确定”。

若要下载更多背景，则转到 Messenger 背景网站。共享背景时，你的朋友会收到一份邀请，其中带有要共享背景的缩略图预览。如果你的朋友接受了该邀请，则 Messenger 会自动下载该背景并将其显示在你朋友的“对话”窗口中。

34. 如何添加、删除或修改 MSN 自定义图释

方法为：在“对话”窗口中的“工具”菜单上，单击“创建图释”就可以添加、删除或修改自定义图释。或者选择你的“对话”窗口上的“选择图释”按钮。

35. 如何更改或隐藏 MSN 显示图片

方法为：在“对话”窗口中的“工具”菜单上，单击“更改显示图片”。或者单击“对话框”图片下的箭头，选择“更改显示图片”。从列表中选择一幅图片，然后单击“确定”。或者单击“浏览”，在你的电脑上选择一幅图片，然后单击“打开”按钮即可。

36. 如何使用 MSN 召开视频会议

方法为：

在 MSN 主窗口中的“操作”菜单上，单击“开始视频会议”，选择一个联系人，然后单击“确定”按钮。

或者，右击某个联系人，在出现的菜单中单击“开始视频会议”，选择希望邀请参加会议的人的名字，然后单击“确定”按钮。

一旦其他人接受了邀请，就将在各自的电脑上自动启动音频和视频，但双方必须都安装了网络摄像机和头戴式耳机（或扬声器和麦克风）。

37. 如何设置 MSN 的联机状态

方法为：在 Messenger 主窗口顶部，单击你的名字，然后单击最能准确描述你状态的选项。或者单击“文件”菜单，指向“我的状态”，然后单击最能准确描述你状态的选项。

38. 如何阻止 MSN 上的某人看见你或与你联系

方法为：在 Messenger 主窗口中，右键单击要阻止的人的名字，然后单击“阻止”。被阻止的联系人并不知道自己已被阻止。对于他们来说，你只是显示为脱机状态。

39. 如何更改自己的 MSN 名称的显示方式

方法为：在主窗口中的“工具”菜单上，单击“选项”，然后选择“个人信息”选项卡。或者在 Messenger 主窗口中右键单击你的名字，然后单击“个人设置”。在“我的显示名称”框中，键入你的新名称，单击“确定”按钮即可。

40. 如何处理 MSN 不能正常登录的问题

出现这个问题的原因比较复杂，除了用户密码错误和 MSN 本身设置不当外，很可能是如下几种原因造成登录不正常：

（1）网络问题。现在的网络规模日益庞大，环境也越来越复杂，中间的某一环节出现问题，都可能导致网络故障，如 TCP\IP 协议组件、网络通信设备、网络线路、网关服务器等。当出现 MSN 不能正常登录后，对于局域网用户，应首先使用“Ping”命令查看内部网络是否通畅，然后再用“Ping 域名（或公网 IP）”查看公网是否通畅，对于直接接入互联网的用户，使用“Ping 域名（或公网 IP）”命令查看即可。

（2）MSN 服务器问题。当微软的 MSN 服务器出现故障或维护期间，也会出现不能正常登录问题，这时会有相应的提示信息。

（3）网络防火墙配置不当。MSN 登录时要使用 TCP 的 3000～4000 的端口，如果客户端自定义网络防火墙 IP 规则，禁用了 TCP 的 3000～4000 端口，就会导致不能正常登录，因此建议用户不要随意手工禁用 TCP 的 3000～4000 端口。

41. 如何更换 MSN 的 LOGO 图片

在 MSN Messenger 的默认安装目录 C:\Program Files\Messenger 下有三个 GIF 文件，其中 logo.gif 为主窗口最下方的图片，只要用自己喜欢的图像进行替换即可。

42. 为 MSN Messenger 换音

方法为：在 MSN Messenger 的默认安装目录 C:\Program Files\Messenger 下有四个声音文件：newemail.wav 为登录后提示有新邮件的声音，newalert.wav

为警告声音，online.wav 为好友上线的声音，type.wav 为提示好友发送消息时的提示声音，可以把它们逐一替换成自己喜欢的声音文件。

43. 如何使用具有图形符号的 MSN 个性签名

当我们用 MSN 聊天时，可以向对方发送各种表情的图形符号，其实在个人签名信息中也可以加入这些符号。方法为：

（1）单击“工具”\“选项”，在“个人信息”命令中选择“我的.net Messenger SERVICE 显示名称”选项，然后在其中输入自己的名称和表情符号。

（2）最后选中“在即时消息中显示图形（图释）”一项，单击“确定”按钮返回即可。

44. 如何让 MSN 自动过滤不良信息

为了净化屏幕，我们可以通过在 MSN Messenger Plus!上进行设置，让对方的污言秽语不再显现在 MSN 的对话窗口中。

插件名称：MSN Messenger Plus V3.00.92

软件大小：3424KB

下载地址为：

http:\\down1.tech.sina.com.cn\download\downContent\2004-03-16 5310.shtm l

要让 MSN 自动过滤不良信息，方法为：

（1）将 MSN Messenger Plus V3.00.92 插件安装在电脑上后，在 MSN 的主面板上会看到新增加了一个“Plus!”菜单栏，依次单击“Plus!”→“个人偏好设置”。

（2）在“个人偏好设置”窗口中，单击“即时消息”按钮，在出现的右侧栏目中打开“文字过滤”选项，再单击其中的“添加”按钮。

（3）在出现的“过滤器属性”对话框中，单击“你收到的消息”复选框，然后分别在“过滤该词”、“替换为”栏目里填写好相应的文字，注意替换文本的长度不得长于被过滤词的长度，最后单击“确定”按钮完成。

（4）测试结果。让好友发送带有过滤词的文本消息，我们可以看到这些过滤词都被替换成上面所设置的文字“XX”了。

45. 为什么 MSN Messenger 不能发表情符号

我使用 MSN Messenger 与朋友们聊天，最近我发现不能发送表情符号了，每当发送表情符号后都会自动转换为该表情符号对应的快捷字符组合了，可能是你误设置而禁用了表情符号功能。

解决方法为：

（1）单击 MSN Messenger 主窗口中的菜单“工具”\“选项”，选择“消息”选项。

（2）然后选择“在即时消息中显示图释”即可。

46. 如何删除 MSN 的多余账户

由于很多人在同一台电脑上使用 MSN Messenger，所以 MSN 账户登录窗口中的 E-mail 地址有很多。

要在 MSN Messenger 中删除多余的账号，方法为：

（1）打开“控制面板 s”窗口，然后双击“用户账户”图标，接下来单击选择你登录系统所使用的账户。

（2）在相关任务栏目下选择“管理我的网络密码”，这时会弹出一个“存储用户名和密码”对话框。该对话框中保留着登录 MSN 的所有账户，选择需要删除的，然后单击“删除”按钮即可。

第 7 章

痛快享受 Windows XP 的娱乐生活

Windows XP 实用技巧速查 1000——→本章内容

1. 如何调用系统声音方案
2. 如何设定扬声器的立体声效果
3. 如何解除 Windows Media Player 的限制
4. 如何更换 Media Player 播放器外观
5. 如何巧选播放文件

……

1. 如何调用系统声音方案

与以往的 Windows 操作系统相比，Windows XP 提供了更加优秀的声音方案，但系统默认却没有调用该方案。要激活该方案，方法为：

（1）打开“控制面板”窗口，双击“声音和音频设备”图标。

（2）在打开的对话框中单击“声音”选项卡，单击“声音方案”右下侧的小箭头，在打开的对话框中选择“Windows 默认”，此时系统会提示“如果选择新方案，以前的方案会因为没有保存而丢失。需要保存以前的方案吗？”，询问是否保存以前的声音方案设置，单击“否”按钮，然后单击“确认”按钮，结束操作。

2. 如何设定扬声器的立体声效果

喇叭的音效不好有很多的原因，如果你觉得你电脑的音效不好，可试试下面的方法。

（1）打开“控制面板”窗口，双击“声音和音频设备”图标，在打开的“声音和音频设备”对话框的“音量”选项卡中的“扬声器设置”框旁单击“高级”按钮。

（2）在打开的“高级音频设置”对话框的“扬声器”选项卡中的“扬声器设置”下单击“桌面式立体扬声器”。

（3）然后单击“性能”选项卡，将“硬件加速”和“采样率转换质量”的指针调整到最右边。

（4）单击“确定”按钮，关闭所有打开的对话框。

3. 如何解除 Windows Media Player 的限制

Windows XP 捆绑了 Windows Media Player 8.0 媒体播放器。虽然 Media Player 几乎能够播放任何格式的文件——它支持 35 种文件格式，包括 MP3——但是它只能录制 Windows Media Audio（也就是 WMA）格式的音乐。同其他许多的音乐播放程序一样，Windows Media Player 会在播放 CD 的时候同时到网络上去寻找乐曲的信息，Media Player 同时也会将 Media Player 识别的资料送到抓取资料的网站。这样网站服务器可以利用这个独特的识别器来监控联机情况，通过监视联机，服务器能据此调整而提高播放的品质，这个功能会影响网络的速度，可以按以下方式进行修改：

（1）在播放器中单击“工具”\“选项”。

（2）在打开的对话框中单击“播放机”选项卡，取消“允许 Internet 站点对您的播放机进行唯一识别”选项。

（3）单击“确定”按钮，就可以解除 Windows Media Player 8.0 的限制了。

4. 如何更换 Media Player 播放器外观

看腻了 Windows Media Player 的脸孔后，用户可以给它换换装。

（1）运行 Windows Media Player 播放器。

（2）单击“查看”菜单下的“外观选择器”，会出现一列英文名字，这就是 Windows Media Player 播放器所有的外观。

（3）从列表单中挑选自己喜欢的播放器外观，然后单击列表上方的“应用外观”按钮即可。

5. 如何巧选播放文件

在播放光盘上的音频或者视频文件时，要是不希望播放已经被添加到播放列表中的全部文件或者指定目录下的某些文件时，可以使用下面的方法来巧选播放文件：

（1）在打开的播放文件列表中或者播放目录中，可以在单击需要播放的文件之前，先按住键盘上的 Ctrl 键。

（2）用鼠标依次单击需要播放的单个文件或者多个文件，再用鼠标单击工具栏中的播放按钮，Windows Media Player 程序就能自动播放被选中的文件了。

6. 如何在 Windows Media Player 中有效地管理多媒体文件

要在 Windows Media Player 中有效地管理多媒体文件，方法为：

（1）单击“工具”\“搜索媒体文件”，出现“搜索媒体文件”对话框。

（2）设置好搜索范围和搜索条件后，单击“搜索”按钮，就会自动搜索本机上的多媒体文件，并且自动进行分类排列。要查看搜索的结果，只要单击“媒体库”按钮即可。

7. 如何用 Movie Maker 添加解说

方法为：

（1）单击“查看”\“时间线”。

（2）单击“文件”\“录制解说”。

（3）选择其他捕获设备和输入线路，请单击“更改”，在“设备”框中，选择捕获设备；在“输入线路”框中，选择用于录制解说的输入线路，然后单击“确定”。使用麦克风录制解说时，在“输入线路”中选择该麦克风。如果添加了一个包含音频内容的视频剪辑，可以选择“视频音轨静音”。这样，在录制解说时，不会听到该视频剪辑中的声音。

（4）拖动录制级别控制滑块可以增大或减小解说的音量。

（5）单击“录制”按钮，然后开始录制解说。解说完毕后，单击“停止”按钮结束录制。

（6）在“文件名”框中，给该文件命名，然后单击“保存”。解说将被保存为一个扩展名为.wav 的音频文件，然后自动导入当前项目和收藏。

8. 如何在 Windows Media Player 中制作媒体播放列表

首先单击 Windows Media Player 左边任务栏的“媒体库”，然后单击“新建播放列表”，为播放列表命名。然后选中这个播放列表，打开存放媒体文件的文件夹，把这些文件拖到该播放列表窗口就可以了。

如果想调整媒体文件的播放顺序，请在媒体文件上单击鼠标右键，然后选择“上移”或者“下移”命令来调整。如果想将这个播放列表导出，可以选择“文件”菜单中的“将播放列表导出到文件”命令，导出的播放列表可以供 Winamp、超级解霸、RealPlayer 等软件读取播放。

9. 如何使 Windows Media Player 的缓冲区更大一些

在实际使用中为了让网络播放不至于经常出现中断的现象，一般都会采用将缓冲区扩大的方法，但是随之带来的后果就是：缓冲区越大，开始播放前等待的时间就越久。

更改缓冲区的方法为：

（1）首先，要运行 Windows Media Player 播放器，然后再选择“工具”\“选项”命令。

（2）接着再选择“性能”标签，然后在“网络缓冲”中选中“缓冲”选项，最后直接输入要设置的缓冲时间并单击“确定”按钮就可以了。

10. 如何禁止 Windows Media Player 出现升级信息

当 Media Player 有新的版本发行时，在连上 Internet 的时候，Media Player 就会出现升级询问信息。用户可通过下面的设置禁止这个信息的出现。

方法为：

（1）运行注册表编辑器，打开如下注册表子项分支（如果不存在，则新建）：

HKEY_LOCAL_MACHINE\SOFTWARE\Microsoft\MediaPlayer\PlayerUpgrade

（2）根据表 7-1 编辑相应值项（如果不存在，则新建）。

表 7-1　值项及值项数据设置

值　项	数 据 类 型	值 项 数 据
AskMeAgain	REG_SZ 字符串值	yes（出现升级信息） no（不出现升级信息）

（3）重新启动计算机或注销当前用户，再次进入 Windows XP，修改即生效。

11. 如何移除 Windows Media Player 上的链接按钮

此设置可用于移除 Media Player 上的"音乐"、"电台"及"媒体指南"。方法为：

（1）运行注册表编辑器，打开如下注册表子项分支（如果不存在，则新建）：

HKEY_LOCAL_MACHINE\Software\Policies\Microsoft\WindowsMediaPlayer

（2）根据表 7-2 编辑相应值项（如果不存在，则新建）。

表 7-2　值项及值项数据设置

值　项	数 据 类 型	值 项 数 据
NoRadioBar	REG_DWORD DWORD 值	0（显示"电台"按钮） 1（不显示"电台"按钮）
NoMediaFavorites	REG_DWORD DWORD 值	0（显示"音乐"按钮） 1（不显示"音乐"按钮）
NoFindNewStations	REG_DWORD DWORD 值	0（显示"媒体指南"按钮） 1（不显示"媒体指南"按钮）

（3）重新启动计算机或注销当前用户，再次进入 Windows XP，修改即生效。

12. 如何更改 Windows Media Player 标题栏信息

此设置可以使用户将 Windows Media Player 标题栏的文本信息改为自己想要的信息。

方法为：

（1）运行注册表编辑器，打开如下注册表子项分支（如果不存在，则新建）：

HKEY_LOCAL_MACHINE\Software\Policies\Microsoft\WindowsMediaPlayer

（2）根据表 7-3 编辑相应值项（如果不存在，则新建）。

表 7-3 值项及值项数据设置

值 项	数据类型	值项数据
TitleBar	REG_SZ 字符串值	videasoft（标题栏信息更改为“videasoft”）

（3）重新启动计算机或注销当前用户，再次进入 Windows XP，修改即生效。

13. 如何禁止 Windows Media Player 下载编码解码器

本操作可以禁止编码解码器被下载到播放器。如果使用本操作，编码解码器将不会被自动下载，“选项”对话框中的“播放器”选项卡中的“启用自动编码解码器下”复选框不可用；否则编码解码器将被自动下载，“选项”对话框上的“播放器”选项卡中的“启用自动编码解码器下载”复选框可用，用户可以更改“播放器”选项卡上的选项。

操作步骤如下：

（1）运行注册表编辑器，打开如下注册表子项分支（如果不存在，则新建）：

HKEY_CURRENT_USER\Software\Policies\Microsoft\WindowsMediaPlayer

（2）根据表 7-4 编辑相应值项（如果不存在，则新建）。

表 7-4 值项及值项数据设置

值 项	数据类型	值项数据
PreventCodecDownload	REG_DWORD DWORD 值	0（禁止下载编码解码器） 1（允许下载编码解码器）

（3）重新启动计算机或注销当前用户，再次进入 Windows XP，修改即生效。

提示!!

Windows Media Player 的版本至少在 v8.00 以上。

14. 如何让 Windows Media Player 播放过程更流畅

在使用 Windows Media Player 观看收听一些网络流媒体时，经常出现断断续续的现象，而且出现正在缓冲的提示信息，如何解决呢？

所有流式媒体文件在播放前都要经过缓冲处理。缓冲处理是在实际播放内容前将一定量的信息发送到计算机的过程，当网络拥塞造成数据流中断时，播放机就可以利用缓冲区中的信息弥补这些间隔，当网络异常拥挤时，就会产生中断，这是因为缓冲区已空并且未接收到新的信息。可以通过适当增加缓冲的时间来解决这个问题，方法如下：

单击“工具”菜单中的“选项”命令，在“选项”对话框中单击“性能”标签，在“网络缓冲”中选择“缓冲时间”，然后根据不同的情况适当地增加缓冲时间。

15. 用 Windows Media Player 为歌曲添加歌词

在 Windows XP 集成的多媒体播放软件 Media Player 8.0 中添加歌词的步骤如下：

（1）首先在播放列表中找到要添加歌词的歌曲，用鼠标右键单击该文件，在弹出的快捷菜单中选择“属性”，单击“歌词”选项卡，接下来就可以在“歌词”文本框中输入或编辑该歌曲的歌词了。

（2）要在播放该歌曲时同时查看歌词，在“查看”菜单上指向“正在播放工具”，然后单击“歌词”命令，或者点击右下角的“选择视图”按钮，在弹出的选择列表中选择“歌词”即可。

16. 清除 Windows Media Player 的播放记录

随着 Windows Media Player 的功能日益强大，很多用户已经将 Windows Media Player 设为自己的默认播放器了。在使用中发现 Windows Media Player 的播放下拉框中列出了许多曾经播放过的文件，该如何来清除这些记录呢？

打开注册表编辑器，找到如下注册表项：

HKEY_CURRENT_USER\Software\Microsoft\MediaPlayer\Player\RecentFileList

在右边的窗口中，就列有播放记录，File0、File1、File2 等，如图 7-1 所示，把这些值项全部删除，即可把播放记录清除。

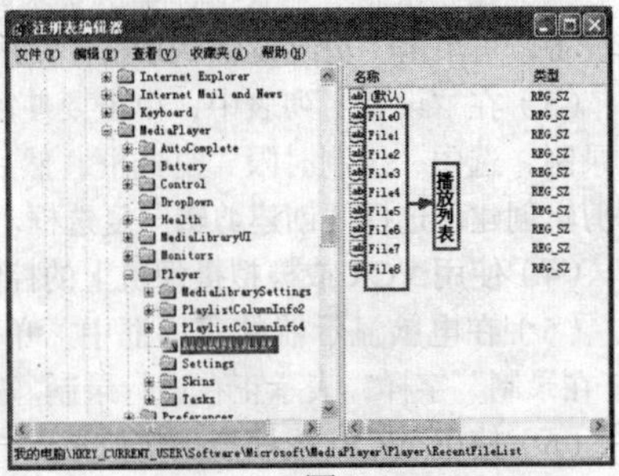

图 7-1

17. 设置 Media Player 的编码器升级时的下载地址

Media Player 是 Windows 操作系统自带的一个多媒体播放软件，通过互联网，该软件还为用户提供了新的编码器下载。尽管下载的地址不止一个，但是系统默认的下载地址总是不变的，这就使用户无法自己选择更快的地址进行下载。

更改下载地址的工作是可以在注册表中进行的。

打开注册表编辑器，找到如下注册表项：

HKEY_LOCAL_MACHINE\SOFTWARE\Microsoft\Mediaplayer\PlayerUpgrade

双击右侧窗口中的值项数据 UpgradeServer（如果不存在，则新建一个字符串值项数据 UpgradeServer），在弹出的对话框中将数值设为编解码器的下载地址。

18. 在 Windows Media Player 中播放 VCD

Windows Media Player 是可以用来播放 VCD 的，在使用时只要将 VCD 放入光驱，然后再打开 Windows Media Player，执行“文件”\“打开”选项，在“查找范围”一栏中选择光盘中的“MPEGAV”文件夹，再在“文件类型”中选择“媒体文件（所有类型）”，最后选中一个或多个 DAT 文件，单击“打开”即可开始播放。

Windows Media Player 能播放如下类型的多媒体文件：CD 音乐，MP3 音乐文件，MIDI 文件，Quick Time 文件，扩展名为*.MOV、*.QT、*.ASF、*.WM、*.WMA、*.WMV、*.MPEG、*.MPG、*.MLV、*.MP2、*.AVI、*.WAV、*.SND、*.AIF、*.WMA、*.AU 的文件。

19. 用 Movie Maker 录制音频和视频

方法为：

（1）单击“文件”菜单中的“录制”，出现一个对话框。

（2）在“录制”列表中，单击要录制的素材类型。如果计算机上有多个捕获设备，可单击“更改设备”来选择使用其他捕获设备进行录制。

（3）在“设置”列表中，单击要使用的质量设置。要在一段时间后自动停止录制，选中“录制时限”复选框，然后键入或选择要进行录制的时间。要启用剪辑创建，选择“创建剪辑”复选框。

（4）使用 VCR 或模拟摄像机上的控制按钮，找到想要录制的素材。

（5）在电脑显示器的对话框中，单击“录制”按钮。屏幕上出现闪烁的“正在录制”字样，表示正在进行录制。

（6）使用 VCR 或模拟摄像机上的控制按钮，播放想要录制的素材。该视频在监视器中播放。

（7）录制将在超过最大录制时间后自动停止，也可以单击“停止”来结束录制。

（8）在“文件名”中，输入想要保存的路径和文件名，然后单击“保存”，将出现一个新收藏，其中包括由已保存的录制内容构成的剪辑。如果已经选择“自动生成文件”选项，并选中了“录制时限”复选框，在超过该时限之后，将自动创建一个新的电影文件，并使用通用文件名（也就是 Tape 1.wmv、Tape 2.wmv，以此类推）保存在指定位置。

（9）使用 VCR 或模拟摄像机上的控制按钮停止播放。

20. 用 Movie Maker 拍照

方法为：

（1）在收藏区中，单击要将素材录入其中的收藏。

（2）单击“文件”菜单中的“录制”。

（3）在“录制”列表中，单击要录制的素材类型。如果计算机上有多个捕获设备，可以单击“更改设备”来选择捕获设备。

（4）根据所使用的捕获设备类型，进行以下操作之一：

①DV：使用“数字摄像机控制区”中的控制按钮找到想要拍照的帧。

②VCR 或模拟摄像机：使用 VCR 或模拟摄像机上的控制按钮，找到想要拍照的帧。

③数字摄像头：将摄像头对准想要拍照的物体或人。

④TV：等待到想要拍照的帧出现。

（5）当监视器中显示想要捕获的图像时，单击“拍照”按钮。

（6）在“文件名”框中，给该文件命名，然后单击“保存”。照片保存为扩展名为.jpg 的图像文件，并且自动导入到当前收藏中。

（7）单击“取消”关闭“录制”对话框，或单击“拍照”拍摄另一张照片。如果要录制其他素材，请单击“录制”。

21. 如何改变录音机录音时间

Windows 系统提供的录音机默认的录音时间为 60 秒，当录到 60 秒后自动停止录音，再次单击“录音”按钮，时间自动增加不超过 60 秒，这样当需要录制的声音文件录音时间超过 60 秒，需要多次单击“录音”键，这样录音机所录的声音将有多次短暂停顿，使得录音效果得不到保障。其实解决这样的问题十分容易，可通过两次录音来完成。

方法为：

（1）在正式录制声音之前，首先进行第一次录音，当录音停止时，继续单击“录音”键，这样录音时间会自动增加 60 秒，如此反复，直到想要的录音时间。

（2）单击“搜索到开头”（向左的双箭头），再单击“录音”键开始第二次录音，由于这次录音是在上一次录音文件的基础上进行的，就没有了 60 秒的限制，就可以完整录下全部内容且没有停顿，保证了录音质量，克服了录音机的录音时间限制。

22. 如何编辑录音文件

使用录音机录制的声音一般情况下不能保证十分完美，如在某段话之间停顿过长、某一句念错后重念等，这时就可以用录音机对声音文件进行编辑。

要剪掉一个声音文件之间的一句话，方法为：

（1）打开录制的声音文件并进行播放，直到需要剪掉的那句话前停止，选择“编辑”菜单项中的“删除当前位置之后的内容”项，并对当前的声音文件进行另存。

（2）打开原声音文件，播放到要剪掉那句话的最后，选择“编辑”菜单中的“删除当前位置之前的内容”项。

（3）把录音进度滑块拖至开始处，选择“编辑”菜单中的“插入文件”，插入第一个文件后，保存这个文件即可完成声音的编辑处理。

23. 如何为声音文件添加背景音乐

要通过录音机为某一个声音文件添加背景音乐，方法为：

（1）根据所录制声音的长度，选择一段合适的音乐作为背景音乐，这段音乐的时间最好长于原声音文件的长度。

（2）对背景音乐进行处理。利用录音机中的“效果”菜单，选择“降低音量”，使音乐的声音变低，直到声音合适为止，这样就可保证背景音乐音量不会超过原来声音的音量，对背景音乐处理完毕后进行保存。

（3）打开原声音文件，执行“编辑”菜单中的“与文件混合”命令，选择背景音乐文件，最后单击“确定”按钮即可。

24. 如何快速切换影片文件

要想快速切换影片文件，方法为：

（1）在播放影片前，先打开“资源管理器”窗口。调整“资源管理器”的大小，让它可以和“Windows Media Player ”播放窗口在桌面上并列。

（2）从“资源管理器”打开存放影片的文件夹，将要播放的 MPEG 文件拖到播放窗口，放开鼠标左键，“Windows Media Player”播放窗口就会自动开始播放影片，然后将播放窗口调到自己喜欢的大小，继续欣赏影片。

如果运行 Windows XP，可以选择在接驳数字照相机时自动将图片下载到特定文件夹中。Windows XP 支持图片传输协议（PTP）。当使用支持 PTP 协议或配备 Windows 图像获取（WIA）驱动器的即插即用型照相机时，如需选择一个图片文件夹，方法为：

（1）打开“我的电脑”窗口，右击照相机图标并在随后弹出的快捷菜单中选择“属性”命令。

（2）在“系统属性”对话框中，单击“事件”选项卡。

（3）单击选择“将所有图片保存到以下文件夹”项。单击“浏览”按钮，从列表中指定一个文件。

25. 如何修复 AVI 文件中的电影冲突

对于那些在 Windows 98 中保存的 AVI 文件，如果在 Windows XP 中打开时发生冲突，可以通过以下方法进行排除：

（1）启动 Windows Movie Maker，然后单击“查看”\“选项”。

（2）取消“自动创建剪辑”旁的复选框。

现在，导出发生冲突的电影文件，并将其拖放到时间线上。随后，保存该电影，在重新渲染期间，冲突将被自动删除。

26. 如何用 Windows XP 刻录数据光盘

如果正在运行 Windows XP 操作系统，则无需外出购买价格昂贵的光盘录制软件。这种由 Microsoft 公司开发的新型操作系统已内建了光盘刻录功能。如需利用 Windows XP 执行光盘刻录操作，方法为：

（1）将一张 CD-R 或 CD-RW 盘片插入光盘驱动器。计算机必须配备有一部 CD-R（可录写）或 CD-RW（可擦写）光盘驱动器。这时，系统将会弹出一个对话框，询问是否需要打开一个可录制光盘的文件夹，单击“确定”按钮。

（2）在保存着所需复制文件的驱动器和文件夹中选取所需刻录的文件，并将它们拖放或复制粘贴到已被打开的光盘录制文件夹。

（3）单击“文件”菜单下的“将这些文件写入 CD”命令。

现在，一切准备就绪。唯一需要注意的是，不要将大于光盘存储容量的文件复制到目标光盘——一张标准光盘可容纳 650 MB 信息。

27. 如何使用画图工具创建字幕幻灯片

方法为：

（1）单击“开始”\“所有程序”\“附件”，然后单击“画图”。

（2）单击“图像”菜单中的“属性”，在“单位”区域中，单击“像素”，在“宽度”框中，键入“320”，在“高度”框中，键入“240”，创建一个包含有关电影信息的图像，比如标题和电影作者等。

（3）在“文件”菜单中，单击“保存”，在“文件名”框中，为图像键入一个名称，然后单击“保存”。

（4）打开 Windows Movie Maker，导入刚刚创建的图像文件，然后将其添加到项目中。

第 8 章

电子邮件收发技巧大曝光

Windows XP 实用技巧速查 1000——→本章内容

8-1 Outlook Express 使用技巧

1. Outlook Express 有什么作用

Outlook Express 是一个专门用来收发电子邮件的软件，只要进行了正确的设置，就可以通过简单的几次按键就可以收取和发送邮件，甚至可以让它自动收取你的邮件，不用再通过 www 方式在 IE 中收发邮件。

2. 启动 Outlook Express

启动 Outlook Express 之前，假设用户已经与因特网建立了连接，并拥有自己的电子邮件账号，且已在“连接向导”中正确地输入了相应的信息。否则请先设置正确的邮件账号。

安装完 Internet Explorer 6.0 以后，在桌面上会出现 Outlook Express 的图标。双击该图标，即可启动 Outlook Express。也可以从“开始”菜单中启动 Outlook Express。打开“开始”菜单，指向“程序”级联菜单中的 Internet Explorer 选项，在出现的子菜单中单击 Outlook Express 选项即可。

启动 Outlook Express 后，首先出现 Outlook Express 的启动画面，然后 Outlook Express 会通过用户设置的与因特网的连接自动进行拨号，登录到邮件服务器，检查并取回用户的电子邮件。电子邮件检查完成后，就会出现 Outlook Express 的窗口界面。

Outlook Express 的窗口除了用户熟悉的标题栏、菜单栏和工具栏外，还有以下几个部分：

（1）文件夹栏 Outlook Express 当前正在显示的文件夹名称；

（2）文件夹列表以树形目录的方式列出 Outlook Express 中所有的文件夹；

（3）联系人栏给出通讯簿中联系人名单；

（4）用户区显示当前文件夹中的内容；

（5）状态栏显示状态信息。

单击“收件箱”文件夹可以将其打开，在邮件列表窗格中列出了当前邮件夹中的所有文件的发件人及主题等信息，在邮件预览窗格中可以预览邮件。

3. 接收电子邮件

如果把电子邮件的收件服务器对应于接收信件的邮局，电子邮件的收件箱对应于日常生活中的信箱的话，电子邮件系统跟日常的邮政系统仍有一点区别，这就是其他用户发来的电子邮件并不是直接送到用户的收件箱里，而是保存在电子邮件的收件服务器中。打个比方，就是别人发来的信件只投递到接收信件的邮局，收信人必须自己到邮局去取回自己的信件。在“连接向导”中正确设置了电子邮件的收件服务器后，就可以使用 Outlook Express 接收电子邮件了。

通常 Outlook Express 启动后会自动连接到邮件接收服务器，并将用户的邮件取回。如果启动 Outlook Express 后想看一看邮件接收服务器上有没有自己的电子邮件，方法为：

（1）单击“工具”\“发送与接收”选项，单击“接收全部邮件”命令，即可与服务器建立连接。

（2）建立连接后，会弹出“登录”对话框，提示用户输入登录信息，即用户名和密码。通常用户在设置时，只输入了用户名，没有输入密码，这时用户名是默认的，此时只需在“登录”对话框输入密码。

（3）当检测到新邮件时，即开始下载所有新邮件。

4. 为什么一直收到重复的邮件

在利用那个 Outlook Express（以下简称 OE）收信的过程中发现一个奇怪的问题，收件箱中一直收到同样的信，明明已经收过了，下次又重复收同样的信，并且没有设定“在服务器保留信件备份”项。

产生这种情况的原因很多，一般有以下几种情况：

（1）在收信的过程中，按了取消（由使用者中断）；

（2）收信过程中出现超时（timeout）；

（3）网络联机品质太差，Server 一直收不到来自 OE 的确认讯息；

（4）Outlook Express 6.0 的 pop3uidl.dbx 文件遭到破坏。如果是这个原因，只要把这个文件删除就可以了。因为 Outlook Express 6.0 会再自动重建一个新的，所以删除后就能解决这个问题了。

5. 阅读电子邮件

如何通过 Outlook Express 阅读电子邮件呢？方法为：

在接收到新邮件后，单击 Outlook Express 窗口中的“收件箱”文件夹，然后在邮件列表窗格中单击想要阅读的邮件，就可以在下面的邮件预览窗格中阅读该邮件。

在邮件列表窗格中双击想要阅读的邮件，将打开单独的窗口浏览该邮件。

一封电子邮件一般分为两部分：邮件头和邮件体。邮件头可以说是信封，含有发件人，收件人的地址以及信件的主题等；邮件体则是邮件的正文。

如果收到的是带有附件的电子邮件，则在 Outlook Express 的邮件列表窗格的附件栏会看到有一个“圆形针”图标，表明该邮件带有附件。在邮件预览窗格的标题栏左端也会看到一个“圆形针”图标，单击该图标即弹出一个菜单，从中选择附件的文件名选项可以查看附件的内容。单击弹出菜单中的“保存邮件”命令可以将该附件保存到本地计算机的硬盘中。

6. 回复与转发电子邮件

针对收到的电子邮件写回信可使用 Outlook Express 中的回复功能。在邮件列表窗格中选中需要回复的邮件，然后单击工具栏中的“回复作者”按钮即可。

用户可以使用转发功能，将信转发给他人。在邮件列表窗口中选择需要转发的邮件，然后单击工具栏中的“转发”按钮。在出现的转发窗口中键入每一位收件人的电子邮件地址，键入邮件内容，然后单击工具栏上的“发送”按钮。

7. 发送邮件

发送邮件分为立即发送和以后发送两种方式：

方式 1：写完一封邮件后可以在邮件编辑窗口的工具栏中单击“发送”按钮， Outlook Express 会自动连接邮件服务器，将其立即发送。

方式 2：在“新邮件”窗口的“文件”菜单中单击“以后发送”选项，将电子邮件放在“发件箱”文件夹中，等到下一次单击“发送\接收”按钮时将“发件箱”中所有的邮件一次发送。

在 Outlook Express 窗口中单击“发送\接收”按钮将立即执行发送和接收电子邮件的任务。单击“发送\接收”按钮右边的三角箭头按钮，将弹出一个菜单，单击弹出菜单分隔线以上的选项，即可执行发送或接收操作；单击弹出菜单分隔线以下的选项将执行特定账号的发送和接收操作。

8. 如何用 Outlook 发送大容量文件

要用 Outlook 发送大容量文件，方法为：

（1）在 Outlook Express 中单击“工具”\“账户”，在“邮件”或“新闻”选项卡中单击“属性”。

（2）在“高级”选项卡中，选中“拆分大于 XKB 的邮件”复选框，然后输入服务器所能允许的最大文件字节数（如 2000KB），设置好后，就可按正常方法撰写和发送邮件了。

对于被分割成几份的邮件，接收过程与普通邮件相同。当这几封邮件全部接收完毕后，Outlook Express 将自动把它们合并起来。

9. 撰写电子邮件

要撰写电子邮件，方法为：

（1）创建新邮件。启动 Outlook Express 时，在 Outlook Express 窗口中单击工具栏上的“创建邮件”按钮，出现“新邮件”窗口。在此窗口中可以创建自己的新邮件，该窗口标题随邮件主题内容的改变而改变。

（2）填写邮件头。

①在“发件人”文本框中输入用户即发件人的电子邮件地址，如果用户设置了多个邮件账号，那么可以在这里选择使用一个账号。

②在“收件人”文本框中输入收件人的电子邮件地址或者是地址簿中代表该邮件地址的人名，如有多个收件人，中间可用逗号或分号隔开。

③在“抄送”文本框中输入要将该邮件抄送到的电子邮件地址或者是地址簿中代表该邮件地址的人名，如果有多个，中间可用逗号或分号隔开。

④在“主题”文本框中输入该邮件的主题，这样有助于收件人阅读和分类电子邮件。

（3）书写邮件正文。在正文编辑窗口输入邮件正文，就像平时写信一样。在邮件中应包含对方的称呼、写信的主要事由，最后是签名。在正文编辑窗口区上边有一行工具按钮，用户可以使用这些按钮来设置邮件内容的格式，如字号、字体、颜色等。

（4）发送邮件附件。在“新邮件”窗口中单击“附加”按钮，将出现““插入附件”对话框，选择所要插入的附件，然后单击“附件”按钮，将该文件当作附件插入到当前编辑的电子邮件中。插入附件后，在撰写邮件窗口的邮件头中将会增加一行“附件”文本框，该文本框中列出了当前所附加的附件名称及大小。

（5）选择合适的信纸。不同的信件可使用不同的信纸，比如写公函应该使用简单的信纸，给朋友写信则可以用有美丽背景的信纸。在 Outlook Express 中撰写电子邮件可以使用五彩缤纷的信纸。在“新邮件”窗口中单击“格式”菜单，在弹出的菜单中选择“应用信纸”选项，然后选择合适的信纸类型并单击，在随后的新邮件窗口中就会使用相应的信纸。

（6）保存未写完的邮件。在“新邮件”窗口中单击“文件”菜单中的“保存”选项，即可将当前正在撰写的邮件保存到“草稿”文件夹中。然后可以关闭新邮件编辑窗口，甚至可以关闭 Outlook Express 窗口或关机。当要继续撰写尚未完成的电子邮件时，启动 Outlook Express，单击文件夹栏中的“草稿”文件夹，然后在邮件列表窗格中双击欲继续撰写的邮件，在出现的邮件编辑窗口中即可继续编辑。

10. 在 OE 中如何自动添加邮件签名

要在 Outlook Express 中实现自动签名，方法为：

（1）启动 Outlook Express 后，单击“工具”\“选项”菜单命令。

（2）在出现的“选项”对话框中单击“签名”选项卡，然后单击“在所有待发邮件中添加签名”前的方框，使之处于选中的状态，以便自动签名功能生效。

（3）在“签名”框中新建一个签名名称，在下面文本框中键入你想添加的所有个人信息，如姓名、联系地址、电话等。

（4）单击“确定”按钮，下次建立新邮件时就会在你的邮件中自动添加上签名了。还可以单击“高级”按钮，为自己的账号设置一个漂亮的签名。

11. 删除或恢复电子邮件

要删除或恢复电子邮件，方法为：

（1）在邮件列表中选择要删除的邮件，单击工具栏上的“删除”按钮，然后邮件被转移到“已删除邮件”文件夹。其实这些邮件并没有被真正删除，要彻底删除邮件，还要将“已删除邮件”文件夹里的邮件再次删除。

（2）在出现的询问框中单击“是”按钮，才能永久地(不可恢复)删除这些邮件。

（3）要恢复已删除的本地邮件，请打开“已删除邮件”文件夹，然后将邮件复制或拖放到收件箱或其他文件夹中即可。

12. 将发件人添加到通讯簿

接收到电子邮件后，可以将发件人的名称和电子邮件地址添加到你的通讯簿中。从 Outlook Express 将对方添加到通讯簿中的方法为：

（1）打开收件箱，用鼠标右击发件人的姓名或 E-mail 地址。

（2）单击“把发件人添加到通讯簿”命令即可。

13. 如何给 Outlook 设置密码

如果你是在公用电脑上上网，不想让别人看到你用 Outlook Express 收取的信件，需要设置一个密码保护你的收件箱。要给 Outlook 设置密码，方法为：

（1）在 Outlook Express 中单击“文件”\“标识”\“管理标识”。

（2）单击“新建”按钮，输入你的姓名或代码，再输入密码。

（3）单击“确定”按钮退出。

当重新启动 Outlook Express 时，就可以选择以你自己的标识登录，这样别人就无法轻易看到你的账户和邮件了，同样你也看不到别人的这些信息。

14. 如何让 Outlook 实现自动回信功能

如果你的工作流动性较大，常常不能及时回复朋友的来信，可以在 Outlook Express 中使用自动回信功能，方法为：

（1）撰写回信。启动 Outlook Express，在主窗口单击“新邮件”（或“创建邮件”工具按钮）来创建一封新邮件。然后在“新邮件”窗口选择“文件”\“另存为”，输入文件名并选择好保存位置，如保存为“C:\My Documents\你好.eml”。

（2）设置回复规则。依次单击“工具”\“邮件规则”\“邮件”，在“邮件规则”窗口中单击“新建”，弹出“新建邮件规则”窗口，可以在这里选择规则条件和回复条件：

①选择规则条件：先在“选择规则条件”栏选择你需要回复邮件的条件，比如可以选中“若‘发件人’行中包含用户”前的复选框；然后在“规则说明”（Outlook Express 6 中为“规则描述”）栏中单击带下划线的“包含用户”链接，再在弹出的对话框中输入该用户的 E-mail 并单击“添加”，或从通讯簿中选择一个 E-mail，单击“确定”。

②选择回复规则：在“选择规则操作”栏中选中“使用邮件回复”前的复选框，然后在“规则说明”栏中单击“使用邮件回复”中的“邮件”链接，再在弹出的“打开”对话框中打开前面保存好的回复邮件（如“C:\My Documents\你好.eml”）。

15. 如何知道对方已经收到我的邮件

使用 Outlook Express 发送邮件后，要想知道对方是否已经接收到我的邮件，方法为：

（1）在 Outlook Express 主窗口中单击“工具”\“选项”。

（2）单击选中“回执”选项卡，选中“所有发送的邮件都要求提供阅读回执”前的复选框即可。

16. “已删除邮件”文件夹丢失怎么办

Outlook Express 6.0 中的“已删除邮件”打不开，并提示“无法显示文件夹”，而且也无法将其删除。出现这种现象是文件夹损坏造成的，解决方法为：

（1）使用文件“查找”功能，查找到“已删除邮件.dbx”这个文件并将其删除，这样就可把已经损坏的“已删除邮件”文件夹彻底删除掉。

（2）由于“已删除邮件”是一个系统预设的文件夹，因此当删除它以后，只要重新激活 Outlook Express，系统就又会自动生成一个。然后重新启动系统，打开 Outlook Express，又看到“已删除邮件”文件夹，只是原来删除的邮件已经不见，能正常使用它了。

17. 同时使用多个邮件账号

网络上有许多站点提供免费的电子邮件服务，如 163.net 和 263.net。在这些站点上，只要填写申请表单，就可以迅速获得一个免费的电子邮件账号并且提供基于 POP3 的电子邮件服务。

要同时使用多个邮件账号，方法为：

（1）单击“工具”\“账号”命令，弹出“Internet 账号”对话框。

（2）在“邮件”选项卡中列出了目前用户所有的电子邮件账号。

（3）在“Internet 账号”对话框中单击“添加”按钮，然后在弹出的菜单中单击“邮件”选项，这时出现“Internet 连接向导”，按照对话框的提示输入相应的电子邮件账号信息。

（4）单击“确定”按钮，即可建立一个新的电子邮件账号。

（5）当在 Outlook Express 中建立了多个邮件账号时，总会有一个默认的邮件账号。通常情况下，每次建立新邮件时，Outlook Express 都自动使用默认的邮件账号作为发送邮件的账号。在“Internet 账号”对话框的“邮件”选项卡中，单击要设为默认账号的电子邮件账号，然后单击右侧的“设为默认值”按钮，即可将该账号设为默认的电子邮件账号。

18. 如何设置 Outlook 的代理服务器

使用 Outlook Express 收发邮件时，如果想给其设置一个代理服务器，则只要设置好 IE 的代理服务器就可以了。方法为：

（1）单击 IE 主窗口的菜单命令“工具”\“Internet 选项”，在打开的窗口中选择“连接”选项卡。

（2）单击“局域网设置”按钮，就可以在打开的窗口中进行设置了。

19. 将电子邮件移动或复制到其他文件夹

要将电子邮件移动或复制到其他文件夹，方法为：

最简单的办法是直接将邮件拖放到目的文件夹里，就是用鼠标左键按住要移动的文件，然后将该文件拖到目的文件夹，等目的文件夹变蓝后（反色显示）放开鼠标，邮件就移动到新位置了。

或者在邮件列表窗口中，用鼠标右键单击要移动或复制的邮件，单击“移动到文件夹”或者“复制到文件夹”选项，然后在弹出的“移动”或“复制”

对话框中选择目的文件夹，选择好要移动到的文件夹。

20. Outlook 中无法查看彩色信纸

如果在 Outlook Express 中无法查看彩色信纸，是因为在 Outlook Express 中设置了使用纯文本阅读邮件。要取消使用纯文本阅读邮件，方法为：

（1）单击 Outlook Express 主窗口中的“工具”\“选项”，打开“选项”对话框。

（2）选择“阅读”标签，然后取消选择“用纯文本格式阅读……”。

（3）单击“应用”或“确定”按钮即可。

21. 如何备份通讯簿

如果因为重装操作系统或者其他原因需要备份保存 Outlook Express 中的通讯簿，方法为：在 Outlook Express 中单击“文件”\“导出”菜单命令，即可备份通讯簿和邮件。

22. 如何让 Outlook 防护病毒

要让 Outlook 防护病毒，方法为：

（1）在 Outlook Express 6.0 中单击菜单命令“工具”\“选项”，再在打开的“属性”窗口中切换到“安全”选项卡。

（2）单击选中“不允许保存或打开可能有病毒的附件”项，然后单击“确定”按钮。

提示!!

由于这项新增功能还不是很强大，防止邮件病毒还不能单纯依赖它，建议还是安装上专门的杀毒软件为好。

23. 如何设置邮件自动分拣及垃圾邮件过滤

当接收到大量邮件时，Outlook Express 可以帮助用户更有效地处理邮件。可以在 Outlook Express 中使用邮件分拣及过滤规则，从而将接收到的邮件自动分类并放入不同的文件夹中以及以彩色突出显示特定的邮件、自动回复或转发特定的邮件等等。

方法为：

（1）在“工具”菜单中选择“邮件规则”选项，然后单击“邮件”命令。

（2）在弹出的“新建邮件规则”对话框的“选择规则条件”栏中选中需要

的复选框以确定规则条件（至少选择一个条件）。可以单击多个复选框来为一个规则指定多个条件。如果选择了多个条件，在“规则说明”栏中单击“和”超级链接，在弹出的对话框中指定是必须满足所有条件（和）还是至少满足一个条件（或）。

（3）在“选择规则操作”栏中选择所需的复选框，以确定规则所相应的操作，如移动到指定文件夹，发送给其他用户，或者是删除（至少选择一个条件）。

（4）在“规则说明”栏中单击带下划线的超级链接，以指定规则的条件或操作。如在规则描述部分中单击“包含用户”或“包含特定的词”超链接，在弹出的对话框中指定 Outlook Express 在邮件中查找的人或词，然后单击“添加”按钮，指定关键词。

（5）在“规则名称”栏中键入规则的新名称。

（6）然后单击“确定”按钮。

24. 如何将邮件保存为草稿

写完邮件后，若用户不想立即发送，可将邮件保存为草稿，等以后发送或继续编辑。方法为：

（1）用户进入写邮件页面，编辑信件。

（2）写好后，单击写信窗口中的“文件”\“保存”菜单命令。

（3）在出现的“已经保存的邮件”对话框中单击“确定”按钮，此时系统会将邮件移动到草稿箱中。

8-2 使用电子邮件的技巧与建议

1. 如何申请免费电子邮箱

下面以申请网易 126 的免费邮箱为例，讲述免费电子邮箱的申请方法。

（1）在浏览器的“地址”栏中输入“http:\\www.126.com\”进入网易 126 免费电子邮件中心页面。

（2）单击“注册 2280 兆免费邮箱”链接按钮，接着浏览器会跳转到“网易 126 邮箱—用户注册”页面，在该页面中填写好用户名、邮箱密码、密码提示问题及答案、出生日期、性别、常用邮箱以及验证码等信息后，然后单击其下方的“完成”按钮。

提示!!

> 用户名和密码千万记住，不要搞忘记了，否则今后无法登录邮箱！

（3）接下来出现的页面中会出现申请成功的提示信息。

2. 如何保存免费电子信箱中的电子邮件

如果用户是通过浏览器收看免费电子信箱中的电子邮件，则可以按照如下方法保存电子邮件：

（1）打开“收件箱”，单击要保存的邮件，按住鼠标左键选中信件的正文，这时正文将被蓝色覆盖。

（2）打开“编辑”菜单，选择“复制”命令，或同时按 Ctrl+C 组合键。

（3）打开“记事本”，打开“编辑”菜单，选择“粘贴”命令，或同时按 Ctrl+V。这时邮件正文将被粘贴到记事本中。将新建的文本文档保存即可。

（4）也可以右击邮件的链接，在弹出的右键菜单中选择“目标另存为”命令，将它保存到用户的计算机中。

3. 怎样处理莫名其妙的退信

收发邮件是很多人每天都要做的事情，但是我们一定会收到一些莫名其妙的退信，一时不知道该怎么样进行处理。我们可以通过退信反馈的信息提示来判断退信的原因，下面就介绍几个常见的退信原因和解决的方法：

（1）“Invalid User”、“User not found”、“User unknown”

对方用户不存在，由于发件人中的信箱地址有错误，发送服务器无法找到要投递的邮件地址。

只要确认自己填写的地址是不是有错误，正确无误后再重新投递。

（2）“Quota”、“Hard limit”、“Storage allocation”

对方邮箱已经满了，我们投递的邮件，邮箱已经没有足够的剩余空间来接收了，所以就会产生错误并退回到你的发件地址。

用其他联系方法让对方知道邮箱已经满了，让他收到一些信或者删除一些垃圾邮件，以腾出空间接收邮件。

（3）“not found”、“Host”、“bad host domain”

无法查找对方服务器名称，主要是由于在写电子邮件地址的时候，把@后面的域名或者主机地址写错了。

检查一下单击邮件地址，看看有没有写错。

（4）“Exceeds”、“Maximum message size”、“Data size”

发送的邮件太大，对方的邮件服务器拒收，现在很多邮件服务器对发送的邮件都要大小的限制，具体可以去提供邮箱的网站查询。

如果发送的邮件比较大，那可以将邮件先拆分后再发送，比如用 OE 就可以来拆分邮件。

（5）“Too many”、“Less than 20”

邮件群发包含用户过多，有些邮件服务器对一封邮件的群发用户数量是有限制的，如果超过了这个限制就会出现这个错误。

可以将每次发送的用户控制在 20 人左右，如果超过了那可以多分几次发送。

（6）“Connection timed out”

连接超时，主要是在与对方服务器连接时由于网络问题而造成的问题，导致邮件的发送错误。

可以对邮件多尝试几次发送，如果实在不行那就过一会再发送邮件。

4. 拒收垃圾邮件

前面介绍了 Outlook Express 和 Foxmail 的邮件过滤功能。其实 WWW 上的许多免费信箱都支持邮件过滤功能，对收到的信件进行过滤。对于垃圾信件，直接在服务器上删除就可以了，这样就堵住了垃圾信源头。这里简要介绍一下常见的设定过滤器的方法：

在收信规则中，设定具体的过滤规则，让自己的服务器在收取信件后就直接进行过滤。

拨号上网后，运行你的浏览器，输入免费信箱的地址，如果你已经有了一个信箱，那么输入具体的用户名和口令，进行登录。进入了免费信箱的主页面。一般免费信箱都有信箱配置链接选项，用鼠标点它一下，信箱配置的功能就会显示在屏幕上。

设置拒收过滤器。所谓“拒收过滤器”就是将某些人或组织的 E-mail 地址填入其中，以后当你收到了来自这些地址的信时，服务器会自动把这些信删除；填写地址的时候要注意，多个地址之间用分号进行分隔。填写完毕后，确认无误，即可按“生效”或是“更改”按钮（根据具体免费信箱而定），使过滤器设定开始生效。

设置邮件过滤器。263.net 提供了 100 个邮件过滤器，按照先后顺序分别进行设置后，即可发挥作用。系统依次以用户做出的过滤器设定对收到的信进行过滤。具体设定邮件过滤器，首先进行条件选择，可以设定过滤器要关注的关键词，如“发信人姓名”、“发信人邮件地址”或者“主题”。然后设定关键词和具体设置之间的关系：如“为”，也有“不为”，以及“包含该字（词）”，“以该字（词）开头”、或者“以该字（词）结尾”等。最后指明具体过滤后的去向，如有“收件箱”、“发件箱”、“原稿箱”以及“垃圾桶”或直接在服务器上删除等。如果是转发信件，则输入转发信件接收信箱的地址。

设置好了强大的过滤器，可以过滤各种各样的垃圾邮件。当有新的垃圾邮件出现时，也不用担心。只要记下发信者的地址，然后加入到“拒收过滤器”的“黑名单”中，就一了百了。

5. 如何对付电子邮件病毒

因特网是一个巨大的信息库，每天有数不清的信息在网络上游泳流动，网上同样也可能有不友好的，甚至是恶意的程序——通常是计算机病毒，通过网络由浏览器或邮件下载到用户的计算机中潜伏起来，一旦条件成熟，就会破坏计算机的资源。如果这些代码是精心编写的网络病毒，那么，它可以通过网络迅速传播，危险就会更大了。电子邮件病毒的共同的特点就是可以通过网络复制传播，隐蔽性强。

对付邮件病毒，有以下几种方法：

（1）防：如拒收陌生人的邮件，不从陌生的站点下载文件等。

（2）杀：如果不慎下载了邮件病毒，使用杀病毒厂商的最新的杀毒软件可以查杀下载的邮件病毒，不能查杀还可以求助这些专业厂家技术支持热线。

（3）防杀结合：最新的 PCCillin 或 Norton 防毒程序可以监测邮件中是否带有病毒，并可以设置处理方式：杀毒，或是直接将邮件删除。

6. 如何使用好电子邮件

（1）尽量不要用浏览器来收发 E-mail。各种各样的免费信箱，其基本的操作方法都是用浏览器来访问该信箱网页，再输入用户名、密码，进入主界面，查找来信，下载，写回信，发信。每一幅网页都充满了图片和广告。每一步都要等上半天，而在这整个过程中，每一秒钟都需付出网络费和电话费!相比之下，一些专用的电子邮件如 Outlook Express 和 FoxMail 等软件则使用了完全不同的操作方式。它们都是在离线的状态下撰写邮件，可一次写上若干封，全部完成后再按“收发”键自动接通网络集中发出。收信时自动将所有信件一次取回，然后你可离线慢慢读信。收发工作完成后自动断线。所以在线时间全部都是在传输信件，效率不知提高了多少倍。

（2）正确设置好 E-mail 软件，如使用 Outlook Express 和 FoxMail 等软件提供的“收发邮件后自动挂断连接”、“挂断前先提示是否要挂断”等功能，这样每次收发结束就自动断线。

（3）不妨多申请几个不同站点的免费 E-mail 信箱，用于不同用途。如用一个来专收私人信息，一个处理公务信函，一个收订电子刊物等等。这样，信箱各司其职，显得有条有理。

（4）在聊天室和一些需要登记个人信息的场合，要尽量少地填写个人信息，以免遭到垃圾邮件、垃圾电话、垃圾信件的侵袭。

（5）检查你的免费信箱，及时删除已经下载的信件，删除尚未阅读但确信不要的信件，以节省时间和信箱空间。

7. 如何删除免费电子信箱中的电子邮件

要删除免费电子信箱中的电子邮件，方法为：单击邮件前的复选框，选中要删除的邮件，然后单击“删除”按钮即可。

8. 如何解决邮件乱码——利用邮件收发软件

在阅读邮件中经常会遇到一些乱码的问题，邮件中的乱码极大地妨碍了我们的通讯联系。

收发邮件双方使用的语言编码不同（如一方是简体的 GB 编码，一方是繁体的 BIG5 编码），是造成邮件乱码的主要原因之一。如果遇到的是这种情况，只要利用客户端收发软件来调整一下就行了。方法为：

（1）在 Outlook Express 中，打开一封乱码邮件后，通过“查看”菜单中的“编码”命令，选择一种正确的文字编码就可以了。另外，如果你能够确切知道邮件撰写的语言种类，那对你正确选择文字编码也是大有好处的。

（2）对于 Foxmail 来说，打开邮件后，单击“邮件”菜单，通过字符转换命令也可以完成不同语言文字之间编码的转换，不过，与 Outlook Express 相比，Foxmail 只提供了简体、繁体、日文、韩文、英语和西欧语言等文字编码，显得有点少。

第 9 章

Windows XP 的注册表应用

Windows XP 实用技巧速查 1000——本章内容

9-1 认识注册表

在讲述具体的内容之前，先简单的认识一下什么是注册表、注册表的数据文件及其特点。

1. 什么是 Windows XP 注册表

Windows XP 的注册表是存储计算机配置信息的数据容器。注册表包含操作过程中 Windows 持续引用的信息，例如：每个用户的配置文件；计算机上安装的程序和每个程序可以创建的文档类型；文件夹和程序图标的属性设置；系统中现有的硬件；正在使用的端口。

Windows 将其配置信息存储在一个称为注册表的数据库中。随 Windows 一起提供的注册表编辑器是 regedit.exe。

如果损坏系统，可以修复注册表或将其恢复到上次成功启动计算机时使用的同一版本。否则，必须重新安装 Windows。重新安装系统时，可能会丢失已做的更改，如 Service Pack 升级，该升级必须单独重新安装。

Windows XP 的注册表存储着如下信息内容：

（1）软件和硬件的有关配置和状态信息；应用程序和资源管理器外壳的初始条件、首选项和卸载数据。

（2）计算机整个系统的设置和各种许可；文件扩展名与应用程序的关联；硬件的描述、状态和属性。

（3）计算机性能纪录和底层的系统状态信息，以及各类其他数据。

2. Windows XP 注册表的数据文件存放在哪里

Windows XP 注册表的数据文件存放在\WINDOWS\system32\config 下，它们分别为 DEFAULT、SAM、SECURITY、SOFTWARE、USERDIFF 和 SYSTEM，如图 9-1 所示。

每个用户的配置信息存放在系统所在磁盘的\Documents and Setting\文件夹中。

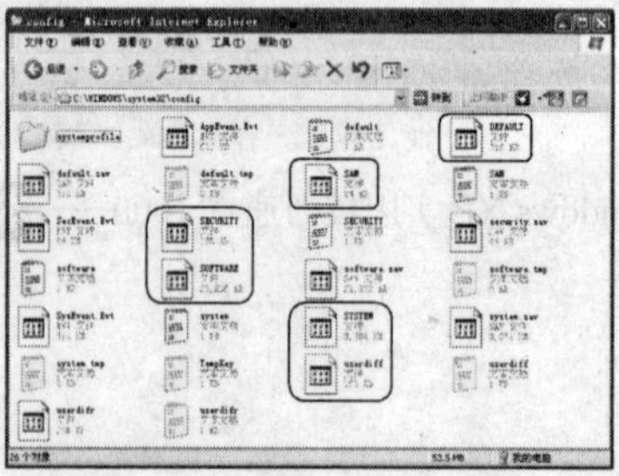

图 9-1

3. Windows XP 注册表有什么样的特点

Windows XP 注册表具有如下特点：

（1）Windows XP 注册表允许对硬件、系统参数、应用程序和设备驱动程序进行跟踪配置，这使得修改某些设置后不用重新启动成为可能。

（2）Windows XP 注册表中登录的硬件部分数据可以支持高版本 Windows 的即插即用特性。当 Windows 检测到机器上的新设备时，就把有关数据保存到注册表中。另外，还可以避免新设备与原有设备之间的资源冲突。

（3）管理人员和用户通过 Windows XP 注册表可以在网络上检查系统的配置和设置，使得远程管理得以实现。

与 INI 文件不同的是：

（1）Windows XP 注册表采用了二进制形式登录数据。

（2）Windows XP 注册表支持子项，各级子关键字都有自己的“键值”。

（3）Windows XP 注册表中的键值项可以包含可执行代码，而不是简单的字串。

（4）在同一台计算机上，Windows XP 注册表可以存储多个用户的特性。

4. Windows XP 注册表有着什么样的功能

Windows XP 注册表是针对所有 32 位硬件、驱动程序以及 32 位应用程序设计的数据库。由于 16 位驱动程序不能在 Windows XP 下正常运行，所以，所有设备都需要由 Windows XP 注册表来控制，甚至那些原本由 BIOS 控制的设置也要由 Windows XP 注册表来控制。由于 16 位应用程序仍然需要调用 Win.ini 和 System.ini 这两个文件，因此，在 Windows XP 中保留了这两个文件，以便 Windows XP 提供对 16 位应用程序的支持。

下面来介绍 Windows XP 注册表在系统、硬件、驱动程序以及软件之间所扮演的角色关系。

（1）作为操作系统与硬件及其驱动程序联通的数据库。Windows XP 注册表是一个保存驱动程序的所有设置及存放位置的数据库，它与 Windows XP 操作系统、硬件及驱动的关系如下：

Windows XP 操作系统→Windows XP 注册表信息→硬件及其他驱动程序

当 Windows XP 操作系统访问硬件设备时，针对 BIOS 的设置程序会报告给 Windows XP 中的设备，Windows XP 会将适当的程序装载到系统中，此后，系统将一直使用那些已经装载的设备驱动程序，直到再次重新启动 Windows XP 操作系统。

已经安装的每个设备都必须有相应的驱动程序，而且这些驱动程序必须是“For Windows XP”的。这些驱动程序独立于操作系统，操作系统只需要它们的位置、文件名及版本号等，就足够了。如果在注册表里面没有这些信息，

Windows XP 就无法使用这些相应的设备。因此，在注册表里面的 HKEY_LOCAL_MACHINE\HARDWARE 子项分支下面保存了许多设备驱动程序的信息，以便系统能够控制这些设备。

（2）作为操作系统与应用软件联通的数据库。在电脑上安装应用程序时，安装程序将向 Windows XP 注册表里写入相关的运行设置，然后，应用程序在运行时，就会从 Windows XP 注册表里面读取所需要的数据，以便找到所需要的程序或动态链接库（DLL）。

Windows XP 操作系统、Windows XP 注册表及应用程序时间的关系为：

Windows XP 操作系统→Windows XP 注册表信息→应用程序

例如，对于 Photoshop CS 设计软件来说，安装程序 Setup.exe 在安装时会将相关运行的设置写入到注册表（如图 9-2、图 9-3 所示）的子项下面。

这样，Photoshop CS 在启动或运行时，就会从图 9-2、图 9-3 所示的位置读取相关数据，并且在在线升级时能自动读取有关记录。

图 9-2

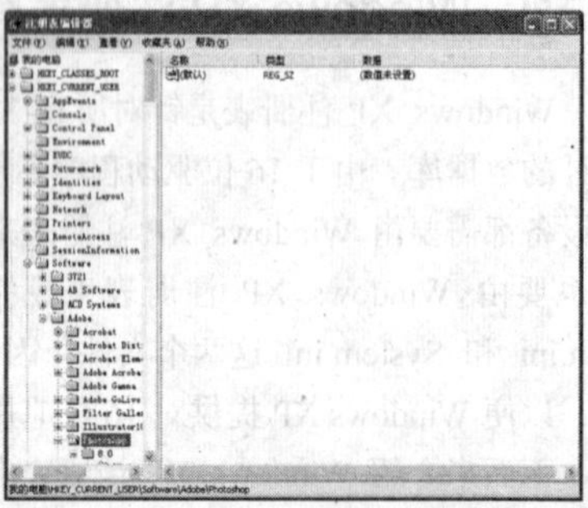

图 9-3

Windows XP 注册表按层次结构组织，由项、子项、配置单元和值项组成。

5. 什么是注册表的“项”

项是在注册表编辑器窗口中，出现窗口左侧的定位区域中的文件夹。项可以包含子项和值项。如图 9-4 所示，SOFTWARE 是 HKEY_LOCAL_MACHINE 的一个项，Product 是它的一个值项。

提示!! 在 Windows XP 以前版本中，注册表中所称的“键”，在 Windows XP 中已经改称为“项”了，如图 9-5 所示。

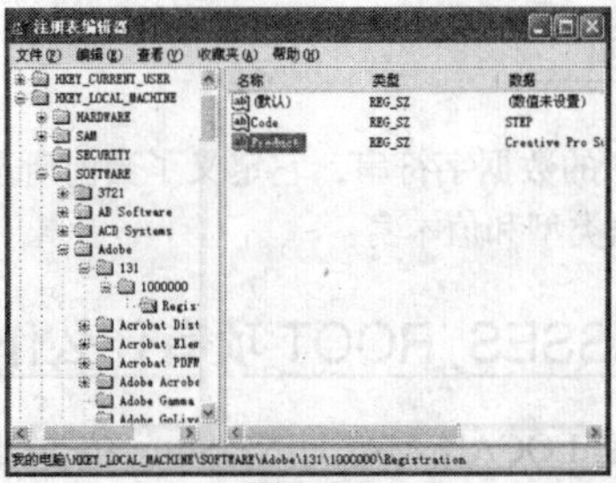

图 9-4

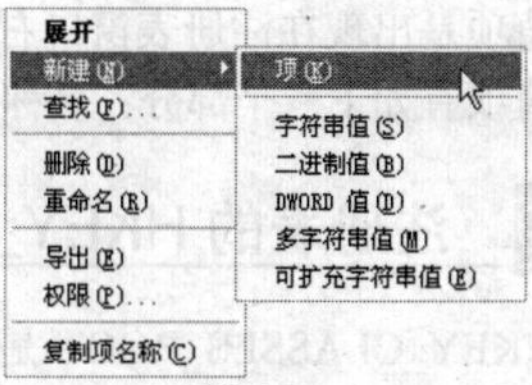

图 9-5

6. 什么是注册表的“子项”

子项是项中的项。在 Windows XP 注册表结构中，子项附属于子树和项。项和子项类似于.ini 文件中的开头部分。

7. 什么是注册表的“配置单元”

配置单元是作为文件出现在硬盘中的注册表的一部分，注册表子树被划分成配置单元（因其类似于蜂窝的单元结构而得名）。配置单元是项、子项和值的离散体，它位于注册表的顶部。配置单元受 systemroot\System32\Config 或 systemroot\\Profiles\username 文件夹中的单个文件和.log 文件支持。

在默认情况下，大多数配置单元文件（Default、SAM、Security 和 System）存储在 systemroot 文件夹。systemroot\\Profiles 文件夹包含计算机上每个用户的用户配置文件。因为配置单元是一个文件，所以它可以从一个系统移动到另一个系统，但是必须使用“注册表编辑器”编辑该文件。

Windows XP 注册表的数据结构主要由以下 5 个部分即 5 个配置单元组成，并且每个配置单元都含有若干分级子项，如图 9-6 所示：

（1）HKEY_CLASSES_ROOT

（2）HKEY_CURRENT_USER

（3）HKEY_LOCAL_MACHINE

（4）HKEY_USERS

（5）HKEY_CURRENT_CONFIG

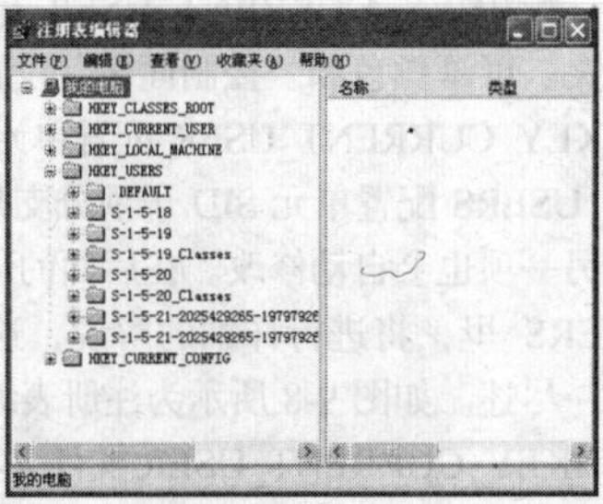

图 9-6

在注册表的配置文件单元中，只有 HKEY_LOCAL_ MACHINE 和 HKEY_LOCAL_MACHINE 是具体的配置单元，其他 3 个配置单元都是指向具体配置单元中配置信息的指针。使用配置单元的指针可以加快应用程序和开发人员对配置信息的访问，并且提供了访问配置信息的另外一种途径。

8. 什么是注册表的“值项”

值项是出现在注册表窗口右窗口中的数据字符串，它定义了当前所选项的值。值项有如下三个部分：名称、数据类型和值本身。

9. 注册表的 HKEY_CLASSES_ROOT 项有什么作用

HKEY_CLASSES_ROOT 是 HKEY_LOCAL_MACHINE\Software 的子项。此处存储的信息可以确保当使用 Windows 资源管理器打开文件时，将打开正确的程序。因为 HKEY_ CLASSES_ROOT 配置单元都是指向具体配置单元中配置信息的指针，所以 HKEY_CLASSES_ROOT 指向的就是 HKEY_ LOCAL_MACHINE\Software\Classes 的内容。因此，只要改动二者中的任何一部分，注册表也会出现相应的改变。如图 9-7 所示为打开 HKEY_CLASSES_ ROOT 文件夹项在注册表编辑器中的显示状态。HKEY_CLASSES_ROOT 配置单元保存了 Windows XP 系统当前已在计算机上注册的所有 COM 服务器和与应用程序相关联的所有文件的扩展名。

图 9-7

10. 注册表的 HKEY_CURRENT_USER 项有什么作用

HKEY_CURRENT_USER 包含当前登录用户配置信息的根目录。用户文件夹、屏幕颜色和“控制面板”设置存储在此处。该信息被称为用户配置文件。HKEY_CURRENT_USER 配置单元是指向 SID 子项分支的指针，其结构与 HKEY_USERS 配置单元 SID 子项分支是相同的，并且对二者中任何一项进行修改，则另一项也会自动修改。在后面的 HKEY_USERS 里，将进行详细的解说，这里就不一一尽述。如图 9-8 所示为注册表编辑器中的 HKEY_CURRENT_USER 文件夹项。

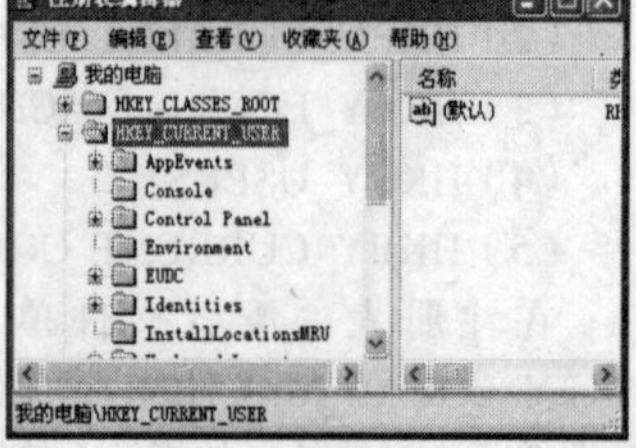

图 9-8

该项包含本地计算机中存放的当前登录的用户信息，包括登录用户名和暂存的密码（此密码在输入时是隐藏的）。用户登录 Windows 时，其信息从 HKEY_USERS 中相应的项拷贝到 HKEY_CURRENT_

USER 中。HKEY_CURRENT_ USER 下面有 7 个子关键字。其中除 RemoteAccess 外，其余 6 个都为系统预定义，它们是：

（1）AppEvents：这个子项里存储着已注册的各种应用信息。

（2）ControlPanel：这里涉及到与“控制面板”设置有关的内容。

（3）InstallLocationsMRU：Windows 安装路径的有关信息。

（4）Keyboard layout：关于键盘设置的信息。

（5）Network：有关网络设置的信息。

（6）RemoteAccess：安装 IE 时建立的子关键字，包含该应用程序的有关信息。

（7）Software：安装软件的相关信息。

11. 注册表的 HKEY_LOCAL_MACHINE 项有什么作用

HKEY_LOCAL_MACHINE 包含 Windows XP 系统针对该计算机（对于任何用户）的配置信息。HKEY_LOCAL_MACHINE 保存着注册的大部分信息，其他四个配置单元都是其子项的别名。如图 9-9 所示为 HKEY_LOCAL_ MACHINE 控制的五个子项。

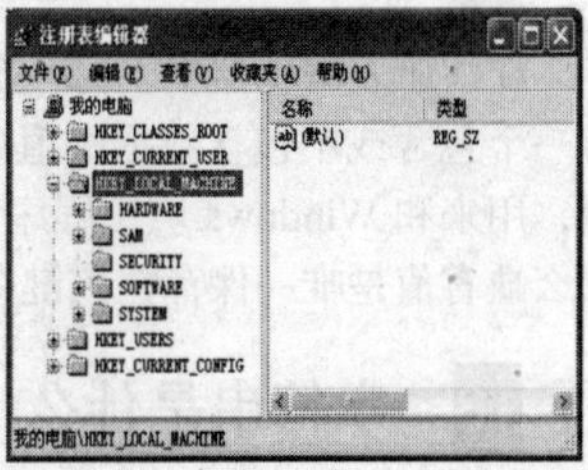

图 9-9

下面来对这五个子项进行阐述。

（1）HARDWARE 子项。HKEY_LOCAL_MACHINE\ HARDWARE 子项分支包括 Windows XP 对所有硬件设备进行控制的设备信息。用户不能直接对这里的硬件信息进行控制。如图 9-10 所示为 HARDWARE 的子项设置。

（2）SOFTWARE 子项。如图 9-11 所示，HKEY_LOCAL_MACHINE\ SOFTWARE 子项分支列出了 Windows XP 系统所有的安装 32 位软件及应用程序的设置。对于不同的计算机、不同的操作环境，这些设置会有一些不同，但是大多数子项分支都是相似的。

图 9-10

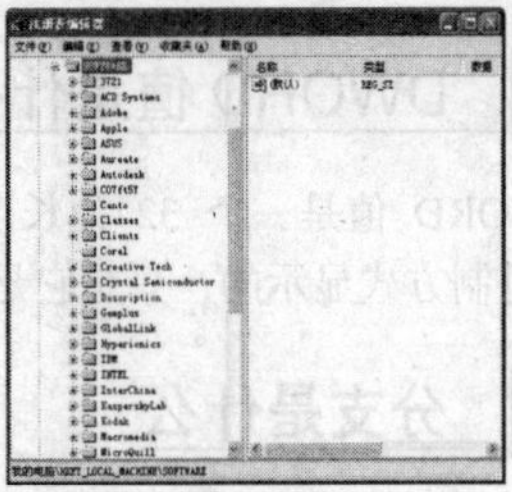

图 9-11

（3）SYSTEM 子项。HKEY_LOCAL_MACHINE\SYSTEM 子项分支保存了系统启动时所需的所有信息，当然也包括出现系统故障时恢复系统所需要的信息。这些信息主要使用控制集（ControlSet）的方法进行收集与存储。

（4）Software 子项。HKEY_CURRENT_CONFIG\Software 子项分支包括了当前配置文件之外的应用软件信息，除了一些特殊软件及显示字体外，这里几乎不会列出任何东西。

如果所选用的配置文件包含了由特定硬件专用的软件，而且只有在这个配置文件里才会存在，就会在这里列出相应的软件，在 Windows XP 操作系统中安装了应用软件后，其设置或运行数据，大多放在 Software 子项中。所以，该注册表项是动态变化的。

（5）System 子项。HKEY_CURRENT_CONFIG\System 子项分支包括当前配置文件的一些专用设置。

12. 什么是缺省值

在注册表编辑器中，每一个键中的缺省值被称为 Default。每一个键至少都有一个包含或不包含数据的值项，称为该键的缺省值。缺省值总是一个字符串值，用来和 Windows 应用程序兼容。如果某程序只需在注册表中保存一个值，那么缺省值是唯一保存在该键中的数据。

13. 字符串是什么

在注册表中，字符串类型的值一般用来表示文件描述，硬件标识或应用程序所需要的字符串类型的变量描述等。它通常由字母和数字组成，是可变长的字符集，可为一个单词，一句话或一条路径等，最大长度不超过 255 个字符。

14. 二进制数据是什么

在注册表中，二进制数据的长度是没有限制的，可以是任意字节长，二进制值是以十六进制的方式显示的。

15. DWORD 值是什么

DWORD 值是一个 32 位长度的数值，与二进制值一样，其显示方式也是以十六进制方式显示的，只是它是由双字，两个八位组成的。

16. 分支是什么

分支是指注册表中某个特定的子项及其所有内容，分支可以从注册表的顶端开始。

17. 注册表的路径是什么

注册表的路径是用来说明某个值在注册表中的位置的，与 MS-DOS 文件系统中的文件路径相似。

注册表是一个分层结构的数据库，任意一个值的位置都是通过诸如 Q1\Q2\Q3 这样的方式来说明的，就是说首先打开 Q1，然后打开 Q2，接着我们再打开 Q3。

例如，路径 HKEY_CURRENT_USER\Software\Microsoft 意味着先打开 HKEY_CURRENT_USER，然后打开 Software 子键，再打开 Software 的子键 Microsoft。

一个完整的路径总是从根键开始的，以便用户找到与注册表的顶端相关联的值。注册表中值的名称不作为路径的一部分来描述，是和路径分开来命名的。

18. 什么是注册表编辑器

注册表编辑器是用来查看和更改系统注册表设置的高级工具，注册表中包含了有关计算机如何运行的信息。Windows 将它的配置信息存储在以树状格式组织的数据库（注册表）中。尽管可以用注册表编辑器查看和修改注册表，但是通常不必这样做，因为更改不正确可能会损坏系统。能够编辑和还原注册表的高级用户可以安全地使用注册表编辑器执行以下任务：清除重复项、或删除已被卸载或删除的程序的项。

文件夹表示注册表中的项，并显示在注册表编辑器窗口左侧的定位区域中。在右侧的主题区域中，则显示项中的值项。双击值项时，将打开编辑对话框。

19. 如何进入注册表编辑器

进入注册表的方法如下：

（1）单击“开始”\“运行”命令，在出现的“运行”对话框中输入 regedit。

（2）单击“确定”按钮，即可进入注册表编辑器。

20. 如何退出注册表编辑器

用户对注册表数据库进行的修改，将及时地反映在数据库内容中，因此，在退出注册表编辑器后，这些修改将在下次启动 Windows XP 时发生作用。

退出“注册表编辑器”的方法有如下 3 种：

方法 1：执行“文件”\“退出”命令，即可退出注册表编辑器。

方法 2：单击注册表编辑器窗口右上角的 ☒ 按钮，也可退出注册表编辑器。

方法 3：使用快捷键“Alt+F4”，也可退出注册表编辑器。

21. 如何导出注册表

注册表编辑器也提供了导出注册表文件的工具。

我们可以利用它把 Windows XP 注册表的全部或一部分导出。导出的文件可以用来保存当前注册表的信息，以备日后恢复注册表用。也可以用文本编辑器打开它，以便仔细研究注册表数据库的结构。导出注册表的方法为：

（1）在注册表编辑器的“文件”菜单中选择“导出”，出现“导出注册表文件”对话框。

（2）在“导出范围”选项组中可以选择导出全部注册表，或选定一个分支。

（3）输入文件名，单击“保存”按钮或回车键，即可完成导出注册表文件的操作。导出的文件内容完全按照注册表的层次结构组成。

22. 如何导入部分或全部注册表

方法为：

（1）打开注册表编辑器。

（2）选择“文件”\“导入”。

（3）查找要导入的文件，选中该文件，然后单击“打开”。

23. 如何从配置单元文件导入注册表项

方法为：

（1）打开注册表编辑器，选择要在其中还原配置单元的项。

（2）选择“文件”\“导入”命令，在“查找范围”中，选择配置单元所在的驱动器、文件夹，或网络计算机和文件夹。

（3）在“文件类型”中，选择“注册表配置单元文件”。

（4）选择配置单元的正确文件名，单击“打开”。

24. 如何打印注册的内容

在 Windows XP 中，我们可以通过“注册表”菜单中的“打印”菜单项将系统注册表的数据库或某一个分支打印出来，其方法为：

（1）在“注册表”菜单上选择“打印”命令，弹出“打印”对话框，如图 9-12 所示。

（2）在“打印范围”选项组中选择“全部”或“选定的分支”选项，在“选定的分支”框内输入要打印的分支。

（3）选中“打印到文件”复选框，可将注册表的打印结果输出到一个文件中，此功能类似于“注册表”菜单中的“导出注册表文件”菜单项的功能。

（4）用户也可以单击“首选项”按钮，这时会弹出如图 9-13 所示的“打印首选项”对话框，用以在对话框中配置打印纸张、打印精度等打印属性。

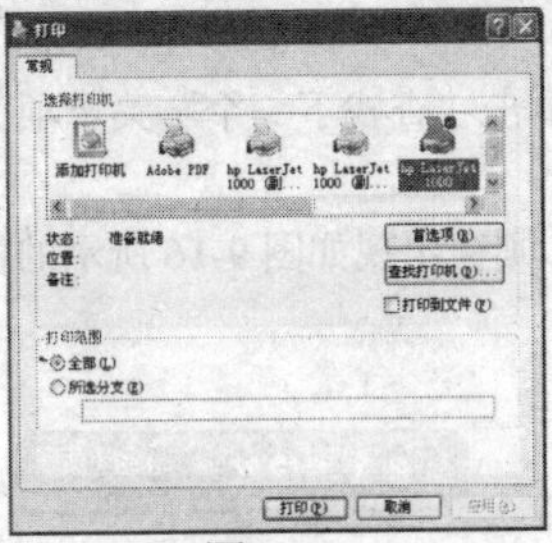

图 9-12

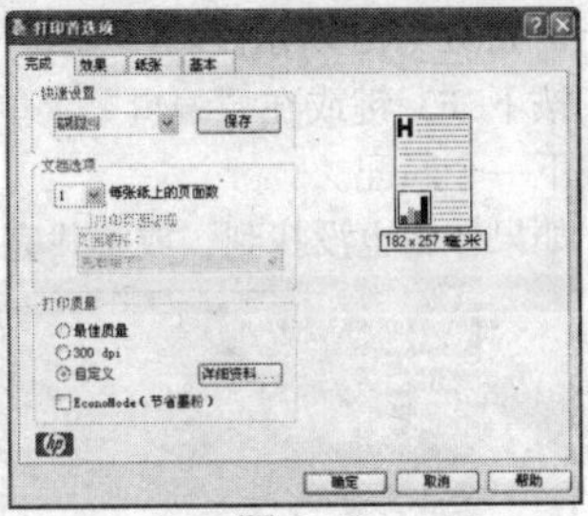

图 9-13

25. 如何删除注册表的项或值项

使用“编辑”菜单中的“删除”菜单项可以删除项或值项。当你想删除一个项或值项时，将出现一个如图 9-14 所示的确认删除的对话框。用户单击“是”按钮，就可以删除该项或值项。

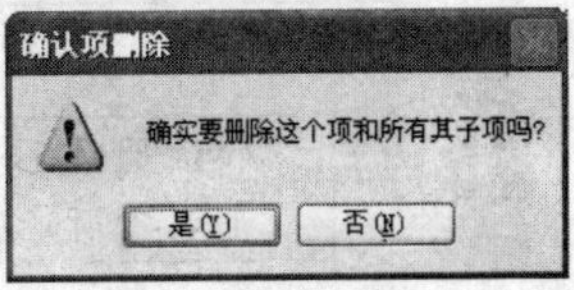

图 9-14

提示!!

> 该命令项无法删除 Windows XP 已定义的项（比如 HKEY_CLASSES_ROOT 或 HKEY_CURRENT_USER）。

26. 如何重命名注册表的项或值项

“编辑”菜单中的“重命名”菜单项时可以重新命名所选择的项或者值项。

方法为：

（1）首先选择要重命名的项或者值项。

（2）单击“编辑”\“重命名”命令或按“F2”键，此时将在所选择的项或者值项周围出现一个编辑框，用户就可以修改它们的名称了。

27. 如何查找注册表的项或值项

“编辑”菜单中的“查找”菜单项可以在注册表数据库中查找用户所需要查看的项或者值项等。

具体步骤如下：

（1）在“编辑”菜单中单击“查找”菜单项，在出现的“查找”对话框的“查找目标”框中输入所要查找的内容，比如“图片”，在“查看”框中选择“项”、“值”和“数据”。不选“只匹配整个字符串”复选框。

（2）单击“查找下一个”按钮，在找到一个匹配字符串后，就将光标停在该匹配上，如图 9-15 所示。

（3）按下 F3 键或在“编辑”菜单中单击“查找下一个”菜单项，则可以继续查找下一个匹配。

（4）如果什么也没找到，或查找完毕，则会出现如图 9-16 所示的提示。

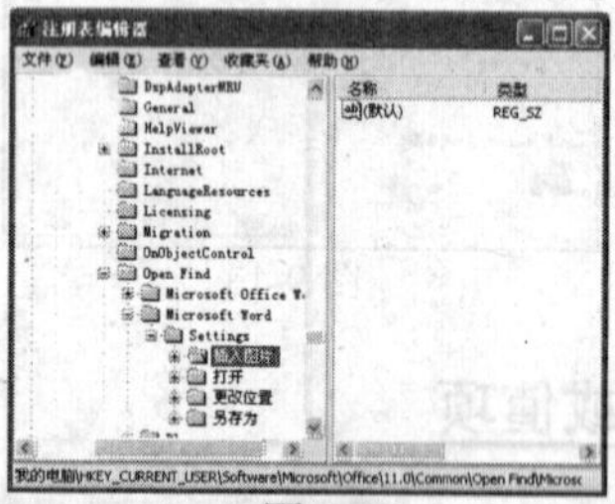

图 9-15

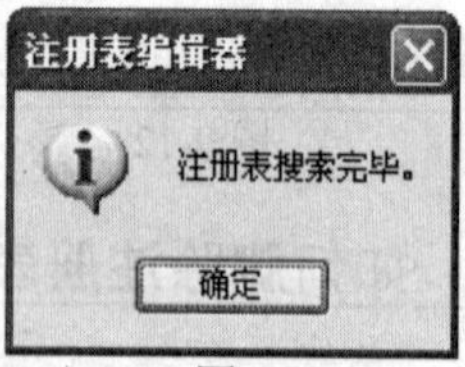

图 9-16

提示!! 编辑注册表不当可能会严重损坏当前计算机的系统。在更改注册表之前，应备份计算机上任何有价值的数据。

28. 如何复制注册表的项名

方法为：

（1）打开注册表编辑器，如图 9-17 所示，在注册表树（左侧编辑窗）中选择某注册表项。

（2）单击“编辑”\“复制项名称”，然后将注册表项名粘贴到另一个程序或文档中即可。

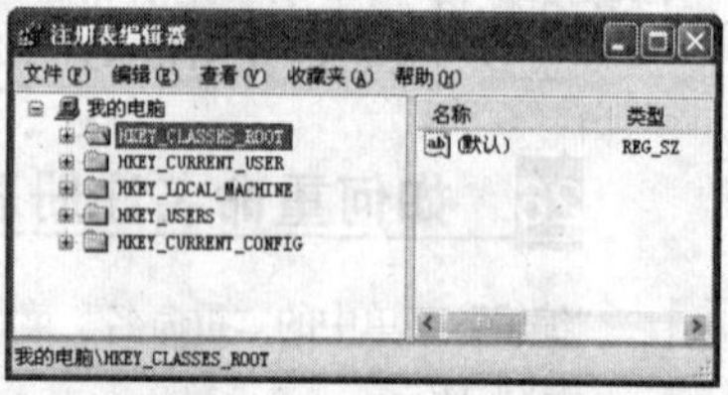

图 9-17

29. 如何将注册表的项添加到收藏夹

方法为：

（1）打开注册表编辑器，选择要添加到“收藏夹”中的注册表项。

（2）单击“收藏夹”\“添加到收藏夹”，在添加到收藏夹对话框中，接受默认的注册表项名或键入新名称。

就这样，该注册表项将被添加到“收藏”列表中了。以后，只需从“收藏”菜单中选择该列表，就可以返回该注册表项。

30. 如何添加注册表的项

方法为：

（1）打开注册表编辑器，在注册表树中，选择要在其下面添加新项的注册表项。

（2）单击“编辑”\“新建”\“项”。

（3）键入新主项的名称，然后按 “Enter”键。

> **提示!!** 编辑注册表不当可能会严重损坏当前计算机的系统。在更改注册表之前，应备份计算机上任何有价值的数据。

31. 如何添加注册表的值项

方法为：

（1）打开注册表编辑器，选择想要添加新值的项或值项。

（2）单击菜单命令“编辑”\“新建”，然后在下级菜单选择要添加的值项的类型：字符串值、二进制值、DWORD 值、多字符串值或者可扩展字符串值，如图 9-18 所示。

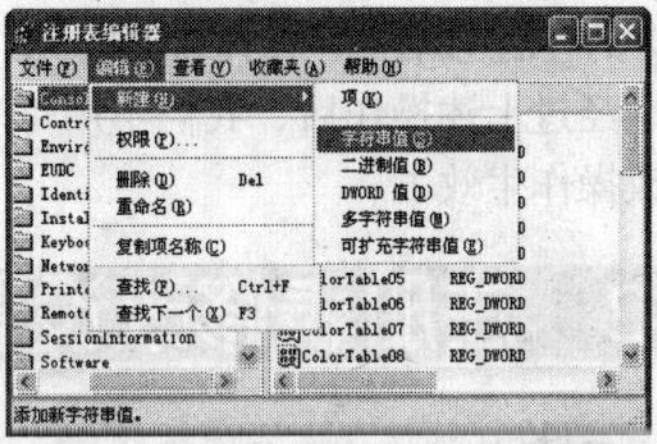

图 9-18

（3）输入新值的名称，然后按“Enter”键。在添加值项时，值名和数据类型将用默认值保存。

32. 如何从注册表中卸载配置单元

方法为：

（1）打开注册表编辑器，选择先前加载到系统中的配置单元。

（2）选择“文件”\“卸载配置单元”。

33. 如何查看注册表

“查看”菜单主要用来对注册表数据库的显示进行配置，它包括如下 3 个子菜单项：状态栏、拆分、和刷新。

下面就来具体地介绍这 3 个子菜单项。

（1）状态栏：该菜单项为一个选择开关（缺省时为打开状态）。当在该菜单项前面打上勾时，则将在“注册表编辑器”的下面显示选择的状态或位置。

（2）拆分：该菜单项可以放大或缩小显示“注册表编辑器”的左右窗口。例如，当中间线向左移动时，则将缩小显示左窗口，而放大时显示右窗口。

（3）刷新：当用户的注册表数据库发生变化时，为了显示发生变化后子项之间的关系，可选择“刷新”菜单项。另外，用户也可按 F5 键更新子项结构。

34. 如何让注册表修改快速生效

当修改了 Windows XP 注册表后，往往需要重新启动计算机才能够使修改生效。然而事实上我们不必每次都重启机器，Windows XP 自带的一个外壳程序可以帮助你使注册表修改迅速生效。方法为：

（1）在 Windows XP 中按下“Ctrl+Alt+Delete”组合键，打开“Windows 任务管理器”。

（2）在“进程”标签选项卡下找到其中的“Explorer.exe”，然后单击右下方的“结束进程”按钮，在打开的警告对话框中单击“是”按钮。

（3）在“应用程序”标签选项卡下单击右下方的“新任务”按钮，然后在打开的“创建新任务”对话框中输入“Explorer.exe”，然后单击“确定”按钮即可。

经过上述操作后，我们不用每一次都重新启动计算机，就可直接使注册表修改操作生效了。

9-2 注册表修改设置精彩 102 例

1. 打开无须登陆系统功能

此功能用于控制对于便携电脑的用户即使在没有登陆时，也可以使用桌面电脑。

方法为：

（1）运行注册表编辑器，打开如下子项分支（如果不存在，则新建）：

HKEY_LOCAL_MACHINE\SOFTWARE\Microsoft\Windows\CurrentVersion\Policies\System

（2）根据表 9-1 编辑相应值项（如果不存在，则新建）。

表 9-1　值项及值项数据设置

值 项	数据类型	值项数据
UndockWithoutLogon	DWORD 值	1（允许此功能） 0（不允许有此功能）

（3）重新启动计算机或注销当前用户，再次进入 Windows XP，以使修改生效。

2. 订制进入 Windows 前的欢迎信息

进入登陆 Windows 后，可以让系统弹出一个欢迎信息框，用以提示登陆用户一些有用的信息，比如可以显示欢迎词，或者显示一些注意、警告事项。而通过修改注册表中的设置项目便可以达到此目的。

方法为：

（1）运行注册表编辑器，打开如下子项分支（如果不存在，则新建）：

HKEY_LOCAL_MACHINE_SOFTWARE\Microsoft\WindowsNT\CurrentVersion\Winlogon

（2）根据表 9-2 编辑相应值项（如果不存在，则新建）。

表 9-2 值项及值项数据设置

值 项	数据类型	值项数据
LegalNoticeCaption	字符串值	欢迎使用 Windows（定义欢迎窗口的标题现显示信息）
LegalNoticeText	字符串值	进入系统后，不要随便删除文件（定义欢迎窗口中的文字信息）

（3）重新启动计算机或注销当前用户，再次进入 Windows XP，以使修改生效。

3. 改变登录窗口的标题栏信息

此设置用于改变登录窗口的标题栏信息。方法为：

（1）运行注册表编辑器，打开如下子项分支（如果不存在，则新建）：

HKEY_LOCAL_MACHINE\SOFTWARE\Microsoft\WindowsNT\CurrentVersion\Winlogon

（2）根据表 9-3 编辑相应值项（如果不存在，则新建）。

表 9-3 值项及值项数据设置

值 项	数据类型	值项数据
LogonPromt	字符串值	欢迎使用 Windows（登录窗口的标题栏信息）

（3）重新启动计算机或注销当前用户，再次进入 Windows XP，以使修改生效。

4. 关闭计算机时自动结束任务

有时候，我们会发现在关机的时候，会弹出讨厌的对话框，提醒某个程序仍在运行，是否结束任务。其实完全可以通过一点点的修改让 Windows 自动结束这些仍在运行的程序。方法为：

（1）运行注册表编辑器，打开如下子项分支（如果不存在，则新建）：

HKEY_CURRENT_USER\Control Panel\Desktop

（2）根据表 9-4 编辑相应值项（如果不存在，则新建）。

表 9-4　值项及值项数据设置

值　项	数据类型	值项数据
AutoEndTasks	字符串值	1（关闭计算机时自动结束仍在运行的序） 0（关闭计算机时不自动结束仍在运行的程序）
WaitToKillAppTimeout	字符串值	4e20（自动关闭的时间设置）

（3）重新启动计算机或注销当前用户，再次进入 Windows XP，以使修改生效。

提示!!
在自动关闭功能设置的情况下，你还可对 WaitToKillApp Timeout 设置一个值，该值表示在多长时间之后，系统关闭任务。默认情况下为 20000，单位为毫秒。

5. 禁止启动时执行计划任务

当 Windows 启动后，计划任务会自动的被执行。通常情况下我们并不需要此功能，你可将此自动执行功能关闭，方法为：

（1）运行注册表编辑器，打开如下子项分支（如果不存在，则新建）：

HKEY_LOCAL_MACHINE\Software\Microsoft\Windows\CurrentVersion\RunServices

（2）根据表 9-5 编辑相应值项（如果不存在，则新建）。

表 9-5 值项及值项数据设置

值　项	数据类型	值项数据
SchedulingAgent	字符串值	mstask.exe（执行计划任务）

（3）重新启动计算机或注销当前用户，再次进入 Windows XP，以使修改生效。

提示!!
删除“SchedulingAgent”值项，即可关闭自动执行计划任务功能。

6. 设置 Windows 登录口令过期警告

当用户登录且用户的口令已过期时，可以显示警告对话框，可以使用本例的注册表设置方法来定制此对话框的文本内容。方法为：

（1）运行注册表编辑器，打开如下子项分支（如果不存在，则新建）：

HKEY_LOCAL_MACHINE\Software\Microsoft\WindowsNT\CurrentVersion\Winlogon

（2）根据表 9-6 编辑相应值项（如果不存在，则新建）。

表 9-6　值项及值项数据设置

值　项	数据类型	值项数据
PasswordExpiryWarning	DWORD 值	你的密码已经过期（设置其值为警告对话框所显示的内容）

7. 设置总是使用传统登录方式登录

此设置迫使用户使用“典型”登录屏幕方式登录到计算机。

方法为：

（1）运行注册表编辑器，打开如下子项分支（如果不存在，则新建）：

HKEY_LOCAL_MACHINE\Software\Microsoft\Windows\CurrentVersion\Policies\System

（2）根据表 9-7 编辑相应值项（如果不存在，则新建）。

表 9-7　值项及值项数据设置

值　项	数据类型	值项数据
LogonType	DWORD 值	0（使用默认登录方式） 1（总是使用传统登录方式登录）

（3）重新启动计算机或注销当前用户，再次进入 Windows XP，以使修改生效。

提示!! 默认情况下工作组设置为使用“简单”登录屏。只有计算机不在某个域上时，才运行此设置。

8. 如何显示关机脚本的运行状态

关机脚本是用户中心启动系统或关闭系统时运行的指令批文件。在默认情况下，系统不显示关机脚本中的指令。如果启用这个设置，系统会在关机脚本运行时显示每个指令。指令出现在命令窗口。这个设置是为高级用户设计的。方法为：

（1）运行注册表编辑器，打开如下子项分支（如果不存在，则新建）：

HKEY_LOCAL_MACHINE\Software\Microsoft\Windows\CurrentVersion\Policies\System

（2）根据表 9-8 编辑相应值项（如果不存在，则新建）。

表 9-8 值项及值项数据设置

值 项	数据类型	值项数据
HideShutdown Scripts	DWORD 值	0（显示关机脚本中的指令） 1（不显示关机脚本中的指令）

（3）重新启动计算机或注销当前用户，再次进入 Windows XP，以使修改生效。

9. 修改 Windows 登录时的背景色

修改登录时的背景颜色，可以按以下步骤操作。打开注册表编辑器，找到 HKEY_USERS\. DEFAULT\Control Panel\Colors 子键分支，双击子键分支下的 Background 键值名，出现“编辑字符串”对话框，在“数值数据”文本框中输入代表颜色的键值（比如黑色的 RGB 值为 000，白色的 RGB 值为 255 255 255，系统默认值是 58 110 165），单击“确定”按钮，重新启动系统即可。方法为：

（1）运行注册表编辑器，打开如下子项分支（如果不存在，则新建）：

HKEY_USERS\.DEFAULT\Control Panel\Colors

（2）根据表 9-9 编辑相应值项（如果不存在，则新建）。

表 9-9 值项及值项数据设置

值 项	数据类型	值项数据
Background	字符串值	58 110 165（代表颜色的键值）

（3）重新启动计算机或注销当前用户，再次进入 Windows XP，以使修改生效。

提示!!

在 Background“数值数据”文本框中输入代表颜色的键值（比如黑色的 RGB 值为 000，白色的 RGB 值为 255 255 255，系统默认值是 58 110 165），单击“确定”按钮，重新启动系统即可。

10. 在系统登录前按下 Ctrl+Alt+Delete 键

此设置可要求用户在登录 Windows 前按下 Ctrl + Alt + Delete。方法为：

（1）运行注册表编辑器，打开如下子项分支（如果不存在，则新建）：

HKEY_LOCAL_MACHINE\SOFTWARE\Microsoft\WindowsNT\CurrentVersion\Winlogon

（2）根据表 9-10 编辑相应值项（如果不存在，则新建）。

表 9-10 值项及值项数据设置

值 项	数据类型	值项数据
DisableCAD	DWORD 值	0（要求按下 Ctrl + Alt + Delete 键） 1（不需按下 Ctrl + Alt + Delete 键）

（3）重新启动计算机或注销当前用户，再次进入 Windows XP，以使修改生效。

提示!! 对于 Windows XP 系统，必须将其配制为标准登录方法才可使该设置正常工作。

11. 让 Windows 启动时不处理 Autoexec.bat

Autoexec.bat 是 DOS\Windows 98 下很常用的一个文件，使用它可以在系统启动的时候一次性的调用多个程序或在屏幕上显示说明信息，但是随着 DOS 的退位，Windows 98 使用的人数越来越少，这个文件很少用。

但是 Windows XP 在默认状态下仍然会在启动时处理这个文件里面的内容，这就给一些恶意程序造成了可乘之机，例如：Autoexec.bat 里面有一段话"format d:\q"，这个后果是很严重的。

但是，Windows XP 也给我们一种方法来屏蔽在启动的时候处理 Autoexec.bat，只要在注册表相应的地方修改一下就可以了。

方法为：

（1）运行注册表编辑器，打开如下子项分支（如果不存在，则新建）：

HKEY_CURRENT_USER\Software\Microsoft\Windows NT\CurrentVersion\ Winlogon

（2）根据表 9-11 编辑相应值项（如果不存在，则新建）。

表 9-11 值项及值项数据设置

值 项	数据类型	值项数据
ParseAutoexec	字符串值	0（屏蔽在启动时处理 Autoexec.bat） 1（启动时处理 Autoexec.bat）

（3）重新启动计算机或注销当前用户，再次进入 Windows XP，以使修改生效。

12. 设置登录时不显示欢迎屏幕

要在登录时不显示欢迎屏幕，可按照如下办法进行设置。

方法为：

（1）运行注册表编辑器，打开如下子项分支（如果不存在，则新建）：

HKEY_CURRENT_USER\Software\Microsoft\Windows\CurrentVersion\Policies\Explorer

（2）根据表 9-12 编辑相应值项（如果不存在，则新建）。

表 9-12　值项及值项数据设置

项 值	数据类型	值项数据
NC_NoWelcomeScreen	DWORD 值	1（禁止欢迎屏幕） 0（启用）

13. 如何禁止用户对虚拟内存进行访问

有时 Windows 会将其系统内核暂时不用的部分置换到硬盘上，而硬盘上的虚拟内存是和应用程序共用的。这将会暴露一个弱点，高级用户可能通过这个漏洞获得系统管理员密码。为了以防万一，读者可通过注册表增强对系统这方面的保护。方法为：

（1）运行注册表编辑器，打开如下子项分支（如果不存在，则新建）：

HKEY_LOCAL_MACHINE\SYSTEM\CurrentControlSet\Control\Session Manager

（2）根据表 9-13 编辑相应值项（如果不存在，则新建）。

表 9-13　值项及值项数据设置

值 项	数据类型	值项数据
ProtectionMode	DWORD 值	0（不增强保护） 1（增强保护）

14. 如何修改应用程序出错时试图等待响应的时间

此技巧可以修改一个应用程序出错时试图等待响应的时间，值为毫秒，缺省值为 5000 毫秒（即 5 秒），可以减少至 3000 毫秒，以加快系统的响应能力。方法为：

（1）运行注册表编辑器，打开如下子项分支（如果不存在，则新建）：

HKEY_CURRENT_USER\ControlPanel\Desktop

（2）根据表 9-14 编辑相应值项（如果不存在，则新建）。

表 9-14　值项及值项数据设置

值 项	数据类型	值项数据
HungAppTimeout	字符串值	bb8（定制响应的时间（毫秒））

15. 如何禁用 Windows 的文件高速缓存

Workstation 服务是用来把客户连接到 Windows 2000 服务器的基本系统，一个与 Workstation 服务相关的注册表操作是增加信箱的可用缓存以防止丢失信件，这样做可能会对性能造成影响。所以，只有当一个很明显的涉及信件丢失的问题无法用其他方法解决时才能这样做，这就是我们介绍本例中的方法的缘故。

方法为：

（1）运行注册表编辑器，打开如下子项分支（如果不存在，则新建）：

HKEY_LOCAL_MACHINE\System\CurrentControlSet\Services\LanmanWorkstation\Parameters

（2）根据表 9-15 编辑相应值项（如果不存在，则新建）。

表 9-15　值项及值项数据设置

值　项	数据类型	值项数据
UtilizeNtCaching	DWORD 值	0（禁止缓存） 1（启用缓存）

16. 如何删除多余的区域设置

与上述键盘布局相类似的还有 Windows 的区域设置，也可以通过注册表来进行删除。

方法为：

（1）运行注册表编辑器，打开如下子项分支（如果不存在，则新建）：

HKEY_LOCAL_MACHINE\System\CurrentControlSet\Control\Nls\Locale

（2）简体中文使用者完全可以只保留“00000804”数值数据，其他可全部删除。

（3）重新启动计算机或注销当前用户，再次进入 Windows XP，以使修改生效。

17. 如何禁止保存文件上次更新时间

对于系统来说，一般它会自动保存文件上次更新时间。这会对系统速度有影响，为此我们可利用注册表禁止此功能。

方法为：

（1）运行注册表编辑器，打开如下子项分支（如果不存在，则新建）：

HKEY_LOCAL_MACHINE\SYSTEM\CurrentControlSet\Control\FileSystem

（2）根据表 9-16 编辑相应值项（如果不存在，则新建）。

表 9-16　值项及值项数据设置

项　值	数据类型	值项数据
NtfsDisableLast-AccessUpdate	（DWORD 值）	1（不保存上次更新的时间） 0（保存上次更新的时间）

（3）重新启动计算机或注销当前用户，再次进入 Windows XP，以使修改生效。

18. 如何取消系统检测串口提高系统启动速度

计算机每次启动都会对计算机的硬件重新检测一遍，这需要花费一定的时间，也因此减慢了计算机的启动速度。通过修改启动文件中的相关启动参数可以取消系统检测串口，从而达到提高系统启动速度的目的。

方法为：

（1）右击“我的电脑”图标，打开“系统属性”对话框。

（2）单击“高级”选项卡，再单击“启动和故障恢复”选项区中的“设置”按钮，打开“启动和故障恢复”对话框。

（3）在“系统启动”选项区中单击“编辑”按钮打开 Boot.ini 文件。然后修改启动文件 Boot.ini 的参数，即修改[Operating systems]段的内容，将其中每一行后加上\NoSerialMice 参数。

（4）修改后存盘退出，重新启动 Windows XP 以使设置生效。

19. 如何禁用 CD-ROM 的自动播放功能

当在光驱内放入光盘时，Windows 系统总会自动执行光盘中的内容，这个恼人的问题如何才能杜绝其发生呢？别急，我们可以通过修改注册表来将此功能屏蔽。

方法为：

（1）运行注册表编辑器，打开如下子项分支（如果不存在，则新建）：

HKEY_LOCAL_MACHINE\SYSTEM\CurrentControlSet\Services\Cdrom

（2）根据表 9-17 编辑相应值项（如果不存在，则新建）。

表 9-17　值项及值项数据设置

值　项	数据类型	值项数据
AUTORUN	DWORD 值	0（禁用自动播放功能）

（3）重新启动计算机或注销当前用户，再次进入 Windows XP，以使修改生效。

20. 如何消除程序出错时强烈的读盘现象

当管理员在操作某软件出错时，系统会弹出一个【程序错误】的对话框，并伴随着强烈地读盘，这实际上是 Dr. Watson 在工作。对于普通用户，Dr. Watson 的作用并不大，相反因为它占用大量的磁盘空间反而会成为我们的累赘，因此管理员完全有必要通过修改注册表来关闭它。

方法如下：

（1）启动注册表编辑器，进入如下子项分支：

HKEY_LOCAL-MACHINE\SOFTWARE\Microsoft\WindowsNT\Current Version\AeDebug

（2）双击右窗格中的 Auto 键值名称，将其键值更改为 0。

（3）重新启动计算机或注销当前用户，再次进入 Windows XP，以使修改生效。

21. 如何禁用 Windwos XP 内嵌的 CD 侦测功能

Windwos XP 具有内嵌的 CD 侦测功能。当读者将 CD 放入光驱时，系统就会出现一个对话框。如果读者讨厌此功能的话，可通过注册表禁止此功能。方法为：

（1）运行注册表编辑器，打开如下子项分支（如果不存在，则新建）：

HKEY_CURRENT_USER\Software\Microsoft\Windows\CurrentVersion\Policies\Explorer

（2）根据表 9-18 编辑相应值项（如果不存在，则新建）。

表 9-18　值项及值项数据设置

值　项	数据类型	值项数据
NoCDBurning	DWORD 值	0（允许侦测功能） 1（禁止侦测功能）

（3）重新启动计算机或注销当前用户，再次进入 Windows XP，以使修改生效。

22. 如何取消硬盘剩余空间警告

当一个硬盘驱动器的总计剩余空间少于 10%时，Windows 将会发送管理警告。可以通过以下设置来修改这个百分比。方法为：

（1）打开注册表编辑器，找到如下表所示的项。

（2）新建一个名为“DiskSpaceThreshold”的 DWORD 值，当剩余空闲磁盘空间等于该百分比时将发送警报。

（3）重新启动 Windows 以使改动生效。

23. 如何从注册表中获取主板的 BIOS 信息

我们可通过在 Windows XP 注册表中获取主板的 BIOS 信息，而免去重新启动等麻烦。比如，在注册表里可以查看到主板的 ID 号，这对一些经常升级主板 BIOS 的朋友来说是个福音，因为在不知道主板具体型号的情况下，通过主板 ID 号可以清楚地获取主板的型号。方法为：

（1）运行注册表编辑器，打开如下子项分支（如果不存在，则新建）：

HKEY_LOCAL_MACHINE\Hardware\Description\System

（2）根据表 9-19 编辑其相应值项（如果不存在，则新建）。

表 9-19　值项及值项数据设置

值 项	数据类型	值项数据
Systembiosdate	字符串值	03\17\03（BIOS 的更新日期，此例为 2003 年 3 月 17 日最新更新版）
Systembiosversion	字符串值	BIOS Date: 03\17\03 19:20:24 Ver: 08.00.07（主版 BIOS 更新的具体时间和 BIOS 版本号）

提示!!

只有当你在最后一次运行 Windows NT\2000\XP 安装程序后没有更新或更改 BIOS 时，这一信息才是准确的，也就是说，这一信息只有当执行 Windows 安装程序时才更新注册表中的 BIOS 信息，而平时并非实时更新此信息。

（3）重新启动计算机或注销当前用户，再次进入 Windows XP，以使修改生效。

24. 如何直接查看 CPU 的相关信息

在如图 9-19 所示的“属性”对话框中，我们可以看到自己所使用的 CPU 的一些相关信息。

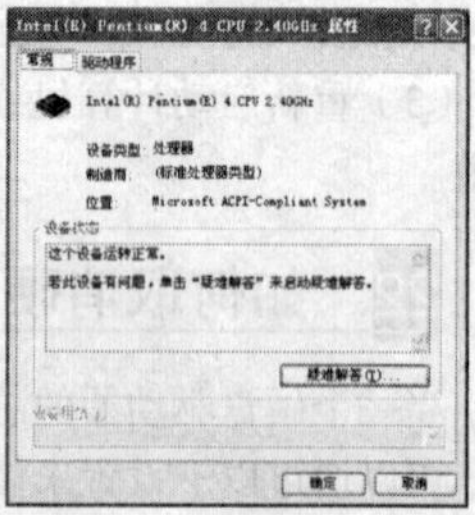

图 9-19

其实通过注册表，我们可以观察到更多的信息。

操作步骤如下：

（1）运行注册表编辑器，打开已有的或新建如下操作子项分支（如果不存在，则新建）：

HKEY_LOCAL_MACHINE\HARDWARE\DESCRIPTION\System\CentralProcessor\0

（2）根据表 9-20 编辑相应值项（如果不存在，则新建）。

表 9-20 值项与值项数据设置

值 项	数据类型	值项数据
~MHz	DWORD 值	28A（CPU 的频率）
Identifier	字符串值	X86 Family 6 Model 8 Stepping 1（cpu 的标识信息）
VendorIdentifier	字符串值	GenuineIntel（CPU 的生产商）

表 9-20 中的三个值项标识了 CPU 最基本的信息，它们分别标记了 CPU 的频率、标识信息及其生产场商。

（3）重新启动计算机或注销当前用户，再次进入 Windows XP，以使修改生效。

25. 如何不将默认客户端打印机设置为会话中的默认打印机

此设置用于指导终端服务不把默认客户端打印机指定为终端服务会话中的默认打印机。在默认情况下终端服务自动将默认客户端打印机指定为终端服务会话中的默认打印机。使用此设置替代该默认行为。

如果启用此设置，终端服务器不会把默认客户端打印机设置为会话中的默认打印机。相反，默认打印机是在服务器上指定的打印机；如果禁用此设置，则默认打印机总是默认客户端打印机。方法为：

（1）运行注册表编辑器，打开如下子项分支（如果不存在，则新建）：

HKEY_LOCAL_MACHINE\SOFTWARE\Policies\Microsoft\WindowsNT\Terminal Server

（2）根据表 9-21 编辑相应值项（如果不存在，则新建）。

表 9-21 值项及值项数据设置

值 项	数据类型	值项数据
fForceClientLptDef	DWORD 值	0（不将默认客户端打印机设置为会话中的默认打印机） 1（默认打印机是在服务器上指定的打印机）

（3）重新启动计算机或注销当前用户，再次进入 Windows XP，以使修改生效。

26. 如何降低快速打印的数据吞吐率

快速打印是 Windows XP 的一种特性，它允许在打印作业正在被应用程序创建时就送往打印机。在某些情况下，这样做会导致有过多的数据送往打印机

（例如当一个网络加载时）。要通过设置一个值来降低数据的吞吐率，可按照如下步骤修改注册表。

方法为：

（1）运行注册表编辑器，打开如下子项分支（如果不存在，则新建）：

HKEY_LOCAL_MACHINE\System\CurrentControlSet\Control\Print

（2）根据表 9-22 编辑相应值项（如果不存在，则新建）。

表 9-22　值项及值项数据设置

值 项	数据类型	值项数据
FastPrintSlowDownThreshold	DWORD 值	200（改为一个较小的设置，单位是毫秒）

（3）重新启动计算机或注销当前用户，再次进入 Windows XP，以使修改生效。

27. 如何控制打印机端口线程的优先级

每一个打印机端口都有一个或多个线程负责向物理打印机发送数据。读者可以通过修改注册表来控制这些线程的优先级。

方法为：

（1）运行注册表编辑器，打开如下子项分支（如果不存在，则新建）：

HKEY_LOCAL_MACHINE\System\CurrentControlSet\Control\Print

（2）根据表 9-23 编辑相应值项（如果不存在，则新建）。

表 9-23　值项及值项数据设置

值 项	数据类型	值项数据
PortThreadPriority	DWORD 值	0（正常线程优先级） 1（高于正常线程优先级） ffffffff（低于正常线程优先级）

（3）重新启动计算机或注销当前用户，再次进入 Windows XP，以使修改生效。

28. 如何设置打印机的优先级别

在可能作为 Windows XP 基于服务器网络的一部分的老式 NT 系统中，打印机优先级别可以通过修改注册表由应用程序和系统管理员来设置。

方法为：

（1）运行注册表编辑器，打开如下子项分支（如果不存在，则新建）：

HKEY_LOCAL_MACHINE\System\CurrentControlSet\Control\Print

（2）根据表 9-24 编辑相应值项（如果不存在，则新建）。

表 9-24　值项及值项数据设置

值　项	数据类型	值项数据
PriorityClass	DWORD 值	0（正常优先级类） 1（高优先级类） ffffffff（空闲优先级类）

（3）重新启动计算机或注销当前用户，再次进入 Windows XP，以使修改生效。

29. 如何允许通过 Web 方式使用打印机

Internet 打印允许你在网页上显示打印机，这样，可以在 Internet 或 Intranet 上查看、管理并使用打印机。在 Windows 上 Internet 打印是受支持的。如果启用这个设置或者不配置它，Internet 打印依旧受支持。如果停用这个设置，Internet 打印则不受支持。方法为：

（1）运行注册表编辑器，打开如下子项分支（如果不存在，则新建）：

HKEY_LOCAL_MACHINE\Software\Policies\Microsoft\Windows NT

（2）根据表 9-25 编辑相应值项（如果不存在，则新建）。

表 9-25　值项及值项数据设置

值　项	数据类型	值项数据
DisableWebPrinting	DWORD 值	0(表示允许用户使用 Web 打印机) 1(表示不允许使用 Web 打印机)

（3）重新启动计算机或注销当前用户，再次进入 Windows XP，以使修改生效。

> **提示!!** 这个设置只影响服务器方面的 Internet 打印。该设置不防止计算机上的打印客户端在 Internet 上打印。此设置在系统注销后生效。

30. 如何检查局域网中每台打印机的设置

在 Windows XP 的注册表中包含了局域网中每台打印机的大量信息。如果打印机出了故障，我们就需要查看打印机的详细设置情况，这时候，注册表就派上用场了。

这里以 hp LaserJet 1000 为例进行讲解：

（1）运行注册表编辑器，打开如下子项分支（如果不存在，则新建）：

HKEY_LOCAL_MACHINE\SYSTEM\CurrentControlSet\Control\Print\Printer\hpLaserJet 1000

提示!! hpLaserJet 1000 子项对于不同的打印机来说，它的名称就不一样了。

（2）对照该子项的详细设置信息，检查是否与你试图解决的问题相符合。

31. 怎样禁止打印机的通知信息

在默认状态下，当一项打印工作完成以后，NT 会使用弹出信息通知用户。其实我们可以通过注册表来禁止该窗口的弹出。方法如下：

（1）打开注册表编辑器。

（2）打开如下子项分支并选中它：

HKEY_LOCAL_MACHINE\System\CurrentControlSet\Control\Print\Providers

然后在右侧窗口中新建一个 DWORD 值："NetPopup"，并设其值为"0"可以禁止打印完成的通知信息，当然设置为 1 时，表示可以使用通知信息。

（3）重新启动计算机，更改便可生效。

32. 怎样禁止添加打印机

为了不让别人在自己电脑上添加打印机，我们可以禁止添加打印机的功能。操作步骤如下：

（1）打开注册表编辑器。

（2）打开如下子项分支并选中它：

HKEY_CURRENT_USER\Software\Microsoft\Windows\CurrentVersion\Policies\Explore

然后在右侧窗口中新建一个 DWORD 值："NoAddPrinter"，并设其值为"1"即可禁止添加打印机了。

33. 怎样禁止删除打印机

在注册表中，我们可以禁止添加打印机或者禁止删除打印机。操作步骤如下：

（1）打开注册表编辑器。

（2）打开如下子项分支并选中它：

HKEY_CURRENT_USER\Software\Microsoft\Windows\CurrentVersion\Policies\Explorer

然后在右侧窗口中新建一个 DWORD 值："NoDeletePrinter"，并设其值为"1"即可禁止添加打印机了。

34. 如何从注册表中获取显卡的 BIOS 信息

我们可以通过 Windows 注册表来获取显卡的 BIOS 信息。这对一些经常升级显卡 BIOS 的朋友来说也是个福音，因为在注册表中就可以了解到显卡的一些信息而避免重新启动等麻烦。方法为：

（1）运行注册表编辑器，打开如下子项分支（如果不存在，则新建）：

HKEY_LOCAL_MACHINE\Hardware\Description\System

（2）根据表 9-26 编辑相应值项（如果不存在，则新建）。

表 9-26　值项及值项数据设置

值　项	数据类型	值项数据
VideoBiosDate	字符串值	10\08\02（显卡 BIOS 的更新日期）
VideoBiosVersion	多字符串值	Version 8-18.20.07.00（显卡 BIOS 版本号）

（3）重新启动计算机或注销当前用户，再次进入 Windows XP，以使修改生效。

35. 如何激活 nViDIA 显卡超频优化选项

超频优化 nVidia 显卡可以通过第三方软件实现，但这些第三方软件要在 Detonator 5.xx 驱动中才能使用，怎么办？别急，其实通过注册表可修改在显卡驱动里的超频选项。

方法为：

（1）运行注册表编辑器，打开如下子项分支（如果不存在，则新建）：

HKEY_LOCAL_MACHINE\Software\NVIDIA Corporation\Global\NVTweak

（2）根据表 9-27 编辑相应值项（如果不存在，则新建）。

表 9-27　值项及值项数据设置

值　项	数据类型	值项数据
QuickTweak	DWORD 值	10020(激活超频选项)
CoolBits	字符串值	3(激活超频选项)

（3）重新启动计算机或注销当前用户，再次进入 Windows XP，以使修改生效。

36. 如何显示高彩色图标

如果需要更清楚的显示图标颜色和细节，必须启用高彩模式，Windows 图标显示为高分辨率。方法为：

（1）打开注册表编辑器，找到如下表所示的项：

HKEY_CURRENT_USER\Control Panel\Desktop\WindowMetrics

（2）新建一个名称为“Shell Icon BPP”的字符串值，设置其值为你的显卡所能支持的色深（例如，16 表示使用 16 位的图像卡，24 表示使用 24 位的图像卡）。

（3）关闭注册表编辑器，重新启动 Windows 使改动生效。

提示!!

你需要一块能显示 256 色以上的图形卡才能使之生效。

37. 如何调整 Windows 滚轮鼠标的设置

利用注册表，读者可对 Windows 滚轮鼠标的滚轮进行设置。读者可指定每当滚动轮子时，屏幕是滚动还是不动；每滚动一次，屏幕内容滚动几行等。方法为：

（1）运行注册表编辑器，打开如下子项分支（如果不存在，则新建）：

HKEY_CURRENT_USER\Control Panel\Desktop

（2）根据表 9-28 编辑相应值项（如果不存在，则新建）。

表 9-28　值项及值项数据设置

值　项	数据类型	值项数据
WheelScrollLines	字符串值	0（禁止滚轮功能） 1（打开滚轮功能）

（3）重新启动计算机或注销当前用户，再次进入 Windows XP，以使修改生效。

提示!!

“WheelScrollLines”的值为“0”时，表示禁滚轮的功能，当其值大于屏幕所能显示的行数时，每当轮子滚动一次时，屏幕上的内容将滚动一页；如果该值小于屏幕所能显示的行数时，则滚动一次时屏幕将滚动读者所设置的行数。

38. 如何调整鼠标双击时的敏感区域大小

当在桌面或资源管理器中双击图标以打开某个文件时，我们必须将鼠标移到该图标上双击才可。如果通过对鼠标双击的敏感区域大小设置后，则只需将指针移到图标的边上双击即可。方法为：

（1）运行注册表编辑器，打开如下子项分支（如果不存在，则新建）：

HKEY_CURRENT_USER\Control Panel\Mouse

（2）根据表 9-29 编辑相应值项（如果不存在，则新建）。

表 9-29　值项及值项数据设置

值　项	数据类型	值项数据
DoubleClickHeight	(DWORD 值)	1e(水平方向上的有效区为 30 像素)
DoubleClickWidth	(DWORD 值)	1e(垂直方向上的有效区为 30 像素)

（3）重新启动计算机或注销当前用户，再次进入 Windows XP，以使修改生效。

提示!! "DoubleClickHeight"的值为指针在垂直方向上的有效区域，"DoubleClickWidth"的值为指针在水平方向上的有效区域，单位都为象素。

39. 如何如何修改鼠标缓冲大小

有时你可能会遇到 Windows 报告鼠标缓冲溢出错误信息。这时你就需要对缓冲大小重新设定，以避免出现同样的问题。方法为：

（1）运行注册表编辑器，打开如下子项分支（如果不存在，则新建）：

HKEY_LOCAL_MACHINE\SYSTEM\CurrentControlSet\Services\Mouclass\Parameters

（2）在右边窗口中找到 DWORD 值 MouseDataQueueSize，然后双击，在打开的对话框中将其数值数据更改为自己想要的值即可。

提示!! 对于"MouseDataQueueSize"的值即为鼠标的缓冲大小，其单位为字节（Byte）。

（3）重新启动计算机或注销当前用户，再次进入 Windows XP，以使修改生效。

40. 怎样交换鼠标左右键

对于左撇子来说，好像没法使用平常的鼠标，而需要右键为主键的鼠标，而左键为副键。我们其实可以在注册表中进行修改。操作项：

（1）打开注册表编辑器。

（2）打开 HKEY_CURRENT_USER\Control Panel\desktop 主键并选中它，然后双击右侧窗口 SwapmouseButtons（如果没有，新建一个字符串值即可），将数值设为 1。

（3）重新启动后，鼠标就适合左撇子使用了。

41. 如何自动移动鼠标到默认按钮

当我们打开一个对话框时，鼠标并不一定指向这个对话框中。为了让我们的鼠标听话些，让对话框在哪鼠标就在哪，我们可以在注册表中完成这个工作。操作步骤如下：

（1）打开注册表编辑器。

（2）打开 HKEY_CURRENT_USER\Control Panel\desktop 主键并选中它，然后双击右侧窗口 SnapToDefaultButton，将数值设为 1 即可。

42. 怎样设置键盘延迟时间

键盘的延迟时间就是当我们一直按着键盘上的某一个按键时该字符在屏幕上重复的时间，我们可以通过注册表来调整这个延迟时间。操作步骤如下：

（1）打开注册表编辑器。

（2）打开 HKEY_CURRENT_USER\ControlPanel\Keyboard 主键并选中它，双击右侧窗口中的“KeyboardDelay”，将数值设为想要设置的值，该值可选的数值有 0,1,2,3。

43. 怎样设置键盘的重复率

与键盘延迟时间一样，当我们一直按住键盘上的某一个按键时，该字符在屏幕上重复的速度就是键盘的重复率。这个重复率也可以通过注册表进行调整的。操作步骤如下：

（1）打开注册表编辑器。

（2）打开 HKEY_CURRENT_USER\Control Panel \Keyboard 主键并选中它，双击右侧窗口中的“KeyboardSpeed”，将数值设为想要设置的值，该值可选数值有 0～31。

44. 如何更改用户名与公司名

安装 Windows 时，部分安装程序会要求输入你的名称与公司名称，如果你在后来的使用过程中想要改变他们，则可通过如下方法实现：

（1）运行注册表编辑器，打开如下子项分支（如果不存在，则新建）：

HKEY_LOCAL_MACHINE\SOFTWARE\Microsoft\WindowsNT\CurrentVersion

（2）根据表 9-30 编辑相应值项（如果不存在，则新建）。

表 9-30　值项及值项数据设置

值　项	数据类型	值项数据
RegisteredOrganization	字符串值	Videasoft.com（组织、公司名称）
RegisteredOwner	字符串值	Angel119（用户名称）

45. 如何从我的电脑中去掉共享文件夹

Windows XP 在“我的电脑”中提供有一个共享文件夹，但是对于许多用户来说，这个共享文件用处并不大，但是在桌面上无法将它去掉，不过没有关系，我们有“上方宝剑”——注册表，下面就让我们来去掉它。

方法为：

（1）运行注册表编辑器，打开如下子项分支（如果不存在，则新建）：

LOCAL_MACHINE\SOFTWARE\Microsoft\Windows\CurrentVersion\Explorer\My Computer\NameSpace\DelegateFolders

（2）用户将看到一个名为“{59031a47-3f72-44a7-89c5- 5595fe6b30ee}”的子键，删掉它即可将“我的电脑”中的共享文件夹去除。无需重新启动即可生效。

46. 如何个性化“任务计划”

喜欢个性化的朋友是不是想过个性化你的任务计划呢？当然还是少不了对注册表的修改：

方法为：

（1）运行注册表编辑器，打开如下子项分支（如果不存在，则新建）：

HKEY_CLASSES_ROOT\CLSID\{D6277990-4C6A-11CF-8D87-00AA0060F5BF}

（2）根据表 9-32 编辑相应值项（如果不存在，则新建）。

表 9-32 值项及值项数据设置

值 项	数据类型	值项数据
默认值项	字符串值	我的助手（显示在我的电脑中）

（3）重新启动计算机或注销当前用户，再次进入 Windows XP，以使修改生效。

47. 如何更改“打印机”图标

此操作可以改变打印机图标。

方法为：

（1）运行注册表编辑器，打开如下子项分支（如果不存在，则新建）：

HKEY_LOCAL_MACHINE\Software\CLASSES\CLSID\{2227A280-3AEA-1069-A2DE-08002B30309D}\DefaultIcon

（2）根据表 9-33 编辑相应值项（如果不存在，则新建）。

表 9-33 值项及值项数据设置

项 值	数据类型	值项数据
默认值项	可扩充字符串值	E:\图片\鸟鱼花虫\1.ico（新图标路径）

48. 如何更改 DOS 程序的图标

在 Windows 中，MS-DOS 程序的图标都是一个白加蓝色的图标，我们可以通过修改注册表来更改这种图标。

方法为：

（1）运行注册表编辑器，打开如下子项分支（如果不存在，则新建）：

HKEY_LOCAL_MACHINE\Software\Microsoft\Windows\CurrentVersion\explorer\Shell Icons

（2）根据表 9-34 编辑相应值项（如果不存在，则新建）。

表 9-34　值项及值项数据设置

值项	数据类型	值项数据
2	字符串值	E:\图片\Icons\newdos.ico（在此输入新图标的路径）

49. 如何更改 Internet Explorer 的图标

通过此操作可以改变 IE 的桌面图标。

方法为：

（1）运行注册表编辑器，打开如下子项分支（如果不存在，则新建）：

HKEY_LOCAL_MACHINE\Software\Classes\CLSID\{871C5380-42A0-1069-A2EA-08002B30309D}\DefaultIcon

（2）根据表 9-35 编辑相应值项（如果不存在，则新建）。

表 9-35　值项及值项数据设置

值　项	数据类型	值项数据
默认值项	字符串值	c:\windows\aa.ico（新图标路径）

50. 如何更改标准时间的名称

在日常生活中我们所使用的时间是北京时间，而计算机显示的是“中国标准时间”，通过此操作可以把“中国标准时间”改为其他名称，比如“北京时间”等。

方法为：

（1）运行注册表编辑器，打开如下子项分支（如果不存在，则新建）：

HKEY_LOCAL_MACHINE\System\CurrentControlSet\Control\TimeZoneInformation

（2）根据表 9-36 编辑相应值项（如果不存在，则新建）。

表 9-36　值项及值项数据设置

值　项	数据类型	值项数据
StandardName	字符串值	北京时间（更改后的值）

51. 如何清除多余的配色方案

Windows 自带了很多种配色方案，大部分都没有多大意思，清除适当还可以为注册表“减肥”，方法为：

（1）运行注册表编辑器，打开如下子项分支（如果不存在，则新建）：

HKEY_CURRENT_USER\Control Panel\Appearance\Schemes

（2）在窗口的右边会出现系统自带的各种配色方案，将你认为无用的配色方案删除掉，一般只保留“默认”一项。

（3）打开“控制面板”窗口中的“显示”，然后在“显示 属性”窗口中单击“外观”标签，在“色彩方案”下拉列表中进行观察，即可发现多余的配色方案已经被清除掉了。

52. 如何更改窗口标题栏的大小

方法为：

（1）运行注册表编辑器，打开如下子项分支（如果不存在，则新建）：

HKEY_CURRENT_USER\Control Panel\desktop\Windows Metrics

（2）根据表 9-37 编辑相应值项（如果不存在，则新建）。

表 9-37　值项及值项数据设置

值　项	数据类型	值项数据
CaptionHight	字符串值	-370（此键代表窗口标题栏的高度）
Caption	字符串值	-270（此键代表窗口标题栏的宽度）
MenuHight	字符串值	-270（此键代表了窗口菜单栏的高度）
MenuWidth	字符串值	-270（此键代表了窗口菜单栏的宽度）

（3）重新启动计算机或注销当前用户，再次进入 Windows XP，以使修改生效。

53. 如何修改 Windows XP 的版本号

Windows XP 里面有一个内部版本号，如常见的 2600.xpclient.010817-1148，该信息是保存在注册表中，我们可以自由的修改它。

方法为：

（1）运行注册表编辑器，打开如下子项分支（如果不存在，则新建）：

HKEY_LOCAL_MACHINE\SOFTWARE\Microsoft\WindowsNT\CurrentVersion

（2）根据表 9-38 编辑相应值项（如果不存在，则新建）。

表 9-38 值项及值项数据设置

值 项	数据类型	值项数据
BuildLab	字符串值	2600.xpclient.010817-1148（修改成个性化的内部版本号）

提示!!

为了避免一些兼容性问题，比如一些 Windows 软件通过此来判断是否为 Windows 的某个特定版本，所以最好不要把前面的“2600”也改了，否则容易引起问题！

54. 如何加载一个特定的视觉样式文件

此设置允许用户通过输入一个视觉样式文件的路径（位置）来加载一个特定的视觉样式文件。它可以是一个本地计算机视觉样式（Luna.msstyles），或一个用 UNC 的在远程服务器上的文件（\\Server\Share\Luna.msstyles）。如果用户启用此设置，则用户指定的视觉样式文件将被使用。同时，用户不能选择使用一个不同的视觉样式。如果你禁用或不配置此设置，用户可以选择他们想使用的桌面视觉样式。

方法为：

（1）运行注册表编辑器，打开如下子项分支（如果不存在，则新建）：

HKEY_CURRENT_USER\Software\Microsoft\Windows\CurrentVersion\Policies\System

（2）根据表 9-39 编辑相应值项（如果不存在，则新建）。

表 9-39 值项及值项数据设置

项 值	数据类型	值项数据
SetVisualStyle	字符串值	d:\Skins\Luna.msstyles（输入一个有效的视觉样式文件的路径）

（3）重新启动计算机或注销当前用户，再次进入 Windows XP，以使修改生效。

55. 如何更改“回收站”的名称

在桌面上显示的“回收站”一般不能直接改名，为了个性化我们的“回收站”，将利用注册表对其改名。

方法为：

（1）运行注册表编辑器，打开如下子项分支（如果不存在，则新建）：

HKEY_CLASSES_ROOT\CLSID\{645FF040-5081-101B-9F03-00AA002F954E}

（2）根据表 9-40 编辑相应值项（如果不存在，则新建）。

表 9-40 值项及数值数据设置

值 项	数据类型	值项数据
默认值项	字符串值	垃圾处理站（在此设置回收站的新名称）

（3）重新启动计算机或注销当前用户，再次进入 Windows XP，以使修改生效。

56. 如何禁止光标闪烁

如果你不喜欢光标闪烁，可以使用本技巧来禁止光标闪烁。

方法为：

（1）运行注册表编辑器，打开如下子项分支（如果不存在，则新建）：

HKEY_USERS\USERNAME\Control Panel\desktop

（2）根据表 9-41 编辑相应值项（如果不存在，则新建）。

表 9-41 值项及值项数据设置

值 项	数据类型	值项数据
CursorBlinkRate	字符串值	1（禁止光标闪动） 0（允许光标闪动）

（3）重新启动计算机或注销当前用户，再次进入 Windows XP，以使修改生效。

提示!!

> 其中的“USERNAME”为用户的用户名。如果想让光标恢复闪烁，只需删除该值项即可。

57. 如何消除快捷方式中的“快捷方式”

在新建的快捷方式图标中，常常会出现“快捷方式”四个字，影响了图标及桌面的美观，因此，我们需要去掉这四个字，本技巧可以禁止显示“快捷方式”四个字。

方法为：

（1）运行注册表编辑器，打开如下子项分支（如果不存在，则新建）：

HKEY_CURRENT_USER\Software\Microsoft\Windows\CurrentVersion\Explorer

（2）根据表 9-42 编辑相应值项（如果不存在，则新建）。

表 9-42 值项及值项数据设置

值 项	数据类型	值项数据（说明）
Link	二进制值	0（禁止显示“快捷方式”） 1（取消此功能）

（3）重新启动计算机或注销当前用户，再次进入 Windows XP，以使修改生效。

如要取消该功能，只需删除值项 Link 即可。

58. 如何在任务栏以 12 小时制显示时间

我们平常使用的都是 12 小时制，但任务栏里的时间却是以 24 小时制显示的，这样看起来是不是很不习惯？其实我们可以把它改成我们习惯的形式，按照如下的方法即可以改变任务栏中时间的显示形式。方法为：

（1）运行注册表编辑器，打开如下子项分支（如果不存在，则新建）：

HKEY_CURRENT_USER\Control Panel\International

（2）根据表 9-43 编辑相应值项（如果不存在，则新建）。

表 9-43 值项及值项数据设置

值 项	数据类型	值项数据
sTimeFormat	字符串值	hh:mm:tt（修改该值项的值，即可把 24 小时制换成 12 小时制）

提示!!

其中的“USERNAME”为用户的用户名。如果想恢复成 24 小时制，只需删除该值项即可。

（3）重新启动计算机或注销当前用户，再次进入 Windows XP，以使修改生效。

59. 更换“我的电脑”图标

更改“我的电脑”图标，也就是将系统原来使用的图标更换为自己喜欢的图标，方法为：

（1）打开注册表编辑器，找到如下注册表子项分支：

HKEY_CURRENT_USER\Software\Microsoft\Windows\CurrentVersion\Explorer\CLSID\{20D04FE0-3AEA-1069-A2D8-08002B30309D}\DefaultIcon

（2）双击右窗格中的“默认”键值名称，在打开的对话框中的“数值数据”文本框中输入图标所在的磁盘路径和文件名称即可。

（3）返回到桌面后按 F5 键刷新，这时会看到“我的电脑”图标已经更换为指定的图标样式。

60. 更换“网上邻居”图标

更换“网上邻居”的图标的操作方法与原理同更换“我的电脑”图标相

同，只是注册表键项不同而已。

方法为：

（1）打开注册表编辑器，找到如下注册表子项分支：

HKEY_CURRENT_USER\Software\Microsoft\Windows\CurrentVersion\Explorer\CLSID\{208 D2C60-3AEA-1069-A2D7-08002B30309D}\DefaultIcon

（2）双击右窗格中的“默认”键值名称，打开“编辑字符串”对话框；

（3）在出现的该对话框中的“数值数据”文本框中输入图标所在的磁盘路径和文件名称；

（4）返回到桌面后按 F5 键，这时会看到“网上邻居”图标已经更换为指定的样式。

61. 更改 Internet Explorer 的图标

如果我们想要更改 Internet Explorer 的图标，那么，我们只要在打开的注册表编辑器中进行如下的修改就可以了。

方法为：

（1）运行注册表编辑器，打开如下子项分支（如果不存在，则新建）：

HKEY_LOCAL_MACHINE\Software\CLASSES\CLSID\{871C5380-42A0-1069-A2EA-08002B30309D}\DefaultIcon

（2）双击右侧窗口中的“默认”，将数值设为新图标的路径，如 C：\love. ico。

（3）重新登录，IE 图标已经改变。

62. 如何禁止改变任务栏位置

在通常情况下，任务栏的位置是可以随便放在屏幕的任一边。但通过此设置可以禁止用户对任务栏位置的改变。

方法为：

（1）运行注册表编辑器，打开如下子项分支（如果不存在，则新建）：

HKEY_LOCAL_MACHINE\Software\Microsoft\Windows\CurrentVersion\Policies\Explorer

（2）根据表 9-44 编辑相应值项（如果不存在，则新建）。

表 9-44 值项及值项数据设置

值 项	数据类型	值项数据
LockTaskbar	DWORD 值	0（不锁定任务栏的位置） 1（锁定任务栏的位置）

（3）重新启动计算机或注销当前用户，再次进入 Windows XP，以使修改生效。

63. 如何隐藏工具栏

用户是否遇到这样的情况：工具栏消失了或是当光标移近的时候隐藏了。这是因为注册表中的主值项被破坏了。我们可以自已修改注册表来修复它。方法为：

（1）运行注册表编辑器，打开如下子项分支（如果不存在，则新建）：

HKEY_CURRENT_USER\Software\Microsoft\Windows\CurrentVersion\Explorer\StuckRects2

（2）将“StuckRects”子项删除。

（3）重新启动计算机或注销当前用户，再次进入 Windows XP，以使修改生效。

64. 如何更改“桌面”的目录

在 Windows 操作系统中，我们可以通过修改注册表的方法来更改“桌面”的目录，具体的操作方法如下所示：

（1）运行注册表编辑器，打开已有的或新建如下操作子项分支：

HKEY_USERS\.DEFAULT\Software\Microsoft\Windows\CurrentVersion\Explorer\User Shell Foloders

（2）根据表 9-45 编辑相应值项（如果不存在此值项则新建一个）。

表 9-45　值项及值项数据设置

值　项	数据类型	值项数据
Desktop	可扩充字符串值	F:\Desktop(在此输入你指定的桌面位置)

（3）重新启动计算机或注销当前用户，再次进入 Windows XP，以使修改生效。

65. 如何任意控制桌面图标大小

众所周知，通过“显示属性”中的“外观”选项卡，用户可以很方便地调整整个桌面、窗口或其他项目的字体和图标大小。但这种设置方式有一定的局限性，例如，用户只能选择系统提供的桌面图标大小方案应用的窗口，不能自己设定桌面图标的具体大小，但通过修改注册表就可以达到此目的。

方法为：

（1）运行注册表编辑器，打开如下子项分支（如果不存在，则新建）：

HKEY_CURRENT_USER\Control Panel\Desktop\WindowMetrics

（2）双击 Shell Icon Size 值项名称，打开“编辑字符串”对话框。

（3）在该对话框的“数值数据”文本框中，系统默认的图标大小参数为 29，用户可以根据自己的需要来设置桌面图标大小的参数，如 56。

（4）单击“确定”按钮关闭“编辑字符串”对话框。

（5）注销当前用户并重新登录计算机系统后设置生效。

66. 如何调整桌面图标颜色质量

用户不但可以通过“显示属性”对话框的“设置”选项卡调整计算机的颜色质量，而且还可以通过注册表来调整图标的颜色质量。

方法为：

（1）运行注册表编辑器，打开如下子项分支（如果不存在，则新建）：

HKEY_CURRENT_USER\Control Panel\Desktop\WindowMetrics

（2）双击 Shell Icon BPP 值项打开“编辑字符串”对话框。

（3）在该对话框的“数值数据”文本框中，系统默认的图标颜色参数为 16，其中可供用户使用的颜色参数包括：4 表示 16 种颜色，8 表示 256 种颜色，16 表示 65536 种颜色，24 表示 1600 万种颜色，32 表示 True Color（真彩色）。这里可以根据自已的需要来设置桌面图标颜色的参数，如 32。

（4）单击“确定”按钮关闭“编辑字符串”对话框。

（5）关闭注册表编辑器并注销当前用户，重新登录系统即可使设置生效。

提示!! 在修改前一定要仔细阅读显示卡的说明书，看能否支持真彩色。

67. 如何个性化设置“打印机”名称

追求个性化的用户可以通过注册表来任意修改打印机名称和提示信息，用户可以修改“打印机”的名称为“PDF 印刷厂”，提示信息为“我的个人 PDF 印刷厂”。

方法为：

（1）运行注册表编辑器，打开如下子项分支（如果不存在，则新建）：

HKEY_CLASSES_ROOT\CLSID\{2227A280-3AEA-1069-A2DE-08002B3030 9D}

（2）双击右侧窗口中的“默认”，将数值更改为“九州天地印刷厂”。

（3） 双击右侧窗口中的“Infotip”，将数值设为“九州天地印刷厂”。

（4） 打开“我的电脑”，“打印机”已经找不到了，取而代之的就是“九州天地印刷厂”了。

68. 怎样给桌面项目或菜单命令改名

在 Windows XP 中，“我的电脑”、“我的文档”等系统图标的名称，即可以使用注册表改名，也可以在屏幕上用鼠标双击图标重新命名。在 Windows XP 中，有些图标（例如回收站）只有用注册表来修改回收站的名字。

给桌面图标改名的方法为：

（1）运行注册表编辑器，打开如下子项分支（如果不存在，则新建）：

HKEY_CURRENT_USER\Software\Microsoft\Windows\ShellNoRoam\MUICache

（2）这时可以看到右边窗格中有多个值项，找到名称为@F：\WINDOWS\system32\ SHELL32.dll,-8964 的值项，用鼠标左键双击它，在弹出的“编辑字符串”对话框的“数值数据”文本框中将“回收站”改为用户喜欢的名字，如“垃圾桶”。

（3）注销当前用户重新登录计算机后，设置立即生效。

69. 怎样在桌面上显示 Windows 版本号

对于使用过测试版 Windows 的用户，可能都会有这样的体验，即在桌面右下角系统会显示出当前用户使用的 Windows 的版本，而在正式版 Windows 发行后，通常该标识便不再显示。如果用户希望仍将该版本号显示出来，可通过修改注册表的方法来完成。

方法为：

（1）运行注册表编辑器，打开如下子项分支（如果不存在，则新建）：

HKEY_CURRENT_USER\Control Panel\Desktop

（2）在 Desktop 子项的右窗格中双击 PaintDesktopVersion 值项名称，打开“编辑字符串”对话框，将该对话框的“数值数据”文本框中的数据更改为 1，然后单击“确定”按钮关闭对话框。

（3）注销当前用户并重新登录以使设置生效，这时桌面的右下角就会显示出版本号。

70. 如何修改系统的注册信息

在安装 Windows 时，安装向导要求用户输入个人和组织信息以作为注册信息保存。在“我的电脑”上单击鼠标右键，在快捷菜单中选择“属性”命令后将打开“系统属性”对话框中的“常规”选项卡，其中就显示了这些注册信息。按照常规方式，这些信息是无法修改的，但是通过修改注册表数据的方式却可以。

方法为：

（1）运行注册表编辑器，打开如下子项分支（如果不存在，则新建）：

HKEY_LOCAL_MACHINE\SOFTWARE\Microsoft\Windows NT\CurrentVersion

（2）在右窗格中分别修改值项为 RegisteredOwner 和 RegisteredOrganization 的字符串值项；其中 RegisteredOwner 值项中存储的是个人信息，而 Registered Organization 值项中存储的是组织信息。

（3）根据自己的需要修改了注册信息后，再次打开“常规”选项卡会浏览到已修改的注册信息。

71. 如何任意修改预定的窗口颜色

尽管 Windows 系统中已经预定义了多种窗口显示方案，用户要定义某一个部分的颜色，如想将黑色的按钮字体定义成红色，这时就无能为力了，但是通过修改注册表可以很容易的实现。下面我们以窗口的按钮字体颜色和菜单字体颜色为例，将它们由黑色修改为红色。方法为：

（1）运行注册表编辑器，打开如下子项分支（如果不存在，则新建）：

HKEY_CURRENT_USER\Control Panel\Colors

（2）双击右窗格中的 ButtonText 值项名称，在打开的对话框中将其值由“0 0 0（黑色）”改为“255 0 0（红色）”。

（3）再双击右窗格中的 MenuText 值项名称，在打开的对话框中将其值由“0 0 0（黑色）”改为“255 0 0（红色）”。

（4）关闭注册表编辑器并重新启动计算机后，红色的按钮字体和菜单字体将显示在窗口中。

在 HKEY_CURRENT_USER\Control Panel\Colors 子项下，有许多与按钮显示相关的参数，包括颜色、宽度、高度、背景等。

如果按照上面说的方法修改，窗口中所有与按钮有关的文字都会变成红色，连滚动条上的三角形符号都是红色的。如果用户喜欢别的颜色，可以改成别的数值，例如 0 0 255 显示蓝色的字体。

72. 禁止显示提示信息

将鼠标移动到桌面的快捷方式上，或者系统图标（如“我的电脑”）上时，会出现一个提示信息。通过注册表的修改可以将该提示信息屏蔽掉，而不让它出现。

方法为：

（1）运行注册表编辑器，打开如下子项分支（如果不存在，则新建）：

HKEY_CURRENT_USER\Software\Microsoft\Windows\CurrentVersion\Explorer\Advanced

（2）在其右窗格中，双击值项名称为 ShowInfoTip 值项，然后将其数据值设置为 0，表示禁止显示提示信息。如果设置为 1，则表示允许显示提示信息。

（3）按 F5 键刷新注册表，新的设置即可生效。

73. 如何禁止更改活动桌面设置

在默认情况下，用户可以在启用活动桌面后对桌面进行设置。如果要禁止对活动桌面进行设置，则可以修改注册表中的相应控制项。方法为：

（1）运行注册表编辑器，打开如下子项分支（如果不存在，则新建）：

HKEY_CURRENT_USER\Software\Microsoft\Windows\CurrentVersion\Policies\Explorer

（2）在右窗口中，新建立一个名称为 NoActiveDesktopChanges、数据类型为 DWORD 值的值项，然后将其数值设置为 1，表示禁止更改活动桌面的设置；值为 0 或者该值不存在，表示允许用户更改活动桌面的设置。

（3）新建或者修改该值项后，注销当前用户，在桌面上右击鼠标，可看到快捷菜单中的“活动桌面”菜单项消失，用户就不能更改活动桌面的设置了。

74. 如何设置是否显示记事本的状态栏

当打开 Windows 系统自带的文本编辑程序时，发现其状态栏不见了。而此时“查看”菜单下的“状态栏”也标为不可用状态。为了使记事本能正常显示状态栏，读者可通过修改注册表的相关值项来实现。

方法为：

（1）运行注册表编辑器，打开如下子项分支（如果不存在，则新建）：

HKEY_CURRENT_USER\Software\Microsoft\Notepad

（2）根据表 9-46 编辑相应值项（如果不存在，则新建）。

表 9-46　值项及值项数据设置

值　项	数据类型	值项数据
StatusBar	DWORD 值	0（不显示状态栏） 1（显示状态栏）

提示!!

在一般情况下，记事本的“状态栏”都是不可用的，所以要改变状态栏是否显示必需通过修改“StatusBar”的值来改变。

75. 如何设置在记事本中显示下划线及中划线

在记事本中，通过“字体”选项设置是不可能让文字显示下划线及中划线的。但通过对注册表中相应数值数据的修改，读者可让记事本中的文字显示下划线或中划线。

方法为：

（1）运行注册表编辑器，打开如下子项分支（如果不存在，则新建）：

HKEY_CURRENT_USER\Software\Microsoft\notepad

（2）根据表 9-47 编辑相应值项（如果不存在，则新建）。

表 9-47 值项及值项数据设置

值 项	数据类型	值项数据
lfUnderline	DWORD 值	0（不以下划线显示文字） 1（以下划线显示文字）
lfStrikeOut	DWORD 值	0（不以中划线显示文字） 1（以中划线显示文字）

提示!! 要想在记事本中以下划线或中划线显示文字，必需在注册表中进行修改。

76. 如何指定记事本打开窗口的位置

记事本可以记忆上次关闭时窗口的位置，并且在下次再打开窗口时还在该位置出现。通过修改注册表可限制窗口在每次打开时都在同一个位置中出现。

方法为：

（1）运行注册表编辑器，打开如下子项分支（如果不存在，则新建）：

HKEY_CURRENT_USER\Software\Microsoft\Notepad

（2）根据表 9-48 编辑相应值项（如果不存在，则新建）。

表 9-48 值项及值项数据设置

值 项	数据类型	值项数据
IwindowPosX	DWORD 值	0（窗口的横坐标为 0）
IWindowPosY	DWORD 值	0（窗口的纵坐标为 0）

提示!! 对于窗口坐标的位置是这样规定的：坐标以像素为单位，坐标的原点是屏幕左上角的顶点。对于窗口的坐标是以窗口左上角顶点位置来计算的。如上面的设置值表示窗口左上角将与屏幕左上角相重。

77. 如何禁止 Windows Media Player 出现升级信息

当 Media Player 有新的版本发行时，在连上 Internet 的时候，Media Player 就会出现升级询问信息。读者可通过下面设置禁止这个信息的出现。

方法为：

（1）运行注册表编辑器，打开如下子项分支（如果不存在，则新建）：

HKEY_LOCAL_MACHINE\SOFTWARE\Microsoft\MediaPlayer\PlayerUpgrade

（2）根据表 9-49 编辑相应值项（如果不存在，则新建）。

表 9-49 值项及值项数据设置

值 项	数据类型	值项数据
AskMeAgain	字符串值	yes（出现升级信息） no（不出现升级信息）

（3）重新启动计算机或注销当前用户，再次进入 Windows XP，以使修改生效。

提示!!

使用 Microsoft Windows Media Player，可以播放和组织计算机及 Internet 上的数字媒体文件。此外，你还可以使用此播放机收听全世界的电台广播、播放和复制 CD、创建自己的 CD、播放 DVD 以及将音乐或视频复制到便携设备（如便携式数字音频播放机和 Pocket PC）中。

78. 如何更改 Windows Media Player 标题栏信息

此设置可以使我们将 Windows Media Player 标题栏的文本信息改为自己想要的信息。

方法为：

（1）运行注册表编辑器，打开如下子项分支（如果不存在，则新建）：

HKEY_LOCAL_MACHINE\Software\Policies\Microsoft\WindowsMediaPlayer

（2）根据表 9-50 编辑相应值项（如果不存在，则新建）。

表 9-50 值项及值项数据设置

值 项	数据类型	值项数据
TitleBar	字符串值	videasoft（标题栏信息更改为“videasoft”）

（3）重新启动计算机或注销当前用户，再次进入 Windows XP，以使修改生效。

79. 如何关闭 Dr Watson

Dr.Watson 是 Windows 2000 的一个崩溃分析工具，它在应用程序崩溃的时候自动弹出，并且在默认情况下，它会将与出错有关的内容存为 DUMP 文件以供程序员分析。不过作为普通的读者，记录 DUMP 文件不但毫无用处，而且还有两个缺点：

（1）崩溃的瞬间，有一个对话框弹出，告知应用程序出错将被关闭，这时一般会有大型的磁盘读写现象，要过很久才能关闭。这是因为 Dr.Watson 在做内存 DUMP。

（2）占用大量的磁盘空间。

如果不想使用这项功能的话，可以通过修改注册表来将其屏蔽掉。

方法为：

（1）运行注册表编辑器，打开如下子项分支（如果不存在，则新建）：

HKEY_LOCAL_MACHINE\SOFTWARE\Microsoft\WindowsNT\CurrentVersion\AeDebug

（2）根据表 9-51 编辑相应值项（如果不存在，则新建）。

表 9-51　值项及值项数据设置

值　项	数据类型	值项数据
AUTO	字符串值	0（表示将其屏蔽掉） 1（表示将其开启）

提示!!

禁止 Dr.Watson 最简单最有效的方法就是删除"AeDebug"键，然后在"运行"框中执行"drwtsn32 –I"命令。

80. 如何控制 Dr Watson 日志文件创建方式

Dr Watson 在创建日志文件时有许多方式可选择，它可以直接创建一个新的日志文件，也可向原有的日志文件中追加记录信息。具体使用哪一种方式，可自行为 Dr Watson 指定。方法为：

（1）运行注册表编辑器，打开如下子项分支（如果不存在，则新建）：

HKEY_LOCAL_MACHINE\SOFTWARE\Microsoft\ DrWatson

（2）根据表 9-52 编辑相应值项（如果不存在，则新建）。

表 9-52　值项及值项数据设置

值　项	数据类型	值项数据
AppendToLogFile	DWORD 值	0（创建新的日志文件） 1（追加到原有的日志文件中）

（3）重新启动计算机或注销当前用户，再次进入 Windows XP，以使修改生效。

81. 如何设定 Dr.Watson 记录应用程序出错信息的记录数

对于 Dr Watson 记录应用程序出错信息的记录数是可以人工指定的，可以在注册表中找到相应的值项并将其设置为合理的值，以适应实际情况的需要。

方法为：

（1）运行注册表编辑器，打开如下子项分支（如果不存在，则新建）：

HKEY_LOCAL_MACHINE\SOFTWARE\Microsoft\ DrWatson

（2）根据表 9-53 编辑相应值项（如果不存在，则新建）。

表 9-53　值项及值项数据设置

值 项	数据类型	值项数据
Instructions	字符串值	a（设定 Dr Watson 记录应用程序出错信息的记录数）

（3）重新启动计算机或注销当前用户，再次进入 Windows XP，以使修改生效。

82. 如何设置 Dr Watson 是否使用声音报警

当应用程序发生错误时，读者可设置 Dr Watson 使用声音报警提示功能。

方法为：

（1）运行注册表编辑器，打开如下子项分支（如果不存在，则新建）：

HKEY_LOCAL_MACHINE\SOFTWARE\Microsoft\ DrWatson

（2）根据表 9-54 编辑相应值项（如果不存在，则新建）。

表 9-54　值项及值项数据设置

值 项	数据类型	值项数据
SoundNotification	DWORD 值	0（不使用声音报警提示） 1（用声音报警提示）

（3）重新启动计算机或注销当前用户，再次进入 Windows XP，以使修改生效。

83. 如何指定 Dr.Watson 暂存文件的位置

对于 Dr Watson 创建的暂存文件，我们可指定一个目录专用于存放这些文件。

方法为：

（1）运行注册表编辑器，打开如下子项分支（如果不存在，则新建）：

HKEY_LOCAL_MACHINE\SOFTWARE\Microsoft\ DrWatson

（2）根据表 9-55 编辑相应值项（如果不存在，则新建）。

表 9-55　值项及值项数据设置

值 项	数据类型	值项数据
CrashDumpFile	可扩充字符串值	C:\WINNT\DUMP\APP.DMP（指定 Dr Watson 暂存文件的位置）

（3）重新启动计算机或注销当前用户，再次进入 Windows XP，以使修改生效。

84. 如何为网络蚂蚁的下载过程加入提示声

可以通过修改注册表来定制“网络蚂蚁”在下载过程中的音乐。

方法为：

（1）运行注册表编辑器，打开如下子项分支（如果不存在，则新建）：

HKEY_CURRENT_USER\AppEvents\Schemes\App\Netants

（2）在该项下有 NAAddFile、NADownloadFail 和 NADownloadSuccess 三个子项，分别表示 Netants 中加入下载文件、下载失败和下载成功这三个事件。只要将其下的.current 子项的“默认”数值数据改为自己喜欢的 wav 文件即可。

（3）重新启动计算机或注销当前用户，再次进入 Windows XP，以使修改生效。

85. 如何设置删除文件时客户端是否出现确认提示

此设置用于指定在客户端删除文件时，是否出现确认提示。

方法为：

（1）运行注册表编辑器，打开如下子项分支（如果不存在，则新建）：

HKEY_LOCAL_MACHINE\SOFTWARE\Symantec\pcANYWHERE\CurrentVersion\File Transfer

（2）根据表 9-56 编辑相应值项（如果不存在，则新建）。

表 9-56　值项及值项数据设置

值　项	数据类型	值项数据
ConfirmDelete	DWORD 值	0（不出现删除确认提示） 1（出现删除确认提示）

（3）重新启动计算机或注销当前用户，再次进入 Windows XP，以使修改生效。

86. 如何取消应用程序的自启动

有许多应用程序在安装结束后，都可以实现自启动的功能，但是，有时我们不需要这个自启动，那么就可以通过修改注册表来消除。方法为：

（1）运行注册表编辑器，打开如下子项分支（如果不存在，则新建）：

HKEY_LOCAL_MACHINE\Software\Microsoft\Windows\CurrentVersion\Run

（2）将右窗口中的有关自动的数值数据名删除掉。

（3）关闭注册表编辑器窗口，重新启动计算机后，即可取消自启动功能了。

87. 如何指定一个故障排除程序

当系统发生故障时，在默认情况下 Dr.Watson 为指定的故障排除程序。当然，如果手头有更好的故障排除程序，则将此程序指定为默认的故障排除程序。方法为：

（1）运行注册表编辑器，打开如下子项分支（如果不存在，则新建）：

HKEY_LOCAL_MACHINE\Software\Microsoft\WindowsNT\CurrentVersion\AeDebug

（2）根据表 9-57 编辑相应值项（如果不存在，则新建）。

表 9-57　值项及值项数据设置

值　项	数据类型	值项数据
Debugger	字符串值	Drwtsn32 -p %ld -e %ld –g（被指定的故障排除程序）

（3）重新启动计算机或注销当前用户，再次进入 Windows XP，以使修改生效。

88. 如何加快多媒体程序运行速度

方法为：

（1）运行注册表编辑器，打开如下子项分支（如果不存在，则新建）：

HKEY_LOCAL_MACHINE\SYSTEM\CurrentControlSet\Control\FileSystem

（2）在该项下新建 DWORD 值“ConfigFileAllocSize”，并设置其数值数据为“0x000001F4（500）”。

89. 如何更改 Windows 安装时的源目录

如果 Windows XP 是从光盘上安装的，那么每次添加 Windows XP 的自带组件，系统都会要求插入一块标识为 Windows XP 的光盘，即使在安装完 Windows XP 后将安装盘上的文件都复制到硬盘系统也会提示要插入光盘。如果将安装光盘上 I386 文件夹复制到硬盘中，可以修改注册表来避免这种情况。

方法为：

（1）运行注册表编辑器，打开如下子项分支（如果不存在，则新建）：

HKEY_LOCAL_MACHINE\SOFTWARE\Microsoft\WindowsNT\CurrentVersion

（2）在该项下存在字符串值 SourcePath，其数值数据记录着 Windows

XP 安装光盘的源路径，将字符串值 SourcePath 的数值数据修改为“H：\I386”（假设已将 Windows XP 安装所需的文件全部复制到 H：\I386 文件中）。

以后添加 Windows 的组件或硬件时，系统就不会出现插入 Windows XP 的安装光盘的提示了。

90. 如何禁止应用程序安装时给出磁盘空间不足的警告

方法为：

（1）运行注册表编辑器，打开如下子项分支：

HKEY_LOCAL_MACHINE\SYSTEM\CurrentControlSet\Control\FileSystem

（2）在该项右边窗口区域新建一个二进制值项 DisableLowDiskSpaceBroadcast，并设置其数值数据为 FF FF FF FF。

91. 如何禁用不可用的 Windows Installer 程序的快捷方式

快捷方式在磁盘上找不到所对应的应用程序时，我们希望知道这时快捷方式所指向的应用程序位置错误了，可以通过对注册表进行设置，将不可用的快捷方式以灰色文字显示出来。

方法为：

（1）运行注册表编辑器，打开如下子项分支（如果不存在，则新建）：

HKEY_CURRENT_USER\Software\Microsoft\Windows\ CurrentVersion\Policies\Explorer

（2）根据表 9-58 编辑相应值项（如果不存在，则新建）。

表 9-58 值项及值项数据设置

值 项	数据类型	值项数据
GreyMSIAds	DWORD 值	1（用灰色文字显示安装不完全的程序的开始菜单快捷方式）

（3）重新启动计算机或注销当前用户，再次进入 Windows XP，以使修改生效。

92. 如何防止菜单随鼠标移动

在实际操作中，当把鼠标指向下拉级联菜单的标题稍作停留，其下一级子菜单会自动弹出，我们知道可以通过修改注册表使其弹出的速度更快，但有时候这个性能也会有“副作用”：在动过程中，稍不留意，按一下左键，就可能启动一个并不需要的窗口。对注册表稍做修改，就可关闭该项功能。方法为：

（1）运行注册表编辑器，打开如下子项分支（如果不存在，则新建）：

HKEY_CURRENT_USER\Control Panel\Desktop

（2）根据表 9-59 编辑相应值项（如果不存在，则新建）。

表 9-59　值项及值项数据设置

值　项	数据类型	值项数据
MenuShowDelay	字符串值	ffff（这里是鼠标停留的时间（毫秒））

（3）重新启动计算机或注销当前用户，再次进入 Windows XP，以使修改生效。

93. 如何改变“开始菜单”的目录

在默认情况下，Windows 系统的开始菜单是存放在默认路径下的。为了减小系统盘数据的继续增加，我们可以把“开始菜单”移到其他磁盘中去。方法为：

（1）运行注册表编辑器，打开如下子项分支（如果不存在，则新建）：

HKEY_USERS\.DEFAULT\Software\Microsoft\Windows\CurrentVersion\Explorer\User Shell Folders

（2）根据表 9-60 编辑相应值项（如果不存在，则新建）。

表 9-60　值项及值项数据设置

值　项	数据类型	值项数据
Start Menu	可扩充字符串值	%USERPROFILE%\“开始”菜单（缺省值）

（3）将原目录中的全部数据复制到新的路径下。比如“D：\Program”。

（4）重新启动计算机或注销当前用户，再次进入 Windows XP，以使修改生效。

94. 如何将“拨号网络”添加到“我的电脑”中

常规情况下“我的电脑”中是没有拨号网络的，不过可以通过修改注册表将它添加进去。方法为：

（1）运行注册表编辑器，打开已有的或新建如下操作子项分支：

HKEY_LOCAL_MACHINE\Software\Microsoft\Windows\CurrentVersion\Explorer\MyComputer\NameSpace

（2）在此分支下新建一个项{992CFFA0-F557-101A-88EC-00DD010CCC48}，然后单击此项，在右边的窗口中创建一个字符串值“默认”，并设其值为“网络连接”。

（3）重新启动计算机或注销当前用户，再次进入 Windos XP，以使修改生效。

95. 如何屏蔽\打开菜单阴影效果

Windows XP 阴影菜单流动效果确实更加个性化、绚丽，但对于系统性能较低的机器，此功能将消耗系统资源，通过注册表可以屏蔽\打开此功能。方法为：

（1）运行注册表编辑器，打开如下子项分支（如果不存在，则新建）：

HKEY_CURRENT_USER\Control Panel\Desktop

（2）根据表 9-61 相应值项（如果不存在，则新建）。

表 9-61　键值项与设置

值　项	数据类型	值项数据
UserPreferencesMask	二进制值	b0320080(使用阴影效果) b0120080(屏蔽影效果)

（3）重新启动计算机或注销当前用户，再次进入 Windows XP，以使修改生效。

> 提示：这里只需要修改 UserPreferencesMask 的第二个两位数字，其他的请不要更改（其他的控制着别的效果，比如 X-Mouse 功能。

96. 如何清除 Windows XP 共享文件夹

Windows XP 操作系统一个比较不友好的用户界面是在“我的电脑”窗口上半部分显示所有共享的文件夹，如果用户设置的共享文件夹较多，每当打开“我的电脑”窗口时，就会列有很多共享文件夹信息。如何删除这些信息显示呢？通过下面的操作就可解决该问题。方法为：

运行注册表编辑器，打开如下子项分支（如果不存在，则新建）：

HKEY_LOCAL_MACHINE\SOFTWARE\Microsoft\Windows\CurrentVersion\Explorer\My Computer\NameSpace\DelegateFolders

在该项下有如下子项：

{59031a47-3f72-44a7-89c5-5595 fe6b30ee}

删除该子键便可清除那些共享文件夹信息。

> 提示：上述修改无需重新启动便可生效。

97. 如何修改驱动器弹出菜单

对于驱动器我们可以修改它的弹出菜单，其方法和前述所介绍的文件右键弹出菜单的修改一样。方法为：

运行注册表编辑器，打开如下子项分支（如果不存在，则新建）：

HKEY_CLASSES_ROOT\DRIVE

其下有三个子项：DefaultIcon、shell 和 shellex。

展开 shell，可以看见 find 和 ACDBrowse (如果用户计算机装有 ACDSee 的话)。

这也是显示在弹出菜单上的文字，如将 ACDBrowse 改为别的名字，如“用 ACDSee 浏览”时，则英文变成汉语“用 ACDSee 浏览”。

98. 如何让 Windows XP 使用传统搜索界面

在 Windows XP 系统的搜索功能中，采用了最新的向导式界面，虽然界面美观，但有时候其向导式的操作反而有些累赘，而通过注册表可以让 Windows XP 的搜索界面返回到 Windows 98 时代的传统界面，让你可以直截了当地操作。方法为：

（1）运行注册表编辑器，打开如下子项分支（如果不存在，则新建）：

HKEY_CURRENT_USER\Software\Microsoft\Windows\CurrentVersion\Explorer\CabinetState

（2）根据表 9-62 编辑相应值项（如果不存在，则新建）。

表 9-62　键值项与设置

值　项	数据类型	值项数据
UseSearch Asst	字符串值	YES(使用 XP 新的向导界面) NO(使用传统搜索界面)

（3）重新启动计算机或注销当前用户，再次进入 Windows XP，以使修改生效。

99. 如何设置使用指定的程序播放插入的 CD

当你在光驱内插入 CD 时，系统会询问你用什么样的程序来插入或是用已指定的程序来播放 CD。但你可以直接指定一个程序来播放 CD。方法为：

（1）运行注册表编辑器，打开如下子项分支（如果不存在，则新建）：

HKEY_CLASSES_ROOT\AudioCD\Shell\Play\Command

（2）根据表 9-63 编辑相应值项（如果不存在，则新建）。

表 9-63　键值项与设置

值项	数据类型	值项数据
默认	字符串值	C:\Programfiles\ Media player\wplayer.exe(指定播放程序的完整路径)

（3）重新启动计算机或注销当前用户，再次进入 Windows XP，以使修改生效。

100. 如何在“我的电脑”中建立系统程序的快捷方式

在 Windows 98 中，我的电脑窗口中除了有磁盘驱动器外，还有控制面板、打印机等其他图标，但是在 Win2000\XP 中这些图标都不见了，其实我们可以通过修改注册表来将其找回来。方法为：

（1）运行注册表编辑器，打开如下子项分支（如果不存在，则新建）：

HKEY_CURRENT_USER\Software\Microsoft\Windows\CurrentVersion\Explorer\MyComputer\NameSpace

（2）在 NameSpace 上按鼠标右键，选择“新建”\“项”，输入下面的识别码命名“{2227A280-3AEA-1069-A2DE-08002 B30309D}”，在右侧的“名称”项中的选“默认”，单击鼠标右键，选“修改”，在“编辑字符串”对话框中输入数值数据：打印机，然后按“确定”按钮，类型自动变为 REG_SZ。

同样，可建立下面的项：

{D6277990-4C6A-11CF-8D87-00AA0060F5BF}=任务计划

{7007ACC7-3202-11D1-AAD2-00805FC1270E}=网络与连接

{21EC2020-3AEA-1069-A2DD-08002B30309D}=控制面板

（3）重新启动计算机或注销当前用户，再次进入 Windows XP，以使修改生效。

101. 如何在驱动器的右键菜单中添加“磁盘碎片整理”选项

磁盘使用过一段时间后，由于经常复制、删除文件会产生大量磁盘碎片。所谓磁盘碎片就是文件在磁盘上存放的位置不是连在一起的，而是断断续续的。在这种情况下，系统要访问一个文件时在磁盘上的多处寻找该文件，因此就使访问时间延长，在用户看来是电脑的速度越来越慢了。因此就要经常进行磁盘碎片整理，把一个文件放在一个地方（磁盘碎片程序可以完成该功能），这样系统访问它的速度就快多了，用户使用起来也会觉得电脑的速度快了些。通过下面的方法可以在驱动器的右键菜单中添加“整理磁盘碎片”选项，以方便用户使用该程序。方法为：

（1）运行注册表编辑器，打开如下子项分支（如果不存在，则新建）：

HKEY_LOCAL_MACHINE\Software\CLASSES\Drive\shell

（2）在该子项下创建一个新项“Defrag”，在右边窗口中把“默认”的值改为“磁盘碎片整理”（也可以是其他你希望显示的文字），接着在此项下创建一个新项“command”。然后单击“command”，在右边窗口中把“默认”的值改为“C:\WINDOWS\system32\defrag.exe 1%”。

（3）关闭注册表编辑器，无需重新启动，在驱动器图标上单击鼠标右健，即可看到快捷菜单中多了一项“磁盘碎片整理”，单击此项就可以运行该程序。

提示!!

虽然该程序有很大的好处，但太频繁的运行该程序会对硬盘有很大的伤害。一般情况下每隔半个月到一个月之间运行一次就可以了。

102. 如何自动刷新窗口内容

通常情况下，用资源管理器查看内容时，必须进行手动刷新。但通过此项设置，可让资源管理器进行自动刷新。方法为：

（1）运行注册表编辑器，打开如下子项分支（如果不存在，则新建）：

HKEY_LOCAL_MACHINE\System\Currentcontrolset\Control\Update

（2）根据表 9-64 编辑相应值项（如果不存在，则新建）。

表 9-64　键值项与设置

值　项	数据类型	值项数据
UpdateMode	DWORD 值	0(自动刷新) 1(手工刷新)

（3）重新启动计算机或注销当前用户，再次进入 Windows XP，以使修改生效。

第 10 章

灵活掌握 Windows XP 系统工具软件

Windows XP 实用技巧速查 1000——→本章内容

1. 辅助功能向导有什么用
2. 如何使用字符映射表——Charmap
3. 磁盘清理大师使用策略
4. 如何设定 Dr.Watson 记录应用程序出错信息的记录数

……

1. 辅助功能向导有什么用

辅助功能向导 Accwiz 位于 C:\WINDOWS\system32 文件夹下，这里的 C：盘代表 Windows XP 安装目录所在的磁盘。

微软在 Windows XP 中为残疾人士提供了辅助功能，使他们也能操作计算机。该程序可以根据用户的视觉、听力和行动来配置我们的 Windows，使残疾人士能根据自身情况更好地使用 Windows。

2. 如何使用字符映射表——Charmap

Word 的“插入符号”功能使用起来非常方便，用户有时在其他 Windows 程序中也常常要插入一些特殊符号，而一个个地找又麻烦，这时可使用“字符映射表”程序，方法为：

（1）单击“开始”\“所有程序”\“附件”\“字符映射表”，打开“字符映射表”程序窗口。

（2）在打开的窗口中查看选定字体中有哪些字符。选中后单击“选定”和“复制”按钮，即可把选定字符复制到 Windows 剪贴板中，供字处理软件粘贴使用。

提示!! 用“字符映射表”来复制特殊字体中的特殊符号特别有用。

3. 磁盘清理大师使用策略

磁盘清理大师 Cleanmgr 位于 C:\WINDOWS\system32 文件夹下。

使用磁盘清理大师的策略为：尽管现在的硬盘越来越大，但它总有容量的限制。在不经意地安装这个或那个软件的过程中，可能会因为硬盘空间小而影响了正常 Windows 程序的单击。不要急，请打开磁盘清理大师程序，它会自动地释放出一部分硬盘空间，并会智能化地进行删除操作，保证你的系统万无一失。这比从资源管理器中删除要安全多。

4. 如何设定 Dr.Watson 记录应用程序出错信息的记录数

对于 Dr Watson 记录应用程序出错信息的记录数是可以人工指定的，用户可以在注册表中找到相应的值项并将其设置为合理的值，以适应实际情况的需要。方法为：

（1）运行注册表编辑器，打开如下注册表子项分支（如果不存在，则新建）：

HKEY_LOCAL_MACHINE\SOFTWARE\Microsoft\DrWatson

（2）根据表 10-1 编辑相应值项（如果不存在，则新建）。

表 10-1 值项及值项数据设置

值 项	数据类型	值项数据
Instructions	字符串值	a（设定 Dr Watson 记录应用程序出错信息的记录数）

（3）重新启动电脑或注销当前用户，再次进入 Windows XP，修改即生效。

5. 如何设置 Dr.Watson 日志文件的存储位置

对于 Dr Watson 创建的日志文件，用户可自行指定其所存放位置。方法为：

（1）运行注册表编辑器，打开如下注册表子项分支（如果不存在，则新建）：

HKEY_LOCAL_MACHINE\SOFTWARE\Microsoft\DrWatson

（2）根据表 10-2 编辑相应值项（如果不存在，则新建）。

表 10-2 值项及值项数据设置

值 项	数据类型	值项数据
LogFilePath	字符串值	C:\WINNT\LOGS（用于存放日志文件的位置）

（3）重新启动电脑或注销当前用户，再次进入 Windows XP，修改即生效。

6. 如何设置 Dr.Watson 是否使用声音报警

当应用程序发生错误时，用户可设置 Dr.Watson 使用声音报警提示功能。方法为：

（1）运行注册表编辑器，打开如下注册表子项分支（如果不存在，则新建）：

HKEY_LOCAL_MACHINE\SOFTWARE\Microsoft\ DrWatson

（2）根据表 10-3 编辑相应值项（如果不存在，则新建）。

表 10-3 值项及值项数据设置

值 项	数据类型	值项数据
SoundNotification	DWORD 值	0（不使用声音报警提示） 1（使用声音报警提示）

（3）重新启动电脑或注销当前用户，再次进入 Windows XP，修改即生效。

7. 如何设置在应用程序出现错误时是否让 Dr.Watson 创建一个垃圾文件

当应用程序发生错误时，用户可设定 Dr.Watson 是否将该应用程序在内存中的信息保存到硬盘上的一个垃圾文件中。方法为：

（1）运行注册表编辑器，打开如下注册表子项分支（如果不存在，则新建）：

HKEY_LOCAL_MACHINE\SOFTWARE\Microsoft\DrWatson

（2）根据表 10-4 编辑相应值项（如果不存在，则新建）。

表 10-4　值项及值项数据设置

值　项	数据类型	值项数据
CreateCrashDump	DWORD 值	0（程序发生错误时不创建垃圾文件） 1（程序发生错误时创建垃圾文件）

（3）重新启动电脑或注销当前用户，再次进入 Windows XP，修改即生效。

8. 如何指定 Dr.Watson 暂存文件的位置

对于 Dr.Watson 创建的暂存文件，用户可指定一个目录专用于存放这些文件。方法为：

（1）运行注册表编辑器，打开如下注册表子项分支（如果不存在，则新建）：

HKEY_LOCAL_MACHINE\SOFTWARE\Microsoft\DrWatson

（2）根据表 10-5 编辑相应值项（如果不存在，则新建）。

表 10-5　值项及值项数据设置

值　项	数据类型	值项数据
CrashDumpFile	可扩充字符串值	C:\WINNT\DUMP\APP.DMP（指定 Dr.Watson 暂存文件的位置）

（3）重新启动电脑或注销当前用户，再次进入 Windows XP，修改即生效。

9. 如何使用 ActiveX 注册和反注册工具 Regsvr32

使用过 ActiveX 的人都知道，ActiveX 不注册是不能够被系统识别和使用的，一般安装程序都会自动地把它所使用的 ActiveX 控件注册，但如果某些控件需要手动注册的话，修改注册表的操作就太麻烦了，在 Windows XP 的 System 文件夹下有一个 regsvr32.exe 的程序，它就是 Windows 自带的 ActiveX 注册和反注册工具。

该工具的使用方法为：

regsvr32 [\s] [\n] [\i(:cmdline)] dllname

其中 dllname 为 ActiveX 控件文件名，建议在安装前拷贝到 System 文件夹下。

注：参数有如下意义：

（1）\u——反注册控件；

（2）\s——不管注册成功与否，均不显示提示框；

（3）\c——控制台输出；

（4）\i——跳过控件的选项进行安装（与注册不同）；

（5）\n——不注册控件，此选项必须与\i 选项一起使用。

例如要注册 amovie.ocx 控件，则输入 regsvr32 amovie.ocx 即可；要反注册它时，只需使用 regsvr32 \u amovie.ocx 就行了。

10. 如何使用动态链接库函数启动器 Rundll32

在 Windows 中使用了许多动态链接库，这样就使得所有 Windows 程序都可共享这些动态链接库中的函数。一般情况下，许多应用程序都通过 Windows API 来操作这些函数，但归根结底是通过 Windows 文件夹下的 rundll32.exe 程序来启动相应的函数。

该程序的用法如下：

（1）单击命令行“rundll32.exe 动态链接库名,函数名,参数名”。

（2）如果需要实现一键关机，则在桌面上建立一快捷方式，命令行为“rundll32.exe user.exe, ExitWindows”，并设置其快捷键为 F4 即可。

（3）如果要打开控制面板，则只需要输入命令“rundll32.exe shell32.dll, Control_RunDLL”即可。

（4）如果要打开桌面属性，则只需使用“rundll32.exe shell32.dll, Control_RunDLL desk.cpl”即可。

其余的以此类推。

11. 如何使用画图程序进行图片的透明处理

有时想把一幅图片贴到当前图片中，但又需要去掉其白色的背景。最简单的方法是选择“编辑”\“粘贴来源…”命令，然后打开欲插入的背景文件，单击“图像”菜单，将“不透明处理”前的钩去掉，就会发现插入图形文件中的纯白色背景已经被过滤掉了。

12. 如何使用画图程序裁剪图片

相信很多人都经常需要从一张图片中截出一部分来使用。一般情况下，大家都是通过专业图形处理程序来进行剪裁，这样做非常麻烦。有时还会出现一些不尽如人意的效果，如长宽比例失调、区域丢失了……其实，利用“画图”

可以很快搞定。选择工具箱上的裁剪矩形选择工具，选中自己所要的区域，然后再单击一下“编辑”\“复制到”命令即可打开标准的 Windows 保存对话框，输入一个文件名，就会发现选中的区域已经被保存为文件了。

利用裁剪技术可对图片进行挖补。在一般软件中要粘贴选择区域，都必须先选中，然后再使用复制和粘贴命令。不过，在“画图”中，只要先单击裁剪矩形框，用鼠标框选中部分区域，然后按住左键不松开，拖动到预定区域即可，这一技巧在要用某一块位图填充一大块空缺时非常有用。

13. 如何使用画图程序快速粘贴选择区域

在一般软件中要粘贴选择区域，都必须先选中，然后再使用复制和粘贴命令。不过，在“画图”中，只要先用鼠标框选部分区域，然后按住“Ctrl”键不松开，再拖动所选区域即可，这一技巧在要用某一块位图填充一大块空缺时非常有用。

14. 如何利用“画图”程序如何完整地进行屏幕拷贝

方法为：

（1）如果拷贝整个屏幕，则按“Print Screen”键；如果只需要活动窗口图形时，则按“Alt + Print Screen”组合键将屏幕图形拷贝到剪贴板。

（2）单击“编辑”\“粘贴”命令，将剪贴板里的图形粘贴进“画笔”程序。

（3）单击“文件”\“另存为”命令，在所打开的“另存为”对话框中的“保存类型”下选择文件保存的类型，然后在“保存在”下拉框中选择文件保存的路径，最后单击“保存”按钮即可。

如果不需要将文件单独保存，则直接将其粘贴进其他软件（如 Word 或 Photoshop）里面进行处理即可。

15. 如何在画图程序中以原大小粘贴文件

要使“画图”准确粘贴文件，只要单击“图像”\“属性”命令，在出现的“属性”对话框中设置默认区域高和宽都为 1 像素，这样在“画图”中按 Ctrl+V 组合键来粘贴图像时会打开一个对话框，问“剪贴板中的图像比位图大。想扩大位图吗？”，按下“是”按钮即可以当前剪贴板中文件大小准确粘贴文件了。

16. 如何利用“画图”程序的橡皮工具做双色或多色汉字

方法为：

（1）用打字工具做出约 72 磅大小的黑色加粗文字。

（2）将背景分别设为双色文字颜色中的一种（如绿色），用单色擦除方法在文字的部位上面涂抹（前景色会露出所选的背景颜色）。

（3）再选择另外的背景色进行其他部位的擦除即可。

> **提示!!** 用什么颜色打字，在后面的操作中必须将这种颜色设为前景色，即要擦掉的颜色，这是成功的关键。

17. 如何利用“画图”程序把一张图片设置为墙纸

方法为：

（1）打开一张自己喜欢的图片。

（2）单击“文件”\“设置为墙纸”菜单命令，有“平铺”和“居中”两种方式可供选择。这样就将当前图片设置为了墙纸。

18. 如何利用“画图”程序修改开机画面

“画图”程序作为 Windows 自带的简易绘图软件，可以非常方便地将 BMP 格式的位图文件修改成符合自己要求的 logo.sys 文件。方法为：

（1）单击“开始”\“程序”\“附件”\“画图”命令，打开“画图”程序。

（2）单击“文件”\“打开”菜单命令，在弹出的“打开”窗口中选择需要作为开机画面的图片文件。

（3）单击“画图”主界面左侧工具栏中的“选定”工具，在图片上选取大小为 320×400 像素的区域（“画图”程序右下角的状态栏中会显示选取图片大小的信息）。

（4）单击“编辑”\“复制”命令。

（5）单击“文件”\“新建”命令，再单击“编辑”\“粘贴”命令。

（6）单击“文件”\“另存为”命令，在打开的对话框中将图片文件命名为 logo.sys，在保存类型选择“256 色位图”，位置为 C 盘根目录。重新启动 Windows，就可以看到开机画面变为刚才所设置的画面了！

> **提示!!** 在默认状态下，logo. sys 文件处于隐藏状态，需要修改这个文件时，在 Windows 98 中可以在“我的电脑”中单击“查看”\“文件夹选项”命令，在 Windows XP 中可以在“我的电脑”中单击“工具”\“文件夹选项”命令，然后在弹出的窗口中将“查看”选项卡下面列表框中的“显示所有文件”复选项选中即可。

19. 如何利用快捷键快速调用“画图”程序

这里以实现用“Ctrl+Alt+T”热键启动 Windows 里的“画笔”程序为例。方法为：

（1）右击任务栏的“开始”按钮，在弹出的菜单里选取“打开”，在打开的窗口里双击“Programs”文件夹，

（2）双击被打开的窗口里的“附件”文件夹，这时在附件窗口里可以看到有“画图”的图标；如果没有，则应先在控制面版的添加删除程序里安装。

（3）右击“画图”图标，在弹出的菜单里选取“属性”，再选择属性窗口的“快捷方式”标签。

（4）使光标移至“快捷键”的文本框里（这时文本框里有个“无”字），然后按下键盘里的“T”按键，这时文本框里显示有“Ctrl+Alt+T”。最后单击“确定”按钮退出即可。

此后，每当按热键“Ctrl+Alt+T”，画图程序就自动被调出来了。这种方法同样适用于 Windows 系统的其他应用程序。

20. 如何利用“画图”程序快速、准确地为海外亲友发邮件

可以用“画图”程序发邮件，没想到吧？向海外亲友发邮件，不是在诸如新浪、163、263 等服务商所提供的邮箱里就可以发吗？不要着急，这样做可以避免使对方收到“乱码”邮件。如果接受邮件者是海外亲友，而又没有安装中文 Windows 操作系统，这个时候就可以将信函内容制作成图片以图形的方式发送给对方，这样对方即使没有中文操作系统，也可以阅读中文电子邮件了。

方法为：

（1）打开 Windows 的画图程序，然后选择工具栏中的“文字”工具A，输入中文内容。

（2）信写好后，保存为图形，最好存为 GIF（后缀为.gif）。

（3）在“画图”中打开刚才保存好的图形，然后单击“文件”\“发送”，在所弹出的邮件发送窗口中将这一图片文件插入邮件正文或作为附件发送出去均可。

这样，对方收到作为图形的中文邮件后，就能通畅地阅读，而不至于出现除了一大堆乱码，其他什么也看不到的情形了。

21. 如何将图文件转存成较小的类型

有些图文件太大（如 BMP），可以利用“画图”将图片转存成比较小的文

件类型（如 GIF、JPG 等）。

方法为：

（1）先在“资源管理器”中打开要转换的图文件。

（2）打开“画图”，再将该图文件在编辑窗口中打开，单击“文件”\“另存为”命令。

（3）在“另存为”对话框中，单击“保存类型”方框旁的下拉箭头，选择“JPEG 文件交换格式（*.jpg;*.jpeg）”，选好所要转换的文件类型后，再单击“保存”按钮。

> 提示!! 单单是 BMP 文件，就分单色、16 色、256 色和 24 位位图 4 种，它们所占的空间大小则是依序递增。如果不想转成 JPG 文件，可以选取 16 色位图、256 色位图等来缩小图文件。

（4）现在“画图”窗口最上方的标题栏文件格式已由.bmp 变成.jpg。关闭“画图”，可回到“资源管理器”中比较转换后图文件的大小，可以看到原先的 bmp 文件在转换成 jpg 格式后，所占的磁盘空间小多了。

> 提示!! JPG 和 GIF 两种图片文件，哪一种格式可以存成较小的空间是不一定的。它们会根据图文件的不同而互有大小。在此建议以 JPG 格式保存。

（5）如果在保存时选择“单色位图（.bmp）”，会出现一个询问框，提醒你颜色即将变换。

转换成单色位图，就会把彩色图文件转换成黑白稿的样子，而且是无法再转换回原来的彩色模样的。

22. 如何使用计算器进行快速运算

你经常要利用算式来计算吗？告诉你一个方法，可以直接把整个算式交给“计算器”，马上便可得出运算结果！

方法为：

（1）按下桌面的“开始”\“所有程序”\“附件”\“计算器”，打开它的窗口。

（2）然后将你的工作窗口（如 Word）和“计算器”在桌面并排打开。

（3）在 Word 工作窗口中输入算式后选取，按 Ctrl+C 组合键复制。

> 提示!! 选取算式时，要连同等号（=）一起选，否则会产生不正确的计算结果。

（4）然后切换到“计算器”窗口，按“Ctrl+V”组合键粘贴。

提示：如果你在算式中存在着某些“计算器”无法辨认的运算符号，那么“计算器”将无法算出正确结果。

（5）“计算器”的计算框立即计算出结果，再按“Ctrl+C”组合键，把运算结果加到算式中。

（6）接下来将鼠标移回到 Word 窗口中原来算式等号的后面单击，按“Ctrl+V”组合键粘贴。

提示：如果你经常有长串的算式要处理，这样快速地计算是一个很好的方法。

（7）计算的结果就出现在算式后了。重复以上的步骤，继续计算其他的算式。计算下一个算式之前，要按下计算器中的 C 将其归零。

23. 如何设置记事本中的字体显示

通过下面的设置，读者可直接设置记事本的字体、字号大小以及是以斜体、粗体还是粗斜体显示。方法为：

（1）运行注册表编辑器，打开如下注册表子项分支（如果不存在，则新建）：

HKEY_CURRENT_USER\Software\Microsoft\notepad

（2）根据表 10-6 编辑相应值项（如果不存在，则新建）。

表 10-6　值项及值项数据设置

值　项	数据类型	值项数据
lfFaceName	字符串值	新宋体（指定字体为“新宋体”）
LfItalic	DWORD 值	0（正常显示） 1（以斜体显示）
LfWeight	DWORD 值	2bc（以粗体显示）

提示：如果要以粗斜体来显示字体，则“lfItalic”应设置为“1”，“lfWeight”应设置为“2bc”。

24. 如何用记事本编辑网页

现在，很多电脑爱好者都已经申请使用了个人网站。如果你为了反复试验网页页面上的一些特殊效果而需要打开 Dreamweaver 进行编辑时，这样费时又费力。下面传授一招使用记事本编辑一些需要反复调试的小特效的方法，方法为：

（1）新建一个记事本文件，文件的取名最好是英文与数字的组合。

（2）打开该记事本，将特效内容粘贴进去，然后单击菜单上的“文件”\“另存为”命令，在所弹出的对话框的保存类型下选择“所有文件”，然后给网页改个名比如 yltk.html。

（3）不要关闭记事本，用 IE 打开 yltk.html 直接查看效果。

这样做的好处是显而易见的，当我们觉得网页特效的效果不佳需要修改的话，直接在刚才打开的记事本里修订内容，然后按一下保存就直接将网页文件也修改了，这时再刷新一下刚才打开的网页，特效立刻就显现出来了。

25. 如何让记事本自动记录文件的打开时间

另外，用记事本编辑某一文件时，如果是在不同的时段内编辑，而每次又需要知道上次编辑的具体时间，就可以用一个小方法让记事本自动记录文件的打开时间。方法为：

打开需要记录时间的文件，在第一行最左边输入“.LOG”。注意输入时不要引号，同时必须是英文句点，且“LOG”必须为大写字母，然后保存文档即可。这样，以后每次打开这个文件时，记事本就会自动将当前的时间和日期自动加到该文件的尾部。

提示!! 也可以按 F5 键在记事本文件中插入当前的时间及日期。

26. 如何给“记事本”编辑的文本加上删除线

如果你想给编辑好的文本加上删除线，可以使用下面的方法：

在“开始”菜单的“运行”文本输入框中输入 Regedit，打开注册表编辑器，找到如下注册表子键：

HKEY_CURRENT_USER\Software\Microsoft\Notepad

在此你会看到许多 DWORD 值，其中“lfStrikeOut”用来表示是否将文本加上删除线，键值为“1”表示加上删除线，键值为“0”则不加。修改“lfStrikeOut”的键值为“1”，不必重新启动电脑，随便打开一个已经编辑好的文本文件，就可以看到修改后的效果。

27. 如何给“记事本”编辑的文本加上下划线

在“开始”菜单的“运行”文本输入框中输入 Regedit，打开注册表编辑器，找到如下注册表子键：

HKEY_CURRENT_USER\Software\Microsoft\Notepad

其中 DWORD 值“lfUnderline”决定是否给文本加上下划线，键值为“1”表示加上下划线，键值为“0”则不加。修改“lfUnderline”的键值为“1”。

28. 如何用快捷键打开记事本

可以为记事本程序设置快捷键打开功能，以缩短每一次的打开时间。以 Windows XP 操作环境为例，方法为：

（1）依次单击“开始”\“所有程序”\“附件”，在“记事本”上点右键，在弹出的对话框中选择“属性”，打开“记事本 属性”对话框。

（2）在“快捷键”处按键盘上字母键指定快捷键，这里指定的是“Ctrl+Shift+Q”，然后单击“确定”按钮即可。

29. 如何指定记事本打开窗口的位置

记事本可以记忆上次关闭时窗口的位置，并且在下次再打开窗口时还在该位置出现。通过修改注册表可限制窗口在每次打开时都在同一个位置中出现。方法为：

（1）运行注册表编辑器，打开已有的或新建如下子键：

HKEY_CURRENT_USER\Software\Microsoft\Notepad

（2）根据表 10-7 编辑相应值项（如果不存在此值项请新建）。

表 10-7　值项及值项数据设置

值　项	数据类型	值项数据
iWindowPosX	DWORD 值	0（窗口的横坐标为 0）
iWindowPosY	DWORD 值	0（窗口的纵坐标为 0）

提示！！

（1）对于窗口坐标的位置是这样规定的：坐标以像素为单位，坐标的原点是屏幕左上角的顶点。对于窗口的坐标是以窗口左上角顶点位置来计算的。如上面的设置值表示窗口左上角将与屏幕左上角相重合。

（2）本操作适用于 Windows 98\NT\2000\XP 操作系统。

30. 怎样一键打开记事本

“一键拨号”、“一键登录网站”、“一键打开”曾流行一时，也可以为记事本程序设置“一键打开”功能。方法为：

依次单击“开始”\“所有程序”\“附件”，对“记事本”点右键，选择

"属性"命令，在打开的对话框中选择"快捷方式"选项卡，在"快捷键"处指定快捷键，如"N"，然后单击"确定"按钮即可。

提示!! 只能为桌面上或开始菜单中的快捷方式设置"一键打开"。

31. 如何为记事本文件添加时间日志

记事本可以为文档自动添加时间日志。方法为：

在文本文件的开始位置，也就是第一行的最左侧输入内容".LOG"（不输入引号，注意点号必须是半角符号，英文字母为大写），将文档保存后，每次用记事本程序打开该文件时，文档的末尾处将自动写入当前时间和日期。

32. 如何禁止 NetMeeting 发送\接收文件及设置发送文件的大小

本操作可以禁止读者在会议中向其他人发送文件、从其他人那里接收文件以及限制用户在会议中向其他人发送的文件大小。

方法为：

（1）运行注册表编辑器，打开如下注册表子项分支（如果不存在，则新建）：

HKEY_CURRENT_USER\Software\Policies\Microsoft\Conferencing

（2）根据表 10-8 编辑相应值项（如果不存在，则新建）。

表 10-8　值项及值项数据设置

值　项	数据类型	值项数据
NoSendingFiles	DWORD 值	1（禁止发送文件） 0（允许发送文件）
NoReceivingFiles	DWORD 值	1（禁止接收文件） 0（允许接收文件）
MaxFileSendSize	DWORD 值	0（用户只能发送比值项值小的文件，单位为 KB）

提示!! MaxFileSendSize 的范围：0~999999999（十六进制：3b9ac9ff）。

33. 如何设置 NetMeeting 的音频/视频的带宽

本操作可以限制音频的带宽，视频会在进行会议时恢复。这个设置将引导

NetMeeting 选择正确的格式和发送速率以便限制带宽。方法为：

（1）运行注册表编辑器，打开如下注册表子项分支（如果不存在，则新建）：

HKEY_CURRENT_USER\Software\Policies\Microsoft\Conferencing

（2）根据表 10-9 编辑相应值项（如果不存在，则新建）。

表 10-9　值项及值项数据设置

值　项	数据类型	值项数据
MaximumBandwidth	DWORD 值	fffff（设置每秒钟最大带宽，单位 KB）

提示!!

85 000 为 MaximumBandwidth 的最小值；621 700 为最大值。Microsoft NetMeeting 的版本至少在 3.0 以上。

34. Windows NetMeeting 具备哪些功能

Windows NetMeeting 具备以下多种功能：

（1）通过 Internet 或 Intranet 向用户发送呼叫。

（2）通过 Internet 或 Intranet 与用户交谈。

（3）看见你呼叫的用户与其他用户共享同一应用程序。

（4）在联机会议中使用白板画图检查快速拨号列表。

（5）看看哪些朋友已经登录，发送在交谈程序中键入的消息。

（6）在自己的 Web 页上创建呼叫链接。

（7）向参加会议的每位用户发送文件。

35. 如何禁止更改 NetMeeting 的 DirectSound 音频设置

本操作可以防止用户更改 Windows NetMeeting 的 DirectSound 音频设置。DirectSound 提供的音频质量更佳，但旧式的音频硬件可能不支持它。方法为：

（1）运行注册表编辑器，打开如下注册表子项分支（如果不存在，则新建）：

HKEY_CURRENT_USER\Software\Policies\Microsoft\Conferencing

（2）根据表 10-10 编辑相应值项（如果不存在，则新建）。

表 10-10　值项及值项数据设置

值　项	数据类型	值项数据
NoChangeDirectSound	DWORD 值	1（禁止更改）；0（允许更改）

（3）重新启动电脑或注销当前用户，再次进入 Windows XP，修改即生效。

36. 如何隐藏 NetMeeting 的“工具选项”中的各个选项页

为了使非法用户不能更改个人识别和带宽设置、呼叫方式以及使用的服务器、呼叫安全措施和身份验证设置、音频设置、视频设置，可以通过本操作，把“工具选项”中的各个选项页隐藏起来。方法为：

（1）运行注册表编辑器，打开如下注册表子项分支（如果不存在，则新建）：

HKE-Y_CURRENT_USER\Software\Policies\Microsoft\Conferencing

（2）根据表 10-11 编辑相应值项（如果不存在，则新建）。

表 10-11　值项及值项数据设置

值　项	数据类型	值项数据
NoGeneralPage	DWORD 值	1（隐藏“常规”选项页） 0（显示该选项页）
NoAdvancedCalling	DWORD 值	1（禁用“高级呼叫”按钮） 0（允许使用“高级呼叫”按钮）
NoSecurityPage	DWORD 值	1（隐藏“安全措施”选项页） 0（显示该选项页）
NoAudioPage	DWORD 值	1（隐藏“音频”选项页） 0（显示该选项页）
NoVideoPage	DWORD 值	1（隐藏“视频”选项页） 0（显示该选项页）

（3）重新启动电脑或注销当前用户，再次进入 Windows XP，修改即生效。

37. 如何禁止更改 NetMeeting 的呼叫设置方式及自动接收呼叫

本操作可以禁止用户更改直接拨入或通过网关守卫服务器进行的呼叫方式及禁止用户打开自动接收拨入呼叫。禁止自动接收呼叫可以保证在用户不在时他人不能呼叫并连接到 NetMeeting 上。如果将 NetMeeting 设置成永远运行（建议使用该策略）。

方法为：

（1）运行注册表编辑器，打开如下注册表子项分支（如果不存在，则新建）：

HKEY_CURRENT_USER\Software\Policies\Microsoft\Conferencing

（2）根据表 10-12 编辑相应值项（如果不存在，则新建）。

表 10-12　值项及值项数据设置

值　项	数据类型	值项数据
NoChangingCallMode	DWORD 值	1（禁止更改呼叫设置方式） 0（允许更改呼叫设置方式）
NoAutoAcceptCalls	DWORD 值	1（禁止自动接收呼叫） 0（允许自动接收呼叫）

（3）重新启动电脑或注销当前用户，再次进入 Windows XP，修改即生效。

38. 如何更改 Outlook Express 信箱存放路径

Outlook Express 默认的信箱存放路径和系统放在同一分区中，为了安全以及重装操作系统不会丢失重要信件，可以将邮件存放到其他分区中。方法为：

（1）运行注册表编辑器，打开如下注册表子项分支（如果不存在，则新建）：

HKEY_CURRENT_USER\Identities\{294C5B05-6055-4539-9579-727D98857776}\Software\Microsoft\Outlook Express\X.X（这里的 X.X 代表版本号）

（2）根据表 10-13 编辑相应值项（如果不存在，则新建）。

表 10-13　值项及值项数据设置

值　项	数据类型	值项数据
Store Root	字符串值	D:\Outlook Email（设置存放路径）

（3）重新启动电脑或注销当前用户，再次进入 Windows XP，修改即生效。

> 提示!! 上面操作子项中的 X.X 为 Outlook Exepress 的版本号，请根据不同版本做相应选择，比如可以是 5.0、6.0 等。

39. 如何在注册表中查找 Photoshop 的安装序列号

Photoshop 是一款非常优秀的图像处理软件，丰富的颜色、大量的滤镜以及各种各样的外挂滤镜，使得 Photoshop 不成为最好的图像处理软件都不行。在安装 Photoshop 软件后，由于各种各样的原因可能需要重装 Photoshop。用户是否是在重装 Photoshop 时，安装程序向你索要安装序列号时而你却早已忘了，只能望着安装程序终止而不能使用优秀的 Photoshop？其实注册表中早已记录了先前安装 Photoshop 时输入的安装序列号，这可以通过注册表找回来。方法为：

（1）运行注册表编辑器，打开如下注册表子项分支（如果不存在，则新建）：

HKEY_CURRENT_USER\Software\Adobe\Photoshop\7.0\Registration

（2）找到该项的字符串值 SERIAL，字符串值 SERIAL 记录了 Photoshop 的安装序列号。

40. 如何设置 Word 文件保存路径

在 Word 中保存新建的文件时，默认的路径是“我的文档”，其实在注册表中可以指定默认保存路径。方法为：

（1）运行注册表编辑器，打开如下注册表子项分支（如果不存在，则新建）：

HKEY_CURRENT_USER\Software\Microsoft\Office\9.0\Word\Options

（2）在 Options 项中新建字符串值“Doc-Path”，并设置其值项数据为 Word 的保存路径。

（3）重新启动 Word，新建文件并保存，就会发现保存路径指向刚才在注册表中设置的文件了。

41. 如何修改 Photoshop CS 的注册信息

在安装 Photoshop 时，安装程序要求输入注册信息：用户名及注册的公司名称，在 Windows XP 中系统将此信息保留在软件的卸载信息中。但是输入了注册信息后不能进行修改，通过注册表可以达到这一目的。

方法为：

（1）运行注册表编辑器，打开如下注册表子项分支（如果不存在，则新建）：

HKEY_LOCAL_MACHINE\SOFTWARE\Microsoft\Windows\CurrentVersion\Uninstall\{EFB21DE7-8C19-4A88-BB28-A766E16493BC}

（2）在注册表编辑器右侧窗口，存在字符串值 RegCompany、RegOwner、URLUpdateInfo 等。

（3）修改各个字符串值的数据即修改了 Photoshop 的卸载信息，其中字符串值 RegCopany 是注册的公司名，RegOwner 是所有者的名字，URLUpdateInfo 是产品更新的网址。

（4）将字符串值 RegCompany 的值项数据修改为“九州星火传媒”。

（5）启动 Photoshop CS，可以看到启动画面所显示的组织名称变为了“九州星火传媒”。

42. 如何改变程序的默认安装文件夹

大部分的安装程序在安装时提示的默认安装路径都是“C：\Program Files”，但大多数时并不想将软件安装在这个目录下。实际上，可以通过修改注册表来改变系统默认的安装路径，避免每次安装软件时都要自己调整目的文件夹。方法为：

（1）运行注册表编辑器，打开如下注册表子项分支（如果不存在，则新建）：

HKEY_LOCAL_MACHINE\Software\Microsoft\Windows\Current Version

（2）分别双击窗口右边的字符串值 ProgramFilesDir 和 Program—FilesPath，将它们的值项数据都改为想要的目的文件夹。

（3）重新启动电脑或注销当前用户，再次进入 Windows XP，修改即生效。

43. 如何快速确定未知文件的类型

注册表中保存了所有文件名与应用程序的关联记录，当不能确定某一文件是什么类型（如以 shtml 为扩展名的文件类型）时，可以利用注册表来获得。方法为：

（1）运行注册表编辑器，打开如下注册表子项分支（如果不存在，则新建）：

HKEY_CLASSES_ROOT\.shtml

（2）在.shtml 项中可以看到它的默认值为“htmlfile”。

（3）在注册表编辑器中定位到如下子项分支：

HKEY_CLASSES_ROOT\htmlfile

（4）在该项下的\shell\open\command 子项的默认值项数据记录了用什么程序来打开 shtml 文件。在这里可以看到它的默认值为：

"D:\Program Files\Internet Explorer\iexplore.exe"-nohome

这说明系统是使用 IE 浏览器来打开 Shtml 文件的，即 shtml 文件是网页的另一种形式。

要查找其他未知文件的类型，只需将第（1）步中的.shtml 替换为所要查找的文件扩展名，记下该项的默认值项数据，然后将第（3）步中的 htmlfile 替换为刚才找到的默认值，其余步骤类似。

44. 如何为程序的特定操作配上声音

Windows XP 中一些程序启动时会有音乐，但常用的也就那么几种，如 Windows XP 启动与关闭及“回收站”的清空等。实际操作时可以自己为其他没有声音的程序操作配上声音。方法为：

（1）运行注册表编辑器，打开如下注册表子项分支（如果不存在，则新建）：

HKEY_CURRENT_USER\AppEvents\Schemes\Apps

（2）在 Apps 项下可以看到.Default、Explorer 等子项。在 Apps 下新建子项并命名为要配声音的程序（如要为注册表编辑器配上声音，则命名为 regedit），然后将刚才新建的子项的默认值修改为程序事件名称（“开始”\“控制面板”\“声音和音频设备”\“声音”\“程序事件”）。

（3）在刚才新建的项下再新建子项 Open。

经过这样修改后就能在程序事件中为注册表编辑器的启动配上声音了。

在 Windows XP 中系统还定义了以下事件：

AppGPFault：程序错误

Close：关闭程序

CriticalBatteryAlarm：严重电池警告

DeviceConnect：设备连接

DeviceDisconnect：设备断开

DeviceFail：连接设备失败

EmptyRecycleBin：清空回收站

LowBatteryAlarm：电池电力不足告警

MailBeep：新邮件通知

Maximize：最大化

MenuCommand：菜单命令

MenuPopup：弹出菜单

Minimize：最小化

MSMSGS_ContactOnline：联机联系人

MSMSGS_NewAlert：新通知

MSMSGS_NewMail：新邮件

MSMSGS_NewMessage：新消息

Navigating：启动导航

Open：打开程序

PrintComplete：完成打印

RestoreDown：向下还原

RestoreUp：向上还原

SystemAsterisk：警告信息

SystemExclamation：提示信息

SystemExit：退出 Windows

SystemHand：严重停止信息

SystemNotification：系统通知

SystemQuestion：疑问信息

SystemStart：启动 Windows

WindowsLogoff：Windows 注销

WindowsLogon：Windows 登录

45. 如何设置应用程序的搜索路径

当读者单击“开始”\“运行”命令后，在打开的对话框中输入一个应用程序名例如“Notepad”，“记事本”程序马上就会启动，但是用户也一定会发现在输入其他应用程序名后，就会出现提示用户找不到该程序的对话框，这是为什么呢?

当用户在“打开”对话框中输入程序名并按“确定”按钮后，系统会到几个默认的搜索路径中进行查找，如果找到该应用程序则打开，反之则会出现提示用户找不到该程序的对话框。所以我们如果要想避免出现这样的情况，就应当尽量多地设置默认搜索路径，以方便系统的查找。方法为：

（1）运行注册表编辑器，打开如下注册表子项分支（如果不存在，则新建）：

HKEY_LOCAL_MACHINE\SOFTWARE\Microsoft\Windows\CurrentVersion\App Paths

（2）在该项下，用户会发现有很多的以*. Exe 命名的子项。在右侧窗口中的“Path”值即为该程序所在路径，而“默认”值就是所在路径下的单击文件名。用户可以仿照这些项新建一些自己需要的程序，这样再在“打开”对话框中输入该程序时，就会自动单击了。

第 11 章

局域网应用与远程管理技巧

Windows XP 实用技巧速查 1000——本章内容

1. 如何隐藏“网上邻居”中的服务器
2. 如何设置自动断开闲置的网络连接
3. 如何将某电脑加入到域中
4. 如何关闭远程桌面
5. 如何使用远程协助进行文件传输
6. 如何隐藏局域网中的服务器

……

1. 如何隐藏“网上邻居”中的服务器

将处于局域网中的保存有重要数据的服务器隐藏起来，不让网上的其他机器访问，可以有效地提高数据的安全系数。

（1）单击“开始”\“运行”，在打开的对话框中输入 Regedit 后按 Enter 键，打开注册表编辑器。

（2）找到如下注册表子项分支：

HKEY_LOCAL_MACHINE\SYSTEM\CurrentControlSet\Services\lanmanserver\parameters

在右窗口中新建一个名为 Hidden 的 DWORD 值项，并双击此新值项，设置其数据值为 1 即可。

（3）关闭注册表编辑器，重新启动电脑，使修改生效。

2. 如何设置自动断开闲置的网络连接

在局域网中，可以为服务器设置自动断开闲置的网络连接，以免用户长时间挂在服务器上但却不作任何操作。当服务器侦测到某个网络连接闲置超过指定时间时，就会自动断开这个链接。

方法为：

（1）单击“开始”\“运行”，在打开的对话框中输入 Regedit 后按 Enter 键，打开注册表编辑器。

（2）找到如下注册表子项分支：

HKEY_LOCAL_MACHINE\SYSTEM\CurrentControlSet\Services\lanmanserver\parameters

（3）双击右窗口中的 autodisconnect 值项，修改预设的时间，其单位为分钟。不可将时间设置得太短，以免网络中其他电脑无法正常登录服务器。

（4）关闭注册表编辑器，重启计算机后生效。

3. 如何将某电脑加入到域中

某些情况下，企业或大型组织机构中的用户需要手工将他们所使用的电脑加入到一个域中。通过以下所介绍的操作步骤，你将能够非常轻松快捷地完成这项工作。

方法为：

（1）以管理员身份登录到电脑上。用鼠标右键单击“我的电脑”并在随后出现的快捷菜单中选择“属性”，这样“系统属性”对话框将显示在屏幕上。

（2）在“计算机名”选项卡上，单击“更改”按钮。在“计算机名称修改”对话框中，选择“域”并在相应文本框中输入域名。

（3）同时还会要求输入用以进行身份验证的用户名及口令，以便证明你具备加入到相关域中的适应权限。当“欢迎加入到域中”的消息出现时，单击“确定”。为使所做的修改生效，系统会提示须重新启动电脑，按要求照做即可。

4. 如何关闭远程桌面

关闭“远程桌面”功能，它的一个特点就是可以让别人在另一台机器上访问你的桌面。在局域网中，这个功能很有用。比如你有问题了可以向同事求助，他可以不用到你的面前，直接通过“远程桌面”来访问你的机器帮你解决问题。但是对于我们只有一台计算机的普通用户来说这个功能就显得多余了，所以我们把它关掉，不让它在那儿白白浪费内存。

方法为：

（1）单击“开始”，然后右击“我的电脑”，在出现的菜单中选择“属性”。

（2）在出现的“系统属性”对话框中选择“远程”选项卡，然后将该页面中的“远程桌面”下的“允许用户远程连接到这台计算机”前的勾去掉。

5. 如何使用远程协助进行文件传输

Windows XP 提供的远程协助功能是基于 IP 地址进行的，而现在很多小区宽带或公司网络都是采用 NAT 方式连入互联网，这样当需要远程协助时，对方接收到的只是局域网内 IP 地址，导致无法访问。此时，可以通过使用 XML 修改远程援助邀请的方式向使用网络地址转换（NAT）设备的朋友提供远程援助。

方法为：

（1）首先通过电子邮件方式向自己发送一份远程协助邀请，并在桌面上保存邀请文件。

（2）右键单击此文件，并在随后弹出的快捷菜单中选择“打开方式”并使用记事本打开，会发现该文件是一个简单的 XML 文件。其中，RCTICKET 属性的取值是一个专用 IP 地址，如 192.168.0.35。

此时就可用局域网或小区宽带的公共上网 IP 地址来替代这个专用 IP 地址，保存并以附件方式发送这个文件。这样就可以与网外的朋友建立连接并启动援助服务了。

提示!!

为使局域网的内部 IP 连接能够被路由到正确的电脑上，NAT 必须被配置为能够对内部通信进行路由操作，因此需要确保具有公共上网 IP 地址电脑的端口 3389 转发到远程协助的电脑上。

6. 如何隐藏局域网中的服务器

通常，在局域网中，利用网上邻居可以看到当前有哪些计算机正在工作，从而可以共享这些计算机上的资源。但在实际操作中，有时为了保证安全，特别是要保证局域网中服务器的安全，这时就需要在“网上邻居”中隐藏指定的服务器计算机名称。方法为：

（1）运行注册表编辑器，打开如下注册表子项分支（如果不存在，则新建）：

HKEY_LOCAL_MACHINE\SYSTEM\CurrentControlSet\Services\LanmanServe\Parameters

（2）将右窗口中的 Hidden 值项的数值修改为 1。

（3）关闭注册表编辑器，重新启动电脑，以使修改生效。

7. 如何隐藏网上邻居中的“整个网络”

要隐藏网上邻居中的“整个网络”，方法为：

（1）运行注册表编辑器，打开如下注册表子项分支（如果不存在，则新建）：

HKEY_CURRENT_USER\Software\Microsoft\Windows\CurrentVersion\Policies\Explorer

（2）将 Explorer 项下的 DWORD 值（若不存在，则新建）NoEntireNetwork 修改为 1。

（3）注销当前用户或重新启动计算机使注册表生效，网上邻居中的整个网络被隐藏。

8. 如何隐藏网上邻居中的工作组

要隐藏网上邻居中的工作组，方法为：

（1）运行注册表编辑器，打开如下注册表子项分支（如果不存在，则新建）：

HKEY_CURRENT_USER\Software\Microsoft\Windows\CurrentVersion\Policies\Explorer

（2）将 Explorer 项下的 DWORD 值（若不存在，则新建）NoWorkgroupContents 的值项数据修改为 1。

（3）重新启动计算机或注销当前用户，再次进入 Windows XP，网上邻居中的工作组就被隐藏起来了。

9. 如何隐藏“网上邻居”图标

如果系统处于局域网中，可以通过网上邻居访问局域网中的其他机器，通过隐藏网上邻居让用户不能直接访问局域网中的其他机器。方法为：

（1）运行注册表编辑器，打开如下注册表子项分支（如果不存在，则新建）:

HKEY_CURRENT_USER\Software\Microsoft\Windows\CurrentVersion\Policies\Explorer

（2）将 Explorer 项下的 DWORD 值（若不存在，则新建）NoNetHood 的数据修改为 1。

（3）重新启动计算机或注销当前用户，再次进入 Windows XP，桌面上的网上邻居图标就不见了。

10. 如何共享文件

可按以下步骤把一个文件夹共享出来，让网络用户通过他们自己的电脑来访问机器上的文件夹。方法为:

（1）用鼠标右键单击要共享的文件夹，选择“共享和安全”，然后切换到“共享”选项卡。

（2）如果“网络共享和安全”还没有启用，就需要单击“网络安装向导”先配置网络以便提供对 Internet 连接、共享文件或打印机的访问支持。

（3）单击“下一步”按钮，根据向导提示对现有网络进行简单的多次选择并单击“下一步”即可完成，现在，在“共享”属性页面出现两个复选框，就可以设置“网络共享和安全”属性了。

（4）选中“在网络上共享这个文件夹”，可保留或修改“共享名”，如果想让别人浏览这个文件夹的同时还可以修改里面的内容，就可以勾选“允许网络用户更改的文件”，按“确定”按钮完成。其他网络用户只要输入电脑名或 IP 地址，就会看到这个共享的了。

提示!!

> 如果在“网上邻居”中无法找到欲共享资源的电脑，可利用查找电脑的方式，利用该电脑的名称查找该电脑，实现共享的电脑之间应当使用同一网段的 IP 地址，否则，彼此之间将无法找到。

11. 如何在网络上共享打印机

要在 Windows XP 中共享你的打印机，方法为:

（1）单击“开始”，打开“打印机和传真”。

（2）右击要共享的打印机，并在随后出现的快捷菜单中选择“共享”。

（3）在“共享”选项卡上，选择“共享这台打印机”并为其输入共享名称。

如果你需要与使用不同种类硬件设备或操作系统的用户共享打印机，请单击“其他驱动程序”，选择“环境”并选择其他电脑所使用的操作系统，之后单击“确定”安装附加驱动程序。

12. Windows 98 访问 Windows XP 共享目录被拒绝怎么办

在局域网内，有时会遇到这样的问题，在装有 Windows XP 的计算机中设置了共享目录，而装有 Windows 98 的计算机却无法访问它的共享目录，启用 Windows XP 的 Guest 用户也不能解决问题，该怎么办？解决方法为：

（1）在启用 Guest 用户的前提下，单击“开始”菜单打开“运行”窗口，输入 gpedit.msc，打开“组策略”编辑器。

（2）展开左侧窗口的“本地电脑策略”\“计算机配置”\“Windows 设置”\“安全设置”\“本地策略”\“用户权利指派”，在右边窗口中打开“拒绝从网络访问这台电脑”。

（3）在“拒绝从网络访问这台电脑”属性对话框中有 Guest 用户，如果在这里删除 Guest 用户，那么在 Windows 98 下就可以通过“网上邻居”访问这台计算机的共享目录了。

13. 如何设置局域网络的自动断开控制

方法为：

（1）运行注册表编辑器，打开如下注册表子项分支（如果不存在，则新建）：

HKEY_LOCAL_MACHINE\SYSTEM\CurrentControlSet\Services\LanmanServer\Parameters

（2）将该项下的 DWORD 值 AutoDisconnect 的数据修改为自己想要的分钟数即可：

如果设置为 -1，则关闭自动断开功能；

如果设置为大于 0 的其他数值，则局域网会在设定的时间到达时自动关闭网络连接。

（3）重新启动计算机或注销当前用户，再次进入 Windows XP，则刚才设置的 RAS 的自动断开连接参数将发生作用。

提示!! 将 DWORD 值 AutoDisconnect 的值项数据修改为 -1，则可以禁用自动断开连接。

14. 如何在拨号网络中禁止拨号

要在拨号网络中禁止拨号，方法为：

（1）运行注册表编辑器，打开如下注册表子项分支（如果不存在，则新建）：

HKEY_LOCAL_MACHINE\SOFTWARE\Microsoft\Windows\CurrentVersion\Policies\Network

（2）将 Network 项下的 DWORD 值 NoDialIn（若不存在，则新建）修改为 1。

（3）重新启动计算机或注销当前用户，再次进入 Windows XP，在拨号网络就不允许拨号了。

15. 如何禁止文件共享

要禁止文件共享，方法为：

（1）运行注册表编辑器，打开如下注册表子项分支（如果不存在，则新建）：

HKEY_LOCAL_MACHINE\SOFTWARE\Microsoft\Windows\CurrentVersion\Policies\Network

（2）将 Network 项下的 DWORD 值 NoFileSharing（若不存在，则新建）修改为 1。

（3）重新启动计算机或注销当前用户，再次进入 Windows XP，系统就不能再将文件设置为共享了。

16. 如何设置局域网登录时恢复连接

我们可以把远程的共享目录映射成本地的一个驱动器，以方便日常操作。如果要经常使用这些网络资源，且又节省时间，那么我们可以通过注册表设置计算机在下次登录时自动恢复该连接。

方法为：

（1）运行注册表编辑器，打开如下注册表子项分支（如果不存在，则新建）：

HKEY_LOCAL_MACHINE\SYSTEM\CurrentControlSet\Control\NetworkProvider

（2）在该项对应的右边窗口区域内新建一个 DWROD 值项 Restor Connection，并设置其值项数据为 1。

17. 如何在 Windows XP 下安装 NetBEUI 网络协议

NetBEUI 是一种适用于小型网络环境的非路由式网络协议。在新一代 Microsoft Windows 操作系统中，针对这种协议的支持工作已被终止，打开网络属性也看不到该协议存在。

如果某种产品的技术支持要求安装这种协议以便作为临时解决方案，就需要安装 NetBEUI 网络协议。

方法为：

（1）选择安装网络协议后，单击“从磁盘安装”，然后在 Windows XP 安装光盘上打开以下文件夹：ValueAdd\Msft\Net\Netbeui。

（2）选择“netnbf.inf”后单击“确定”按钮，此时才会出现“NetBEUI 协议”，单击“确定”按钮，完成安装。

第 12 章

安装与卸载 Windows XP

Windows XP 实用技巧速查 1000——本章内容

12-1 安装与激活 Windows XP

1. 如何快速安装 Windows XP

如果要快速安装 Windows XP 操作系统，则可以按照如下方法进行操作。

方法为：

（1）首先制作一张 Windows 98 系统启动盘，然后将 Windows 98 系统安装目录下的 Windows 目录中的 Smartdrv.exe 文件直接拷贝到 Windows 98 系统启动盘里面，再将 Windows 98 的 MS-DOS 启动软盘放入软驱。

（2）在光驱中放入 Windows XP 安装光盘，然后进入电脑 BIOS，把启动的顺序改为由软盘启动，保存后退出 BIOS，系统重新启动进入 DOS 状态。

（3）运行 Smartdrv.exe，然后进入 Windows XP 安装光盘所在驱动器，进入到 I386 目录下，运行 Windows NT 即可开始安装 Windows XP 系统了。

2. 如何制作 Windows XP 启动盘

方法为：

（1）插入软盘。

（2）在软盘驱动器的图标上右击，在弹出的菜单选择“格式化”。

（3）选中弹出的“格式化”窗口里的“格式化选项”下的“创建一个 MS-DOS 启动盘”复选框，然后单击“开始”按钮，系统就会开始创建启动盘。

3. 如何在 DOS 下快速安装 Windows XP

Smartdrv.exe 文件能将内存的一部分模拟成磁盘缓冲以加快文件的存取，所以在 DOS 下安装 Windows XP 时，先运行 Smartdrv.exe 文件能够大大地提高文件的复制速度。但这个程序要使用扩展内存，所以运行时必须事先加载 Himem.sys。方法为：

（1）利用 Windows 98 控制面板中的“添加\删除程序”创建一张启动盘。

（2）在 C 盘下查找 Himem.sys，然后将它拷贝到启动盘上。

（3）在启动盘上新建文本文件，加入这样一句：device=himem.sys，保存并将该文件重命名为 Config.sys。

（4）在 Windows 98 安装目录中找到 Smartdrv.exe 文件，将它也拷贝到启动盘中。

（5）用创建的这张启动盘启动电脑，在提示符后输入“Smartdrv C+20480”，然后按 Enter 键回车。

提示!!

其中参数“C+”表示把虚拟的缓冲区指定给硬盘 C 盘，用户可以根据自己的要求来设置 Windows XP 的安装位置；“20480”指虚拟缓冲区的大小，单位为 KB，一般为物理内存大小的 1\3 左右。

（6）现在就可以安装了，将 Windows XP 的安装光盘放入光驱中。如果光驱的盘符是 F 盘，那么改变驱动器到 F 盘的 I386 目录中，输入 Winnt 并按 Enter 键，安装 Windows XP 开始了。

4. 如何制作 Windows XP 自动安装光盘

Windows XP 使用起来虽然简单，但是安装 Windows XP 过程却相当漫长，众多的选项需要选择，而且要频繁地重新启动，让人等得有些不耐烦。尤其要在多台机器上安装时，那就更麻烦了。其实，我们可以制作出一张真正自动安装的光盘，只要把光盘放入光驱，并利用它来启动系统就可以真正无人干预完成系统的安装。

方法为：

（1）拷贝安装文件。把 Windows XP 上的所有文件及文件夹拷贝到 C:XPSETUP 文件夹下。

（2）制作自动应答文件。先找到 Windows XP 安装光盘，并把它放入光盘驱动器中；启动“资源管理器”，定位到安装光盘的 Support Tools 文件夹下，选择其中的 Deploy. cab 文件，双击后用 WinZip 把其中的所有文件都解压到一个临时文件夹下，如 C:XPSETUP 文件夹下，然后双击该文件夹下的 Setupmgr.exe 文件，运行“Windows 安装管理器”，通过这个工具生成 Unattend.txt 文件，在选择保存 Unattend.txt 文件的路径时，把它保存到 C:XPSETUPI386 文件夹下。

（3）制作启动盘。先在 Windows 98 中单击“开始”\“控制面板”\“添加\删除程序”，然后在出现的窗口中选择“启动盘”选项卡，在软驱中插入软盘，同时在光驱中放入 Windows 98 安装光盘，然后单击“创建启动盘”按钮生成 Windows 98 启动软盘。

（4）修改自启动文件。把 Windows 98 中的 Himem.sys 和 Smartdrv.exe 两个文件拷贝到启动软盘上，同时删除掉原先启动盘上的 Ebd.cab 文件。用记事本打开启动软盘上的 Config.sys 文件，把文件里所有的内容都删除掉，而后加入如下语句：

```
device=himem.sys
device=oakcdrom.sys \D：mscd001
Lastdrive=Z
```

再用记事本打开启动软盘中的 Autoexec.bat 文件，删除里面的所有内容，然后在其中加入如下语句：

```
@echo off
smartdrv.exe
mscdex.exe \D:mscd001 \L:Z
Z:
cd I386
winnt32 \unattend:unattend.txt
```

（5）刻录自启动光盘。把自启动软盘放入软驱，运行 Nero-Burning "Rom 刻录"软件，会出现"新建专辑"窗口，在"新建专辑"对话框中选择"CD-ROM（可启动）"，并选中"启动"标签下的"启用专家设置（仅适用于高级用户）"选项，其余的保留默认值，然后把 C:XPSETUP 下的所有文件拖放到光盘根目录下，然后刻录即可。

（6）用光盘自动安装。把光盘插入光驱，重新启动电脑，按下 Del 键，进入 BIOS，设置优先从光盘启动系统，然后光盘就会自动引导电脑，并按照 Unattend.txt 中的设置自动安装 Windows XP。

提示!!

①以上对于 Windows 98\2000，其操作方法大同小异。
②在 Windows XP 拷贝完文件到硬盘，第一次重新启动电脑前，必须把光盘从光驱中取出，否则系统仍会从光盘启动并会循环执行安装程序。
③与 Windows 光盘引导安装系统相比，省去了繁琐的选择选项过程，令安装过程更加轻松。
④这里只是从技术角度讨论自动安装 Windows 的可行性，请读者不要随意复制 Windows XP 安装光盘。

5. 安装 Windows XP 前有哪些准备事项

在安装 Windows XP 前，请先确定做好以下工作：

（1）不论使用的是台式 PC 或笔记本电脑，请先与 PC 厂商确定是否有其安装或升级应注意事项，或安装后的搭配问题，有些厂商会利用此机会推出新的 BIOS 来支持 Windows XP 新的功能规格。

（2）事先确认外设是否有更新的驱动程序或是否兼容 Windows XP。

（3）建议不要超频 CPU。

（4）关闭 BIOS 之病毒侦测功能以及电源管理系统。关闭病毒侦测方法：在 BIOS FEATURES SETUP 里的 Virus Warning 设定成 Disabled。

（5）关闭电源管理系统：请在 POWER MANAGEMENT SETUP 里的 Power Management 设定成 Disables。

（6）如有装设 KeyPro（保护卡）也请卸下，等安装完毕后再装回。

（7）在运行安装程序之前最好进行病毒扫描。

（8）在运行安装程序之前先运行 ScanDisk 或 Chkdsk，检查有无坏扇区或坏轨。

（9）如果有任何有关于硬件或软件的问题，请在安装 Windows XP 中文版之前先行修复。

（10）备份 Autoexec.bat 及 Config.sys 到软盘上 。

（11）删除 Config.sys 及 Autoexec.bat 文件中所有不必要的程序。这些程序包括 Undelete 程序、防毒软件、启动组态程序或任何磁盘公用程序等。

（12）将 BIOS 设成 Load setup default 或 Load BIOS default。

（13）删除安装时不需要的硬件装置（如：声卡、MPEG 卡，或其他特殊的适配卡）。

6. 如何更改 Windows XP 序列号

在 Windows XP 安装完毕以后，可能由于某些原因用户想在已经安装完毕的 Windows XP 上更改序列号，使用激活向导可以完成这样的功能。建议用户在修改之前作一个系统还原点，以免误操作引起不必要的麻烦。

要更改 Windows XP 序列号，方法为：

（1）单击“开始”\“运行”，在打开的对话框中输入 regedit 后按 Enter 键，打开注册表编辑器。

（2）找到如下子项分支：

HKEY_LOCAL_MACHINE\Software\Microsoft\WindowsNT\CurrentVersion\WPAEvents

（3）在编辑器窗口的右边窗口中右击值项 OOBETimer，然后选择“修改”，至少修改一个字节。

（4）单击“确定”按钮，然后依次单击“开始”\“运行”，在打开的对话框中输入%systemroot%\system32\oobe\msoobe.exe \a 后按 Enter 键。

（5）在出现的对话框中选择“通过电话激活”，然后单击“下一步”按钮。

（5）在出现的对话框中单击修改序列号，输入新的序列号以后选择“更新”，如果退回到前一个画面，那么选择“稍后激活”，并重新启动。

（6）重复前面的操作，直到修改成功为止，重新激活。

（7）单击“确定”按钮，安装 SP1。

7. 怎样安装 Windows XP 不用输序列号

要做到安装 Windows XP 不用输序号（是不用输，不是不用序号）要有一个前提，就是 Windows XP 原文件已经拷到了硬盘上或者光盘是可读写的。

方法如下。

在 I386 的文件夹下放一个叫 WINNT.SIF 的文件，内容如下：

UserData ProductKey=XP 的注册码
\\注意，这个是 Windows XP 的注册码，要写在这里
Data AutoPartition=0
MSDosInitiated=0
UnattendedInstall=Yes
Unattended
UnattendMode=GuiAttended
TargetPath=WINNT
Hibernation=1
OemPreinstall=No
OemSkipEula=Yes
CrashDumpSetting=0
DisableDynamicUpdates=Yes
UnattendSwitch=Yes

8. 如何辨认真假中文版 Windows XP

下面这个方法是用来查看 Windows XP 是否为真正的中文版。

（1）执行“开始”\“所有程序”\“附件”\“通讯”\“超级终端”，看看是否为中文界面及中文名称。如果 Windows XP 是英文汉化的，那么在这里肯定会露出马脚。

（2）运行 dxdiag.exe（在 system32 文件夹中，注意要显示所有系统文件后才能找到），然后看看 DirectX 诊断程序中的系统信息，看看系统信息中的操作系统版本是否为 5.1.2600，看看系统信息中的语言及区域设定是否都为中文。

9. 如何安装主板的 IDE 驱动程序

对于主板 IDE 驱动程序的安装，现提供几点参考建议：

（1）在各种驱动程序之中，最重要的首推主板识别和管理硬盘的 IDE 驱动程序或补丁，强烈建议先安装 IDE 驱动或补丁，再安装 AGP 的驱动或补丁。因为现在流行的显示卡都是 AGP 接口的，AGP 有个很大的特点就是在本身的显存不足的时候，会借用系统的物理内存对视频任务进行补充。在视频任务结束后，AGP 显示卡要释放所占用的物理内存，这样就得要求系统首先记录 AGP 显示卡所占用的内存，在 Windows 后台内部协调其他程序不再调用这部分的内存；然后在释放物理内存后，又通知系统重新把这部分释放的内存标记为可用。这些步骤都必须通过硬盘中 Windows 目录下的相关文件作协调和记录状态，所以 AGP

显示卡除了靠主板上的 AGP 插槽外，和硬盘的关系也是很密切的。如果硬盘的IDE 驱动程序没装好，可能会严重影响到 AGP 的显示卡的使用。

（2）其次，IDE 驱动没装好的话，硬盘厂家及型号就可能无法被 Windows 识别，从而不能使用 ULTRA DMA 功能；装好了 IDE 驱动以后，Windows 使用了其 DMA 的功能工作，安装其他的驱动程序和 DIRECTX 等也会更快。所以应该优先处理好主板的 IDE 驱动，注意仔细阅读厂家配套的 README 文件，及安装光盘中驱动程序的对应性——因为一张光盘中往往包含了这个厂家其他主板类型的 IDE 驱动，如果装错了的话，很可能会造成 Windows 一进入图形界面就死机（连安全模式都不能进入），其他的任何任务都无法再进行。所以，安装 IDE 驱动应该优先考虑，而且要小心谨慎。发现主板 IDE 程序和你的配件确实不兼容的话，及时更换。

10. 如何安装 AGP 显卡的补丁

关于 AGP 显卡补丁的安装，现提供几点参考建议：

（1）显示卡的驱动因为影响到其他任务的状态显示，搞得不好也是死机和黑屏频繁，所以应该放在声卡、网卡等板卡之前安装。

（2）有些主板光装上显示卡的 AGP 驱动还是不能完全使用显示卡的某些功能，要安装其补丁。建议你在装机前下载最新的补丁做好准备，而且应该在 IDE 驱动程序后再安装 AGP 显示卡的补丁等。虽然这个问题并不普遍，但也要小心为是，为安全起见先装 IDE 驱动为好，免得因死机问题而出现重装 Windows 系统和重新设置桌面、用户习惯的麻烦。

11. 如何使重装 Windows XP 不需再激活

如果需要重装 Windows XP，通常必须重新激活。要使得重装 Windows XP 不需再激活，方法为：

（1）在第一次激活时，备份好 Windows\System32 目录中的 Wpa.dbl 文件，就不用再进行激活的工作了。

（2）在重装 Windows XP 后，只需要复制备份下来的 Wpa.dbl 文件到 Windows\System32 目录下即可。

12. 如何使用 Internet 激活 Windows XP

要使用 Internet 激活 Windows XP，方法为：

（1）单击“开始”\“所有程序”\“附件”\“系统工具”。

（2）单击激活 Windows，或单击任务栏状态区域的 Windows 激活图标。

（3）单击“是，现在通过 Internet 激活 Windows”。

（4）单击“阅读 Windows 产品激活隐私声明”，单击“返回”按钮，然后单击“下一步”按钮。

（5）使用以下步骤之一：

①如果想要同时注册并激活 Windows，单击“是，我想同时注册并激活 Windows”，单击“阅读 Windows 产品激活隐私声明”，单击“返回”按钮，然后单击“下一步”按钮。

②在注册表的相应信息框中键入用户的联系信息，然后单击“下一步”按钮。

③旁边带星号 (*) 的信息是必填信息，或如果用户只想激活 Windows，则单击“否，我现在不想注册，只想激活 Windows”，然后单击“下一步”按钮。向导将与激活服务器建立连接，然后处理激活请求。

（6）完成激活后，单击“确定”按钮，完成操作。

13. 如何使用电话激活 Windows XP

要使用电话与 Microsoft 顾客服务代表联系并激活 Windows，方法为：

（1）单击“开始”\“所有程序”\“附件”\“系统工具”。

（2）单击“激活 Windows”，或单击任务栏状态区域的 Windows 激活图标。

（3）在出现的对话框中单击“是，我想打电话给顾客服务代表来激活 Windows”。

（4）单击“阅读 Windows 产品激活隐私声明”，单击“返回”，然后单击“下一步”。

（5）执行使用电话激活 Windows 对话框中列出的步骤，然后单击“下一步”。

（6）当完成激活后，单击“确定”，完成操作。

14. 怎样检测 Windows XP 是否被激活

要想确认 Windows XP 是否已经被激活，方法为：

单击“开始”\“运行”，在打开的“运行”对话框中输入 oobe\msoobe \a（注意\a 前有一个空格），按 Enter 键，在出现的“激活 Windows”窗口中单击“确定”按钮将该窗口关闭。

15. 怎样备份激活信息

众所周知，在 Windows XP 和 Office XP 中加入一种新的防盗版激活技术。一般产品安装完成后都要激活，但如果重新安装系统或者更换新硬件后，又得重新激活，非常麻烦。

其实，对于 Windows XP，只要把 Windows\System32\wpa.dbl 备份一下，等重新安装系统后再把这个文件覆盖一下即可。

而对于 Office XP，则只要备份 C:\Program Files\Common Files\Microsoft Shared\Office10\mso.dll 即可。用这种方法就再也不用去找微软解释为什么换机器硬件或其他原因了，省了一份心。

16. 如何添加 Windows XP 组件

要添加 Windows XP 组件，方法为：

（1）以 Administrator 或 Administrators 组的成员身份登录。

（2）单击“开始”\控制面板”，在打开的“控制面板”窗口中双击“添加或删除程序”图标。

（3）在打开的“添加或删除程序”对话框中单击“添加\删除 Windows 组件”，“Windows 组件向导”将启动。

（4）在出现的组件列表中，单击选中要添加的组件旁边的复选框。如果某个组件的复选框被灰显，则说明只选择了它的一些子组件进行安装。若要查看子组件的列表，请单击“详细信息”按钮。单击选中要添加的子组件旁边的复选框，然后单击“确定”。如果“详细信息”按钮不可用，则说明该组件不包含子组件。

（5）单击“下一步”按钮。

（6）如果出现插入磁盘对话框，请使用以下方法之一：

①将 Windows XP 光盘插到 CD-ROM 或 DVD-ROM 驱动器中，然后单击“确定”按钮。

②单击“确定”按钮以查找 Windows XP 安装文件。在所需文件对话框中，单击“浏览”，查找 Windows XP 安装文件，然后单击“打开”。

（7）在“完成‘Windows 组件向导’”对话框中单击“完成”按钮。

17. 如何从 FAT 32 格式转换 NTSF 格式

Windows XP 本身支持 NTFS 分区，使用 NTFS 分区的安全程度和磁盘管理比其他分区格式要好。在安装 Windows XP 时，系统会自动让你选择是否将现有分区转化为 NTFS 分区。

如果当时没有选择，而现在又想将硬盘从 FAT32 转为 NTFS，除了使用 Partition Magic 等工具软件外，还有一个更为简单实用的方法：

（1）单击“开始”\“所有程序”\“附件”\“命令提示符”。

提示：“命令提示符”是 Windows XP 内置的一个类似于 DOS 的界面，内部所有的指令语句和 DOS 下的基本相同。

（2）打开“命令提示符”窗口以后，在光标的提示符下输入以下命令行，然后按 Enter 键。

covert c:\FS:NTFS

（3）系统要求输入 C 盘的卷标，然后按 Enter 键。

提示!!

①上面的操作只用于 FAT32 转为 NTFS，而不能将 NTFS 转为 FAT32。

②如何才能知道磁盘卷标呢？在“我的电脑”窗口中右击 C 盘盘符，在出现的菜单中选择“属性”，在打开的对话框中就可以找到。

18. 如何安装或更改程序

要更改程序，方法为：

（1）单击“开始”\“控制面板”，在打开的窗口中双击“添加或删除程序”图标。

（2）在打开的“添加或删除程序”对话框的“当前安装的程序”列表框中，单击要更改的程序，然后单击“更改\删除”按钮。

（3）接下来按照说明进行更改即可。

19. 如何制作密码重设盘

密码在 Windows XP 里面是很重要的，如果忘记了密码就无法登录。如果创建一张“密码重设盘”，该问题就可以解决。

要制作密码重设盘，方法为：

（1）在“控制面板”窗口中打开用户账户，单击用户的账户名。

（2）在位于窗口左侧的“相关任务”下面，选中“防止忘记密码”，然后选择“下一步”按钮。

（3）系统提示需要一张磁盘，准备一张空白的磁盘插入软驱里面，然后单击“下一步”按钮。

（4）输入当前账户的密码以后，单击“下一步”按钮，开始创建密码重设盘。

（5）如果以后忘记了密码，在出现欢迎屏幕时，单击“用户名”，然后键入密码。如果忘记了密码，则会显示“你是否忘记了自己的密码？”消息，单击“使用密码重设盘”可启动“密码重设向导”，按照“密码重设向导”中的指示，创建新密码，使用新密码登录，然后将密码重设盘收藏到安全地方，以备将来需要重设密码时使用，不必制作新的密码重设盘。

20. 如何利用光盘检测系统兼容性

Windows XP 作为目前个人安装使用的最新操作系统，在一些老的电脑上经常会碰到安装过程出现不兼容的情况，使得安装过程到了一半就被迫结束。为了避免这种情况的发生，可以在安装 Windows XP 之前，借助其安装光盘来对系统的兼容性进行一些检测。

要利用光盘检测系统兼容性，方法为：

（1）将安装光盘放入光驱，一般都会自动打开欢迎使用界面。

> 提示!! 如果禁止光盘自动运行，可以执行光盘中的 SETUP.EXE 命令，同样可以打开。

（2）单击界面上的最后一项“检查系统兼容性”，然后单击“自动检查我的系统”。过一会儿就会显示检查结果，汇报不兼容的项目。

> 提示!! 要想安装使用 Windows XP 就得先解决好这些不兼容的项目才行，免得中途被迫停止。

21. 如何在升级系统时保留配置文件

将 Windows 98 或 Windows ME 配置文件升级到 Windows XP 域用户配置文件。

保留配置文件的最好方法是在升级安装过程中加入到域中。否则，必须使用变通办法将配置文件信息转移到 Windows XP 配置文件中。

在升级安装过程中的网络部分，管理员可以选择加入域或工作组。如果此时加入到域中，可确保将现有的所有配置文件成功地迁移到 Windows XP 安装中。

如果在升级期间没有将电脑加入到域中，则必须采取下面的措施：

（1）将升级后的电脑加入到目标域中。

（2）所有相关用户都必须登录并注销一次（以生成配置文件）。

（3）将相应的 Application Data 文件夹从 Windows 98 和 Windows Me 配置文件复制到新创建的用户配置文件中。

22. 如何修改环境变量解决应用程序安装错误

用户在 Windows XP 系统中安装某些应用程序时，会出现系统找不到路径的错误，从而导致安装失败。造成这种情况的主要原因在于，Windows XP 系统支持多用户操作，并且支持中文方式的用户名称，不同用户的用户变量默认方式为系统安装目录：Documents and Settings 用户名 Local settings temp，比如用户名为“黄忠”，那么所用的用户变量就是：d:documents and settings 黄忠 Local settings temp。

一般情况下，当运行应用软件的安装程序时，安装程序会将文件解压缩到这个目录中，但是由于部分安装程序对包含中文名称的路径方式不支持或支持不好，如果用户在 Windows XP 系统中建立了中文方式的用户名称，那么安装程序就会出现找不到路径的错误。

将用户的用户变量方式修改为不包括中文方式的目录，就可以避免此问题的发生。方法为：

（1）单击“开始”菜单，在“我的电脑”图标上单击鼠标右键，然后选择“属性”命令，打开“系统属性”对话窗口。

（2）单击“高级”选项卡，在“高级”设置页面中单击“环境变量”按钮，进入“环境变量”设置窗口。

（3）此时可以看到窗口上方的“用户的用户变量”列表框中显示了用户变量 temp 和 tmp 的设置情况，用户可在此单击“编辑”按钮对 temp 和 tmp 的变量值进行修改，将变量值由“%userprofile%Local settings temp”改为“d:temp”。

（4）修改完成后单击“确定”按钮退出。重新启动 Windows XP 系统即可应用修改后的环境变量，此时当再次运行安装程序时就不会出现找不到路径的错误了。

23. 重装操作系统需要备份些什么

由于各种天灾人祸及一些不可抗拒的因素，系统垮掉是经常会遇到的问题，这时候就需要重装操作系统，那么重装操作系统需要备份些什么呢？

（1）备份用户数据。自己的东西，如“我的文档”文件夹里的文件，软件设置，游戏的存档、下载的好东东等。这些用户数据是非常重要的，可把这些文件压缩后放到绝对安全的地方——硬盘非系统分区，光盘或者 Internet 上。

（2）及时备份注册表。注册表中存放着有关电脑所有设置和各种软硬件的注册信息，所以它的重要性是可想而知了。备份的方法很简单：只需打开“开始”\“运行”，在其中输入 Regedit 后按 Enter 键，打开“注册表编辑器”；单击“文件”\“导出”菜单命令，在出现的对话框的“导出范围”中选择“全部”，然后输入导出的注册表文件名，按“确定”按钮就可以了，别忘记把这个注册表文件也要存放在 C 盘以外的分区上。

（3）备份 IE 收藏夹。IE 收藏夹中的内容实际上是存在 C:\Documents and Settings\用户名\收藏夹\目录下的一个个 URL 链接，把它们复制到一个备份文件夹，重新安装完操作系统后再将其复制到原来的目录下，完成后恢复即可。

（4）备份“收件箱”与“已发送邮件”。它们通常位于 C:\Documents and Settings\用户名\Local Settings\Application Data\Identities，可以看到形如{********-****-****-****-************}的一长串数字文件夹，进入后，再依次进入 Microsoft\Outlook Express 目录下，拷贝“收件箱.dbx”和“已发送邮件.dbx”进行备份。重装系统后再将所备份的文件粘贴覆盖已有文件即可。

（5）备份邮件账号。多个邮件账号对网民来说并不是件新鲜事。若需备份邮件账号，方法为：单击“开始”\“运行”，在打开的对话框中输入 Regedit 后按 Enter 键，打开“注册表编辑器”；然后找到如下子项分支：

HKEY_CURRENT_USER\Software\Microsoft\InternetAccount Manager\Accounts

单击 Accounts，在菜单中单击“文件”\“导出”命令，在“导出范围”中选择“所选分支”，输入注册表文件名（.reg），然后单击“确定”按钮即可。

以后恢复时只需双击备份的注册表文件即可将其加入注册表。

（6）备份邮件地址簿。若需备份地址簿，只需将 C:\ Documents and Settings \用户名\Application Data\Microsoft\Address Book 中的文件保存即可，其中 xxx.wab 中的 xxx 为安装 Windows 时定义的用户名。

（7）使用 Ghost 备份系统。Ghost 是著名的硬盘复制备份工具，它不仅具有硬盘克隆功能，还附带有硬盘分区、硬盘备份、系统安装、网络安装、升级系统等功能。

24. 如何查看 Windows XP 版本号

如果要查看自己 Windows XP 的版本号等信息，可以通过找到 Windows\system32\NTOSKRNL.EXE 文件，单击鼠标右键，选择“属性”命令，然后选择“版本”选项卡即可查看，如图 12-1 所示。

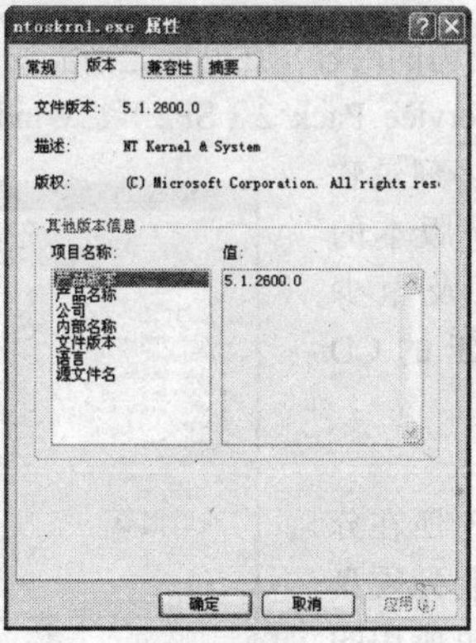

图 12-1

25. 如何判断 Windows XP 是否为正式版

遇到这样的事情了吗？虽然安装了 Windows XP，但是心里并不清楚自己安装的是否为正式版，因为光盘来源有些“问题”，比方说 D 版，封面上虽然写着是正式版，但心里还是犯嘀咕，此时可以用下面的方法来判断 Windows XP 是否是正式版：

在光碟的 i386 文件夹里有一个 EULA.TXT 文件，打开它，在其中的最后有一行带有 EULAID 字样的，这就是版本：

（1）如果是 WX 开头就是正式版，如果是 WB 开头就是测试版。

（2）如果有_PRE 字样就是家庭版，有_PRO 字样就是专业版。

（3）在 OEM 版的有关说明中，如果是中文版，有关说明应是一半中文一半英文，如果全是英文，那就是来自英文的 Corporate 版（破解）。

（4）EVAL（RVL）版的说明全是中文。

好了，赶快检查一下你的 Windows XP，看看到底是否是真正的正式版，没准会有新发现！

26. 将 Windows XP CD 转换成 Windows XP Service Pack 2

Microsoft 已经推出了 Windows XP Service Pack 2，可以按照如下方法把 Windows XP 的 Service Pack 2 集成到 Windows XP 的安装程序中，以便当在电脑上重新安装 Windows XP 时，系统将立即自动升级到 Service Pack 2 (SP2)，省去了“Windows Update”和重新安装 Service Pack 2 的麻烦。

也可以把一些用户的东西例如 Microsoft Powertoys for Windows XP 加到这张 CD 中去。

（1）添加这张 CD 所需的内容。在开始之前需要准备如下东西：你所用语言版本的 Windows XP Service Pack 2（SP2）、Windows XP 的启动文件（用于写入光盘的引导区）、刻录软件（在这里使用的最新版本的 Nero Burning Rom）以及至少 1.5GB 的硬盘空间（为 XP 的 CD 和 SP2 的文件预留）。

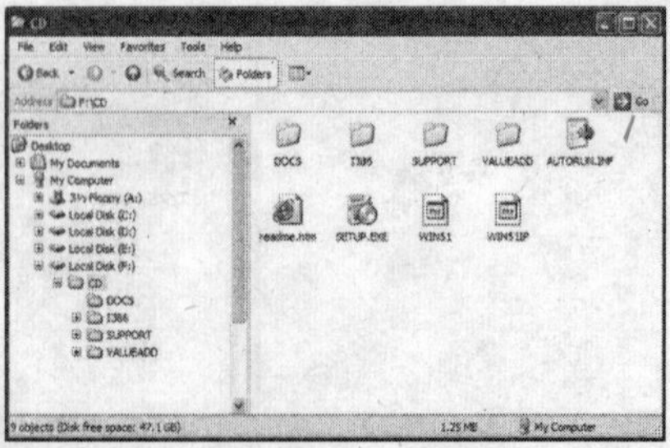

图 12-2

方法为：

①转到 Windows XP 所在分区，然后将所有文件复制到硬盘上的一个文件夹中。这里所用的

是 F:CD，如图 12-2 所示。

②转到根目录以确定文件 WindowsXP-KB835935-SP2-ENU.exe 在那里（示例），然后输入以下命令：

F:WindowsXP-KB835935-SP2-ENU.exe -s:F:CD

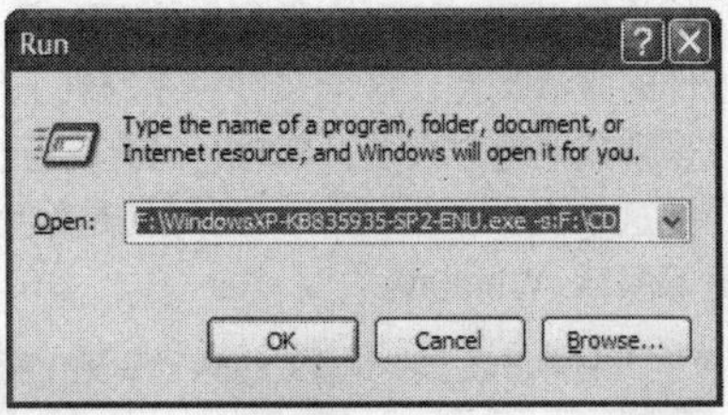

图 12-3

系统弹出一个“Run”对话框，如图 12-3 所示。在这里确认正确的驱动器号，这取决于文件 WindowsXP-KB835935-SP2-ENU.exe 所放位置。此时把 Windows XP CD 的全部内容复制到了 F:CD，Windows XP Service Pack 2 的文件放在 F:盘上。为了确保正确性，请再次检查文件的位置。

③单击“OK（确认）”按钮后将会看到文件正在被整合，如图 12-4 所示。

④稍后会看到“整合过程已结束”的提示，如图 12-5 所示。

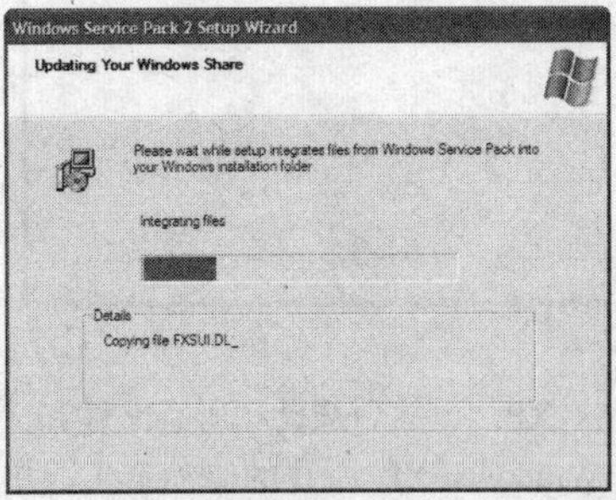

图 12-4

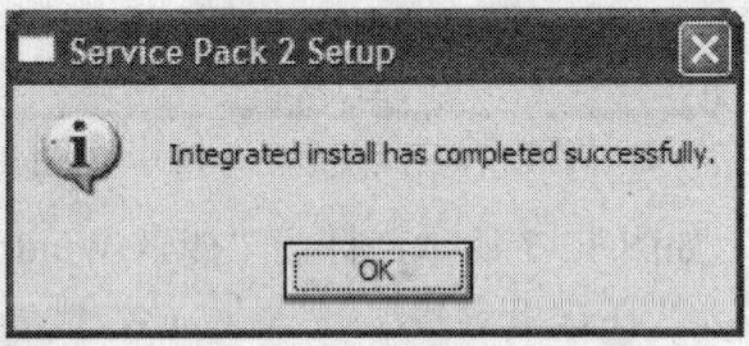

图 12-5

⑤现在 Service Pack 2 的文件已经在 CD 文件夹中了，如图 12-6 所示。

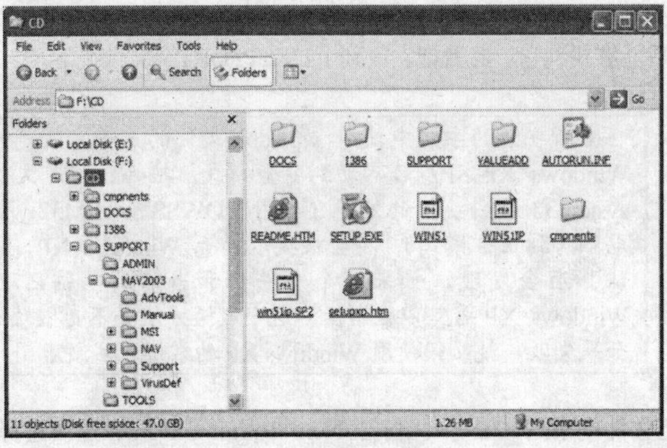

图 12-6

⑥添加 WPA.DBL 文件到你的 CD 中，如图 12-7 所示。WPA.DBL 是电脑或是硬件的激活文件。这个文件对你的机子来说是唯一的，所以你不用担心它被偷掉或是到其他地方去了，当然它只会在已经激活了 Windows XP 的电脑中出现。

把这个文件备份到 CD 的好处是你可以在不通过网络或是电话联系微软的情况下激活 Windows。

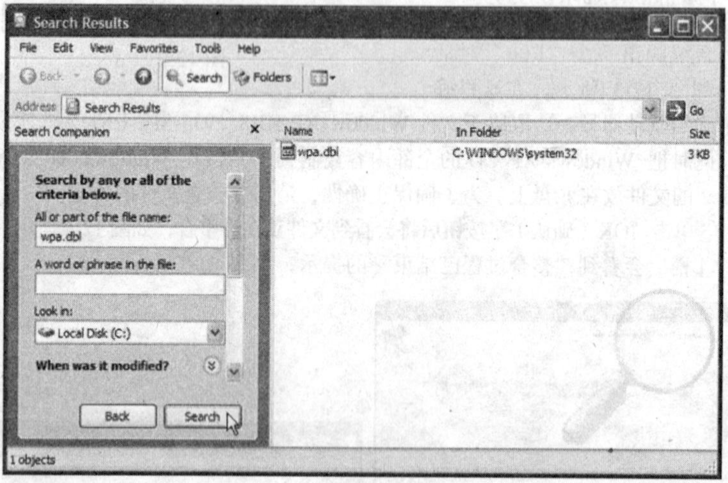

图 12-7

如图 12-7 所示，打开“搜索 Windows XP”，然后选择“所有文件和文件夹”\“在这里寻找”\“X:”（X 代表 Windows XP 所在的驱动器）。单击“更多高级选项”，请确保前三个选项“搜索系统文件夹”、“搜索隐藏的文件和文件夹”、“搜索子文件夹”都被选中。

一旦找到了这个文件，就把它复制到 CD 文件夹中的任意地方，以便在完成 CD 的制作后能够找到它。此处把它放到了“SUPPORT”文件夹下。

提示!!

> 在全新安装的系统中使用 wpa.dbl 文件的正确方法是：安装完 Windows XP SP2 后启动到安全模式，把 wpa.dbl 文件复制到 system32 文件夹，此处是 C:WINDOWSSYSTEM32，最后重启电脑（到正常模式），将会被提示激活 Windows XP，单击“确认”后会发现，如果这个文件仍和当前的电脑匹配的话，Windows XP 就可以被激活。这个激活方法并不受微软的支持，如果失败，就必须使用 Windows XP 的常规方法激活。

（2）把文件刻录到 CD 中。打开 Nero Burning Rom，然后选择 CD-ROM（引导）。确认自己的对话框的内容看起来和图片中一样。xpboot.bin 文件可以放在你电脑上的其他地方，用你的电脑上的路径替代这里的 F:。接着，使选项卡（ISO）下的内容如图 12-8 所示。

在 Label（标签）选项卡下的内容你可以自己选择。这里选择了 WXPSP2_EN 作为卷标，可以把 EN 替换成你所在地区的语言，也可以命名为 WXPSP2。还有一些例子如 WXPVOL_EN（卷）、WXPOEM_EN（OEM 版本）、WXPRET_EN（零售版本）等等。

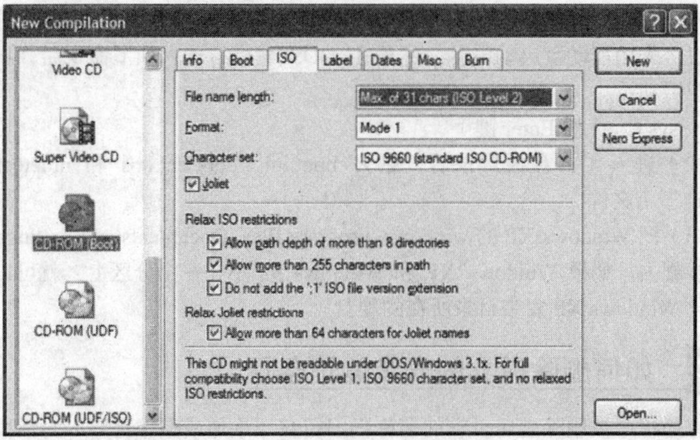

图 12-8

接下来单击“新建”按钮，就可以利用 Nero 的文件浏览器添加文件到光盘中了。首先定位到你已经准备好的 Windows XP SP2 的光盘文件夹，然后把这些文件拖进去。Nero 会自动计算光盘文件的大小并准备好刻录工作。

一切完成以后，单击“刻录”按钮，你将会看到“刻录”对话框，请确保“结束光盘”这一项被选中，最后单击“刻录”按钮。这时会弹出刻录进度窗口。

如果一切顺利的话，就会看到如图 12-9 所示的信息提示对话框。

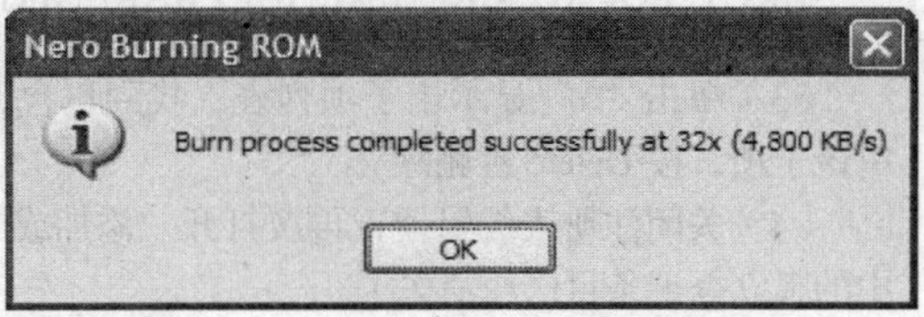

图 12-9

最后重新启动电脑，确认这张 CD 的正确性之前测试一下是否能用它启动电脑。如果测试后没发现有问题，利用这个 CD 启动电脑即可。如果可以启动，则可以用 Windows XP Service Pack 2 的整合光盘来替代原版光盘进行安装。

12-2 卸载 Windows XP

1. 如何在双操作系统情况里卸载 Windows XP

某电脑，安装有 Windows XP 和 Windows 98 双系统。现在要卸载 Windows XP。

方法为：

（1）先用启动盘启动电脑，然后在 DOS 命令行输入如下命令后，再从硬盘重新启动：

A:\sys C: （按 Enter 键）

（2）进入 C：盘根目录后，删去 boot.ini，bootsect.dos 和 ntdetect.com, ntldr 这三个文件。

（3）把 Windows XP 的 windows, program files, Documents and Settings 等目录直接删去。如果 Windows XP 和 Windows 98 不在一个分区上，就可以直接格式化 Windows XP 安装目录所在的硬盘。

2. 如何删除孤立的安装登记条目

有的程序被删除之后，它的名称仍旧留在“添加或删除程序”对话框的清单中，成为孤立的登记条目，如果单击“更改”或“删除”按钮，只能得到一个错误提示说程序已经被删除。如果频繁地安装和试验许多不同的程序，越来越多的孤立登记条目将带来不便。

要删除孤立登记条目，方法为：

（1）单击“开始”\“运行”，在出现的对话框中输入 regedit 后按 Enter 键，打开注册表编辑器。

（2）找到如下子项分支：

HKEY_LOCAL_MACHINE\SOFTWARE\Microsoft\Windows\CurrentVersion\Uninstall

（3）单击“+”显示出子项列表，找到包含孤立登记条目的子项，然后选中该子项，按 Delete 键删除。

（4）关闭注册表编辑器，再次打开“添加或删除程序”对话框，发现清单中的孤立登记条目已经消失了。

3. 如何彻底删除 Windows XP

如果是在 Windows 98\Me\Windows 2000 下安装的 Windows XP，现在想要完全卸载 Windows XP。

方法为：

（1）在 Windows 98\Me\Windows 2000 下，打开“我的电脑”，然后单击菜单命令“工具”\“文件夹选项”，在打开的对话框中单击“查看”选项卡，然后去掉“隐藏受保护的操作系统文件”前的复选框。

（2）选中“显示所有的文件和文件夹”，然后单击“确定”按钮。

（3）在 C：盘下找到 boot.ini 文件，打开它，内容如下：

[boot loader]
timeout=30
default=multi(0)disk(0)rdisk(0)partition(2)\WINNT
[operating systems]
multi(0)disk(0)rdisk(0)partition(1)\WINNT="Microsoft Wistler Professional"\fastdetect ▲
multi(0)disk(0)rdisk(0)partition(2)\WINNT="Microsoft Windows 2000 Professional"\ fastdetect
C:\="Microsoft Windows 2000"

（4）将上述有“▲”标记的那一行删除，再保存文件退出。

（5）右键单击“我的电脑”，在出现的菜单中选择“属性”。然后在出现的对话框中依次单击“高级”\“启动和故障恢复”，再将“默认的操作系统”改为所需要的。

（6）单击“确定”按钮重新启动电脑，最后在 Windows 98\Me\Windows 2000 下，将 Windows XP 分区格式化，完成操作。

4. 如何删除 Windows XP 组件

要删除 Windows XP 组件，方法为：

（1）以 Administrator 或 Administrators 组的成员身份登录，然后单击“开始”\“控制面板”，在打开的窗口中双击“添加或删除程序”图标。

（2）单击“添加\删除 Windows 组件”，启动“Windows 组件向导”。然后在组件列表中，单击清除要删除的组件旁边的复选框。

提示!!
组件旁边的复选框被灰显表示只安装了它的一些子组件。若要删除子组件，请单击“详细信息”，然后单击清除要删除的子组件旁边的复选框，然后单击“确定”。

（3）单击“下一步”按钮，在“完成‘Windows 组件向导’”对话框中单击“完成”按钮即可。

5. 如何删除安装的程序

要删除电脑上安装的程序。

方法为：

（1）单击“开始”\“控制面板”，在打开的窗口中双击“添加或删除程序”图标。

（2）在出现的“当前安装的程序”对话框中，单击要删除的程序，然后单击“更改\删除”按钮。

（3）如果提示确认是否删除程序，单击“是”按钮，完成操作。

6. 如何卸载 NTFS 分区上的 Windows XP

如果是安装单独的 Windows XP 系统，为了安全起见，一般都推荐将 Windows XP 所在的分区格式化成 NTFS 格式。在多系统的情况下，如果用户选择了转换分区到 NTFS 格式，当想卸载 Windows XP 时，会比较麻烦。

要卸载 NTFS 分区上的 Windows XP。

方法为：

（1）启动电脑，进入 Windows 98，把 Windows XP 安装光盘放入 CD-ROM，运行 Windows XP 的安装程序，选择“修复安装”。

（2）在安装的过程中选择把系统分区转换为 FAT32 格式，然后重新启动电脑。

（3）再次进入 Windows 98，将 Windows XP 所在的分区格式化，然后用 Windows 98 的启动盘启动电脑，在 DOS 下执行如下 DOS 命令，Windows XP 才能真正卸载：

SYS C:（按 Enter 键）

12-3 多系统共存安装

1. 怎样在双系统中直接进入 Windows XP 不显示启动菜单

如果电脑中安装了两个版本的 Windows 操作系统，如 Windows XP 和 Windows 98。在系统启动时就会出现启动选择项，要求用户选择要进入的操作系统。如果启动时不想出现选择项要直接进入 Windows XP，可以用以下的方法将启动选择项去掉，直接进入操作系统。

（1）单击“开始”\“控制面板”，在打开的“控制面板”窗口中双击“系统”图标。

（2）在打开的对话框中单击“高级”选项卡，然后单击 “启动和恢复故障”下的“设置”按钮。

（3）在出现的“启动和故障恢复”对话框中，将默认操作系统选为 Microsoft Windows XP Professional，并设置显示启动菜单的时间。如果暂时不用或隐藏另一个操作系统，可取消“显示操作系统列表时间”前的复选框来关闭启动菜单。

（4）单击“确定”按钮，然后重新启动进入 Windows XP。

提示!!

上述方法将默认启动系统改为 Windows XP 和等待时间改为 0，从而忽略了 Windows 98 的存在，但并不是说 Windows 98 就不存在了（即启动时按 F8 键还会出现选择启动何种系统菜单）。

2. Windows 98 与 Windows XP 共存安装

方法为：

（1）硬盘分区格式必须为 FAT16 或 FAT32，不可为 NTFS，原因是 Windows 98 不支持 NTFS 的档案格式。

（2）安装顺序为先装 Windows 98，再直接从 Windows 98 操作系统下运行 Windows XP 的安装程序，则自动会形成双重启动的启动画面。

3. Windows 98、Windows 2000 和 Windows XP 同时存在

方法为：

（1）硬盘分区格式必须为 FAT16 或 FAT32，不得为 NTFS，因为 Windows 98 不支持 NTFS。

（2）安装顺序为先装 Windows 98，再直接从 Windows 98 操作系统下运行 Windows 2000 安装程序，然后再到 Windows 2000 的操作系统下运行 Windows XP 的安装程序，则自动会形成三重启动的启动画面。

4. Windows 2000 与 Windows XP 共存安装

方法为：

（1）硬盘分区格式可以为 FAT16、NTFS 或 FAT32。

（2）安装顺序为先装 Windows 2000，再直接从 Windows 2000 操作系统下运行 Windows XP 的安装程序，则自动会形成双重启动画面。

5. 如何快速修复 Windows 98\XP 双系统引导菜单

某电脑安装的是 Windows 98\XP 双系统，Windows 98 装在 C 盘，Windows XP 装在 D 盘。重装了 Windows 98 后，发现双系统启动菜单丢失。

要修复 Windows 98\XP 双系统引导菜单，简便的方法为：

（1）修复前，在 BIOS 中设置从光驱启动。用 Windows XP 安装盘启动电脑，在加载必要的驱动后，出现 Windows XP 的安装界面。有三个选项：

①要现在开始安装 Windows XP，请按【Enter】键。

②要用“恢复控制台”修复 Windows XP 安装，按【R】键。

③要退出安装程序，不安装 Windows XP，按【F3】键。

（2）按【R】键，进入“Microsoft Windows XP （TM） 故障恢复控制台”界面；故障恢复控制台提供系统修复和故障恢复功能。

（3）系统会搜寻已安装的 Windows XP 系统文件，然后显示搜寻结果，并询问“要登录到哪个 Windows XP 安装（要取消，请按 Enter）”。

选择 1. D:\Windows，回车，系统会再询问“管理员密码”，再键入安装 Windows XP 时设置的管理员密码，回车。出现如下信息：

D:\Windows〉

这时需要输入修复命令 Fixboot，后面的参数为启动扇区要写入的磁盘盘符，这里填入 C:，然后按 Enter 键。

（4）修复完成，键入 Exit 后按 Enter 键退出。

重新启动电脑后，就又会看到双重启动菜单了。并且，这样修复后基本不产生垃圾文件。

6. 在 Windows XP 下安装 Windows 2000

如果先安装了 Windows XP 操作系统，希望再安装 Windows 2000，形成 Windows XP\2000 双系统。

方法为：

（1）使用 Windows 2000 的光盘启动盘进行安装。

（2）安装完毕，先将 Windows XP 光盘中的 I386 目录的 ntldr 和 ntdetect.com 覆盖 C:盘下的相同文件，再将 Bootfont.bin 覆盖 C:盘下的相同文件。

提示!! 这里的 C:盘是指 Windows XP 操作系统所在的安装盘符。

第 13 章

打造 Windows 安全防线

Windows XP 实用技巧速查 1000——→本章内容

1. 如何禁止更改开始菜单和任务栏
2. 如何禁止运行任何应用程序
3. 如何限制使用应用程序
4. 如何禁用“添加/删除程序”
5. 如何全面禁止使用控制面板

……

1. 如何禁止更改开始菜单和任务栏

可以通过组策略禁止用户在进入电脑后随意更改“开始”菜单和任务栏各项设置，方法为：

（1）单击“开始”\“运行”，在“运行”文本框中输入 gpedit.msc 后按 Enter 键，启动 Windows 组策略。

（2）依次展开“用户配置”\“管理模板”\“任务栏和开始菜单”分支，在右侧窗格中双击“阻止更改‘任务栏和开始菜单’设置”策略，在弹出的“设置”对话框中点选“已启用”选项框即可。

以后在右键单击开始菜单或任务栏时，系统会出现一个错误消息提示是某个设置禁止了这个操作。

2. 如何禁止运行任何应用程序

如果你不希望离开时，别的用户使用你电脑中的程序，可以通过此项注册表的修改，禁止运行任何应用程序，然后在你需要的时候，再解除这个禁止功能。方法为：

（1）单击“开始”\“运行”命令，输入 regedit 后按 Enter 键，弹出注册表编辑器。

（2）找到如下子项分支：

HKEY_CURRENT_USER\Software\Microsoft\Windows\CurrentVersion\Policies\Explorer

在右窗口中新建一个名为 RestrctRun 的 DWORD 值项，然后双击新建值项，设置其数据值为 1 即可。

3. 如何限制使用应用程序

如果电脑设置了多个用户，想要限制用户运行的应用程序，也能在组策略中设置，方法为：

（1）单击“开始”\“运行”，在“运行”文本框中输入 gpedit.msc 后按 Enter 键，启动 Windows 组策略。

（2）依次展开“用户配置”\“管理模板”\“系统”，然后在右侧窗口中双击“只运行许可的 Windows 应用程序”策略。

（3）在弹出的对话框中选择“已启用”选项，激活下面的“允许的应用程序列表”，在此单击“显示”按钮，弹出一个“显示内容”对话框，单击“添加”按钮来添加允许运行的应用程序即可。以后一般用户只能运行“允许的应用程序列表”中的程序。

4. 如何禁用“添加\删除程序”

将计算机中的“添加\删除程序”选项隐藏，防止其他用户随意安装、卸载应用程序，方法为：

（1）单击“开始”\“运行”，在“运行”文本框中输入 gpedit.msc 后按 Enter 键，启动 Windows 组策略。

（2）在组策略窗口中依次展开“用户配置”\“管理模板”\“控制面板”\“添加\删除程序”，双击右侧的“删除添加\删除程序”策略，在弹出“删除添加\删除程序”对话框中点选“已启用”选项，随后单击“确定”按钮。

5. 如何全面禁止使用控制面板

虽然前面的方法可以将控制面板从开始菜单中设置子菜单下屏蔽，但是只要用户将开始显示方式更改成“[开始]菜单”的话就可以直接在开始中使用控制面板，或者在资源管理器中直接运行控制面板程序，没有从真正意义上禁止控制面板的使用。方法为：

（1）运行注册表编辑器，打开如下注册表子项分支（如果不存在，则新建）：

HKEY_CURRENT_USER\Software\Microsoft\Windows\CurrentVersion\Policies\Explorer

（2）编辑该项下的 DWROD 值“NoControlPanel”（若无，则新建一个），将值项数据修改为 1。

（3）注销当前用户或重新启动计算机，系统不仅不会在开始菜单中显示控制面板，同时还禁止它的使用。不管是在资源管理器中运行控制面板程序还是在其他地方进行与控制面板有关的操作（例如设置 Internet 选项），Windows XP 都会弹出警告框，告知用户该项操作被管理员禁用。

6. 如何保护自己的专有文件夹

系统为每个账户都准备了一个以账户名为名的文件夹，该文件夹存放本账户的一些配置信息和文档，如桌面设置、开始菜单选项、我的文档、我的音乐、图片收藏、收藏夹和 Cookies 等，要使这个文件夹不被别人查看和随意修改，方法为：

（1）到系统分区（即有 Windows 目录的那个分区），打开文件夹“Documents and Settings”，找到本账户名的那个文件夹。

（2）右击选择“共享和安全”，然后选择“共享”文件夹，单击选中“将这个文件夹设为专用”，然后单击“确定”按钮，这样其他账户就打不开此文件夹了。

7. 如何隐藏上机用户登录名

如果 Windows XP 是采用传统登录方式（即 Windows 2000 的登录方式，但 Windows XP 的默认方式是使用欢迎屏幕方式，至于如何切换 Windows XP 的登录方式，在登录一节中会谈到），Windows XP 会在登录框中显示上次成功登录的用户名。这有点儿不利于隐私的保护，修改注册表可以实现隐身登录 Windows。方法为：

（1）运行注册表编辑器，打开如下注册表子项分支（如果不存在，则新建）：

HKEY_LOCAL_MACHINE\Software\Microsoft\Windows\CurrentVersion\policies\System

（2）编辑该项下的 DWROD 值“dontdisplaylastusername”（若无，则新建一个），将值项数据修改为 1。

下次登录 Windows XP 时，系统就不再显示上次成功登录过的用户名了。

8. 如何禁止用户更改口令

用户在 Windows 安全窗口中（同时按下 Ctrl+Alt+Delete 键）可以单击“更改密码”按钮来更改用户口令。通过修改注册表，可以禁止用户更改口令。方法为：

（1）运行注册表编辑器，打开如下注册表子项分支（如果不存在，则新建）：

HKEY_CURRENT_USER\Software\Microsoft\Windows\CurrentVersion\Policies\Explorer

（2）编辑该项下的 DWROD 值“DisableChangePassword”（若无，则新建一个），将值项数据修改为 1。

（3）重新启动计算机或注销当前用户，再次进入 Windows XP，Windows 安全窗口中的“更改密码”按钮变成了不可选状态，用户无法更改口令。

9. 如何限定用户注册表编辑的权限

要手工编辑注册表，就要求打开注册表编辑器，这是必然的。在 Windows XP 中是多用户管理系统，那么如何限定不同类型用户对于注册表编辑的权限呢？方法为：

（1）执行“开始”\“运行”，输入 Regedit，出现“注册表编辑器”对话框。

（2）当选中一个键值的时候，“编辑”下拉菜单下就可以看到一个“权限”选项，用鼠标单击这个选项以后会出现如图 13-1 所示的窗口。

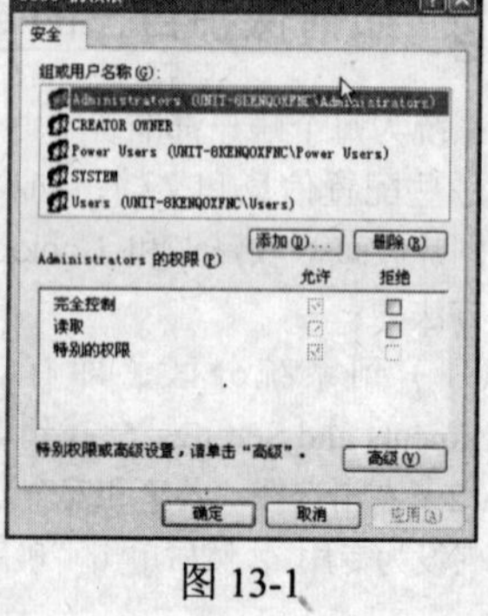

图 13-1

（3）用鼠标分别单击各个用户组就可以看到不同的权限限制，如果觉得某一个用户组的权限太高了，就可以在下方修改权限。单击“允许”或“拒绝”复选框，可改变每组用户的权限。

> 提示!! 必须赋予 Administrators 组用户完全权限，否则一旦相应的软件、驱动程序要修改注册表，但是由于所有的组用户都没有权限修改，所以将不能够成功安装。因此必须把完全权限赋予 Administrators 组用户（系统默认）。

使用这种方法打开的注册表编辑器就可以很方便地设置权限，如果作为一个网络管理员，建议安装完系统以后使用这种方法打开注册表编辑器，然后修改需要修改的权限设置，以免被他人恶意修改。

10. 如何指定允许用户运行的程序

方法为：

（1）运行注册表编辑器，打开如下注册表子项分支（如果不存在，则新建）：

HKEY_CURRENT_USER\Software\Microsoft\Windows\CurrentVersion\Policies\Explorer

（2）编辑该项下的 DWROD 值“RestrictRun”（若无，则新建一个），将值项数据修改为 1。

（3）再找到如下注册表子项分支（如果不存在，则新建）：

HKEY_CURRENT_USER\Software\Microsoft\Windows\CurrentVersion\Policies\Explorer

（4）在该项下新建子项“RestrictRun”，并在 RestrictRun 子键下新建字符串值 1，其值项数据设定为允许用户运行的程序名（例如允许用户运行记事本程序，由于记事本程序的程序文件是 notepad.exe，所以将其键值设定为“notepad”）。

> 提示!! 如果还要增加更多的程序，须在 RestrictRun 子键下新建字符串值 2、3、4 等，并且各字符串值的键值都设定允许用户运行的程序名。

（5）重新启动计算机或注销当前用户，再次进入 Windows XP，修改即生效。

11. 如何设置登录密码

要设置登录密码，方法为：

（1）单击“开始”\“控制面板”，在打开的“控制面板”窗口中双击“用户账户”，进入账户管理。

（2）在这里列出该计算机现有的用户，单击自己的账户大图标，出现“您想更改您的账户的什么？”对话框，在这里用户就可以为自己的账户设置或更改密码。

12. 如何设置屏幕保护密码

设置屏幕保护密码也是防止内部人员破坏服务器的一个屏障，这是一个很简单也很有必要的操作，方法为：

（1）右击桌面空白处，从出现的菜单中选择“属性”。

（2）在弹出的“显示 属性”对话框中单击“屏幕保护程序”选项卡，然后单击选中“密码保护”。

（3）单击“确定”或“应用”按钮，完成操作。

13. 如何禁止用户使用注册表编辑器

方法为：

（1）运行注册表编辑器，打开如下注册表子项分支（如果不存在，则新建）：

HKEY_CURRENT_USER\Software\Microsoft\Windows\CurrentVersion\Policies\System

（2）在该项下新建 DWORD 值项“Disable 注册表数据 Tools”，并将其数据修改为 1。

这样，系统就禁用了注册表编辑器，如果继续使用注册表编辑器，Windows XP 会给出“注册编辑已被管理员停用”的警告信息。

14. 如何屏蔽按 Ctrl+Alt+Delete 三键后弹出的对话框中的注销功能

方法为：

（1）运行注册表编辑器，打开如下注册表子项分支（如果不存在，则新建）：

HKEY_CURRENT_USER\Software\Microsoft\Windows\CurrentVersion\Policies\Explorer

（2）编辑该项下的 DWROD 值“NoLogoff”（若无，则新建一个），将值项数据修改为 1。

（3）重新启动计算机或注销当前用户，再次进入 Windows XP 后，对话框中的注销按钮不能使用，并且不能通过开始菜单中的关机按钮来注销用户。

15. 如何屏蔽开始菜单中的注销按钮

当开始菜单显示方式不是使用经典开始菜单时，系统会在开始菜单中显示一个注销按钮。通过修改注册表可以将此按钮隐去。方法为：

（1）运行注册表编辑器，打开如下注册表子项分支（如果不存在，则新建）：

HKEY_CURRENT_USER\Software\Microsoft\Windows\CurrentVersion\Policies\Explorer

（2）编辑该项下的 DWROD 值“NoStartMenuLogoff”（若无，则新建一个），将值项数据修改为 1。

（3）重新启动计算机或注销当前用户，再次进入 Windows XP，修改即生效。

16. 如何禁止用户锁定计算机

用户在 Windows 安全窗口中（同时按下 Ctrl+Alt+Delete 组合键）可以单击“锁定计算机”键，使用户不能够使用计算机，除非键入用户密码解除锁定。通过修改注册表，可以禁止用户锁定计算机。方法为：

（1）运行注册表编辑器，打开如下注册表子项分支（如果不存在，则新建）：

HKEY_CURRENT_USER\Software\Microsoft\Windows\CurrentVersion\Policies\Explorer

（2）编辑该项下的 DWROD 值“DisableLockWorkstation”（若无，则新建一个），将值项数据修改为 1。

（3）重新启动计算机或注销当前用户，再次进入 Windows XP，修改即生效。

17. 如何禁止用户使用“任务管理器”

用户可以使用“任务管理器”对话框来启动和结束本地进程，查看和管理其他计算机上的进程，改变进程的优先级。方法为：

（1）运行注册表编辑器，打开如下注册表子项分支（如果不存在，则新建）：

HKEY_CURRENT_USER\Software\Microsoft\Windows\CurrentVersion\Policies\Explorer

（2）编辑该项下的 DWROD 值“DisableTaskMgr”（若无，则新建一个），将值项数据修改为 1。

（3）重新启动计算机或注销当前用户，再次进入 Windows XP，修改即生效。

18. 如何屏蔽开始菜单中的运行功能

方法为：

（1）运行注册表编辑器，打开如下注册表子项分支（如果不存在，则新建）：

HKEY_CURRENT_USER\Software\Microsoft\Windows\CurrentVersion\Policies\Explorer

（2）编辑该项下的 DWROD 值 NoRun（若无，则新建一个），将值项数据修改为 1。

（3）重新启动计算机或注销当前用户，再次进入 Windows XP，修改即生效。

19. 如何禁止使用 Windows XP 的查找功能

方法为：

（1）运行注册表编辑器，打开如下注册表子项分支（如果不存在，则新建）：

HKEY_CURRENT_USER\Software\Microsoft\Windows\CurrentVersion\Policies\Explorer

（2）编辑该项下的 DWROD 值 NoFind（若无，则新建一个），将值项数据修改为 1。

（3）重新启动计算机或注销当前用户，再次进入 Windows XP，修改即生效。

20. 如何添加“注销某某用户”到开始菜单中

方法为：

（1）运行注册表编辑器，打开如下注册表子项分支（如果不存在，则新建）：

HKEY_CURRENT_USER\Software\Microsoft\Windows\CurrentVersion\Policies\Explorer

（2）编辑该项下的 DWROD 值“ForceStartMenuLogoff”（若无，则新建一个），将值项数据修改为 1。

（3）重新启动计算机或注销当前用户，再次进入 Windows XP，修改即生效。

21. 如何屏蔽任务栏中的快捷菜单

方法为：

（1）运行注册表编辑器，打开如下注册表子项分支（如果不存在，则新建）：

HKEY_CURRENT_USER\Software\Microsoft\Windows\CurrentVersion\Policies\Explorer

（2）编辑该项下的 DWROD 值“NoTrayContextMenu”（若无，则新建一个），将值项数据修改为 1。

（3）重新启动计算机或注销当前用户，再次进入 Windows XP，修改即生效。

22. 如何只屏蔽设置子菜单下的网络连接

方法为：

（1）运行注册表编辑器，打开如下注册表子项分支（如果不存在，则新建）：

HKEY_CURRENT_USER\Software\Microsoft\Windows\CurrentVersion\Policies\Explorer

（2）编辑该项下的 DWROD 值“NoNetworkConnections”（若无，则新建一个），将值项数据修改为 1。

（3）重新启动计算机或注销当前用户，再次进入 Windows XP，修改即生效。

23. 如何禁止设置任务栏属性

方法为：

（1）运行注册表编辑器，打开如下注册表子项分支（如果不存在，则新建）：

HKEY_CURRENT_USER\Software\Microsoft\Windows\CurrentVersion\Policies\Explorer

（2）编辑该项下的 DWROD 值“NoSetTaskbar”（若无，则新建一个），将值项数据修改为 1。

（3）重新启动计算机或注销当前用户，再次进入 Windows XP，当用户选择任务栏属性后，Windows XP 将会弹出一个警告框来提醒用户不能完成当前操作。

24. 如何隐藏桌面上的所有图标

方法为：

（1）运行注册表编辑器，打开如下注册表子项分支（如果不存在，则新建）：

HKEY_CURRENT_USER\Software\Microsoft\Windows\CurrentVersion\Policies\Explorer

（2）编辑该项下的 DWROD 值“NoDesktop”（若无，则新建一个），将值项数据修改为 1。

（3）重新启动计算机或注销当前用户，再次进入 Windows XP，发现 Windows XP 的桌面上什么都不见了。

25. 如何关闭文档菜单下的“我的文档”

方法为：

（1）运行注册表编辑器，打开如下注册表子项分支（如果不存在，则新建）：

HKEY_CURRENT_USER\Software\Microsoft\Windows\CurrentVersion\Policies\Explorer

（2）编辑该项下的 DWROD 值“NoSMMyDocs”（若无，则新建一个），将值项数据修改为 1。

（3）重新启动计算机或注销当前用户，再次进入 Windows XP，Windows XP 就已将开始菜单下的“我的文档”关闭。

26. 如何关闭开始菜单中的文档菜单

方法为：

（1）运行注册表编辑器，打开如下注册表子项分支（如果不存在，则新建）：

HKEY_CURRENT_USER\Software\Microsoft\Windows\CurrentVersion\Policies\Explorer

（2）编辑该项下的 DWROD 值“NoRecentDocsMenu”（若无，则新建一个），将值项数据修改为 1。

（3）重新启动计算机或注销当前用户，再次进入 Windows XP，可以看到系统已关闭文档菜单。

27. 如何关闭开始菜单中的“收藏夹”菜单

方法为：

（1）运行注册表编辑器，打开如下注册表子项分支（如果不存在，则新建）：

HKEY_CURRENT_USER\Software\Microsoft\Windows\CurrentVersion\Policies\Explorer

（2）编辑该项下的 DWROD 值“NoFavoritesMenu”（若无，则新建一个），将值项数据修改为 1。

（3）重新启动计算机或注销当前用户，再次进入 Windows XP，可以发现开始菜单中的收藏夹菜单已被关闭。

28. 如何屏蔽桌面上的 Web 设置

方法为：

（1）运行注册表编辑器，打开如下注册表子项分支（如果不存在，则新建）：

HKEY_CURRENT_USER\Software\Microsoft\Windows\CurrentVersion\Policies\Explorer

（2）编辑该项下的 DWROD 值“NoActiveDesktop”（若无，则新建一个），将值项数据修改为 1。

（3）在桌面上右击鼠标，然后选择“属性”，在打开的“显示 属性”窗口中单击“桌面”\“自定义桌面”，在所打开的“桌面项目”对话框中可发现其下的 Web 选项已被 Windows XP 屏蔽。

29. 如何设置 Windows XP 性能库的缺省事件日志功能

除了使用系统性能监视器之外，还可以通过事件查看器跟踪系统问题。可以通过修改注册表来控制性能库（系统性能监视器的主要代码）向事件查看器所使用的事件日志发送事件的方式。方法为：

（1）运行注册表编辑器，打开如下注册表子项分支（如果不存在，则新建）：

HKEY_LOCAL_MACHINE\SOFTWARE\Microsoft\WindowsNT\CurrentVersion\Perflib

（2）编辑该项的 DWORD 值 EventLogLevel（如果不存在，则新建一个）。

该 DWORD 值对应的值项数据所对应的功能如下：

为 0 时，不记录来自性能库的事件。

为 1 时，只记录错误。

为 2 时，记录错误和警告。

为 3 时，记录错误、警告、信息及成功\失败。

30. 如何屏蔽资源管理器的快捷菜单

方法为：

（1）运行注册表编辑器，打开如下注册表子项分支（如果不存在，则新建）：

HKEY_CURRENT_USER\Software\Microsoft\Windows\CurrentVersion\Policies\Explorer

（2）编辑该项下的 DWROD 值 "NoViewContextMenu"（若无，则新建一个），将值项数据修改为 1。

（3）重新启动计算机或注销当前用户，再次进入 Windows XP，修改即生效。

31. 如何禁止使用 "LAST KNOW GOOD"（最后一次成功引导）

"LAST KNOW GOOD"（最后一次成功引导）可以在系统瘫痪时恢复到上一次运行正常时的状态，如果出于需要而屏蔽此功能，可以使用注册表来设置。方法为：

（1）运行注册表编辑器，打开如下注册表子项分支（如果不存在，则新建）：

HKEY_LOCAL_MACHINE\Software\Microsoft\Windows NT

（2）编辑该项下的 DWROD 值 "ReportBootOk"（若无，则新建一个），将值项数据修改为 1。

> 提示!! 将值项数据修改为 0，则屏蔽了此功能。

（3）重新启动计算机或注销当前用户，再次进入 Windows XP，修改即生效。

32. 如何禁止运行命令解释器和批处理文件

通过修改注册表，可以禁止用户使用命令解释器（CMD.exe）和运行批处理文件（.bat 文件）。方法为：

（1）运行注册表编辑器，打开如下注册表子项分支（如果不存在，则新建）：

HKEY_CURRENT_USER\Software\Policies\Microsoft\Windows\System

（2）编辑该项下的 DWROD 值“DisableCMD”（若无，则新建一个），如果将值项数据修改为 1，则只是禁止命令解释器的运行；将值项数据修改为 2，则命令解释器和批处理文件都不能被运行。

（3）重新启动计算机或注销当前用户，再次进入 Windows XP，修改即生效。

33. 如何屏蔽开始菜单中的收藏夹菜单

如果开始菜单中存在收藏夹菜单的话，可以在注册表进行如下操作以屏蔽收藏夹菜单。方法为：

（1）运行注册表编辑器，打开如下注册表子项分支（如果不存在，则新建）：

HKEY_CURRENT_USER\Software\Microsoft\Windows\CurrentVersion\Policies\Explorer

（2）编辑该项下的 DWROD 值“NoFavoritesMenu”（若无，则新建一个），将值项数据修改为 1。

（3）重新启动计算机或注销当前用户，再次进入 Windows XP，开始菜单中的“收藏夹”菜单就已经被系统屏蔽了。

34. 如何改变程序的默认安装文件夹

大部分的安装程序在安装时提示的默认安装路径都是“C：\Program Files”，但大多数时候并不想将软件安装在这个目录。实际上，可以通过修改注册表来改变系统默认的安装路径，避免每次安装软件时都要自己调整目的文件夹。方法为：

（1）运行注册表编辑器，打开如下注册表子项分支（如果不存在，则新建）：

HKEY_LOCAL_MACHINE\Software\ Microsoft\Windows\Current Version

（2）依次双击窗口右边的字符串值 ProgramFilesDir 和 ProgramFilesPath，将它们的值项数据都改为想要的目的文件夹即可。

35. 如何屏蔽资源管理器中的“文件”菜单

方法为：

（1）运行注册表编辑器，打开如下注册表子项分支（如果不存在，则新建）：

HKEY_CURRENT_USER\Software\Microsoft\Windows\CurrentVersion\Policies\Explorer

（2）编辑该项下的 DWROD 值“NoFileMenu”（若无，则新建一个），将值项数据修改为 1。

（3）重新启动计算机或注销当前用户，再次进入 Windows XP，修改即生效。

36. 如何禁用 CMD 命令解释器

在 Windows XP 中继续提供了命令解释器，这对于有安全方面要求的计算机来说是一种隐患，在注册表可以禁用 CMD 命令解释器。方法为：

（1）运行注册表编辑器，打开如下注册表子项分支（如果不存在，则新建）：

HKEY_CURRENT_USER\Software\Policies\Microsoft\Windows\System

（2）编辑该项下的 DWROD 值“DisableCMD”（若无，则新建一个），将值项数据修改为 1。

> 提示!! 将 DWORD 值“DisableCMD”的值项数据修改为 1 的话，系统仅禁用命令解释器；如果修改为 2 的话，命令解释与批处理文件的运行同时被禁止。

（3）重新启动计算机或注销当前用户，再次进入 Windows XP，修改即生效。

37. 如何禁止查看各个驱动器中的内容

方法为：

（1）运行注册表编辑器，打开如下注册表子项分支（如果不存在，则新建）：

HKEY_CURRENT_USER\Software\Microsoft\Windows\CurrentVersion\Policies\Explorer

（2）在该项下新建二进制值项 NoDrives，并将其值项数据改为“FF FF FF FF”。

（3）重新启动计算机，系统将会在资源管理器中隐藏所有的驱动器。

> 提示!! 如果要隐藏特定的驱动器，可按照 A: 01、B: 02、C: 04、D: 08、E: 10（十六进制，转成十进制就是 16 即 08 的两倍）这样的关系来设置。如果要隐藏 A 盘，则可以将键值修改为“01 00 00 00”；如要隐藏 D 盘，则可设置为“08 00 00 00”；如果要隐藏 C 与 D 盘，则可设置为“0C 00 00 00”（04+08=12，转成十六进制就是 0C）。

38. 如何禁用 Windows XP 的文件高速缓存

一个与服务相关的注册表操作是增加信箱的可用缓存以防止丢失信件，认识到这样做可能会对性能造成影响是很重要的，只有当一个很明显的涉及信件丢失的问题无法用其他方法解决时才能这样做。修改注册表可做到这一点。方法为：

（1）运行注册表编辑器，打开如下注册表子项分支（如果不存在，则新建）：

HKEY_LOCAL_MACHINE\SYSTEM\CurrentControlSet\Services\lanmanworkstation\parameters

（2）编辑该项下的 DWORD 值“UtilizeNtCaching”（如果不存在，则新建一个），如果设置该 DWORD 值的值项数据为 1 时，则启用缓存；如果设置为 0，则禁用缓存。

39. 如何禁止更改显示属性

在 Windows 的桌面的空白处单击右键，选择“属性”，进入“显示设置”对话框，可以对桌面主题、桌面背景、屏保程序、显示设置等各项进行设置，如果不想让别人随意更改各项设置，就可以通过组策略将其隐藏起来。方法为：

“组策略”程序位于 C:\Windows\system32 文件夹中，名为 gpedit.msc。

（1）启动组策略时，首先单击“开始”按钮，选择“运行”命令，在“运行”文本框中输入 gpedit.msc 命令，随后单击“确定”按钮，即可启动 Windows 组策略。

（2）在组策略控制台中依次展开“用户配置”\“管理模板”\“控制面板”\“显示”分支，启用隐藏桌面选项卡、隐藏屏幕保护程序选项卡、隐藏设置选项卡等各项，还可以对桌面主题、屏保程序等进行个性化设置。

40. 如何设置禁止自动允许重定向文件夹脱机可用

所有重定向 shell 文件夹，如我的文档、桌面、开始菜单和应用程序数据，默认地脱机可用。这个设置允许你更改此行为以使重定向 shell 文件夹不会自动对脱机使用可用。但是，用户仍然可以选择使文件和文件夹脱机可用。如果启用这个设置，用户必须手动选择希望脱机时可用的文件。如果禁用这个设置或不配置，重定向 shell 文件自动地脱机可用。重定向文件内的所有子文件夹也脱机可用。方法为：

（1）运行注册表编辑器，打开如下注册表子项分支（如果不存在，则新建）：

HKEY_LOCAL_MACHINE\Software\Policies\Microsoft\Windows\NetCache\NoMakeAvailableOfflineList

（2）根据表 13-1 编辑相应值项（如果不存在，则新建）。

表 13-1 值项及值项数据设置

项　值	数据类型	项值数据
DisableFRAdminPin	DWORD 值	1（启用此设置）；0（禁用此设置）

（3）重新启动计算机或注销当前用户，再次进入 Windows XP，修改即生效。

提示!!

这个设置不阻止文件自动缓存，如果网络共享配置成“自动缓存”，也不影响用户界面中的“使脱机可用”菜单选项的可用性。一般不要启用这个设置，除非你保证网络或服务器保留的文件重定向文件不可用时，用户不需要访问所有的重定向文件。

41. 如何关闭不必要的端口

关闭端口意味着减少功能，在安全和功能上面需要你做一点决策。如果服务器安装在防火墙的后面，冒险就会少些。但是，永远不要认为你可以高枕无忧了。用端口扫描器扫描系统已开放的端口，确定系统开放的哪些服务可能引起黑客入侵。在系统目录中的\system32\drivers\etc\services 文件中有知名端口和服务的对照表可供参考。

要关闭不必要的端口，方法为：

（1）单击“开始”按钮，在出现的菜单中右击“网上邻居”，然后选择“属性”。

（2）在打开的窗口中右击“本地连接”，在出现的菜单中选择“属性”。

（3）在出现的“本地连接 属性”对话框的“常规”选项卡中，双击“此连接使用下列项目”列表框中的“Internet 协议（TCP\IP）”项，打开“Internet 协议（TCP\IP） 属性”对话框。

（4）单击“高级”按钮，在出现的“高级 TCP\IP 设置”对话框中单击“TCP\IP 筛选”，打开“TCP\IP 筛选”对话框，然后添加需要的 TCP、UDP 协议即可。

（5）添加完毕，单击“确定”按钮关闭所有打开的对话框。

42. 如何设置“尚未阅读信息”的最大期限

Windows XP 新功能包括在登录时显示几天内尚未阅读的新信息，我们可以在注册表里设置此功能最大期限。方法为：

（1）运行注册表编辑器，打开如下注册表子项分支（如果不存在，则新建）：

HKEY_CURRENT_USER\Software\Microsoft\Windows\CurrentVersion\UnreadMail

（2）编辑该项下的 DWORD 值“MessageExpiryDays”（如果不存在，则新

建一个），将值项数据修改为具体的天数。

如果应用于所有用户，则先找到注册表的如下注册表子项分支，然后在该项下进行上述操作：

HKEY_LOCAL_MACHINE\Software\Microsoft\Windows\CurrentVersion\UnreadMail

第 14 章

Windows XP 常见故障排除

14-1 Windows XP 安装、卸载即时救治

1. 安装 Windows XP 后，其他分区不见了

电脑使用的是 40GB 硬盘，分成 C、D、E 三个分区。在 C 盘上安装有 Windows 98，后来又安装了 Windows XP，想使用双操作系统，但是，安装完成后发现 D 和 E 不见了。

一个或数个分区不见了是安装多操作系统失败的后遗症。现在微软发布的 Windows 2000 和 Windows XP 都是支持 NTFS 格式的，在安装时候可让用户格式化或转化分区格式为 NTFS，新手在不太了解的情况下可能选择了这种格式。如果 Windows XP 的安装程序在转化格式的时候中途死机的话，很可能会破坏分区表；或是安装多操作系统后不正常卸载，直接删除 Windows NT 内核的操作系统，也会导致分区表的错误。

另外，不当使用 Ghost，也可能导致分区的异常。比如一台机器装的原是 Windows 98 和 Windows 2000 双系统，Windows 2000 装在 G 盘，Windows 98 崩溃后用户用 Ghost 恢复，他原来备份 Windows 98 的时候尚未安装 Windows 2000。现在启动时没有系统选择就进 Windows 98，而且在“我的电脑”里也看不见 G 盘了，就是因为他把 G 格式化为 NTFS，而 Windows 9x 无论图形界面还是其启动盘都不支持 NTFS 格式，所以结果可想而知。有的新机器，用户图省事，直接用 Ghsot 的方式来安装操作系统，所以可能在 Windows 98 中能看到所有分区，但在纯 DOS 模式下却不能访问后面的一个或几个分区。这是因为他的 Ghost 备份和你的机器硬件不相同导致的分区表 BUG。

可以使用 Windows XP 的安装程序修复，如果修复失败就只能重装系统。

2. Windows XP 安装期间计算机停止响应

试图将 Windows XP 安装在使用 Intel i815 芯片组并插上通用序列总线（USB）的键盘与鼠标的计算机上时，安装期间计算机停止响应。

如果计算机的 BIOS 中启用了“Legacy USB support”，就可能发生此种现象。其实安装了 Windows XP 操作系统的电脑，不需要使用此选项。

（1）将 BIOS 中的“Legacy USB support”选项设置为不可用。

（2）如果“Legacy USB support”选项并没有选取，或没有此选项，就不要使用 USB 的设备，暂时使用 PS\2 的鼠标与键盘来解决此问题，直到可以修改 BIOS 的设定为止。

3. 无法卸载 Windows XP

在 Windows 98 下看不到安装 Windows XP 的 D 盘，无法在 Windows 98 下将 D 盘中的 Windows XP 删除掉。

先在 Windows 98 下运行 Windows XP 的安装程序，选择“修复安装”，在安装的过程中把 Windows XP 所在的 D 盘转化为 FAT 格式，然后重新启动计算机，进入 Windows 98 就可以将 D 盘 Format 掉，之后再使用 Windows 98 的启动盘引导计算机，在 DOS 下单击“sys c:”命令就可以去掉多级引导菜单，完全将 Windows XP 删除掉。

> 提示!! NTFS 文件系统对文件的保密起了很大的作用，在 DOS 和 Windows 9x\Me 下是访问不了 NTFS 分区中的数据的，如果用户在安装 Windows XP 的时候想让 Windows 9x\Me 共享 Windows XP 中的数据，就不要选择 NTFS 来格式化硬盘分区。

4. 无法安装 DNS 服务器组件

如果用户安装的系统为 Windows XP PROFESSIONAL 版本，想要安装 DNS 服务器（域名系统 DNS），但是在“添加\删除 WINDOWS 组件”里找不到。原因如下：

Windows XP PROFESSIONAL 版本中并没有包括 DNS 服务器等相关的网络组件。这些组件只能从 Windows XP SERVER 版本中找到。

5. 快速修复 Windows 98\XP 双系统引导菜单

某电脑装的是 Windows 98\XP 双系统，Windows 98 装在 C 盘，Windows XP 装在 D 盘。重装了 Windows 98。重新安装后，双系统启动菜单丢失，可以采取一定的措施进行修复。

方法为：

（1）修复前，在 BIOS 中设置从光驱启动。用 Windows XP 安装盘启动电脑，在加载必要的驱动后，出现 Windows XP 的安装界面。有三个选项：

要现在开始安装 Windows XP，请按 Enter 键。

要用“恢复控制台”修复 Windows XP 安装，按 R 键。

要退出安装程序，不安装 Windows XP，按 F3 键。

（2）按 R 键，进入“Microsoft Windows XP（TM）故障恢复控制台”界面；故障恢复控制台提供系统修复和故障恢复功能。

（3）系统这时会搜寻已安装的 Windows XP 系统文件，然后显示搜寻结果，并询问“要登录到哪个 Windows XP 安装（要取消，请按 Enter）”。

选择“1. D:\Windows”后按 Enter 键，系统会再询问“管理员密码”，再输入安装 Windows XP 时设置的管理员密码按 Enter 键，出现：

D:\Windows〉

这时需要输入修复命令 Fixboot，后面的参数为启动扇区要写入的磁盘盘符，输入 C:后按 Enter 键，开始修复。

（4）修复完成，输入 Exit 后按 Enter 键退出。

重新启动电脑后，就会看到久违的双重启动菜单了。

6. 系统不认 NTFS

将计算机升级成为 Windows XP 时将硬盘全部转换成 NTFS 格式，但是现在想换回 Windows 98，系统却不认 NTFS 了，无法安装。

首先你需要找一个名字叫做 PartitionMagic 的软件，要 7.0 以上版本的。进入 PartitionMagic 后，在需要转换的磁盘项目上单击右键，选择 Convert 项，然后在弹出的对话框中选择 FAT32，单击“OK”之后就会进行转换工作了，当然如果磁盘有文件被打开或者有程序正在运行，PartitionMagic 会进入 DOS 环境进行转换。

或者干脆用 Windows XP 的光盘启动计算机，再次进入安装程序，然后在安装到需要选择系统路径的时候将磁盘格式化成为 FAT32 了，格式化完成后不要继续安装 Windows XP 即可。然后再用 Windows 98 启动盘把 C 盘格式化就可以了。

7. Windows XP 升级安装时出现错误

当升级至 Windows XP 的过程中首次重新开机时，收到下列错误信息：

STOP 0x000000ED UNMOUNTABLE_BOOT_VOLUME

出现这个错误信息之后，你仍可顺利使用原来的操作系统。在某些情况下，BIOS 报告画面上可能会出现信息，指出使用的缆线错误，但在开机较快的计算机上则看不到这个信息。

下列情况下有可能出现这种现象：

（1）计算机使用了 Ultra Direct Memory Access（UDMA）控制器。

（2）使用标准的 40 线（40-wire）连接器缆线连接 UDMA 磁盘与控制器，而不是使用 80 线 40 针连接器缆线。

（3）基本输出\入系统（BIOS）设定成强迫单击快速 UDMA 模式。

以 80 线的 UDMA 缆线取代 40 线缆线，故障即可排除。

8. 删除 Windows 中无法删除的文件

有时候在删除某个文件或文件夹时，系统提示无法删除，这令人十分头疼。

下面提供六种解决方案：

方案 1：常规解决办法。

（1）注消或重新启动电脑，然后再试着删除。

（2）如果不行，开机时以“安全模式”进入后进行删除。

（3）仍然不行，则进入纯 DOS 环境，使用 DEL，DELTREE 和 RD 命令将其删除。

（4）如果是文件夹中有比较多的子目录或文件而导致无法删除，可先删除该文件夹中的子目录和文件，再删除文件夹。

（5）在任务管理器中结束 Explorer.exe 进程，然后在命令提示符窗口删除文件。

（6）如果安装了 ACDSee，FlashFXP，Nero，Total 这几个软件，可以尝试在这几个软件中删除文件夹。

方案 2：高级解决方案。

（1）排除磁盘错误。运行磁盘扫描程序，并扫描文件所在分区，扫描前确定已选上修复文件和坏扇区，全面扫描所有选项，扫描后再删除文件。

（2）禁止预读机制：某些媒体播放中断或正在预览时会造成无法删除。在“运行”框中输入如下命令注销掉预读功能：

REGSVR32 \U SHMEDIA.DLL

或删除注册表中如下子项：

HKEY_LOCAL_MACHINE\SOFTWARE\Classes\CLSID\{87D62D94-71B3-4b9a-9489-5FE6850DC73E}\InProcServer32

方案 3：借助防火墙。

由于反病毒软件在查毒时会占用正在检查的文件，从而导致单击删除时提示文件正在使用，这时可试着暂时关闭它的即时监控程序，或许可以解决。

方案 4：Office、WPS 系列软件的非法关闭所导致。

Office 的非法关闭也会造成文件无法删除或改名。重新运行该程序，然后正常关闭，再删除文件。

方案 5：借助 WinRAR。

右击要删除的文件夹，选择“添加到压缩文件”。在弹出的对话框中选中“压缩后删除源文件，”随便写个压缩包名，然后单击“确定”按钮。

方案 6：权限问题。

如果是 Windows 2000 和 XP 系统，请先确定是否有权限删除这个文件或文件夹。

（1）可单击文件的删除。如果可单击文件的映像或程序所调用的 DLL 动态链接库文件还在内存中未释放，删除时就会提示文件正在使用，解决方法是删除系统的页面文件，在 Windows 98 中是 Win386.SWP，在 Win2000\XP 中是

pagefile.sys。注意要在 DOS 下删除。

（2）文件粉碎法。如果安装雅虎助手，则直接右击要删除的文件，在出现的菜单中选择“粉碎文件”，在出现的“雅虎助手文件粉碎”对话框中单击“是”按钮，可以彻底删除一些顽固文件。

9. 安装过程中系统提示必须转化分区为 NTFS

这是因为在 Windows 下安装时不仔细，刚开始安装的时候有个“高级\在安装过程中允许选择安装到的分区”。重新运行安装程序，记得选择这个，然后重新启动后就可以选择安装到的分区和是否保留原分区格式，或是格式化为 NTFS 或 FAT32 等。

10. 安装 MSI 格式的文件包时遇到 Windows Installer 出错

很多读者在安装 MSI 格式的文件包时，经常会遇到 Windows Installer 出错的情况，有如下几种现象：

（1）所有使用 Windows Installer 服务安装的 MSI 格式程序均不能正常安装，并且系统提示“不能访问 Windows Installer 服务，可能你在安全模式下运行 Windows，或者 Windows Installer 没有正确的安装，请和你的支持人员联系以获得帮助”。

（2）查看“Windows Installer 服务”的状态，一般为停用，当试图启用此服务，会发现此服务已被系统禁用，或者 Windows Installer 服务已被标记为删除。

（3）如果重新安装 Windows Installer 服务，系统会提示“指定的服务已存在”。

例如，不管是装 Office 2000，XP 还是 2002，运行 Setup 后都出现：“不能访问 Windows Installer 服务，可能是你在安全摸式下运行 Windows 或 Window Installer 没有正确安装……”。

出现上述现象是非常令人头疼的，可以采取如下解决方法：

Windows XP 集成了最新版本的 Windows Installer v2.0，但在 Windows XP 里安装 MSI 程序也会经常出现“找不到 Windows Installer 服务”的错误。

（1）使用记事本编写 installer.reg 文件，内容如下：

```
Windows Registry Editor Version 5.00
HKEY_LOCAL_MACHINE\SYSTEM\CurrentControlSet\Services\MSIServer
"ImagePath"=-
"ImagePath"=hex
```

（2）:25,00,53,00,79,00,73,00,74,00,65,00,6d,00,52,00,6f,00,6f,00,\
74,00,25,00,5c,00,53,00,79,00,73,00,74,00,65,00,6d,00,33,00,32,00,5c,00,6d,\
00,73,00,69,00,65,00,78,00,65,00,63,00,2e,00,65,00,78,00,65,00,20,00,2f,00,\
56,00,00,00

然后将文件保存为”.reg“格式，双击该文件，将文件内容导入注册表。

（2）重新启动电脑进入安全模式（启动时按 F8 键），然后单击“开始”\“运行”命令，输入“CMD”命令后单击“确定”按钮，在弹出的“CMD 命令提示符”窗口中输入“msiexec \regserver”，最后重新启动电脑即可。

11. 修改环境变量，解决程序安装错误

用户在 Windows XP 系统中安装某些应用程序时，会出现系统找不到路径的错误，从而导致安装失败。造成这种情况的主要原因在于，Windows XP 系统支持多用户操作，并且支持中文方式的用户名称，不同用户的用户变量默认方式为“系统安装目录:Documents and Settings 用户名 ocalsettingstemp”，例如用户名为“WDH”，那么所用的用户变量就是“D:documents and settings\WDH\Localsettingstemp”。

一般情况下，当运行应用软件的安装程序时，安装程序会将文件解压到这个目录中，但是由于部分安装程序对包含中文名称的路径方式不支持或支持不好，如果用户在 Windows XP 系统中建立了中文方式的用户名称，那么安装程序就会出现找不到路径的错误。将用户的用户变量方式修改为不包括中文方式的目录即可避免此问题发生。

方法为：

（1）单击“开始”菜单，在“我的电脑”图标上单击鼠标右键，选择“属性”命令。

（2）打开“系统属性”对话窗口，单击“高级”选项卡，在“高级”设置页面中单击“环境变量”，进入“环境变量”设置窗口。

（3）此时可以看到窗口上方的“用户的用户变量”列表框中显示了用户变量 temp 和 tmp 的设置情况，用户可在此单击“编辑”按钮对 temp 和 tmp 的变量值进行修改，将变量值由“%userprofile%ocalsettingstemp”改为“D:\ temp”。

（4）修改完毕，单击“确定”按钮退出。

（5）重新启动 Windows XP 系统，即可应用修改后的环境变量，再次运行安装程序时就不会出现找不到路径的错误了。

12. 安装 Windows XP 时，画面停留在 Windows XP 启动画面

如果硬件或 BIOS 与 Windows XP 的 ACPI 规格不符时，在安装时会有什

么问题？

如果安装 Windows XP 时，第一次重新启动计算机后，画面就停留在 Windows XP 启动画面，无法完成安装程序。建议与主板厂商联系，更新 BIOS。若无法立即更新 BIOS，可以进入 BIOS 选单，禁用 BIOS Power Management Setup 中 的 ACPI function。并重新运行 Windows XP 安装时按 F5 键，在出现的选项中选择 Standard PC，以便完成 Windows XP 安装，但完成安装后将无法使用 ACPI 各项功能。

13. 升级到 Windows XP 后五笔输入法出错

将操作系统升级到 Windows XP（不是安装双系统，而是对 Windows 进行升级）。中文输入法是五笔字型，原先机器里预装了王码五笔型 86 版（随 MS Office 套件安装的，非单独出售的那种），升级后，在输入法指示器中找不到，在该指示器上单击右键，点“设置”，打开“文字服务和输入语言”对话框，再点“添加”，发现“键盘布局”\“输入法”列表中有“王码五笔型 86 版”，选择并确定后，系统却提示加载错误，安装失败。

Windows 98 与 Windows XP 中都存在的输入法，系统升级后自然可以得到更新，五笔原本不是系统自带的输入法，在系统升级时没有更新它在注册表中的信息，这就是它不能使用的原因。但是 Windows XP 并没把在旧系统里安装的东西全都删掉，这就给修复五笔输入法留了个机会。

大家知道，要生成并安装像全拼、双拼、郑码、五笔这样的输入法，只要有两种东西就行了：一种是输入法生成器（Windows XP 中也有，只不过多数人不知道），另一种是输入法的码表文件或码表原文件（前者的扩展名是.mb，后者的扩展名是.txt，有一个就行）。先找输入法生成器。它在 Windows XP 中已默认安装，只是在附件中找不到，可以到系统所在分区的 C：\Program Files\Windows NT\Accessories 文件夹下找到 Imegen.exe，双击打开，它就是输入法生成器，然后查找码表文件或码表原文件。打开 C:\WINDOWS\system32，果然发现了码表文件 winwb86.mb（输入法默认状态下没有码表原文件），Windows 98 中它在 C:\WINDOWS\system 文件夹下，系统升级后被搬到了这里。

在输入法生成器里单击“逆转换”选项卡的“打开文件”，找到并打开 winwb86.mb，再单击“逆转换”按钮，把它转换成码表原文件 winwb86.txt。单击“创建输入法”选项卡的“浏览”，找到并打开 winwb86.txt，再单击“创建”按钮，按提示即可完成王码五笔字型 86 版的安装。

14. 假鼠标导致 Windows XP 安装失败

某电脑使用的是双飞燕鼠标，在将 Windows 98 升级到 Windows XP 时，选择了全新安装，以实现安装完毕后就达到 Windows 98 和 Windows XP 双重启动。安装程序在复制完安装所必需的文件后自动重新启动到 DOS 状态，根据屏幕提示安装程序首先要对系统硬件进行一番检测，以测试其兼容性等问题。检测完毕后出现如图 14-1 所示画面。

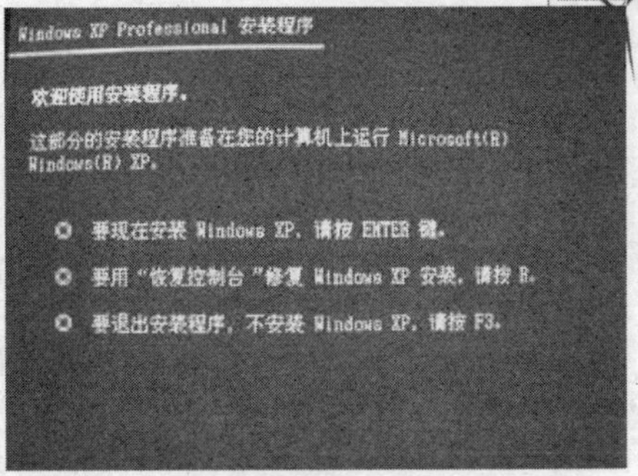

图 14-1

此时按 Enter 键，系统却一点反应都没有，再按仍旧没反应。

（1）首先怀疑是键盘接口松动，于是关机重新插拔键盘保证其与 PS\2 口的良好接触，再次安装 Windows XP，故障依旧。

（2）按 F3 键及“恢复控制台”的 R 键，仍然没有反应，按热启动键 CTRL+ALT+DEL 也是如此。

（3）或许是主板 BIOS 版本过旧引起了安装程序在检测硬件时发现了兼容性问题而导致安装失败？立即上网下载主板的最新 BIOS 文件，刷新成功，但问题仍然得不到解决。重新启动电脑，进入 CMOS 设置加载出厂默认值，然后再次安装 Windows XP，故障依旧。

（4）正在焦躁之时，发现此鼠标外表的光泽以及标识的细腻程度都与别的双飞燕鼠标有较大差距，上网查寻关于双飞燕鼠标打假的信息，仔细一对照，确认该鼠标为假冒伪劣产品。会不会是假鼠标引起 Windows XP 安装失败呢？一般硬件有兼容性等问题时安装程序都会在检测完后显示错误信息，并终止安装，而此例却无任何提示信息只是在要正式安装前使系统停止了响应。于是换上一只正品鼠标，开机，再次安装 Windows XP，一路按 Enter 键，顺利完成安装。

15. 安装 Windows 2000 后无法启动 Windows XP

安装 Windows 2000 后试图启动 Windows XP 时，可能会收到下面的错误消息：

Starting Windows...

Windows 2000 could not start because the following file is missing or corrupt: \WINDOWS\SYSTEM32\CONFIG\SYSTEMd startup options for Windows 2000, press F8.

You can attempt to repair this file by starting Windows 2000 Setup using th e original Setup floppy disk or CD-ROM.

Select 'r' at the first screen to start repair.

出现此问题的原因是，Windows 2000 引导程序不知道已在 Windows XP 中做了改动，电脑需要知道这些改动才能加载 Windows XP。若要解决此问题，用 Windows 2000 启动电脑，然后将 Windows XP 光盘上 I386 文件夹下的 NTLDR 和 Ntdetect.com 文件复制到 Windows XP 系统安装驱动器的根目录中即可。

16. 在 DOS 下装 Windows XP 不能直接运行 setup.exe

新买电脑直接装 Windows XP，只得在 DOS 下安装，但是不能直接运行 setup.exe 命令进行安装。

由于 Windows XP 采用了新的技术，因此不能像在 Windows 98 的 DOS 下那样，敲入 setup.exe 就可以了，而是先加载 smartdrv.exe，然后运行\i386 目录下的 winnt.exe。具体操作方法：假设 smartdrv.exe 这个文件在 A 盘，光驱为 G 盘（这个文件在 Windows 98 的光盘上有或是 Windows 9x 系统的 Windows 目录下有）。

a：\smartdrv.exe

a：\g：

g：\cd i386

g：\i386\winnt.exe

这样就可以了。

提示!!

一定要记住加载 smartdrv.exe。

17. NTFS 问题引起的 Windows XP 安装失败

安装包括 Windows XP 在内的多个操作系统结果失败。

问题在于 NTFS 的选择，如果想安装多个操作系统，请记住不要把 C 盘转化为 NTFS。如果你不知道该不该把它转换成 NTFS，一个简单的办法就是 FAT32 选择“不转换”。在了解了 NTFS 后，在命令行模式下可用 convert.exe 这个可单击文件来随时转化的，如“convert C：\fs：ntfs”把 C 盘转化为 NTFS。

18. 无法安装 SP1 系统补丁

使用的操作系统是正版 Windows XP，下载 XP 的 SP1 升级补丁包后，在安装时系统提示“该程序非法”。

（1）在 Windows XP 操作系统所在盘符下的\windows\pchealth\helpctr\system\DFS 文件夹下找到 uplddrvinfo.html 文件。

（2）将 uplddrvinfo.html 文件删除或更名，重新启动后就可以安装 SP1 了。

19. 安装 Windows XP 后，第一次重启就死机

某电脑所配的主板是 EPOX EP-BX7+，它带有 HighPoint HPT368 的 RAID 控制芯片。在装 Windows XP 时第一次重启就死机。在检查系统兼容性时发现："不支持的硬件配置，你的电脑上的硬件设备阻止你升级到 Windows XP"。

将主板的 BIOS 更新到最新版本，可能会解决这个问题。

主要的解决办法就是安装 RAID 控制芯片的驱动程序。安装开始的时候会提示你要安装 RAID 设备，此时，可以先找一下 HighPoint 的专门针对 Windows XP 的驱动程序，然后把它拷贝到一张软盘里，把软盘插入软驱以后，按 F6 键，系统会搜索软驱，然后进行 HighPoint 的安装，把它安装好以后，就可以安装 Windows XP 了。

其实，在安装 IDE 卡、SCSI 设备时，也会出现同样的状况。在刚开始安装时需要提供驱动程序，要先安装相应的驱动程序，当驱动程序安装完后，系统识别了这些设备后，Windows XP 才可以正常安装。

14-2 开关机、登录故障即时救治

1. Windows XP 不能自动关机

在安装了 Windows XP 后，当关机出现提示"你可以关机了"后，按关机按钮不起任何作用。

如果主板不支持高级电源管理功能就会出现这样的情况，可打开"控制面板"中的"电源"选项，将"APH"项选中后 Windows XP 就会自动进行电源管理。

2. Windows XP 系统中的重启动菜单消失

某电脑安装了 Windows 98（C 盘）、Windows 2000（D 盘）、Windows XP（E 盘），并且用 Ghost 在 F 盘上做了 Windows 98 的镜像文件。用 Ghost 进行 Windows 98 的恢复操作后，重启动菜单消失了。

如果有 Windows XP 的"紧急修复磁盘"，那么直接进入 Windows 98 用 Windows XP 安装光盘全新安装。安装向导拷贝完文件后，第一次出现安装选项时，选"修复"（按 R 键），然后按系统提示操作即可。如果没有"紧急修复磁盘"，可以通过下面的方法进行解决：

在另外一台安装了 Windows 98（C 盘）、Windows 2000（D 盘）、Windows XP（E 盘）的电脑上的 C 盘根目录下，将"Boot.ini"、"Bootfont.bin"、"Bootsect.dos"、"Io.sys"、"Msdos.sys"、"Ntdetect.com"、"Nfl&"这 7 个

文件逐个拖放到软盘中，然后再将它们粘贴到故障机的 C 盘根目录下，根据系统提示覆盖原文件，重新启动电脑即可。

3. Windows XP 启动速度变慢

Windows XP 在启动时会自动加载很多应用程序，严重影响它的启动速度。如果想要加快 Windows XP 的启动速度，可以采取以下方法：

（1）关掉一些伴随着 Windows 启动的程序及常驻程序，解决方法为：

①单击“开始”菜单中的“运行”，输入 msconfig 进入“系统配置应用程序”；

②在“启动”栏关掉不必要的程序，将方框中的勾取消，关掉不必要的程序，不确定的程序不可以乱关，以免造成 Windows 错误。（先试试是否可以在软件本身取消常驻，不行再使用此方法。）；

③完成后按“应用”，重新开机即可。

（2）给 Windows XP 设定一个固定的 IP 地址。如果所用电脑配置了网卡，Windows XP 会在进入到桌面后自动搜寻 IP 地址，所以如果没有设定一个固定的 IP 地址的话，系统会浪费许多的时间在搜寻 IP 地址上。设定固定 IP 地址的方法为：

①单击“开始”按钮，然后右击“网上邻居”，在出现的菜单中选择“属性”，打开“网络连接”窗口。

②右击“局域连接”，在出现的菜单中选择“属性”，出现“局域连接属性”对话框。

③在“常规”选项卡中双击“Internet 协议（TCP\IP）”，在出现的对话框中首先选中“使用下面的 IP 地址”，然后在“IP 地址”中输入 192.168.0.1 和“子网掩码”中输入 255.255.255.0。最后单击“确定”按钮，结束操作。

4. Windows XP 中无法创建启动软盘

在将操作系统升级成 Windows XP 后，想用 Windows 98 中制作启动盘的方法制作一张启动盘，但是却没有找到创建启动盘的选项。其实在 Windows XP 中也有制作启动软盘的功能。

要想在 Windows XP 中创建启动软盘，方法为：

（1）将软盘插入驱动器，然后右击“我的电脑”中的软驱图标。

（2）在弹出的菜单中选择“格式化”。

（3）在出现的对话框中选择“创建一个 MS-DOS 启动盘”选项，就可以创建启动盘了。

5. 轻碰机箱电源可以直接关机

在 Windows XP 下，如果按下机箱上的开关，Windows XP 会直接关机，能不能在按下开关时，让 Windows XP 给个提示，否则一不小心就会误操作关机，很容易引起文件的丢失。

方法为：

（1）用鼠标右键单击桌面，依次单击“属性”\“屏幕保护”\“电源”\“电源选项属性”，在弹出的对话框中单击“高级”选项。

（2）在“电源按钮”项中单击“在按下计算机电源按钮时”下拉列表箭头，即可看到菜单选项。

（3）建议选择“问我要做什么”这一项，单击“确定”按钮。

（4）尝试按下电源按钮，Windows XP 将会提示：“希望计算机做什么？”，用户可以根据需要选择“注销”、“关机”、“待机”、“重新启动计算机”等方式。

6. 安装了 Windows XP 后关机总是变成重启

某电脑在安装了 Windows XP 后关机总是变成重启，系统难以正常结束运行，无法正常操作。这个问题是有些主板的高级电源管理不能被 Windows XP 支持。一般用 AWARD 的 BIOS 的主板的电脑没有这个问题，到目前为止，遇到 AMI 的 BIOS 的主板有这个问题。

如果安装了 Windows XP 后关机总是变成重启，则升级该电脑的主板 BIOS 就可以解决问题。

提示!! 这是个比较危险的操作，一定得慎重。

7. 网络连接导致开关机异常

在 Windows 系统中，一旦安装了网卡设备和驱动，却没指定 IP 地址时，系统就会使用 DHCP 自动获得 IP 地址。在启动的时候，如果 DHCP 服务器状态良好，登录速度较快；一旦服务器处于繁忙状态，Windows 就会在启动时长时间等待获得有效 IP 地址，有时会长达 3～4 分钟，使得有些用户以为系统死机了。在关机的时候，有时等待网络连接断开也会有很长时间。网络连接导致开关机异常，可尝试采用以下的建议：

（1）建议尽量指定固定的 IP 地址。

（2）关机时，人工断开网络连接的任务如在线播放电影、Outlook 等进程，再进行关机，也会比较快。

（3）如果你的系统支持 STR 功能，用待机或是休眠来代替关闭计算机，速度会很快。

8. 如何恢复系统双启动

电脑是双系统，Windows 98 在 C 盘，Windows XP 在 D 盘。如果要格式化 C 盘重装 Windows 98，在不重装 Windows XP 的情况下，有什么办法恢复双启动？

只管格式化 C 盘重新安装 Windows 98 好了，安装完成会发现失去双引导菜单，而失去双引导则意味着无法启动 Windows XP。不要紧，重新运行 Windows XP 的安装程序，选择“修复”安装即可。放心，“修复”安装并非意味着重新安装，很快就能完成，且不影响 Windows XP 原系统的使用。

9. 使用优化大师后开机蓝屏

在某机器上安装了 Windows 98\XP 双系统，将 Windows XP 专业版安装在 C 盘，Windows 98 第二版安装在 D 盘。为了优化系统性能，在 Windows XP 中安装了系统优化软件 Windows 优化大师。一次使用优化大师对系统进行优化整理后，系统提示需要重新启动计算机，谁知重启后却出现了蓝屏死机现象，关闭计算机后再次开机启动，同样是蓝屏死机，始终不能进入操作系统。

首先检查软件，发现安装的优化大师版本只支持 Windows 98\Me\2000 操作系统，并不支持 Windows XP。看来就是软件与操作系统不兼容造成的问题。

按下 Reset 重启计算机，按 F8 键，选择“最后一次正确的配置”，虽然两个操作系统启动菜单项都显示“Windows（默认值）”，但 Windows XP 操作系统却可以进入了，而通过第二项启动 Windows 98 仍然死机。

应该是系统启动文件 Boot.ini 错误引起的。

启动计算机到 DOS 状态，在“C:\>”提示符后输入“edit boot.ini”命令来编辑 Boot.ini 文件，改为：

```
[boot loader]
timeout=30
default=multi（0）disk（0）rdisk（0）partition（1）\WINDOWS
[operating systems]
multi（0）disk（0）rdisk（0）partition（1）\WINDOWS="Microsoft Windows XP Professional" \fastdetect
C:\="Microsoft Windows"
```

存盘退出。再次重启计算机，这下启动菜单选项恢复了原貌，并且分别测试这些启动菜单选项，系统都可以正常启动到 Windows XP 或者 Windows 98 操作系统了。

10. 重装 Windows 98 后 Windows XP 无法启动

某电脑装有 Windows 98 和 Windows XP 双系统，使用一段时间后重新安装 Windows 98，造成 Windows XP 无法启动。原因是重新安装的 Windows 98 将位于系统启动分区根目录下的 Windows XP 启动文件覆盖，造成 Windows XP 无法启动。解决这个问题的关键是重装 Windows XP 的 OS _ Loader（Windows NT / 2000 与 Windows XP 的引导程序）。

方法为：

（1）将 Windows XP 的安装盘放入光驱，然后进入 Windows XP 的安装程序，待将安装程序拷贝到电脑中的磁盘后立即停止安装。

（2）回到系统启动分区的根目录，编辑 Boot.ini 文件，将其中所有的“$”删除即可。

如果找不到 Boot.ini 文件，再介绍一下找到 OS _ Loader 启动文件的方法：

（1）确认并找到系统启动分区，并进入其根目录。

（2）打开菜单栏中的“工具”菜单，选择“文件夹选项”，在“文件夹选项”窗口中选择“查看”标签页，再将“隐藏受操作系统保护的文件（推荐）”前的勾去掉，这时会弹出一个警告对话框，单击“确定”按钮。

（3）把“隐藏文件和文件夹”置于“显示所有文件和文件夹”，选择“确认”后再回到系统盘目录，这时就会发现在该目录下，会出现许多系统和隐藏文件，即可找到 Boot.ini，ntldr.nt，detect.com 这三个重要的启动文件了。

提示!! 在编辑好 Boot.ini 文件后，一定要将刚才的改动再改回来。

其实，这样的故障可以避免，只要在重装 Windows 98 时，使用 Windows 98 的启动盘启动，这时在启动画面上就会出现“Windows 98 安装”这么一条选项，选择它，就可以放心地安装了。

11. 更新驱动程序后，Windows XP 无法启动

系统更新 Windows XP 的一个驱动程序后，Windows XP 出现了无法启动的故障，显然是新安装的驱动程序存在问题，解决故障的关键是使用稳定可靠的驱动程序，替换当前的驱动。如果在 Windows 98 下遇到这样的问题，首先想到的一定是进入安全模式，再从安全模式下删除或者替换当前驱动。

在 Windows XP 系统中遇到这样的问题时，解决方法为：

（1）启动 Windows XP 时，出现启动进度条时按 F8 键，即可调出 XP 的启动菜单，从中选择安全模式即可。

（2）进入 Windows XP 的安全模式后，使用附件中的“系统还原”工具，就能将系统恢复到以前的正常状态。

提示!!
由于使用了不够稳定的 Windows XP 驱动引起的 Windows XP 启动故障比较常见，建议选择 Windows XP 驱动程序时最好不要选择最新的。

12. 关机时停留在“你现在可以安全地关闭计算机了”画面上

有时候当用户单击了关闭计算机后，计算机并没有完全关闭，而是停留在“你现在可以安全地关闭计算机了”的关机画面上，通过对注册表的修改再配合 ATX 电源，就可以实现自动关机了。

方法为：

（1）运行注册表编辑器，打开如下注册表子项分支（如果不存在，则新建）：

HKEY_LOCAL_MACHINE\Software\Microsoft\WindowsNT\CurrentVersion\Winlogon

（2）将类型为 DWORD 的值项 PowerdownAfterShutdown（如果不存在，则新建）的数值设置为 1。

（3）重新启动计算机或注销当前用户，再次进入 Windows XP，修改即生效。

提示!!
①只进行上述的注册表修改是不够的，你还得把 WINNT\SYSTEM32\目录下的 HAL.DLL 改名为 HAL.DLL.OLD。并且把 HAL.DLL.SOFTEX 拷贝到该目录下，并改名为 HAL.DLL。
② 如果修改 HAL.DLL 后，再安装 Service Pack 则会报错:电源管理程序与之不兼容。解决方法是:把 HAL.DLL 改名为 HAL.DLL.NEW，把 HAL.DLL.OLD 改名为 HAL.DLL，再进行安装。安装完后，将其改回。

13. 提示找不到 HAL.DLL 文件，启动中止

这是由于 C 盘根目录下的 boot.ini 文件出错，导致默认从 C:\Windows 启动，但由于 Windows XP 没有安装在 C 盘，所以系统提示找不到 HAL.DLL 文件，从而导致启动失败。解决方法是重新编辑 Boot.ini 文件。下面提供几种解决方案：

方法 1：使用 Windows 98 启动盘启动电脑，在 DOS 下使用 EDIT.EXE 命令打开 Boot.ini 文件，按照正确的格式输入 Boot.ini 文件的内容，保存为

Boot.ini 文件即可。

方法 2：使用 COPY CON 命令创建一个 Boot.ini 文件。在 DOS 下输入 Copy Con C:\boot.ini 以后按回车键。然后按照 Boot.ini 文件的格式输入，每输入一行敲一次回车键，当全部内容输入完毕以后，按 Ctrl+Z 组合键，出现^Z 提示后再敲一次回车键，系统会提示创建成功，问题会得以解决。

方法 3：在其他无故障的电脑上创建好 Boot.ini 文件以后，拷贝到故障电脑的 C 盘根目录下，覆盖 Boot.ini 文件即可。

14. 开机时提示下载并安装 Windows XP 安全更新程序

根据 Windows Update 提示下载并安装 Windows XP 安全更新程序（KB835732）后，系统确认更新成功。但此后每次联网甚至开机均提示需要下载并安装相同的更新。

这是因为没有正确注册已安装在计算机上的更新。

（1）在“运行”中输入“regedit”打开注册表编辑器，定位到如下注册表项：

HKEY_LOCAL_MACHINE\SOFTWARE\Microsoft\Updates\WindowsXP\SPx

> 提示!! 对于 x，请使用下一个 Service Pack 的编号。如果正在运行 Windows XP SP1，请找到 SP2 项。

然后在 SPx 项下找到并单击有问题的 Microsoft 知识库文章编号（如 KB835732）的注册表项：

HKEY_LOCAL_MACHINE\SOFTWARE\Microsoft\WindowsXP\SP2\KB835732

单击注册表编辑器界面中的“编辑”菜单上的“删除”，按“确定”按钮后后退出“注册表编辑器”，并在得到提示之后重新启动计算机。

（2）重启后请在联网的情况下单击“开始”中的“Windows Update”，重新下载并安装编号为 KB835732 的补丁，最后重新启动计算机即可。

> 提示!! 也可以直接升级 SP2 补丁包，因为 SP2 中已经包含了 KB835732 补丁。

15. 开机自检无法通过

某电脑安装的操作系统是 Windows XP 专业版，每次开机都要自检，并且每次都显示如下提示信息：

X:\Doument and settings\Administrator\Local settings\Temporary Internet Files\Content.IE5\4TCYQXLK\C[1].gif is cross-linket on allocation uint459301（这里的 X:表示系统所在盘符）

然后电脑就停止响应。只有重新开机并忽略自检，才能进入系统。

解决问题的方法为：

（1）可能是文件系统出错，产生有两个文件或目录共用同一磁盘空间的记录，自检程序 CHKDSK 会报告有交叉链接文件。如果 CHKDSK 发现有交叉链接文件存在，就会显示类似信息，此时可在“开始”\“运行”中输入“chkdsk\f”命令进行修复。

（2）使用具有 Administrator 权限的用户账户登录系统，然后删除“\Dument and settings\Administrator\Local settings\Temporary internet Files 下面的所有 IE 缓存文件夹。

如果仍然不行，则建议查看电脑上是否感染了病毒，有可能是中了恶意代码。

16. 找回 Administrator 账户密码

安装 Windows XP 时，设置了 Administrator 密码，Windows XP 安装在 NTFS 分区上。在使用故障修复控制台时，程序要求输入 Administrator 密码时，却发现已将密码遗忘。

（1）若能正常进入 Windows XP，则使用具有管理员权限的账户登录 Windows XP，然后打开“控制面板→管理工具→计算机管理”（也可以在“运行”里输入 compmgmt.msc 打开计算机管理），在右边“计算机管理（本地）”的树形列表中选择“本地用户和组→用户”，在右边就可以看到当前系统里面存在的全部账户。用鼠标右键单击 Administrator，选择设置密码，然后按照屏幕提示操作即可重新设置密码。

（2）若无法正常进入 Windows XP，如果可以使用命令行安全模式，那么用具有管理权限的账户登录，使用 NET USER 命令修改密码，格式为“NET USER Administrator<输入你的新密码>”，然后回车即可。

（3）如果使用安全模式无法进入 Windows XP，那么只有使用安装光盘修复了。方法是：用安装光盘启动电脑，在安装程序选择菜单上选择“现在开始安装 Windows XP”，然后选择“修复”开始修复程序。修复过程类似于 Windows 98 的覆盖安装，修复中会要求重新创建密码，而且已经安装的软件仍然可以继续使用。

17. 每次启动时都扫描 C、D 盘，且提示 C 盘的 BOOTEX 文件损坏

bootex 文件错误是因为在检查系统或修正磁盘时文件错误所导致的。因此根本原因不是 bootex 出错，而是系统文件 fastfat 出了问题。

（1）在 CMOS 里将第一启动盘附设为“光驱盘符”。

（2）将 Windows XP 安装光盘放进光驱，进入到 DOS 下，然后转到光驱盘所在盘符，输入如下命令后回车：

CD i386

（3）继续输入如下命令后回车：

expand.exe fastfat.sy_ c:\winnt\system32\drivers\fastfat.sys

（4）转到 C 盘根目录。

（5）重新启动电脑，进入 CMOS 里将第一启动盘设置为硬盘引导。

这样就将 Windows XP 安装光盘中的 fastfat 文件重新装入了系统盘符内。

再次启动电脑，进入 Windows，故障消失。

18. Windows XP 系统无法正常启动

当 Windows XP 无法以安全模式和其他启动选项启动时，可以尝试如下两种办法：

方法 1：“最后一次正确的配置”法。

在 Windows XP 启动菜单中，可以选择“最后一次正确的配置”项来恢复注册表，方法是：

（1）在重新启动计算机时，按住“F8”键，直到出现 Windows 高级启动选项菜单。

（2）使用箭头键突出显示“最后一次正确的配置”，然后按“Enter”键。

当选择“最后一次正确的配置”启动电脑时，Windows 只还原注册表项“HKLM\System\ CurrentControlSet”中的信息。任何在其他注册表项中所做的更改均保持不变。

方法 2：“故障恢复控制台”法。

当无法启动计算机时，也可以从 Windows XP 安装 CD 上运行故障恢复控制台，尝试修复错误：

（1）插入安装光盘并从光盘驱动器重新启动计算机。

（2）按“R”键选择修复或恢复选项。

（3）如果有双重引导或多重引导系统，请从“故障恢复控制台”选择要访问的驱动器。

（4）当出现提示符时，键入本地管理员账户 Administrator 的密码。在大多数情况下，你都需要内置的 Administrator 账户的密码才能使用“故障恢复控制台”，该账户密码默认为空。

（5）在系统提示符下，键入“Fixboot”命令，按下“Enter”键，此时系统会将新的分区引导扇区写到系统分区中，从而修复启动问题。

（6）键入“Exit”命令，按下“Enter”键，退出“故障恢复控制台”并重新启动计算机。

> 提示!! 上述方法对于 Windows 2000 和 Windows Server 2003 同样适用，在特殊情况下可以一试，或许能够帮助你解决系统启动故障。

19. 电脑启动时出现“missing operating system”错误信息

如果要解决电脑启动时的“missing operating system”错误，方法为：

（1）进入 CMOS 重新设置硬盘参数，然后保存并退出设置程序。

（2）系统引导标志被更改，如果分区信息还在，则需要格式化；如果分区不在，则需要重新分区。

20. 电脑启动时出现“Keyboard…”错误

要解决电脑启动时的“Keyboard…”错误，方法为：

（1）首先请检查键盘是否接好，主板键盘借口是否有损坏。

（2）如果排除此类问题，考虑键盘与 CMOS 设置的键盘检测程序不兼容或 POST 自检时用户按住键时均会出现上面的错误。

（3）请检查微机中是否安装了该 CMOS 中的键盘接口，也可将 BIOS 设置程序中的 KEYBOARD 设置项设为“NOT INSTALLED”（未安装），这样 BIOS 设置程序将略过键盘的 POST 例程。另外，在 POST 自检时不要按住键盘。

14-3 桌面和外观即时救治

1. 某些操作按钮图标变成了数字，或根本就没有任何显示

这说明 Windows 系统文件遭到了破坏。当存放在 C：\Windows\fonts 目录下的 marlett.ttf 文件被破坏后，窗口右上角的三个图形按钮“最小化”、“最大化”和“关闭”这三个按钮显示就会不正常。而诸如“确定”、“取消”等按钮的字体显示不正常时，则是由于文件 comctl32.dll 文件被破坏所致。可以通过系统自带的 SFC 工具从 Windows XP 的安装盘中恢复。

2. 窗口大小不合适

解决方法为：

（1）单击“开始”\“控制面板”，在“控制面板”窗口中双击“键盘”图标。

（2）在出现的“键盘 属性”窗口中选择“属性”标签页，调节“属性”页中“重复速度”滑块，以取得合适的重复速度。然后单击“确定”按钮即可。

3. 电脑里的一些字显示不出来

这可能是 Windows XP 将错误的结果写入了字体缓冲文件 ttfacache 中，可尝试如下解决问题的方法：

（1）使用 Windows XP 启动盘启动电脑，进入 MS－DOS 模式。

（2）在记事本里输入如下内容（在每一个命令后都要加入一个回车键）：

```
C:
CD Windows
ATTRIB –H TTFCACHE
DEL H TTFCACHE
```

（3）重新启动电脑，Windows 会建立新的缓冲文件。

14-4 程序和文件即时救治

1. 软件运行时出现关闭报告错误

解决方法为：

（1）既然经常出现这个问题，就说明所使用的电脑有问题，首先检查电脑本身是否存在问题。

（2）如果不想看到这个报告错误，可以在“开始”\“运行”对话框中输入“msconfig”命令，单击“确定”按钮，在弹出的“系统配置实用程序”对话框里面选择“服务”选项卡，然后把“Error Reporting Service”前的复选标志去掉。这样处理后，就再也不会出现程序因错误或兼容性不好被强行关闭后弹出的报告错误对话框了。

2. 修复被损坏的压缩文件

有时候，从某个地方拷贝回来一个压缩文件，当在自己的电脑上打开时却被告知该文件包已经损坏，不知道怎么修复。

可使用 WinRAR 解决该问题：

（1）在 WinRAR 中选中该文件。

（2）然后单击“命令”\“修复压缩文件”菜单命令。

（3）单击“确定”按钮后就开始自动修复这个文件，并弹出修复的窗口，将最后的修复结果通知你。要注意的是，不管修复多少个文件，WinRAR 都是将修复文件默认存为_reconst.zip（对 ZIP 文件）或_reconst.rar（对 RAR 文件），所以如果当前文件夹下还有这个文件的时候，请先将它拷贝到别的地方，以免上一次修复文件的丢失。

3. 删除“删不掉的”应用程序

一般来说，删除程序使用“控制面板”中的“添加\删除程序”或者单击应用程序的 uninstall.exe 文件就可。但是，有的应用程序由于安装时出错，或其自身设计上的缺陷，按照这种方法却无法被顺利删除掉，应该怎么办呢？下面介绍一种百试不爽的方法：

解决方法为：

（1）单击“开始”\“运行”命令，然后输入 Regedit，运行注册表编辑器，打开如下注册表子项分支（如果不存在，则新建）：

HKEY_LOCAL_MACHINE\Software\Microsoft\Windows\CurrentVersion\Uninstall

（2）找到要移除的应用程序名称，并右击之，从弹出的菜单中选择“删除”命令。

（3）再将硬盘上安装这个应用程序的文件夹全部删除。

至此，该应用程序才被完全删除掉了。

4. 在 Windows XP 中使用 16 位的程序

Windows XP 有个缺陷是不能很好地兼容 DOS 程序，有些甚至根本就运行不了。比如，Turbo C 2.0（TC）现在仍是不少学校用来上 C 语言课的软件，但在 Windows XP 中却不能直接运行，在 Windows XP 中提供的“命令提示符”下运行该程序，出现花屏。

解决方法为：

在命令提示符中输入“start\seperate d:\Tc2\tc.exe”命令后按 Enter 键，即可运行 Turbo C 2.0，按 Alt+Enter 就可以在全屏幕与窗口方式中进行切换。

5. 特定的文件夹不能打开

所谓特定文件夹是指系统中的那些实际并不存在，由系统定义的类标识符表示的系统文件夹，如“我的电脑”、“回收站”、“控制面板”等等。

不可打开特定的文件夹是指双击或者选择右键菜单中的打开命令后系统无任何反应，这个问题并不常见，但当它出现后却让人感到手足无措。其实，要解决它并不难，出现该现象的原因是因为打开这些特定文件夹的动态链接库文件受到损坏或者该动态链接库在注册表中的信息被破坏所致。因此只需要将受损的动态链接库还原或者修改注册表中的信息即可。

方法为：

（1）运行注册表编辑器，在如下所示项下查找相应的类 ID：

HKEY_CLASSES_ROOT\CLSID

（2）找到后，展开该项下的 InprocServer32 项，然后查看其默认值是否为如下数据：

C:\Windows\System\Shell32.dll

如果不是，请修改为该值；如果是，那么需要从 Windows XP 系统的 CD－ROM 上的*.CAB 文件中恢复该文件。

表 14-2 给出了系统定义的特定的类标识符。

表 14-2　特定文件夹标识符

文 件 夹	类 ID	说　明
Control Panel	{21EC2020-3AEA-1069-A2DD-08002B30309D}	控制面板
Dial-Up Networking	{992CFFA0-F557-101A-88EC-00DD010CCC48}	拨号网络
Internet Explorer	{BFB23B42-E3F0-101B-8488-00AA003E56F8}	IE 浏览器
My Computer	{20D04FE0-3AEA-1069-A2D8-08002B30309D}	我的电脑
Network Neighborhood	{208D2C60-3AEA-1069-A2D7-08002B30309D}	网上邻居
Printers	{2227A280-3AEA-1069-A2DE-08002B30309D}	打印机
Recycle Bin	{645FF040-5081-101B-9F08-00AA002F984E}	回收站
Scheduled Tasks	{D6277990-4C6A-11CF-8D87-00AA0060F5BF}	计划任务
My Documents	{450D8FBA-AD25-11D0-98A8-0800361B1103}	我的文档
URLHistory Folder	{FF393560-C2A7-11CF-BFF4-444553540000}	URL 历史

6. 双击图像文件时打开程序不正确

当双击系统中的图像文件时，系统会调用默认的图像编辑器软件来打开它，如“*.bmp”文件默认的是用画图程序打开的，而不是用诸如看图程序打开，这就影响了操作效率。

如果希望更改这种默认方式，如使用 Photoshop 来打开它，方法为：

（1）运行注册表编辑器，然后单击菜单中的“编辑”\“查找”命令，在打开的对话框中输入需要更改的文件的扩展名，如“*.BMP”。

（2）然后单击“查找下一个”按钮，找到后，修改默认值为 Photoshop 的关联程序（如“PhotoshopFile”）。

7. 版本导致程序无法安装

当我们在安装一些应用软件时，它们会检测 Windows XP 系统的版本。如果版本符合它的要求，就允许进行安装；如果版本不正确，将拒绝安装。

解决方法为：

（1）运行注册表编辑器，打开如下注册表子项分支（如果不存在，则新建）：

HKEY_LOCAL_MACHINE\SOFTWARE\Microsoft\Windows\CurrentVersion

（2）记录该项下的值项 VersionNumber 的值项数据，将它修改为相应 Windows 版本的版本号，然后进行软件的安装。

（3）在软件安装完毕之后，再将该数据改回为原来的值即可。

8. DOS 虚拟设备驱动程序出错

在 Windows XP 下安装了一些程序后，可能会发生 DOS 虚拟设备驱动程序出现错误的信息，信息可能如下：

16 bit MS-DOS Subsystem

drive：\program path

SYSTEM\CurrentControlSet\Control\VirtualDeviceDrivers.VDD.Virtual Device Driver format in the registry is invalid. Choose 'Close' to terminate the application.

如果这个错误不解决，则所安装的程序可能无法运行。这个问题是怎样引起的呢？原因是此程序访问了错误的 VDD 键值。

解决方法为：

（1）运行注册表编辑器，打开如下注册表子项分支（如果不存在，则新建）：

HKEY_LOCAL_MACHINE\SYSTEM\CurrentControlSet\Control\VirtualDeviceDrivers

（2）先删除值项“VDD”，然后重新建立值项“VDD”（多字符串值），注意此时不要对“VDD”设置任何的值。

9. 清除残余的软件卸载信息

每一个 Windows 操作系统的使用者可能都有这样的经历，由于种种原因直接在硬盘中删除了某个文件夹，或者是在“添加\删除程序”里面对一些软件进行反安装。但是有些程序却还有注册信息留在注册表内，当再次从“添加\删除程序”中卸载该程序时，老是提示“试图删除 XXXXXX 时出错，放弃卸载”，从而导致了卸载程序错误。

当电脑中安装大量的软件后随着时间的后移，就在系统的注册表中形成垃圾数据，影响了电脑的运行速度。

彻底清除这些垃圾数据的方法为：

（1）打开注册表编辑器，找到关于卸载应用程序的相关键值数据的子项分支：

HKEY_LOCAL_MACHINE\Software\Microsoft\Windows\CurrentVersion\Uninstall

（2）一般的软件在该项下都有自己的子项，并且在此子项下还有 DisplayName 和 UninstallString 这两个值项，第一个显示的是软件的名称，第二个显示的是反安装的一些信息。

（3）双击第二个值项UninstallString后，出现如图 14-2 所示信息。通过图 14-2 可以看出，反安装实际上是所安装的软件自带的一个反安装程序，在安装该软件时，它会自己记录一些安装信息存放在Install.log文件中，卸载时用这个反安装程序再带上.log文件的参数即可。

图 14-2

（4）另外，有些软件反安装时使用的是系统提供的反安装程序或其他特定的卸载程序。所以删除这里的子键，就可以达到清除冗余卸载信息的目的，比如，在这里可以删除如下项：

HKEY_LOCAL_MACHINE\Software\Microsoft\Windows\CurrentVersion\

Uninstall\Adobe Acrobat 5.0

再如，许多应用软件在卸载之后仍会在注册表文件内留下一些无用信息，集中在如下地方：

HKEY_LOCAL_MACHINE\Software
HKEY_CURRENT_USER\Software
HKEY_USERS\.Default \Software

这几项里面的内容基本上一致，将其中一处删除就行了。比较常用的方法是进入 HKEY_LOCAL_MACHINE\Software 分支中，然后重点查找那些已经确信被安全卸载了的软件的残留信息，在确认无误后删除。

10. 查杀病毒后，运行可单击文件或快捷方式出错

当读者在上了某个网站或收发一封 E-mail 之后，系统却出现了一些莫名其妙的错误，一般这是病毒感染系统的兆头，于是立即使用杀毒软件进行清除。杀毒后，先前的那些错误是修正了，但出现了比杀毒前更恼人的错误：不能正确单击可单击文件或快捷方式。

只需将.EXE、.COM（可单击文件）与.LNK（快捷方式）文件的关联设定正确，即可修正该类错误。

方法为：

（1）运行注册表编辑器，打开如下注册表子项分支（如果不存在，则新建）：

HKEY_CLASSES_ROOT\comfile\shell\open\command

（2）将 Command 项的默认值修改为“"%1" %*”。

上述方法只恢复了.COM 的正确文件关联，还需要恢复.EXE 的正确文件关联。

（3）运行注册表编辑器，打开如下注册表子项分支（如果不存在，则新建）：

HKEY_CLASSES_ROOT\exefile\shell\open\command

（4）将 Command 项的默认值修改为“"%1" %*”。

继续修复.LNK 的正确文件关联：

打开注册表编辑器，定位到如下注册表子项（该项没有的话请新建相同名称的项）：

HKEY_CLASSES_ROOT\lnkfile\shellex\ContextMenuHandlers\{00021401-0000-0000-C00 0-000000000046}

将该项的默认值项的数据设定为空。

如果 HKEY_CLASSES_ROOT\lnkfile\shell 项存在，则将其删除。

14-5　任务栏与开始菜单即时救治

1. 任务栏中的输入法图标消失

在 Windows 98 的系统托盘里会有一个输入法图标，单击这个输入法图标可以更改输入法或设置输入法选项，可是 Windows XP 中的托盘区有时却没有这个图标，这是因为没有开启语言设置中的某些选项。

要重现输入法图标，方法为：

（1）单击“开始”\“控制面板”\“区域和语言选项”\“语言”命令，打开“区域和语言选项”对话框。

（2）单击“详细信息”按钮，弹出“语言栏”设置对话框，选中“在桌面上显示语言栏”后，单击“确定”按钮即可。

2. 清除电脑病毒后，桌面上的图标和任务栏消失

该故障是病毒破坏了注册表中与桌面图标和任务栏的有关的注册项目所致。

可采取以安全模式进入 Windows 系统，然后进入到 C:\Windows 目录下，双击 grpconv.exe 文件，再重新启动电脑，系统就会恢复正常。

或者，以安全模式进入 Windows 系统后，单击 C:\Windows\system 目录下的 runonce.exe 文件，再重新启动电脑，也可以使问题得到解决。

3. 任务栏目上控制音量的小喇叭图标不见了

解决方法为：

（1）单击“开始”\“控制面板”，在出现的“控制面板”窗口中双击“声音和音频设备”图标。

（2）在打开的“声音和音频设备属性”对话框中的“音量”选项卡选中“将音量图标放入任务栏”复选框，然后单击“确定”按钮，音量图标便会出现在任务栏上。

4. 任务栏假死

解决方法为：

（1）单击“开始”\“控制面板”，在出现的“控制面板”窗口中双击“区域和语言选项”图标，在打开的对话框中单击“语言”选项卡，然后单击“详

细信息”按钮。

（2）在出现的“文字服务和输入语言”对话框中，单击“首选项”的“语言栏”按钮。

（3）在弹出的“语言栏设置”对话框中，取消“在桌面上显示语言栏”选项，并选中“在通知区域显示其他语言栏图标”复选框。

（4）单击“确定”按钮返回“文字服务和输入语言”对话框中，单击“确定”按钮完成设置。

5. 任务栏启动项太多

如果觉得任务栏启动项太多，可以让他们从中消失。方法为：

（1）单击“开始”\“运行”命令，在打开的对话框中输入 Msconfig 后按 Enter 键，打开“系统配置实用程序”，在“启动”选项中选中不需要的启动项就可以把它们除去。另外，我们在安装软件的时候，在某个步骤中会出现一些选项，比如“设为任务栏启动项”，我们只要把它前面的钩去掉，它就不会出现在你的任务栏启动项中了。

14-6 多媒体即时救治

1. AVI 在 Windows Media Player 8.0 不能播放

有时候用 Media Player 放 AVI 的时候只有声音没有图像，或是不能放，这是由于缺少解码器的原因，只要下载安装 DIVX，问题即可解决。

2. 出现找不到指定文件的提示

出现该提示的原因主要可能就是在硬盘中选择的文件已经被删除、移动或重新命名。这就使得 Windows Media Player 在根据清单预设的位置找不到该文件。

可以先用鼠标右键单击该文件，然后再在弹出的快捷菜单中选择“属性”按钮，查看一下这个文件的位置，然后再利用查找功能搜寻一下该文件是否存在，如果仍然存在，重新把它添加到播放清单里就可以了。

3. AVI 文件中的电影冲突

对于那些在 Windows 98 中保存的 AVI 文件，如果在 Windows XP 中打开时发生冲突，可以通过以下介绍的简单修复方法进行排除：

（1）单击“开始”\“所有程序”\“Windows Movie Maker”，启动 Windows Movie Maker。

（2）单击“查看”\“选项”菜单命令，在打开的“选项”对话框中，取消“自动创建剪辑”旁的复选框，然后单击“确定”按钮。

现在，导出发生冲突的电影文件，并将其拖放到时间线上。随后，保存该电影，在重新渲染期间，冲突将自动消除。

4. RealPlayer 中有声音，但图像不连续或不动

在使用 RealPlayer 播放 RM 格式的影片时，有声音但是图像静止不动。

Real 格式本来是为了在网上实时播放用的，因而压缩率相当高，如果在制作时出了错，将无法解决故障。如果碟片文件本身没有问题，可以在 RealPlayer 中做一点简单设置改善效果：

（1）通过“视图”首选项，找到“连接”选项卡，设置缓冲播放为“至少缓冲 30s 才播放”。

（2）再单击“性能”选项卡，设置“剪辑高速缓存”，可以设置得大一些，以利于故障的消除。

5. RealPlayer 总是自动运行

RealPlayer 安装后，Windows 启动时总是自动运行它，并且在打开个别视频文件时总是忽略其他播放器，自行启动运行。

这类故障实际上是 RealPlayer 的设置所导致的，解决方法为：

通过视图首选项，在“常规”选项卡中单击 Start Center 的“设置”按钮，在弹出的窗口取消“启用 Start Center”即可。

而忽略其他播放器的问题也可以通过改变设置来解决，通过视图首选项中的“升级”选项卡，单击媒体类型的“自动恢复设置”按钮，在弹出的窗口中选择不想用 RealPlayer 播放的媒体类型并取消即可。

6. 无法播放多个文件

在 RealPlayer 中无法从菜单同时选取多个 RM 文件。

先将 RealPlayer 程序窗口打开，然后打开存放（RM）文件的目录，选择想要连续播放的那些文件，拖到 RealPlayer 窗口中去就可以了。播放的顺序和选择的顺序是相反的，即最先选的最后播放，最后选的最先播放。此外还有一种方法，就是使用 RAM 文件来实现连续播放。RAM 文件实际上是个播放序列文件，可以新建一个 TXT 文件，在里面填写上：“file:盘符路径 RM 文件名”，

再将扩展名改为“ram”即可。例如：

在 C 盘有一个目录“RM”，里面存有 1.rm、2.rm 、3.rm…n.rm，使用写字板等编辑一个名为 list.ram 的纯文本文件，其内容格式为：

file: c: RM1.rm
file:c:RM2.rm
file: c: RM3.rm
…
file: c: RMn.rm

双击 list.ram 文件，RealPlayer 就会按照指定的文件顺序播放。

另外，由于 RAM 文件只是个播放列表，所以有的网友在网页上单击.ram 文件可以播放，而下载后却不能播放了。要想真正下载网上的 RM 文件，只需打开相应 RAM 文件查看其内容，根据里面的链接地址，用“http.”来替换文件中指定地址的“pnm”，有可能下载正确的文件。

7. RealPlayer 的声道无法切换

在用 RealPlayer 播放一些双语影片时，总是双语同时出现，并且找不到更换声道的选项。

如果影碟在制作的时候未将音频格式设置为立体声音乐，除非将一个音箱拔掉，否则没有别的办法。而如果是立体声音频，可以用软件调节，RealPlayer 本身没有声道切换功能。如果是双语电影，例如出现中、英文并存或是普通话与粤语并存的现象，将不能进行声道切换，但是可以采用一个办法解决，只要双击系统工具栏上的小喇叭，用鼠标将滑动条拖到最左侧或是最右侧，这时在 RealPlayer 中播放的电影只有一个声道发音，这样可选择要听的语言，但是声音效果相对来说要差一点。

8. 经常提示“CD 音频设备正被其他程序使用”

在 Windows 中听 CD 歌曲的时候，经常出现“CD 音频设备正被其他程序使用”的提示。

出现这种情况的原因可能是在听 CD 的时候，其他应用程序也在使用 CD-ROM 而造成的。

解决方法为：

（1）在应用程序运行的时候，按下键盘上的 Ctrl+Alt+Del 组合键。

（2）在“关闭程序”对话框中，选择可能正在使用 CD-ROM 的应用程序，然后单击“结束任务”按钮关闭该应用程序。

（3）重复步骤（1）和（2），直到关闭所有可能使用该光驱的程序为止。

9. 使用超级解霸截取 VCD 影碟的片段时不连贯

在使用“超级解霸”软件截取 VCD 影碟的片段时，经常会出现截取后的影片不连贯、缺画面的情况。这是因为如果“允许 DirectCDROM 直接读取”被选中，则系统在读取 VCD 影碟时并不要求数据完全正确。

这样截下来的片段就有可能存在损坏的数据，因此就会出现在播放时不连贯的现象了。

启动“超级解霸”，然后单击菜单命令“控制”\“控制设置”，在打开的对话框中去掉 DirectCDROM 技术项下的“允许 DirectCDROM 直接读取”复选标记即可。

10. 用超级解霸播放 VCD 时显示器自动关闭

在用超级解霸播放 VCD 时，声音能够正常播放，但显示器却出现了自动关闭的情况，将解霸重装后问题依旧存在。

解决方法为：

（1）下载最新版本的显卡驱动程序，有些奇怪的显示问题很可能是显卡的驱动程序与显卡的兼容性不好所致。

（2）关闭病毒防火墙的实时监控程序，超级解霸和有些病毒防火墙是有冲突的。

（3）改变显示器的驱动程序（笔者就遇到过显示器驱动与显示器不匹配，玩游戏时自动关显示器的问题）。方法为：在桌面上单击鼠标右键，单击“属性”，在打开的“显示属性”对话框中单击“设置”选项卡，然后单击“高级”按钮。在打开的对话框中单击“适配器”选项卡，然后单击“属性”按钮，在出现的对话框中单击“驱动程序”选项卡。在出现的对话框中单击“更新驱动程序”按钮，然后单击“更改”按钮，出现“硬件更新向导”对话框。然后根据提示进行操作即可。

（4）选用其他的播放器，如超级解霸 DVD 等。

11. 解决 Xing 软件放 VCD 速度慢的问题

在 Windows 系统下使用光驱读软件正常，用 Xing 软件播放 VCD 时却出现很慢的现象。

出现这个问题的主要原因是：当把硬盘和光驱一主一从挂接在一个 IDE 接口上时 Windows 系统就会出现上述问题。

解决方法为：

方法 1：把光驱接在第二个 IDE 主板接口上。

方法 2：去微软主页下载一个补丁程序，然后安装在系统中。或者删除掉 Windows 系统，然后重新安装一遍。

12. Windows XP 中有些 MP3 无法播放

MP3 格式有很多种，有些格式需要专门的解码器才能进行播放。Windows XP 自带的播放器所支持的格式都是最基本的，许多不支持的格式需要去网站下载额外的解码器，所以这一部分不能用 Windows XP 自带的播放器播放。而 VCD 的原理和 MP3 的原理大体一样，所以原因也相似。

13. 找不到播放清单上指定的文件

有时候会出现这样的情况：在播放媒体播放器清单上的媒体文件时，会出现一个找不到指定文件的提示。

这是因为在硬盘中所选择的文件已经被删除、移动或重新命名了，使得媒体播放器根据清单预设的位置找不到该文件。要想正常播放该文件，只需要将该文件按原样挪回原来的位置即可。

14. 在收听网络广播时出现“缓冲处理中”的提示

缓冲处理是媒体播放器在播放文件前所存储的播放文件的资料。在网络拥挤时，媒体播放器可以播放缓冲区的文件资料，但如果缓冲区内的所有数据信息被使用完时，就会出现“缓冲处理中”的提示，播放会暂时停滞。

15. 解决播放媒体文件时出现的错误信息

在播放媒体文件的时候，经常会出现有关“Mmsystem. dll”，“Dciman32. dll”，“Msvfw32. dll”等错误信息。一般而言，这几个错误信息都是来自播放影像文件的。只要在“Windows\System”文件夹中把“Mmsystem. dll”、“Dciman32. dll”、“Msvfw32. dll”的其中一个损坏或丢失了，便会出现这个错误信息。出现这样的问题后的解决方法只有一个：重装 Windows 系统。

提示!! 利用“添加\删除程序”来重装 Windows Media Player 等多媒体程序是无法解决问题的。

16. ViaVoice 出现 mfc42. dll 调用错误提示

在使用 IBM 的 ViaVoice 语音识别软件时经常出现 mfc42. d11 调用错误的提示。

首先，遇到的这个问题是该款软件的一个 BUG，可以到如下网址下载补丁程序：

http：\\www-4. ibm. com\software\speech\cn\support. html

安装后问题即可解决。

17. Winamp 播放歌曲时总读光驱或硬盘

因为 Winamp 程序在播放的过程中，需要不断读取光驱或硬盘上的 MP3 文件，因此，可以通过加大 Winamp 的文件缓存区来解决这个问题，这样，就可以让 Winamp 程序一次将 MP3 文件全部读入内存缓存区，然后再对其进行播放就不会出现上述情况了。

解决方法为：

（1）运行 Winamp 程序，然后直接按下“Ctrl+P”快捷键弹出 Winamp 属性设置窗口。

（2）单击“插件”\“输入”项，在右侧窗口中会出现“Nullsoft MPEG 音频解码器”一项。

（3）单击该选项，再单击下面的“配置”\“MPEG 音频解码器设置”\“常规”选项卡，找到其中的“完全文档缓冲”选项。

这个选项的含义为：对于尺寸小于 xxxk 的文件，Winamp 会一次性地将文件读到缓存中，而不再多次读取，其默认值为 64KB，可以适当增大缓存数值，比如将其改为“6 000”，但是过大也没必要，因为一般 MP3 歌曲文件的大小都不会超过 6MB，这样已完全可以一次将 MP3 文件读入缓存。

经过上述设置后，再用 Winamp 程序播放光盘或硬盘上的 MP3 文件时，就会看到光驱、硬盘灯一阵快速闪烁，但随着音乐声响起，便不再读盘了。此时，即使将光盘弹出音乐仍照常播放。这个方法对延长光驱寿命特别有好处，不过前提是内存要足够大，最好不少于 64MB 就可以。

18. Winamp 始终不显示中文歌名

中文歌曲在 Winamp 中总是显示全英文，更换版本后依然无效。

这是由于 Winamp 的相关设置导致。解决方法为：

（1）运行 Winamp，右击显示面板左上角，在弹出的快捷菜单中依次单击“选项”\“参数选择”或直接按 Ctrl+P 组合键。

（2）在弹出的“Winamp 参数设置”对话框中选中左侧树状列表“选择”下的“显示”选项，这时对话框右侧会显示“显示选项”设置。

（3）单击“使用点阵体字体来显示主要标题”复选框，取消前面的复选标志，然后单击左下角的“关闭”按钮退出即可。

19. 使用媒体播放器观看收听网络流媒体时不连续

在使用 Windows Media Player 观看收听一些网络流媒体时，经常出现断断续续的现象，而且出现正在缓冲的提示信息。

所有流式媒体文件在播放前都要经过缓冲处理。缓冲处理是在实际播放内容前将一定量的信息发送到计算机的过程，当网络拥塞造成数据流中断时，播放机就可以利用缓冲区中的信息弥补这些间隔，当网络异常拥挤时，就会产生中断，这是因为缓冲区已空并且未接收到新的信息。

可以通过适当增加缓冲的时间来解决这个问题，方法为：

（1）单击菜单命令“工具”\“选项”，打开“选项”对话框。

（2）单击“性能”选项卡，在“网络缓冲”中选择“缓冲时间”，然后根据不同的情况适当地增加缓冲时间。

（3）最后单击“确定”按钮，结束操作。

14-7 Internet 即时救治

1. 脱机却无法浏览本机上的网页

通过 IE 的“脱机浏览”功能，我们差不多能浏览所有已经下载到本地硬盘的网页内容，这对拨号上网的用户来说更是省钱的一大法宝。但有时，目标网页虽然在硬盘上，但是却提示“无法浏览”。

这多半是由于修改了系统时间所导致的 IE 历史记录的错乱。

（1）可用直接在“临时文件夹”中搜索的方法来激活它。按下 Win+F，在“包含文字”处输入部分记忆中的关键字，在“搜索”处按“浏览”按钮选择 IE 临时文件夹的地址，如“C：\WINDOWS\Temporary Internet Files”，然后单击“开始查找”，在结果列表里双击目标页打开。

（2）尝试用腾讯的 IE 等浏览器来脱机浏览。

2. 系统找不到网卡

网卡正确插在 PCI 或 ISA 插槽中，但系统无法找到该设备，也无法安装对应的驱动程序。在打开控制面板中的系统对象，选择设备管理器选项卡，单击刷新按钮，仍然没有发现新的设备。

启动计算机，进入 CMOS，选择其中的 BIOS FEATURES SETUP 一项，将 Report No FDD For Windows95 一项的值得由 Yes 改为 No 即可。

3. IE 发生内部错误，窗口被关闭

在使用 IE 浏览一些网页时，出现错误提示对话框："该程序单击了非法操作，即将关闭……"，单击"确定"按钮后又弹出一个对话框，提示"发生内部错误……"。单击"确定"按钮后，所有打开的 IE 窗口都被关闭。

该错误产生原因多种多样，内存资源占用过多、IE 安全级别设置与浏览的网站不匹配、与其他软件发生冲突、浏览网站本身含有错误代码……这些情况都有可能，需要耐心加以解决。

（1）关闭过多的 IE 窗口。如果在运行需占大量内存的程序，建议 IE 窗口打开数不要超过 5 个。

（2）降低 IE 安全级别。单击"工具"\"Internet 选项"菜单，选择"安全"选项卡，单击"默认级别"按钮，拖动滑块降低默认的安全级别。

（3）将 IE 升级到最新版本。IE 6.0 SP1 可使用以 IE 为核心的浏览器，如 MyIE2。它占用系统资源相对要少，而且当浏览器发生故障关闭时，下次启动它，会有"是否打开上次发生错误时的页面"的提示，尽可能地帮你挽回损失。

4. Windows XP 下 Modem 不能正常工作

这主要是因为驱动程序的问题。很多 Modem 的 Windows 2000 驱动程序不支持 Windows XP，不过倒是有些 Modem 的 Windows 98 下的驱动程序可以在 Windows XP 下用。另外，金网霸 ESS 芯片的内置 Modem 以及一些 Rockwell 芯片的内置 Modem 都可以在 Windows XP 下很好地工作，用 Windows XP 自带的驱动即可。而且对于金网霸内置 Modem 的用户，在 Windows XP 下没有了像 Windows 2000 下那样电话打进来就死机的问题了。

5. 无法关闭 Windows XP 自动弹出的拨号窗口

在使用 Windows XP 时，经常会弹出一个自动拨号窗口，以连接到 Internet，怎样关闭它？

方法为：

（1）单击"开始"\"控制面板"，在打开的窗口中双击"管理工具"，打开"管理工具"窗口。

（2）双击"服务"，在打开的"服务"窗口右侧找到 Remote Access Auto Connection Manager，然后双击它。

（3）在打开的对话框的"启动类型"下选择"已禁用"，然后单击下面"服务状态"中的"停止"按钮停止该服务。

（4）最后单击“确定”退出。

这样就不会再弹出自动拨号窗口了。

6. IE 不能正常打开链接

某电脑重新安装了 Windows XP 后，可以打开网站的主页，但是打不开该主页中的链接页面。

解决方法为：

（1）退出所有正在运行的程序。

（2）单击“开始”\“运行”命令，在打开的文本框中输入 regsvr32 urlmon.dll 后单击“确定”按钮。

（3）当收到“DllRegisterServer in urlmon.dll succeeded”消息时单击该消息框中的“确定”按钮。

如果不能解决问题，则为下面每一个文件重复上述步骤（2）～（4），只是在第（3）步中依次用下述文件名替代 Urlmon.dl）：

Shdocvw.dll，Msjava.dll，Actxprxy.dll，Oleaut32.dll，Mshtml.dll，Browseui.dll，Shell32.dl

（4）如果问题仍没有解决，则检查注册表中下列值项是否正确：

HKLM\SOFTWARE\Classes\Interface\{00020400-0000-0000-C000-000000000046}

Name：（Default）

Value：IDispatch

HKLM\SOFTWARE\Classes\Interface\{00020400-0000-0000-C000-000000000046}\ProxyStubClsid

Name：（Default）

Value：{00020420-0000-0000-C000-000000000046}

HKLM\SOFTWARE\Classes\Interface\{00020400-0000-0000-C000-000000000046}\ProxyStubClsid32

Name：（Default）

Value：{00020420-0000-0000-C000-000000000046}

7. 某些站点总是无法访问

解决方法为：

（1）首先检查一下网址是否输入正确，输错了网址将导致无法浏览。

（2）另一方面，由于 Internet 变化很大，每时每刻都有站点新生或是注销，所以一些以前存在的站点不一定现在还存在。

（3）有些站点是国内禁止访问的。

8. Internet Explorer 运行很慢

如果用户修改了 IE 里的高级选项，比如一些效果等等，然后为了加速 IE 关掉了这些效果，这时就会出现 IE 运行很慢的现象，尤其是显示上面的菜单和工具栏时。当然，如果用户的计算机 CPU 和内存够大的话，一般不存在这样的问题。

解决方法为：

（1）单击“工具”\“Internet 选项”菜单命令。

（2）单击“高级”选项卡，然后单击“还原默认设置”按钮，使用 IE 默认的设置即可。

（3）最后单击“确定”按钮，关闭对话框。

9. 拨号上网速度很慢

在默认的情况下，Windows XP 为了保证重要网络事件的需求，在上网时保留了一部分带宽，从而导致拨号上网速度变慢，如果释放这部分带宽，可以加快拨号上网的速度。

方法为：

（1）单击“开始”\“运行”，在打开的对话框中输入 gpedit.msc 后按 Enter 键，运行“组策略”程序。

（2）依次展开“计算机配置”\“管理模板”\“网络”\“Qos 数据包调度程序”。

（3）在右侧的窗口中双击“限制可保留带宽”项，打开“限制可保留带宽属性”对话框，选择“已启用”选项，然后在“带宽限制”中把数值设为 0。

（4）最后单击“确定”按钮，结束操作。

10. 按 Ctrl + Enter 不能自动在网址前后加入 www 和 com

Windows XP 简体中文版自带的 IE 6.0，在使用时按住 Ctrl + Enter 不能自动在网址前后加入 www 和 com。

解决方法为：

（1）在 \Windows\sysytem32 目录下找到 browselc.dll 文件，先复制一份，然后用 eXeScope 6.0 打开，执行“resource→string”把 809 字符串中的 co.cn 修改成 com。直接覆盖旧的 browselc.dll 文件系统是不允许的，因为 browselc.dll 在运行。可以先用软盘启动，再进行覆盖。

（2）单击“开始”\“运行”，在打开的对话框中输入 Regedit 键后按 Enter

键，打开注册表编辑器，找到如下子项分支：

HKEY_LOCAL_MACHINE\Software\Microsoft\Internet Explorer\Main\UrlTemplate

（3）在 UrlTemplate 分支下可以找到 6 个分别名为“1”、“2”…“6”的字符串值，然后将他们的值项 www.%s.co.cn 的数值设置为“www.%s.com”即可。

11. 忘记了 IE 分级审查功能的监护人密码

IE 具有分级审查功能，它可防止未经授权的用户访问那些不太合适的网站。在使用 IE 的分级审查功能前必须设置控制密码，但是如果忘记了分级审查密码，那么我们不但不能再对分级审查功能的权限进行调整了，而且还无法访问绝大多数网站了。

IE 的分级审查功能密码保存在系统的注册表数据库中，只需对其进行适当修改即可解决问题。

（1）运行注册表编辑器 regedit.exe，打开如下注册表子项分支（如果不存在，则新建）：

HKEY_LOCAL_MACHINE\SOFTWARE\Microsoft\Windows\CurrentVersion\Policies\Ratings

（2）在该项下有一个名为“KEY”的值项，它所对应的就是 IE 的“分级审查”口令（数据已经加密），用户只需删除该值项即可取消 IE 的“分级审查”口令。

12. 清除“腾讯 Explorer”

安装了腾讯 QQ 软件后，如果在安装时选择了安装“腾讯 Explorer”，那么就会出现“腾讯 Explorer”取代 Internet Explorer 的情况，即当双击.htm 文件甚至是打开收藏夹中的连接时，并不是用 IE 打开，而是更改为腾讯 Explorer 打开。

解决方法为：

（1）运行注册表编辑器 regedit.exe，分别打开如下注册表子项分支（如果不存在，则新建）：

HKEY_CLASSES_ROOT\ftp
HKEY_CLASSES_ROOT\htmlfile
HKEY_CLASSES_ROOT\http
HKEY_CLASSES_ROOT\https

（2）将上述四个注册表项所对应的值项“默认”的数据更改为“C:\Windows\System \url.dll,0”。

提示!!

如果 Windows XP 安装在 D 盘，则上述数据应该是“D:\Windows\System\url.dll,0”，以此类推。

（3）重新启动计算机或注销当前用户，再次进入 Windows XP，问题就得以解决了。

13. 浏览主页时应该显示的图片显示不出来

解决方法为：

（1）启动 IE 浏览器，依次单击“工具”\“Internet 选项”\“高级”，找到“多媒体”选项下的“显示图片”选择框，看看是不是把显示图片功能给关了。

（2）查看网页源代码，看看图片的设置路径及文件名是否和上传的目标路径文件名相同。另外，看图片类型是否为 jpeg 或 gif 格式的。

14. 页面无法自动刷新

为什么 IE 浏览器在浏览某些页面时，总是显示以前浏览过的老内容，而必须自己按刷新按钮才显示出更新内容。

解决方法为：

（1）打开 IE 浏览器。

（2）单击“工具”\“Internet 选项”\“常规”\“设置”选项，然后只要选中“每次访问此页时检查”后进行确定就可以了。

15. IE 不定时提示错误

在浏览网站的时候，常常会不定时出现：“发生 Runtimeerror，要纠错？”的对话框，如果选择“否”，IE 浏览器会关闭或是网页显示不完整；如果选择“是”，就会接着激活一个“Microsoft Development Environment”的窗口，进行纠错，该问题如何解决？

解决方法为：

（1）启动 IE 浏览器，然后依次单击“工具”\“Internet 选项”\“高级”选项。

（2）把禁止脚本调试勾选或是按还原默认值，因为 IE 浏览器预设是不会进行侦错的。

（3）单击“确定”按钮后，在我们把 IE 重新激活之后，新的设定值便开始生效了。

16. 图片不能保存为 JPG 格式

在上网浏览的时候，经常会发现自己喜欢的图片，通常是只要单击鼠标右键选择弹出菜单里的“图片另存为”命令，就能够把这幅图片保存在自己的电脑中了，保存类型可以是 JPG、GIF 或 BMP 格式。但情况有时并不是这样，有些时候图片只能保存为 BMP 格式。

这是因为“Temporary Internet Files”文件夹空间不够所造成的，只要重新调整“Temporary Internet Files”文件夹的大小，或者清除文件夹里面的历史文件就可以很好地解决该问题了。

（1）打开 IE，单击“工具”\“Internet 选项”命令，在“常规”选项中的“Internet 临时文件”里再单击“设置”按钮，根据你的硬盘容量来调整 Temporary Internet Files 文件夹的大小。

（2）如果硬盘上的剩余空间还比较大，就可以将文件夹的容量也相对设置得大一些。

（3）定期清除“Temporary Internet Files”文件夹里面的东西。

17. 出现运行错误

用 IE 浏览网页时弹出“出现运行错误，是否纠正错误”对话框，单击“否”按钮后，可以继续上网浏览。

可能是所浏览网站本身的问题，也可能是由于 IE 对某些脚本不支持。

（1）启动 IE，单击“工具”\“Internet 选项”菜单命令，选择“高级”选项卡，再选中“禁止脚本调试”复选框，最后单击“确定”按钮即可。

（2）将 IE 浏览器升级到最新版本。

18. IE 窗口始终最小化

每次打开的新窗口都是最小化窗口，即便单击“最大化”按钮后，下次启动 IE 后新窗口仍旧是最小化的。

IE 具有“自动记忆功能”，它能保存上一次关闭窗口后的状态参数，IE 本身没有提供相关设置选项，不过可以借助修改注册表来实现。

（1）打开注册表编辑器，找到如下注册表项：

HKEY_CURRENT_USER\Software\Microsoft\InternetExplorer\Desktop\Old WorkAreas

然后选中窗口右侧的值项 OldWorkAreaRects，将其删除。

（2）在注册表编辑器中找到如下注册表项：

HKEY_CURRENT_USER\Software \Microsoft\Internet Explorer\Main

然后选择窗口右侧的值项 Window_Placement”，将其删除。

（3）退出注册表编辑器，重新启动电脑，然后打开 IE，将其窗口最大化，并单击“往下还原”按钮将窗口还原，接着再次单击“最大化”按钮，最后关闭 IE 窗口。

以后重新打开 IE 时，窗口就正常了。

19. IE 无法打开新窗口

在浏览网页过程中，单击超级链接无任何反应。

多半是因为 IE 新建窗口模块被破坏所致。

单击“开始”\“运行”命令，依次运行“regsvr32 actxprxy.dll”和“regsvr32 shdocvw.dll”将这两个 DLL 文件注册，然后重新启动系统。如果还不行，则可以将 mshtml.dll、urlmon.dll、msjava.dll、browseui.dll、oleaut32.dll、shell32.dll 也进行注册。

20. 联网状态下，浏览器无法打开某些站点

上网后，在浏览某些站点时遇到各种不同的连接错误。

这种错误一般是由于网站发生故障或者你没有浏览权限所引起。针对不同的连接错误，IE 会给出不同的错误信息提示，比较常见的有以下几个：

（1）提示信息：404 NOT FOUND。这是最为常见的 IE 错误信息。主要是因为 IE 不能找到你所要求的网页文件，该文件可能根本不存在或者已经被转移到了其他地方。

（2）提示信息：403 FORBIDDEN。常见于需要注册的网站。一般情况下，可以通过在网上即时注册来解决该问题，但有一些完全“封闭”的网站还是不能访问的。

（3）提示信息：500 SERVER ERROR。通常由于所访问的网页程序设计错误或者数据库错误而引起，你只有等待对方网页纠正错误后再浏览了。

21. 网页乱码的排除

上网浏览网页时，网页上经常出现乱码。

其实这一问题有两种现象：

（1）一种是语言的选择不当引起的，比如说浏览繁体网页，或国外有些网站，电脑一时不能自动转换内码，而出现了乱码。要消除这种现象，可单击浏览器上的“查看”\“编码”，选取要显示的文字，则乱码取消。

（2）另一种是电脑缺少内码转换器，只要将内码转换器安装上就好了。

22. IE 默认首页被修改

IE 浏览器上方的标题栏被改成“欢迎访问……网站”的样式，这是最常见的篡改手段，受害者众多。

解决方法为：

（1）在 Windows 启动后，单击“开始”\“运行”菜单项，在“打开”栏中键入 Regedit，然后单击“确定”按钮。

（2）展开如下注册表子分支：

HKEY_LOCAL_MACHINE\SOFTWARE\Microsoft\Internet Explorer\Main

双击右半部分窗口中的值项 Start Page，然后双击 Start Page，然后见值项数据改为 about：blank 可。

（3）展开如下注册表项目：

HKEY_CURRENT_USER\Software\Microsoft\Internet Explorer\Main

双击右半部分窗口中的串值“Start Page”，将 Start Page 的值项数据改为“about：blank”即可。

（4）退出注册表编辑器，重新启动计算机，IE 浏览器上方的标题栏恢复正常。

提示!!

有一些特殊例子，就是当 IE 的起始页变成了某个网址后，即便是进行了上述处理，电脑重新启动后，故障又会出现，这是因为浏览这些网站时，网站在你的电脑里加进了一个自运行程序，它会在系统启动时将你的电脑 IE 起始页设成他们的网站页面。可按照如下办法处理：

运行注册表编辑器 regedit.exe，然后依次展开如下注册表子项分支：

HKEY_LOCAL_MACHINE\Software\Microsoft\Windows\Current Version\Run

将其下的 registry.exe 子项删除，然后删除自运行程序 C：\Program Files 下的 registry.exe 即可。

23. 如何重新恢复你的 IE 浏览器全貌

要重新恢复你的 IE 浏览器全貌，方法为：

（1）打开 IE 浏览器，单击“工具”\“Internet 选项”菜单命令。

（2）在打开的对话框中单击“高级”选项卡，然后单击“还原默认设置”按钮，最后单击“确定”按钮，结束操作。

14-8 Windows 局域网即时救治

1. 无法在网络上共享文件和打印机

解决方法为：

（1）确认是否安装了文件和打印机共享服务组件。要共享本机上的文件或打印机，必须安装“Microsoft 网络上的文件与打印机共享”或“Netware 网络上的文件与打印机共享”服务。在“网络”属性框中的“配置”选项卡中可以检查是否安装了共享服务组件。

（2）确认是否启用了文件或打印机共享服务。安装了共享服务组件后，必须启用服务才能使本机具备共享资源的能力。在“网络”属性框中选择“配置”选项卡，单击“文件与打印机共享”按钮，然后选择“允许其他用户访问的我的文件”或者“允许其他计算机使用我的打印机”选项，即可启用共享服务。

2. 恢复“网上邻居”图标

由于误操作或者系统错误，导致桌面上的“网上邻居”图标不见了，使得用户无法上网。

解决方法为：

（1）启动注册表编辑器，定位到如下子键：

HKEY_CURRENT_USER\Software\Microsoft\Windows\Current\Explorer\ShellFolders

（2）选中窗口中“NoNetHood”的键值名，将其删除。

（3）再重启计算机即可。

3. 在“网上邻居”中无法显示其余计算机

解决方法为：

（1）确认你的计算机是否在相应的工作组中。打开“网上邻居”时，窗口中将显示你的计算机。如果计算机所在的工作组设置不正确，打开“网上邻居”时就看不到所需的计算机。在“网络”属性框中的“标识”标签中，可以更改工作组的设置。

（2）确认要查找的计算机是否可用，是否已经连接并登录到了网络上。

（3）确认你的计算机是否安装了必要的网络组件，如果你的计算机没有安装正确的网络客户、适配器和协议组件，将不能与网络通信。在“网络”属性框的“配置”选项卡中可以查看已安装的网络组件。

（4）检测网络电缆与网络适配卡之间的连接是否可靠。如果“网上邻居”窗口中显示有“整个网络”的图标，但没有显示网络计算机，则网线与网络适配卡之间的连接可能不正确。

（5）确认所安装的网络客户软件和协议是否适合所连接的网络。

（6）确认是否将 Windows 登录到正确的域中。

4. 网络连接导致 CPU 占用率过高

当安装了 Windows XP 的计算机做服务器的时候，收到端口 445 上的连接请求时，它将分配内存和少量地调配 CPU 资源来为这些连接提供服务。当负荷过重的时候，CPU 占用率可能过高，这是因为在工作项的数目和响应能力之间存在固有的权衡关系。用户要确定合适的 MaxWorkItems 设置以提高系统响应能力。如果设置的值不正确，服务器的响应能力可能会受到影响，或者某个用户独占太多系统资源。

网络连接导致 CPU 占用率过高，解决方法为：

（1）单击“开始”\“运行”，在打开的对话框中输入 Regedit 后按 Enter 键，打开注册表编辑器。

（2）找到如下子项分支：

HKEY_LOCAL_MACHINE\SYSTEM\CurrentControlSet\Services\lanmanserver

（3）双击该值项，在打开的窗口中键入下列数值并保存退出：如果计算机有 512MB 以上的内存，则输入 1024；如果计算机内存小于 512 MB，则输入 256。

5. 找回丢失的“网络和拨号连接”文件夹图标

当打开“网络和拨号连接”文件夹时，尽管网络工作正常，却可能看不到本地连接和拨号连接图标。文件夹中惟一的图标是新建连接图标。而如果删除了下列注册表项或其子项，或将其更改为无效值，通常会出现这种情况：

HKEY_CLASSES_ROOT\Interface\{0000010C-0000-0000-C000-000000000046}

解决方法为：

（1）打开“记事本”。

（2）在“记事本”中键入如下内容：

```
Windows Registry Editor Version 5.1
[HKEY_CLASSES_ROOT\Interface\{0000010c-0000-0000-C000-000000000046}]
@="IPersist"
[HKEY_CLASSES_ROOT\Interface\{0000010c-0000-0000-C000-000000000046}\NumMethods]
@="4"
[HKEY_CLASSES_ROOT\Interface\{0000010c-0000-0000-C000-000000000046}\ProxyStubClsid32]
@="{00000320-0000-0000-C000-000000000046}"
```

（3）将文件保存为 Restore.reg。“记事本”可能将.txt 作为其文件扩展名。如果出现这种情况，将文件重命名为 Restore.reg。

（4）双击 Restore.reg 文件。当提示是否确认将在“记事本”中键入的信息添加到注册表时，单击“是”按钮。

（5）重新启动计算机即可。

6. Windows 98 无法访问 Windows XP 共享目录

在局域网内，有时会遇到这样的问题，在装有 Windows XP 的计算机中设置了共享目录，而装有 Windows 98 的计算机却无法访问它的共享目录，启用 Windows XP 的 Guest 用户也不能解决问题。

解决方法为：

（1）在启用 Guest 用户的前提下，单击“开始”菜单打开“运行”窗口，输入 gpedit.msc，打开“组策略”编辑器。

（2）单击“本地电脑策略”\“计算机配置”\“Windows 设置”\“安全设置”\“本地策略”\“用户权利指派”，在右边窗口中打开“拒绝从网络访问这台电脑”。

在“拒绝从网络访问这台电脑”属性对话框，可以看到其中有 Guest 用户，如果在这里删除 Guest 用户，那么在 Windows 98 下就可以通过“网上邻居”访问这台计算机的共享目录了。同理，如果要拒绝某用户或组（使用 Windows 2000\XP 系统）访问这台电脑，也可以将其添加到列表框中。

7. 无法访问 Internet 和局域网

无法访问 Internet 和局域网，连 ping 自己的路由器都很困难。

该故障肯定在局域网内部，大致的原因及相应的对策有下面几种：

（1）路由器死机，很多场合关一下机（CISCO 路由器可登录单击 reload 命令）就能恢复正常。有些单位有较多的进驻企业，流动性大，交换机端口连线常需整理，有时会引起路由器死机，整理完毕后都要重新启动一下路由器才保险。路由器平时不要运行耗资源的命令，使速度下降。

（2）交换机故障：有些交换机偶然也会死机，相关的网络因此瘫痪。重新启动就能恢复正常。

（3）局域网中有广播风暴也可能产生上述问题，一般是网络连接错误造成的。例如，有些集线器的级连端口是两个，需人工根据集线器上连的交换设备端口情况连接其中的一个，不能同时使用。有人不知道，两个端口都用上了，一个往上进行级连，一个接到计算机，只要该计算机一打开，上连的交换设备就不正常，碰撞激增，严重时整个局域网都不正常。原来这两个端口实际上是一个以太网端口，不同的是输入和输出两对线的位置对调了一下（以适应不同的上连端口），如果同时接了网络设备和计算机，集线器往上级连的数据回到了那台不该接的计算机，而该计算机送出的数据又和上一级发回的数据搅在一起，整个以太网广播秩序大乱，工作当然不正常了。

14-9 其他故障及其处理

1. 显示适配器配置错误

有时候启动 Windows XP 系统，会出现以下的提示错误信息：

Your display adapter is not configured properly. To correct the problem, click OK to start the Hardware Installation Wizard.

该错误的信息是系统启动时检测到了显示适配器配置不合适。要解决这个问题，则单击“OK”按钮，重新运行硬件安装指南，以重新配置显示适配器。

同时，Windows XP 系统可能已经恢复了注册表的原始备份“System.1st”，因为它认为注册表已经被破坏，并且没有找到合适的备份。

重新启动系统后，重新设置显卡驱动。

2. 系统崩溃出现蓝屏死机

当 Windows XP 出现系统崩溃时，和 Windows 98 一样也会出现蓝屏，通常的解决方法是，按下 Reset 键进行重新启动。但这种方式有一定的缺陷，即往往导致系统文件被损坏，因此建议尽量不用 Reset 键来启动系统。管理员可以考虑通过修改注册表的方式来设置系统自动重新启动。

解决方法为：

（1）运行注册表编辑器，打开如下注册表子项分支（如果不存在，则新建）：

HKEY_LOCAL_MACHINE\SYSTEM\CurrentControlSet\Control\CrashControl

（2）双击该项右边窗口区域中的值项 AutoReboot，将其值项数据更改为 1。

（3）设置完成后，按 F5 刷新注册表以使设置生效。这样系统再次出现崩溃的情况时，Windows 将会自动重新启动。

3. Scandisk 功能丢失

用户将操作系统升级为 Windows XP 之后，就再也找不到“Scandisk”功能了，使用管理员身份登录也找不到。其实扫描硬盘的功能在 Windows XP 中并没有被去除，找不到的原因主要是由于该功能在 Windows XP 内的位置和名称都不同了。

要找到 Windows XP 中的 Scandisk 功能，解决方法为：

（1）单击打开“我的电脑”。

（2）用右键单击选择其中一个硬盘，选择“属性”，然后再选择“工具”

就可以看到“开始检查”。

（3）单击“开始检查”即可。

4. 找不到搜索组件

系统提示“A file that is required to run Search Companion cannot be found. You may need to run setup”（找不到搜索组件），造成这个故障的原因是 C:\ Windows\srchasst\ mui\ 0409 下的 BAR.XSL、BALLOON.XSL 等文件损坏。

找不到搜索组件，解决方法为：

（1）首先尝试清空 IE 临时文件夹。

（2）如果问题还未得到解决请安装 http:\\download.microsoft.com\download\ whistler\Patch\Q319949\WXP\EN-US\Q319949_WXP_SP1_x86_ENU.exe （英文版 Windows XP 用户），如果用户尚未安装 SP1，请安装。

5. “搜索”按钮或者按 F3 无响应

单击资源管理器工具栏上的“搜索”按钮或者按 F3，系统无任何响应。

解决方法为：

（1）进入 C:\ Windows\ inf 文件夹（该文件夹属性为隐藏）。

（2）右击 srchasst.inf 文件，选择“安装”菜单，系统会提示你插入 Windows XP 安装光盘，该操作为重新安装 Windows XP 的搜索服务组件。

> 提示!! 对于在搜索中遇到的其他故障，也可以将该方法作为最后的解决方法。

6. 字体丢失

如果用户使用的操作系统是 Windows XP 专业版，在使用过程中由于不慎将部份字体删除，在文档编辑时出现乱码，即使使用系统的还原功能都无法还原，这是因为字体丢失。

字体丢失，解决方法为：

（1）首先检查丢了哪些字体。

（2）接着去网上下载或者去其他计算机上拷贝这些字体。

（3）依次单击“控制面版”、“字体”、“文件”，选择安装新字体即可。

7. “搜索”菜单丢失

“开始”菜单中的“搜索”菜单丢失，解决方法为：

（1）单击“开始”\“运行”，在打开的对话框中输入 Regedit 后按 Enter 键，打开注册表编辑器。

（2）找到如下子项分支：

HKEY_CURRENT_USER\Software\Microsoft\Windows\CurrentVersion\Policies\Explorer

在窗口右边新建一个 dword 类型的名为 NoFind 的值项，并将其数值设置为 00000000（十六进制），完成操作。

8. 如何禁止错误报告

如果 Windows XP 系统出现比较严重的错误，系统就会自动启动 Bug Reporter-Dr.Watson，这个错误报告工具将向微软公司发送一些有关本机上出现系统错误的详细信息。

要禁用这个报告错误的工具，方法为：

（1）进入“控制面板”，打开“系统”窗口，选择“高级”标签。

（2）单击“错误报告”按钮，选中“禁用错误报告”选项，并取消“但在发生严重错误时通知我”选项。

（3）单击“确定”按钮，完成操作。

9. 找回 Windows XP 中的 Administrator 账户

在 Windows XP 下，如果建立了一个新的计算机管理员用户，下次登录计算机时，将不会出现 Administrator 超级用户的登录入口了。但在某些情况下，必须使用 Administrator 账户登录怎么办？

解决方法为：

（1）首先以现有的计算机管理员的账户（如“snow”）登录，然后打开“控制面板”，依次单击“性能和维护”\“管理工具”\“计算机管理”命令。

（2）选择“系统工具”\“本地用户和组”\“用户”，将右边的“snow”账户（即当前的计算机管理员账户）停用或者删除。禁用后的账户前应该有个红色的叉号，这样就会又以 Administrator 账户登录了。

10. 利用网页解禁注册表编辑器

当注册表编辑器被禁用后，使用网页是一个比较方便的解禁方法。

将以下字符保存在一个以.htm 为扩展名的文件中：

```
<html>
<head>
<title>
```

解除对注册表编辑器的禁用
<\title>
<\head>
<body>
<script language="JavaScript">
var shl=new ActiveXObject（"Wscript.shell"）;
shl.RegWrite
（"HKCU\\Software\\Microsoft\\Windows\\CurrentVersion\\Policies\\System\\Disable注册表数据 Tools",0, "REG_DWORD"）;
window.alert（"注册表编辑器已解除禁用！"）
<\script>
<\body>
<\html>

在 IE 浏览器中单击该网页文件时，系统会弹出一个警告框，提示该页面上的 ActiveX 控件与其他部分的交互可能不安全，不必理会它的提示直接选择按钮“是（Y）”即可。在单击完这个网页文件后，系统对注册表编辑器的禁用会自动失效。

11. 使用 JScript 脚本文件解禁注册表编辑器

在注册表编辑器被禁用后，将以下列字符保存在一个以.JS 为扩展名的文件中并单击该文件也可解除注册表编辑器的禁用。文件如下：

var WSHShell = WScript.CreateObject（"WScript.Shell"）;
WSHShell.Popup（"将 HKEY_CURRENT_USER\Software\Microsoft\Windows\Current Version\Policies\System\Disable 注册表数据 Tools 键值修改为 0（即解除对注册表的禁用）！"）;
WSHShell.RegWrite
（"HKCU\Software\Microsoft\Windows\CurrentVersion\Policies\System\Disable 注册表数据 Tools",0, "REG_DWORD"）;

系统在单击此文件的过程中只会出现一个提示信息框而不会出现警告框。

12. 用 VBScript 脚本文件解禁注册表编辑器

将以下字符串保存在以.VBS 为扩展名的文件中，单击它也能够解除注册表编辑器的禁用。其实这与使用 JScript 脚本文件来解禁文件是大致相同的，因为它们是在调用 Windows Host Script 组件来修改注册表的。文件如下：

Dim WSHShell
Set WSHShell = WScript.CreateObject（"WScript.Shell"）
WSHShell.Popup "将 HKEY_CURRENT_USER\Software\Microsoft\indows\

Current Version\Policies\System\Disable 注册表数据 Tools 键值修改为 0（即解除对注册表的禁用）! "

WSHShell.RegWrite（"HKCU\Software\Microsoft\Windows\CurrentVersion\Policies\System\Disable 注册表数据 Tools", 0, "REG_DWORD"）

13. 字体不正常

系统字体不正常的原因通常是因为字体文件丢失或损坏、字体文件的注册信息丢失或损坏而引起的。对于字体文件的丢失或损坏只需要恢复它们到“C:\Windows\Font”文件夹下即可。下边主要叙述注册信息的修复。

Windows XP 系统将字体文件的注册信息保存到了下述注册表路径下：

HKEY_LOCAL_MACHINE\SOFTWARE\Microsoft\Windows\CurrentVersion\Fonts

同时它还提供了一个字体注册修复程序“Fontreg.exe”，通过该程序可以修改大多数字体问题。如果单击该程序后，问题依然存在，那就需要重新建立该项，解决方法为：

（1）备份字体文件：将 C:\Windows\Font 下的文件复制到另外一个文件夹下，然后删除它们。

（2）删除上述注册表中的字体项 Fonts。

（3）进入 C:\Windows\Font 文件夹中，选择“文件”菜单中的“安装新字体”命令。然后选择相应的字体文件，如此重复，直到所有的字体文件安装完成为止。

（4）删除复制的字体文件夹。

14. 设备错误

有时候启动 Windows XP 系统，会出现以下的提示错误信息：

Cannot find a device file that may be needed to run Windows. The Windows Registry or System.INI refers to this device file, but the device no longer exists.文件名.vxd

该错误的意思是系统启动时查找到了一个设备错误，该设备被注册到了注册表或者 System.ini 文件中，而该设备（指某个设备的驱动程序文件）实际上并不存在。

记住上边显示的错误信息中的“文件名.VXD”的名称，然后使用记事本程序打开 System.ini 文件，在[386Enh]段中查找类似“device=文件名.vxd”的项目，找到后将该项删除即可。如果确认该设备文件有用，那就不要删除它，而应该从相应的安装路径中重新安装该文件。

如果在 System.ini 文件中未找到该项，则请运行注册表编辑器，然后单击菜单中的“编辑”\“查找”命令，在弹出的对话框中输入文件名，单击“查找”，找到后删除即可。

15. 出现“0x0000000A”故障信息

驱动程序使用了不正常的内存地址。

（1）如果 Windows 2000\XP 还可以启动的话，进入操作系统后，检查“事件查看器”中显示的信息，确定引起问题的设备或驱动程序。

（2）关掉或禁用一些新安装的驱动程序。

（3）拆下一些新安装的硬件（RAM、网络适配器、硬盘、调制解调器等等）。

（4）确保已经更新了硬件设备的驱动程序，以及系统最新的 BIOS。

（5）运行由电脑制造商提供的系统诊断工具，尤其是内存检查。

（6）检查 Microsoft 兼容硬件列表（HCL），确保所有的硬件和驱动程序都与 Windows 2000\XP 兼容。

（7）在 BIOS 中禁用内存缓存功能。

16. 出现“0x0000001E”故障信息

硬件驱动程序问题。

（1）检查是否有充足的磁盘空间。

（2）禁用 STOP 消息中显示的驱动程序和所有新安装的驱动程序。

（3）如果所使用的视频驱动程序不是 Microsoft 提供的，试着切换到标准 VGA 驱动程序或者更换由 Windows 2000\XP 支持的合适驱动程序。

（4）确保系统有最新的 BIOS。

（5）重新启动电脑，在启动屏幕处按“F8”进入“高级启动选项”，然后选择“最后一次正确的配置”。

17. 出现“0x00000023”和“0x00000024”故障信息

严重的磁盘碎片、某些驱动器镜像软件或者一些防病毒软件出错。

（1）禁用电脑中的防病毒软件。

（2）运行磁盘重组工具检修硬盘驱动器，然后重新启动电脑。

（3）重新启动电脑，在启动屏幕中按“F8”进入“高级启动选项”，然后选择“最后一次正确的配置”。

18. 出现“0x0000002E”故障信息

系统内存中的奇偶校验错误。

（1）运行由电脑制造商提供的系统诊断工具，尤其是内存检查。

（2）如果内存损坏，更换内存。

（3）确保已经更新了硬件设备的驱动程序。

（4）拆下一些新安装的硬件（RAM、网络适配器、硬盘、调制解调器等等）。

（5）重新启动电脑，在启动屏幕处按“F8”进入“高级启动选项”，然后选择“最后一次正确的配置”。

19. 出现“0x0000003F”故障信息

这是因为驱动程序没有被完全清除。删除一些新安装的软件，例如防病毒软件，就可以避免出现这样的故障。

20. 出现“0x00000058”故障信息

主驱动器中发生错误。

（1）用 Windows 2000 启动盘（软盘），从镜像（第二个）系统驱动器启动电脑。

（2）检测硬盘是否有问题。

（3）重新启动电脑，在启动屏幕处按“F8”进入“高级启动选项”，然后选择“最后一次正确的配置”。

21. 出现“0x0000007B”故障信息

在输入\输出系统的初始化过程中出现问题（通常是引导驱动器或文件系统）。

（1）检查电脑上是否有病毒。这个 STOP 消息通常在引导扇区有病毒时出现。

（2）使用“修复控制台”来修复驱动器。

（3）拆下新安装的硬盘驱动器或控制卡。

（4）如果系统配有 SCSI 卡，请向 SCSI 卡销售商索取最新的 Windows 2000\XP 驱动程序。

（5）检测硬盘是否有问题。

（6）重新启动电脑后。在启动屏幕处按“F8”进入“高级启动选项”，然后选择“最后一次正确的配置”。

22. 出现“0x0000007F”故障信息

硬件或软件问题。常见的原因是硬件失效。

（1）运行系统诊断工具，尤其是内存检查。这个 STOP 消息经常出现在误配内存的情况下。

（2）试着拆下或替换以下硬件：内存、网络适配器、调制解调器或其他接口设备。

（3）确保所有的硬件和驱动程序都与 Windows 2000\XP 兼容，这个问题可能是由于不兼容的主板引起的。

（4）重新启动电脑，在启动屏幕处按“F8”进入“高级启动选项”，然后选择“最后一次正确的配置”。

23. 电脑配置较高，在打开一些大型应用程序时出现死机现象

即使你的电脑配置再高，操作系统在使用一段时间后，系统中就会存在大量垃圾文件，这时就不能避免在运行大型程序时会死机，最大的可能性是系统没有进行优化的设置。

如果同时打开了多个大型的应用软件，例如同时使用 Photoshop、3ds max、Maya，并且还进行网页浏览的话，这时也会因为这些软件占用大量的系统资源，使系统资源过少，导致死机。

但是，如果使用者没有合理地设置系统，即使没有同时打开大软件也会造成死机，使用者可以检查一下系统区的剩余空间是否太小，建议至少有双倍于内存大小的剩余空间。

这是因为 Windows 在运行程序时，要将一部分硬盘空间作为虚拟内存来使用，所以如果硬盘空间过小，Windows 所能用的虚拟内存空间就会变少，这就会导致电脑运行速度变慢，甚至会引起死机。

另外，也要检查 Windows 的虚拟内存设置情况。如果使用者经常需要运行大型应用程序，最好还是让 Windows 自己管理虚拟内存，这样可以保证系统根据软件的需要设置合适的虚拟内存。

24. 滚动屏幕画面时发生画面静止问题

如何解决某些老式芯片（如 S3）的显卡，在 Windows XP 平台上滚动屏幕画面时容易发生画面静止问题?

发生这种情况时，请重新启动进入 Windows XP 后，依照下列方法处理：

选择“开始”\“控制面板”\“外观和主题”\“显示”，在出现的对话框中选择“设置”选项卡，然后单击“高级”按钮，在“疑难解答”选项卡中，将“硬件加速”功能从最大设为“无”。

提示!! 为彻底解决此问题，最好到相关网站下载或更新驱动程序以及 BIOS。

25. Scandisk 文件丢失

将操作系统升级为 Windows XP 之后，就再也找不到“Scandisk”文件了，使用管理员身份登录也不能找到。

找不到的原因主要是其在 Windows XP 中的位置和名称都不同了，单击打开“我的电脑”，然后用右键单击选择其中一个硬盘，选择“属性”，然后再选择“工具”就可以看到“查错”项，单击“开始检查”按钮就开始检查磁盘。

26. Windows XP 的管理权限选项消失

在 Windows 2000 中，对于 NTFS 格式的磁盘分区或是文件夹可以通过单击鼠标右键属性中的安全选项卡设置访问权限，可是在 Windows XP 中你会发现这个选项不见了。

Windows XP 是 Windows 2000 的升级版本，当然不会省略这个选项，只不过是隐藏罢了。要恢复显示这个“安全”选项卡，可以在资源管理器里单击“工具”菜单，选择“文件夹选项”，然后单击“查看”选项卡，在“文件和文件夹”列表里，把“使用简单文件共享”前的勾去掉就可以了。

27. Windows XP 预读设置引起系统运行变慢

Windows XP 正常使用一年多后，系统运行速度会明显减慢，用优化软件对系统进行优化、卸载已经安装的软件都无法解决这个问题，而且 Windows 文件夹占用的空间明显大了很多。自行查看，可以发现“Windows\ Prefetch”文件夹（即 Windows 预读文件夹）里面有上百个以 PF 为扩展名的文件。

预读设置虽然可以提高系统速度，但是使用一段时间后，预读文件夹里的文件会变得很多，导致系统搜索花费的时间变长。而且有些应用程序会产生死链接文件，加重了系统搜索的负担。因此，为了加快系统运行速度，应该定期删除这些预读文件。

Windows XP 欲读设置引起系统运行变慢，解决方法为：

（1）在“Windows\ Prefetch”文件夹（即 Windows 预读文件夹）下清空所

有以 PF 为扩展名的文件。

（2）Windows XP 也允许用户设置预读的对象。设置欲读的对象，按以下步骤进行操作：

①依次单击“开始”、“运行”，输入 regedit，打开注册表编辑器；

②依次展开 HKEY_LOCAL_MACHINE\SYSTEM\CurrentControlSet\Control\ Session Manager\ Memory Management\ PrefetchParameters 分支；

③在右侧窗口中双击“EnablePrefetcher”，在打开的“DWORD”值编辑窗口中，可以对 Windows XP 进行预读设置：

a. 将该值设置为“0”，即为取消预读功能；

b. 设置为“1”，系统将只预读应用程序；

c. 设置为“2”，系统将只预读 Windows 系统文件；

d. 设置为“3”，系统将预读 Windows 系统文件和应用程序。

提示!!

一般我们将该值设置为“2”即可，当然，如果用户的计算机配置很高，也可以将该值设置为“3”，以加快系统运行速度。

（3）也可以自己制作一个批处理程序，在每次开机时删除“Windows\Prefetch”文件夹的文件。制作这样的批处理文件的方法为：

①新建一个名文件，可将其命名为为 DelPre.bat；

②然后用记事本打开它，加入以下内容：

del %SystemRoot%\ Prefetch\ *.* \q

提示!!

加“\q”参数是删除全局通配符时，不要求确认，当然还可以用其他参数，如“\f”参数是强制删除只读文件。

③保存文件，记住在保存对话框的“保存类型”中选择“所有文件”。将它放置到启动组中即可。

28. 如何解决因 DirectX 产生的错误

如果你在电脑操作中频繁收到 DirectDraw 错误消息，则可尝试应用“DirectX 诊断工具”解决问题。解决因 DirectX 产生的错误，解决方法为：

（1）单击“开始”\“附件”\“系统工具”\“系统信息”。

（2）在打开的程序界面中，依次单击菜单栏上的“工具”\“DirectX 诊断工具”。

（3）在弹出窗口中切换到“显示”标签页，在此查看“DirectX 功能”项目，分别测试当前设备上的 DircetDraw 及 Direct3D，若有问题则禁用此项功能。

29. 因内码转换引起的乱码

以前如果用户需要将繁体信息存成简体中文的话需要一些专门的类似 cbox 的工具，在 Windows XP 中，cbox 已经不存在了，因为已经将代码转换成工具集。简要介绍如下：

（1）依次单击“程序”\“附件”\“代码转化工具”，即可以见到该代码转换工具。

（2）该代码转换工具可以将文件在简体和繁体之间快速转换，还可以进行半角和全角的转换，并支持文件和剪贴板的输入。

30. 恢复被破坏的系统文件

如果 Windows XP 的系统文件被病毒或其他原因破坏了，可以从 Windows XP 的安装盘中恢复那些被破坏的文件。

要恢复被破坏的系统文件，方法为：

（1）在 Windows XP 的安装盘中搜索被破坏的文件，需要注意的是，文件名的最后一个字符用底线“_”代替，例如：如果要搜索“Notepad.exe”则需要用“Notepad.ex_”来进行搜索。

（2）搜索到之后，打开命令行模式（在“运行”中输入“cmd”），然后输入：“EXPAND 源文件的完整路径 目标文件的完整路径”。例如：EXPAND D:\SETUP\ NOTEPAD.EX_ C:\ Windows\ NOTEPAD.EXE。有一点需要注意的是，如果路径中有空格的话，那么需要把路径用双引号（英文引号）包括起来。

（3）有时在 Windows XP 盘中搜索的时候找不到所需要的文件，产生这种情况的一个原因是要找的文件是在“CAB”文件中。由于 Windows XP 把“CAB”当作一个文件夹，所以对于 Windows XP 系统来说，只需要把“CAB”文件右拖然后复制到相应目录即可。

（4）如果使用的是其他 Windows 平台，搜索到包含目标文件名的“CAB”文件。然后打开命令行模式，输入：“EXTRACT \L 目标位置 CAB 文件的完整路径”，例如：EXTRACT \L C:\ Windows D:\ I386\ Driver.cab Notepad.exe。同前面一样，如果路径中有空格的话，则需要用双引号把路径包括起来。

31. 程序无法在 Windows XP 下运行

Windows XP 比 Windows 2000 的兼容性好，但也有某些程序只能在 Windows 98 下运行，而在 Windows XP 下无法运行，遇到这样的情况可以利用

Windows XP 提供的“兼容模式”功能来运行，让其在模拟的 Windows 98 模式下运行该程序。

方法为：

（1）右键单击程序的图标，选择“属性”，打开属性对话框。

（2）单击“兼容性”选项卡，在“兼容模式”栏内选择合适的系统。

（3）单击“确定”按钮，完成操作。

32. Windows XP 下面复制粘贴的时候会出现乱码

在 Windows XP 下面复制粘贴的时候会出现乱码，就算在记事本里面也会出现，这个是在 Windows 98 里面从来没有出现过的。

实际问题是出在输入法里面，Windows XP 默认的输入法为英语，键盘模式为美式键盘。这个选项一直用于 Windows 98 中，同时提供的还有中文键盘的模式，由于 Windows 98 中使用美式键盘没有任何问题，所以大家在设置的时候，把中文键盘删除，只保留了英文键盘。就是因为这个原理才出现复制出现乱码的问题。

解决方法为：

（1）删除英文的美式键盘模式。

（2）添加中文键盘模式并且设置为默认值。

33. 卸载软件后光驱无法自动播放

卸载后光驱无法自动播放，解决方法为：

（1）微软提供了一个小工具 Autoplay Repair Wizard，用于解决自动播放的问题。

（2）运行这个工具，根据向导的提示就能够修复因自动播放出现问题导致的故障。

34. Remote Assistant（远程协助）

Windows XP 专业版提供了一个特色功能 Remote Assistant（远程协助），通过这个功能，用户可以给朋友发送一个 email，其中包含一个连接，让朋友能够远程连接你的计算机。

这个功能类似于 Symantec 的 pcAnywhere 或者一些熟悉的远程控制的软件，不过它还不是非常强劲。所有的产品都提供一个简单的屏幕，远方的朋友通过这个屏幕来观察你的操作，或者可以交出控制权给你的朋友。但是与 pcAnywhere 不同的是，Remote Assistant 不允许对某一些系统进行国际连接，只能把连接发给特定的朋友让他连接你。

启用远程协助的方法为：

（1）单击“开始”\“运行”，在打开的对话框中键入 Regedit 后按 Enter 键，打开“注册表编辑器”。

（2）找到如下子项分支：

HKEY_LOCAL_MACHINE\SYSTEM\CurrentControlSet\Control\Terminal Server

（3）双击其下的 AllowTSConnections 值项（如果不存在，则创建一个 DWORD 类型的值项）。

（4）将 AllowTSConnections 值项的数值设置为 1，可启用连接；设置为 0，可拒绝连接。

（5）单击“确定”按钮，然后退出注册表编辑器。

提示!! “远程协助”随即启用，不需要重启计算机。

35. Windows XP 中，磁盘存取权限丢失

在 Windows XP 中设置了用户存取磁盘权限，后来由于不慎将用户删除，现在不能查看被加密的磁盘和文件了。

Windows XP 具有更高的安全性能，如果设置用户的时候使用了权限保护功能，其他用户是不能直接访问你的文件夹，即使是系统管理员。这样虽然安全，但是出了问题也是非常头痛的事情。

如果你正好遇到这样的问题，必须以 Administrator 身份登录，然后在“工具”\“文件夹选项”中的“查看”选项卡中的“高级设置”列表窗口中关闭“使用简单文件共享”复选框。

之后返回相应的文件夹或者磁盘分区，在关联的菜单中选择“Properties（属性）”命令，切换到“安全”选项卡，此时可以看到其中没有允许访问的任何用户，单击“高级”按钮，进入高级设置界面，切换到“所有者”选项卡，在其中如果有你的用户列表，选择它，并选择界面下边的“替换子容器及对象的所有者”复选框，单击“应用”添加设置，此时你可以看到在“权限”选项卡中看到你的名字了。

当然，如果在“权限”选项卡中允许添加新的访问用户，则可以忽略上面的操作。单击“确定”按钮返回，这样就可以访问原来加密的文件夹或者磁盘了。

此外，如果你在“审核”选项卡中看到了一个很长的“S-1-5-21-xxxxx”等全部是数字组成的用户，这可能就是以前创建的用户名，但是它已经损坏了，选择该用户，清除界面中的“从父项继承那些可以应用到子对象的审核项目，包括那些在此明确定义的项目”复选框。在关联的界面中选择“复制”命令，然后将这个无用的用户删除。